西方正义理论译丛

丛书主编—何怀宏

全球化的正义

贫困与权力的伦理学

Globalizing Justice : The Ethics of Poverty and Power

理查德 · W. 米勒 - 著

杨通进 等 - 译

2020 年 · 南昌

丛书策划　余　晖
责任编辑　蒲　浩
丛书设计　今亮后声 HOPESOUND pankouyugu@163.com

图书在版编目（CIP）数据

全球化的正义：贫困与权力的伦理学 /（美）理查德·W. 米勒著；杨通进等译 .—南昌：江西人民出版社，2020.11
（西方正义理论译丛 / 何怀宏主编）
ISBN 978-7-210-12071-1

Ⅰ. ①全… Ⅱ. ①理… ②杨… Ⅲ. ①正义—研究 Ⅳ. ① B82

中国版本图书馆 CIP 数据核字 (2020) 第 012209 号

书　　名　全球化的正义：贫困与权力的伦理学
QUANQIUHUA DE ZHENGYI：PINKUN YU QUANLI DE LUNLIXUE
著　　者　[美] 理查德 · W. 米勒
译　　者　杨通进等
出版发行　江西人民出版社
（江西省南昌市三经路 47 号附 1 号　邮编 330006）
发 行 部　0791-86898815
编 辑 部　0791-86899010　E-mail taxue888@foxmail.com
承　　印　河北鹏润印刷有限公司
版　　次　2020 年 11 月第 1 版
印　　次　2020 年 11 月第 1 次印刷
开　　本　660 mm × 960 mm　1/16
印　　张　28.5
字　　数　317 千字
书　　号　ISBN 978-7-210-12071-1
定　　价　88.00 元

总　序

◎何怀宏

正义一直是社会关注的一个热点话题，许多在网络上引发大量讨论和争议的事件，几乎都和道德，尤其是正义的问题相关，那些最重要的、最牵动人们情感的事件更是如此。这是因为正义就是主要用于社会，特别是用于制度和政策的道德原则和价值；或者我们还可以同意罗尔斯所说，相对于效率等衡量标准来说，正义是社会制度的“首要德性”，是需要得到优先关注的。但我们的传统道德理论往往是从个人德性来观察和调节社会，对制度本身的德性或者说“社会正义”却重视不够。所以，借鉴域外的正义理论来补足和拓展中国特色的道德理论，对促进与提升我们社会的道德建设和发展是很有必要的。

这套“西方正义理论译丛”就致力于此。在首批所选的六本书中，有探讨西方的正义观念发展史的；有聚焦于当代社会的正义问题的；有提出和建构自己的理论观点的；也有收集对某一重要理论的争论、辩驳和回应的；还有从跨学科的视野和全球化的角度来思考正义的。

当然，对这些思想观点和理论，我们需要谨慎地分析和选择，对不同的著作给以不同的权重。它们有些对我们思考自己社会的问题是富有启发性的，也有些更多的是处理他们自己社会的问题。更重要的是，我们需要考察它们提出的理由和论据的真实性，这不仅可以获得方法论方面的助益，还可以帮助我们形成自己的比较正确的观点。也就是说，我们需要一种批判性的思维。这甚至要包括对本来批判地分析采纳了正确的思考方向和实质观点，但因为推进过度而带来错误的情况。“正义”从其本身含义来说，总是要带有某种平衡中道和公平公允的性质的，所以，就像孔子所言：“过犹不及。”

我在这篇总序中，想结合丛书中的一些著作，主要讨论两个问题：第一个问题是有关正义的范畴。借助于对传统正义与现代正义的分野，我想讨论报应的正义和分配的正义的区分，以及何者应当占据更优先的地位。第二个问题是有关正义的原则、规则。我想借助对罗尔斯与沃尔泽的理论的比较，讨论一般原则和特殊规则的关系，以及我们为什么还需要某些基本的道德原则。

对正义的范畴和内容，我们也许可以大致地分成两块：一块是报应的正义，它主要是和法律尤其是司法的正义、矫正的正义相关；一块是分配的正义，它主要是和权益尤其是经济和物质的利益分配相关。

结合人类社会的历史，我们也许可以说：无论中外，传统的社会更强调报应的正义，并且是以报应的正义为中心和统摄的；而近代以来，从社会的发展趋势来看则更强调分配的正义，并且是以分配的正义为中心和统摄的。

究其背后的实质性的正义原则，我们也许还可以通俗地说，传统社会强调的主要是一种“报的正义”，即主要的一面是“报仇”，也就是司法的正义，次要的另一面是“报酬”即交易的正义。这后面的核心理念是“应得”（desert）。犯罪者应得惩罚，付出或交换者应得回报，贡献者应得酬劳，“让各人各得其所应得”。

现代正义强调的则主要是一种“分的正义”，其主要的内容是分配发展机会和物质利益。它后面的核心理念是“平等”。它不仅将平等对待的范围扩大到所有的社会成员，而且致力于“均富”观念的实现。

“正义”总是要在某种基本的意义上包含平等的。但对“平等”的理解，传统社会与现代社会的人们却有所不同。传统的正义实际上也必须体现平等，但是更强调价值的平等、功过的平等。它那种“平等”可以说主要是一种“对等”。所以，它主张有罪必罚、同罪同罚、同样的价值得到同样的报偿。现代正义则更强调人的基本权利的平等，还有条件乃至需求的平等，不管什么人，不管他们拥有什么价值，都是如此。它的确有一种“均等”的含义。

但这两种正义也可以在概念上处理得比较相通和互相包容。我们前面说到“统摄”，即传统社会的正义自然也会包括经济利益的内容，包含“分”的内容，但“分”往往是统摄在“报”的名下的。同样，现代社会的正义也肯定，甚至还必须优先地包括法律和司法的正义，但这种“报”往往是统摄在“分”的名下的，即分配权利、负担、义务和责任，等等。

综上，我们所讨论的正义范畴和内容其实已经相当清楚，正义总是和政治、国家紧密联系在一起的。我们今天所说的正义更是如此。正义必须依赖权力来实行和实现，而这种权力追溯到底，则是在一定地域内对暴力的垄断——这其实也是韦伯对国家的一个基本定义。

无权力支撑的正义是虚弱甚至虚幻的正义。当然，我们也要对权力提出道德的要求——正义的理念。无正义约束的权力是施虐甚至肆虐的权力。

传统的正义和原始的正义有着更多的直接联系，也带来一定的紧张。比如个人复仇、自行正义和国家法庭判决、代行正义之间的紧张。除了直接的自卫——或者说正当防卫，一般来说国家不允许个人使用暴力自行正义,而是要将个人的“报复”上交到国家来处理。但直到现代社会的今天，也还是会有司法正义的缺位和不足，而导致个人自行正义的现象的出现。我们可以对这样一些个人报复表示相当的同情，但是，它们还是有违良序社会发展的大势的。

《正义诸概念》的作者拉斐尔曾经以古希腊悲剧为例谈到从原始的正义向传统的正义的转变。埃斯库罗斯以阿伽门农家族冤冤相报的系列悲剧展示了这一转变的过程。阿伽门农的妻子克吕泰墨斯特拉和其情人埃奎斯托斯杀死了阿伽门农，这后面有复仇的动机：一是克吕泰墨斯特拉要为其被献祭的女儿伊菲革涅亚复仇，一是埃奎斯托斯对于阿特柔斯家族被侵害的复仇。但阿伽门农被杀之后，他的儿子俄瑞斯忒斯也要为自己的父亲复仇，他杀死了埃奎斯托斯，在犹豫之后，也杀死了自己的母亲。为此，他遭到了复仇女神（可以视作原始正义的化身）的疯狂追逐。

最后雅典娜创立法庭，审理复仇女神的控诉。在正反两方投票相等的情况下，她投了一票，宣判俄瑞斯忒斯无罪，但也要试图平息复仇女神的怒火。拉斐尔指出这包含了新的理念：第一，对于罪行的审判以及惩戒应当通过国家,通过法庭,通过整个法庭的陪审员,通过一个理性和民主的程序来进行；第二，如果两种冲突的主张在道德的两难境地中是均衡的，那么正义的解决办法是切断冤冤相报的无尽链条。

但我们还可以说，从原始正义到传统国家的正义，这里最基本的原则还是没有根本改变，即罪行应该得到惩罚，应该被起诉和审判，应该有报应，“谁的行为谁忍受”。“新的理念”只是将这种惩罚权交给了国家，并努力斩断个人报复不已的链条。

还有一点也很重要，即传统正义虽然没有均分权益和福利的理念，把福利看作应该主要是个人或自愿结合的团体追求的事情。国家主要负责防御外部侵略，维护内部安全和秩序，也包括维护契约的履行等，但它也还是要关心和帮助那些最弱势的群体和个人的基本经济生活和生存权利。这包括要让“矜、寡、孤、独、废疾者皆有所养”，要为孤儿寡母主持公道，不让其人身和财产被侵犯，在发生灾害时国家有义务进行社会救济等。所以，传统国家往往也都有救荒和济贫的一些政策和实践。这后面的精神应该说不只是维护社会的稳定（虽然稳定也是天下之大利），也有对人类和同胞的人道关怀。

这可以帮助我们将正义理论与一般的道德理论联系起来考虑。表现为制度的“恻隐之心”也是一种人类的共性，我们在不同文明的经典文献中都可以看到类似于社会要分利给贫弱的人的例子，比如《诗经·小雅·大田》中说的“彼有不获稚，此有不敛穧；彼有遗秉，此有滞穗，伊寡妇之利”；《圣经》“利未记”等篇章中也屡次写到这样的意思，当收割庄稼时，应当保留田地的一角不被收割，且不捡（车里散落下来少许的）谷物，“把它们留给那些穷人和陌生人吧”。但是，传统的正义不怎么考虑如何保障人们的经济幸福，不考虑如何平等地满足人们可能不断提高的物质期望，乃至传统社会的主导价值观也都不是以经济为中心的。

正义的理论与实践从以对等的“报”为重心，向以平等的“分”为重心的转变，是从近代开始，尤其是在20世纪完成的。罗斯在1923年出版的《亚里士多德》一书中，评论了引用正义这一概念的诸多变化。他说：“分配正义听上去无比新奇，我们并不习惯认为国家为其国民分配财富，反而认为我们缴税而去分摊国家的负担。”（*Aristotle*，London Methuen，1923，210）这种纳税支持的国家自然是一种较少功能的“守夜人式的国家”。拉斐尔对此评论说：“今天我们对社会保障耳熟能详，反而是罗斯的说法让人感觉奇怪了。”

罗尔斯的《正义论》是现代分配正义理论的一部精致和系统的杰作，也是这一类型的正义理论中最有影响的一部著作。他认为正义的主要内容就是分配一个社会的权益和负担。在他的这部著作中，没有多少有关法律正义，特别是涉及刑法和民事的正义的内容。

其中的一个原因，自然是因为他考虑的“公平的正义”理论的应用对象是社会的基本结构而非具体制度。但是，他却把经济利益的分配也纳入了这一正义理论的原则之中，而将可能更重要和优先的法律正义排除在外，是有可以质疑之处的。当然，他可能认为，在他的有关所有人的平等自由权利的第一正义原则里，已经隐含了法律的正义。

另外，他在他的正义理论中将“应得”的理念排除在外，而主张一种具有实质平等意义的“公平”，这也许可以用于解释对权益的分配，但却难于解释对惩罚的“分配”。他认为将报复正义或司法正义视作“维护基本的自然义务”是一个错误，但如果我们观察传统社会（即便是今天，也还有一些带有许多传统因素和形态的国家），以及传统正义与原始正义的联系，那么，我们可能还是会认为，这并不是一个错误，司法正义看来的确还是在维护基本的自然义务。从防止直接损害人们的生命、财产的角度看，它比经济利益的分配正义更为重要，也应当置于一个更为优先的地位来考虑。能够为罗尔斯辩护的倒可能是一种进步主义的观点，即如果是处在一个司法基本实现了正义的社会，那么，从实践和政策的层面，或许可以优先考虑经济分配的正义，但即便如此，也不宜将这种优先性看作一种具有普遍意义的次序。

前面谈到我希望主要讨论两个问题：一是传统正义与现代正义的区分和关系问题；一是正义理论中的一般原则和特殊规则的关系问题。传统正义的理论基本上都是承认一般原则，并以之为前提的。有关“报的正义”，应当说内容更明确，对伤害和酬劳的界定会比较清楚，处理的规则也更容易达成共识。而有关“分的正义”，则因为对利益的理解,对哪些是最需要关注和照顾的群体,乃至对于“平等”的理解都会相当歧异，所以难以达成共识，也就使人们更容易倾向于怀疑一般原则。加上现代思想的潮流就有一种力图寻求真理性知识的绝对可靠性带来的失望，所以，在现代道德理论中出现相对主义以致虚无主义的强劲趋势应该说是不奇怪的。所以，有关一般原则与特殊规则的问题，我专门放到现代的分配正义理论中来讨论。

相对来说，我们对罗尔斯的正义理论比较熟悉，这里我想多介绍一下沃尔泽的理论和对他的评论。

戴维·米勒相当赞同沃尔泽的理论，也忠实地叙述了他的观点。米勒认为，沃尔泽对正义的解释其本质是多元的，否认有普遍的正义原则，将正义视为特定时间、特定政治共同体的创造。正义的多元性不仅表现在认可多元的自由民主制社会中，其他社会也有各种类型的社会善好，而每种善好都有与之对应的分配标准。

这里主要有两方面的含义，一是正义观念的不同的地方性、领域性；一是沃尔泽认为正义需要通过“善好”或者说价值来定义。沃尔泽的主要理论是他在1983年出版的《正义诸领域》(*Spheres of Justice*，New York: Basic Books，1983）中提出的。其主要的正面意义或许是反对一些个人或群体依靠他或他们在某一个领域中取得的优势地位，从而获得对其他人在其他领域，甚至所有领域的支配权。所以，他主张一种“复合的平等”，但这也可以说是一种“复合的不平等”或者“复合的优秀”。当不同的人在不同的分配领域拔得头筹的时候，“复合的平等”就实现了，但由于某一领域的优势无法向外转移，所以无人能够支配其他领域。沃尔泽解释说，复合平等意指公民在某一领域或社会善中的地位不会被他在另一领域或社会善中的地位所削弱。

那么，主要有哪些东西可以被称为“善好”呢？沃尔泽认为，在现代自由社会中，“善好”的主要类别有：安全和福利、金钱和商品、职业、工作、闲暇、教育、亲情和爱、恩典、认可（即尊敬、公共荣誉等符号）、政治权力等。

沃尔泽认为，比较理想地实现了“复合的平等”的正义的社会图景大致是这样的：分权的民主社会主义，强福利国家，有约束的市场，开放和去神秘化的行政部门，独立的公立学校，共享艰苦工作和闲暇，保护宗教和家庭生活，不受等级或阶级影响的公共荣誉授予和褫夺制度，工人控制公司和工厂，一种政党、运动、会议和公开辩论的政治。（*Spheres of Justice*，318）亦即，沃尔泽的复合平等观要求这样一个社会，其中不同的人能在不同领域占据优势，他们的关系总和呈现出特定类型的平等。许多分离的不平等相互抵消和对冲产生复合平等,在此过程中,没有人是终极赢家。没有人能够“赢者通吃”。

那么，哪些领域的优势最容易侵犯到社会的其他领域呢？沃尔泽看来是想把市场对其他领域的“侵犯”描述为资本主义社会的核心问题。沃尔德伦指出：依沃尔泽看来，货币的危险在于，它往往会成为他所称的“支配性”物品——拥有这种物品，能够使拥有的个体大范围地掌控其他物品（*Spheres of Justice*，22）。沃尔泽没有将权力的僭越和侵犯视作主要的问题，可能恰恰是因为在自由民主社会，权力受到了法律正义或者说法治的严格约束。所以，他主要关心的是市场或者说金钱购买对其他领域可能的侵犯。

为此，沃尔泽列举了十多种应当实行“阻止交易”的，即那些不能买卖的事物。这份“阻止交易”的清单包括：人口，政治权力和影响力，刑事司法，言论、出版、宗教和集会的自由，婚姻和生育权，离开政治共同体的权利，免除服兵役、免于陪审团职责、免除其他公共工作的义务的权利，政治职位，基本的福利服务如警察保护和教育，绝望的交易（如涉及接受危险工作的交易），奖品和荣誉，神恩，爱和友谊，犯罪行为。而在最重要的、应该禁止的“权钱交易”中，他主要关注的不是用权力掠夺金钱财富，而是用金钱购买政治权力，乃至为后代购买优质教育。

沃尔泽的复合平等的正义理论的确有助于防止“赢者通吃”，防止一个人由于拥有某一方面的优势，就将这种优势扩大到所有方面，甚至因此对他人取得支配地位。大概是由于他所处社会的缘故，他更重视防止用金钱来购买一切。但我们知道，在另一些社会中，权力远比金钱更管用。在那些地方，更大的危险不是用金钱购买权力，而是用权力压制其他人的经济活动或掠夺社会的财富，即所谓“权力的腐败”。

顺便说说，罗尔斯在他的正义理论中也是主张阻断基本权利与经济利益之间的交易。他反对以利益之名，哪怕是多数人的利益之名来剥夺哪怕是很少数人的平等自由，所以他给出了正义原则的次序，只有先满足所有人的平等自由的原则，才能考虑公平机会和经济利益的分配。

不过，我们这里要讨论的是一般原则与特殊规则的关系。沃尔泽否定这些多元的特殊规则要依赖于一般的正义原则。他强调“地方性”。他说：“分配正义的每一种实质性解释都是一种地方性解释……首先有一种特征是我的论述的核心。我们（所有的人）都是文化的产物；我们创造并生活在有意义的世界里。”（*Spheres of Justice*, 314）这些说法可能并不错，但是否还是有一些超越地方性的共享的生活意义和正义原则呢？

凯伦指出，沃尔泽的论证最后还是建立在一般的甚至是抽象的自由民主原则上，还是不得不超越地方性的理解。假如像沃尔泽说的那样，“道德方面的论证要诉诸共享意义”（*Spheres of Justice*，29），那么这种论证就预设了我们的共享意义世界至少部分越过了我们所属的特定政治共同体的边界。

问题还在于，不仅是基本的生活意义、价值（善好），正义的原则是否更应该如此呢？或者说，那些最基本的人生价值，本身也可以用正义的原则规范来表述。而且，正义的原则倒是比人们对生活意义的理解更有可能，也更有必要达成超越地方性的普遍共识。而沃尔泽却认为一般的正义原则是不可能或不可取的。但是，我们在现实生活中不难观察到，如果说正义的标准有赖于人们对价值（善好）的看法，人们对什么是善好（应该追求的价值）的看法不是更容易发生歧义吗？即便是在同一个政治共同体内、在同一个地方，人们的价值观念也照样出现许多的差异。相反，不同的地方、不同的政治共同体内的人们，对一些基本的正义规范却反而较容易达成共识，比如对不能杀害无辜、不能伤害他人、不能让人因为缺乏物质的生活资料而死去，等等。

当然，沃尔泽的正义理论还不能说是一种道德的相对主义，他的观点和一些相对主义的思想，诸如利奥塔、德里达、福柯和一些后现代主义者，甚至和威廉斯的观点也都是有距离的。他认可正义是有规则可寻的，只是这些规则是多元的，且不可能依据一种普遍的道德原则。用巴里的话说，他更像是持一种约定主义的观点，即各个领域、各个社会的正义规则是要依各个领域的特殊性质和各个社会的人们对于善好的特殊理解而定的。这样，从总体来看，正义的规则自然是多元的，而且不可能用一些普遍原则来概括、提供依据或从它们引申出规则。

有不少学者指出，沃尔泽所提出的正义理论的一些正面主张，其实在美国的社会还是缺乏根基的。美国地方性的知识和共识并不支持他的主张，至少从历史和现实看是这样。这显示出他的理论的激进性，但即便说美国的地方性知识的趋势会朝沃尔泽希望的这个方向走，它怎么从目前的地方性知识中生长出来也是一个问题，是不是还得要借助更高的、超越地方和国家的普遍正义观念才可能生长？但这样做是不是会改变沃尔泽理论的基本主张？

即便是相当赞同沃尔泽的理论，认为其理论虽然不同于，但却优于现在的主流政治哲学的米勒也在上世纪九十年代指出，沃尔泽想证明医保不应依赖市场，但他的论证难以让人信服，因为从多数美国人现在共同的想法中无法推出这样的结论。就更别提沃尔泽主张的工业民主或者是扩展工人对工厂的控制权了。米勒认为，对此，十个美国人中有九个会拒绝接受。美国人打心底里信奉生命、自由和财产的基本权利。巴里也说：沃尔泽的一些主张无法诉诸大多数美国人的想法，因为大多数美国人还是信仰自己的建国文件《独立宣言》所揭示的普遍人权原则。当然，人们的观念可能发生变化，我们现在甚至可以说已经看到了诸多变化，问题在于，这些变化是不是还得要诉诸一般原则。我们看到，不仅沃尔泽的一些批评者，甚至赞许者也还是试图诉诸更为一般的原则。

比如米勒想强调平等公民身份理念在沃尔泽的正义观中发挥的

关键作用。他认为，如果在一个社会中人民享有一种基本的身份平等，这才能使诸如金钱和权力这样特定正义领域内的不平等变得无效。

巴里则认为，沃尔泽强烈反对一般理论，但只有这种理论能说出沃尔泽明显想说但又不能说的话：正义有其固有的属性，即便落后社会中的大多数人对正义有不同的理解，也不能动摇正义的这种属性。他更赞成罗尔斯的论证方法。在巴里看来，罗尔斯与沃尔泽看法一致的地方有：基本的公民和政治权利应当完全平等地进行分配，工作应当按照公平机会平等的原则进行分配，教育应当按照获益能力进行分配。罗尔斯还提出了差别原则以用于经济利益的分配。但巴里认为，罗尔斯的论证优于沃尔泽的地方在于先建立一般的正义理论，而后依据正义理论对这些标准进行阐释和辩护。

的确，在罗尔斯的正义理论中，其实也是有领域的明确区分的，在某种意义上，也可以说包含一种“复合平等”的含义。他的第一和第二两个正义原则适用于不同的领域。但他也认可、提出并努力论证一般的正义原则，乃至根据它们进行演绎。

罗尔斯强调一般的正义原则，但他的问题可能是将有的特殊原则也普遍化了，尽管他申明他的理论只是用于良序社会的基本结构。但即便如此，他的论证看来也至多能解释他的第一正义原则的普适性，而仍旧难以解释第二正义原则，尤其是差别原则的普适性。而有的更为基本的普遍原则，他反而没有单独提出，比如说保障生命与安全的原则。应该说，越是具有普遍意义的道德原则应该越是基本的，或者说越是接近道德底线才越具有普适性。而正如上面所批评的，在另一方面，沃尔泽则可能过于强调正义规则的特殊性了。

对沃尔泽的复合平等正义理论，还有一种来自事实的反对。在米勒看来，复合平等观面临的一项挑战是：人们在不同分配领域的地位有一种事实上不可抵挡的集中趋势，因此那种认为平等可以在不同地位中产生的观点是缺乏实践基础的。这是因为分配诸领域是互相关联的，在某一领域的高级地位也可能自然地趋向于转变为其他领域的高级地位。

我们要看到，能力和智力也有相通的一面，有的人可能会在多个领域内自然而然地占据优势。阿内森举出了这方面的一个具体例子：有个男生赢得了学校里所有的奖项，竞赛是公平进行的，测试的技能也是学校理应测试的。尽管如此，如果还是认为一个男生在所有竞争领域都取得成功是不合适或不正义的，那么，是不是只有10场竞赛出现10个不同的获胜者，才是吸引人的平等理想的胜利？人们还可以提问的是：那么，是不是要打压那个非常全面的优胜者，哪怕这很可能只是一些个别现象？

不过要指出的是，沃尔泽对自己的多元正义观点还是有限制的，或者说是有底线的。他在“解释与社会批评”中，承认有些正义要求是贯穿所有文化的，在此意义上，这些要求可被视为“一种底线的、普适的道德范畴”。禁止谋杀、欺骗和暴虐均在此列。沃尔泽在《多元主义、正义和平等》一书的“回应”中也写道：“书中有几章强调了一般道德在塑造分配原则上起的作用，无论是国际社会还是国内社会的分配原则。我承认这一点，尽管我不确定道德能在某种程度上从外部发挥作用，除非是一种底线道德。谋杀、折磨、奴役对任何分配过程来说都是错误的——它们之所以是错误的，与社会物品的意义没有关系。"

由此看来，沃尔泽还是接受了一种普遍的底线伦理，而这种底线伦理恰恰主要是存在于"报的正义"而非"分的正义"领域里的。但也许正是因为他过度聚焦于"分的正义"，所以他才在《正义诸领域》中常常忽略了这种普遍的底线伦理。而他在另一本著作《正义与非正义战争》中，倒是相当多地讨论并依据了一种普遍伦理。

无论如何，"复合平等"是一种富有启发的思路。在各个不同的领域和层面，应该有一些不同的正义准则，比如在个人的交往中、在自愿结合的团体中、在带有强制性的国家政治领域中，以及在国际关系的领域中，所采用的正义规则肯定是应当有所不同的，有的领域甚至不太适合谈正义，比如家庭，只要其中发生的事情不涉及违反法律和严重地影响社会。

但我认为，这种"复合平等"的地位却是次要的，甚至是次要的次要。首先，"报的正义"蕴含的一些基本原则应当置于"分的正义"之前（当然，"报的正义"的一些内容也应根据时代的变化有所改变）。其次，即便在"分的正义"中，无论是建设性的还是批评性的观点，也无法全然不诉诸某些基本的正义原则。而这些基本的原则是应该置于具体的规则之前或之上的。比如说，批评地方性文化中的寡妇殉葬、女性割礼等，就很难不依据一般的原则。

为什么今天我们还是应该重视，甚至更重视法律的、报应性的正义，将其置于更优先的地位来考虑？

首先是因为它涉及的问题之重，它涉及的是有关生命不被剥夺、伤害和压制，财产不受侵犯，基本的生存物质资料得到保障的重大问题。

其次是因为它涉及的范围之广，它不仅关系到社会中的一些群体——虽然是值得关心和照顾的贫困或弱势群体，还关系到这个社会的所有成员。司法正义的问题是所有人都要面对的，不论他是什么人。

再次，还因为这种传统的“报的正义”的原则往往在现代“分的正义”理论中被忽略。当代西方的正义理论和实践过于集中在权益分配，尤其是经济利益分配的领域。而我们最好取得一种恰当的平衡。

最后，这还和我们的国情相关，而且，这种逻辑的优先次序也是和历史正义的次序相吻合的。

总之，以上我的阐述和讨论只是从传统和现代、一般和特殊的角度，尝试提出一种对正义观念和理论的分析框架和优先次序，我期望它能够有助于读者理解这些译著，同时也展开自己的批判性思考。

致 谢

◎献给佩吉（Peggy）与
劳拉（Laura）

本人从那些对形成本书的诸多文字的评论中受益匪浅，提供这些富于启发的评论的人士包括查尔斯·贝茨（Charles Beitz）、哈里·布里豪斯（Harry Brighouse）、罗伯特·古丁（Robert Goodin）、丹尼尔·科尔顿斯基（Daniel Koltonski）、马赛厄斯·里塞（Mathias Risse）、卡罗莱娜·萨托里奥（Carolina Sartorio）、亨利·舒（Henry Shue）、彼得·辛格（Peter Singer）、科克－肖·谭（Kok-Chor Tan）以及牛津大学出版社的匿名审稿人。我尤其受惠于理查德·阿尼森（Richard Arneson）入木三分且富于建设性的批评。我对我的妻子佩吉深表感激，她心怀爱意地对我的工作提供了耐心细致而又善解人意的支持。

我利用了本人以前发表的部分作品，并感谢出版者允许我再次使用。布莱克韦尔出版公司（Blackwell Publishing）允许我使用《仁慈、义务与距离》［"Beneficence，Duty and Distance，" *Philosophy & Public Affairs* 32（2004）：357–83）］一文，它是本书第一章的重要来源。我还使用了下列文章的部分内容：《道德亲近与世界共同体》（"Moral Closeness and World Community"），收录于迪恩·查特吉（Deen Chatterjee）主编的《援助伦理学：道德与遥远的贫困者》[*The Ethics of Assistance*：*Morality and the Distant Needy*（Cambridge：Cambridge University Press，2004）]一书中；征得塞奇出版公司（Sage Publications）允许，使用《无知的美国爱国主义》[“Unlearning American Patriotism，” *Theory and Research in Education* 5（2007）:7 - 21）]一文；以及《全球权力与经济正义》（“Global Power and Economic Justice”），收录于查尔斯·贝茨与罗伯特·古丁主编的《全球基本权利》[*Global Basic Rights*（Oxford：Oxford University Press，2009）]一书中。我还要感谢国家人文基金 2004 年为支持本书的撰写所提供的资助。

目　录

CONTENTS

导　论　国际正义与超国家权力

发达国家的人民对发展中国家的人民负有广泛的、尚未得到履行的帮助义务。他们对这一政治责任的履行将给全球穷人带来巨大的利益，但也会将相当大的负担施加在发达国家身上。

本书致力于以一种独特的方式来证成这些论断。这种广泛的、尚未得到履行的全球义务不是某种指向穷人的仁慈的义务。它主要是一种避免利用发展中国家之人民的义务。就像我们与同胞、朋友与家人的关系产生了独特的关切义务那样，我们对发展中国家之人民的恰当尊重——要对发展中国家之人民的利益与自主性表现出合适的尊重（而非利用他们），我们就必须要以这种尊重的态度来对待他们——的标准也取决于我们与他们之间的交往（interactions）。这些至关重要的全球交往（全球权力目前就是在这一交往中被滥用的）包括跨国生产、世界贸易与金融之制度框架的协商制定、全球温室效应以及遏制这种效应的努力、发展政策的模塑以及为维持对发展中国家的影响而对暴力的使用。要修复跨国交往中目前存在的这些缺陷，我们就必须要走向建立在相互尊重——这种尊重类似于同胞之间的正义，即使它在全球规模的层面上会引导出不同的正义标准与非常不同的制度设计——基础之上的、真正合作的全球交往。

这一对跨国权力之当代滥用的探究与人们所熟悉的世界主义要求——它要求我们基于爱国主义者这一洞见（即内容广泛的政治职责要体现人们之间的特殊关系）而给外国的穷人提供大量的帮助——是协调一致的。对国际权力之现实的研究就成为跨国道德标准的某种基础，而非规避道德评价的手段。关于对权力的滥用如何导致了尚未得到履行之帮助义务的解释，增强了某种正在展开的非常重要的社会运动，即全球版本的社会民主运动。我们对发达国家内部贫困同胞所给予的特殊关切，与那些帮助外国穷人的高标准义务（demanding commitments）是捆绑在一起的，甚至在某些情况下，这些关切与义务需要彼此竞争，甚至国内经济困难时期依然如此：仁慈始于亲人，但是，这些跨越国界的义务要求的主要基础是容忍那些负责任地行使权力的规则，而不是那些仁慈的规则。

为了履行这些义务，我将在前两章对哲学家们那些有影响的理据展开批判，然后再详细地审视那些跨越国界的交往（它们是那些广泛的、尚未得到履行的跨国义务的真正根基）。最后，对当前道德混乱的诊断结论将被用来帮助我们谋划终极的道德目标以及实现这些目标的手段。本导论的余下部分是这一漫长探究之旅的一个详细规划。

转向关系

为了证成对特殊关系之广泛考察的合理性，我将首先考察并拒斥两种典型的探究全球正义的哲学进路。在证明发达国家之人民负有帮助全球穷人的高标准义务时，这些进路都避免依赖于关于跨国交往的任何明显的事实。

第一条进路是普遍仁慈（general beneficence）的进路。某些哲学家试图把帮助发展中国家之贫穷人民的高标准义务建立在以这种方式对穷人的需要做出回应的一般原则的基础之上，不管人们与这些穷人之间有着何种关系。他们争辩说，只要恰当地反思那些作为道德判断之主要根据的、在初始的意义上可靠的信念，那么，基本上每一个人都会得出这条仁慈的原则。他们——尤其是彼得·辛格——的理据的雄辩力量使得这一立场长期占据了关于国际责任之哲学争论的舞台中心。但是，我将证明，对道德常识的反思所得出的这类恰当结论过于温和与灵活，以致难以支持援助全球穷人的广泛要求（这种要求独立于人们之间的特殊关系）。如果一个人已经履行了她的其他义务，那么她对穷人做出的回应就是足够的（假如对穷人给予更多的关切将使她的生活变得恶化）。更重要的是，如果她更看重其他有价值的事业，那么，她就没有义务把她的关切贡献给那些最贫困的穷人。

第二条进路——它得到了查尔斯·贝茨、托马斯·博格（Thomas Pogge）、亨利·舒（Henry Shue）等人强有力而丰富多彩的辩护——首先转向了跨国关系领域。一种高标准的跨国政治关切义务建立在全球场景的某些要素的基础之上：这些要素虽然只有部分是关系性的（relational），但却是毫无争议的——不仅包括最贫穷的人都集中在发展中国家（伴随着发达国家的更多的舒适与奢侈）这一事实，还包括全球经济相互依赖（以及对排他性的财产权的认可）这一明显的事实。这一视角所获得的强有力的支持来源于人们面临的这样一种挑战：如何解释我们负有的帮助同胞的高标准的政治义务——如果我们负有这些义务（至少在我们把跨国交往抛置一旁的时候），那么，这些义务的基础除了是经济依赖（它现在已经明显地把全世界的人民都联系在一起了）还能是别的吗？在证明这第二种进路尚未充分把握跨国交往的特点时，我将力图化解这一挑战。我们对贫困同胞的政治义务所反映的是某种特殊类型的忠诚参与、公共物品的共享与政治强制——正是这些因素（而非单纯的商业伙伴关系）把同胞们紧密地联系在一起。如果单纯的全球商业联系是唯一具有道德相关性的跨国联系，那么，这些关系将支持某种较强的优先关切同胞的政治义务：支持这样一些政治措施——它们要求同胞们付出重大代价来提升贫穷的外国人的利益——就将是错误的，即使外国穷人更加贫困，且对他们的帮助更为有效。“全球商业联系”这一前提条件为本书的建设性谋划提供了基础。跨国交往催生了帮助外国穷人这样广泛而高标准的义务，也限定了帮助贫穷的同胞的手段。但是，对于这样一种交往体系，我们还需要进一步从经验上探究其在当代国际生活中的表现形态，并反思其道德后果。

相关交往的全景图

为了实施这一探究方法，我将考察发达国家的行动影响发展中国家之生活的诸多方式。这些方式包括从不太深远的到较为深远的，从特定的商业关系（它构成了全球化一极的特征）到跨越边界的暴力破坏（它构成了全球化另一极的特征）。

跨国经济的剥削问题。导致我们的跨国义务未能得到履行的首要原因是目前的跨国生产与交换制度本身；它为剥削的指控提供了主要理由。发达国家的人民利用了发展中国家的人民，从后者的弱势谈判地位（源于极度贫穷）中攫取利益。发达国家的人民要想表达对发展中国家之人民的平等价值的认可以及对后者之自主性的恰当尊重，就要愿意用他们攫取的利益来减轻那些极度贫困者的贫困状态。——面对这种情况（就像面对发展中国家之人民的大多数其他困境那样），我不会断言，那些错误地获得了好处的人将贫困强加给了穷人，或者说通常使后者的生活变得比原本的更糟；伤害的断言是由托马斯·博格的重要理据诱发的。因而，能够证明这一点——某人可以被错误地加以剥削，如果她的处境将变得更好的话——将是至关重要的。

国际贸易规则的不平等。在第二种类型的交往中，政府就全球商业的制度框架达成了某些共识，但是这些共识证明了不平等的指控之合理性。以美国为首的主要发达国家政府，利用发展中国家人民的谈判弱势（常常是源于极度贫困），制定了与公平磋商（reasonable deliberation）结果相比、对发达国家更为有利的贸易协定。这给某些发达国家的公民（尤其是美国的公民）提出了这样的义务：去支持那些新的、能够通过公平磋商达成的贸易协定。——为了详细阐述这种义务，我将描述，公平标准是如何由参与各方的责任来决定的，这些责任既包括出于善良信念的国际责任，也包括对同胞的责任。国际善良信念与国内责任之结合的结果将会是，对利益与负担的当前分配将会发生有利于发展中国家之人民的重大改变，同时，发达国家中那些经济上比较脆弱的人民也将遭受某些重大的损失。

气候伤害的疏忽。近年来，一种不同的集体管制的任务变得日益明显；这一任务涉及的不是如何通过相互接受的约束来增进经济行为的利益，而是对气候伤害（它是作为经济活动的一个无意的后果而出现的）的遏制。美国集制造气候伤害与不愿意为修复气候伤害贡献力量于一身——这招致了广泛的国际谴责。但是，国际社会在下述问题上鲜有共识：人类在应对温室气体的挑战时应遵循什么样的国际平等标准？在限制进一步的气候变化方面应根据何种理由来确认目前应达到的正确的国际目标？——我将捍卫一种公平框架模型（作为应对目前这种导致无意的气候伤害的平等方式）：在把全球气温控制在极限之内这一共同的事业中，每一个地方的人民都应当致力于寻求一种公道的、可接受的负担分配方式。这一分配标准将会非常有利于发展中国家那些贫穷的人民，而发达国家中相当数量的人民可能在道德上遭受严重的损失。（限制那些导致了这些风险的无意伤害的承诺，也是自由而平等的公民所看重的那些价值所包含的，这些价值要求我们关切发达国家的同胞。）

帝国的不负责任。除了要确定那些有助于促进全球经济行为并遏制其有害副作用的特殊约定在何种意义上是公平的之外，对全球正义的说明还必须确认这类道德责任——这类道德责任源于某些国家将权力凌驾于那些外国人之上。这非常类似于主权国家在行使其国内权力时会导致其对本国公民负有道德责任的情形。但是在后殖民时代，跨国权力的行使并未得到政治权威的授权，这些相关的事实与道德后果很难加以确认。我将主要通过从道德上审查美国实施其霸权的方式（美国以这种方式来利用其他国家的困难，迫使后者违背自己的意愿；因而这种方式可称之为“美利坚帝国模式”）来探究这些帮助发展中国家之义务的基础。尽管这种帝国行为催生的对贫困人民的义务与那类把同胞紧密联系在一起的义务不完全相同，但它最终带来的将会是高标准的、基本上未曾履行的关切义务。（通过与美国的联盟或类似的独立自主行为，这些关切义务在较弱的程度上扩展到了大多数发达国家。）在操控全球发展议程（常常通过国际制度）时，美国就负有额外的责任去满足全球穷人的基本需求。在扶持代理政权时，美国就负有责任去修补后者的道德失败。最后，由美国的政策所导致和延续的暴力破坏要求美国承担大量的义务。美国在刚刚过去的几十年给发展中国家所带来的广泛的暴力破坏要求美国承担起广泛的弥补责任,即使这些暴力并不是非正义的。此外，美国政府这种倾向暴力的非正义的结构性特征，要求美国公民承担起一种政治义务，即参与那些致力于减少破坏性权力之滥用的社会运动。

准世界主义

前面考察的每一种交往类型都产生了某种帮助义务，而这种帮助义务仅限于维持那些靠发展中国家的人民自身的努力也无法得到的重要需求供应。某些义务并没有聚焦于世界上最贫困的人民的利益。基于这些理由以及其他理由，与那些被冠以“世界主义”之名的公道的全球关怀视角相比，这种关系视角无疑更易于形成总体上能够得到履行的义务模式。而且，这些视角还激发了具有政治可行性的帮助发展中国家之人民的类似动力。

如果把源于所有这类跨国交往的道德要求与跨国仁慈的真正的

（即使是有限的）要求结合起来，那么，我们就负有巨大的道德责任去满足所有的发展中国家之穷人的利益。这种责任的亏欠会因为这种灾难性的反讽而得不到补偿：发达国家那种引发了高标准责任（demanding resposibilities）的跨国影响受制于某些持久的利益与制度倾向，这些利益与倾向导致了发达国家（尤其是那些最有影响力的大国）在与发展中国家交往时根深蒂固的不负责任。当需要做出改进以便抗击不正义时，负责任的人将会优先致力于更多地帮助那些遭受巨大不正义的人（而不是去帮助少数衣食无忧的人），去帮助那些遭受更严重苦难的人并尽最大努力去减轻他们的负担。当这些目标发生冲突时，站在全球“无知之幕”背后（这确保了全球公道）的选择将会对此做出取舍。因此，在政治可行性的限度内，那些试图克服当代跨国不负责任现象的人们会优先承诺全球层面的公道关切。

在某种意义上，他们的政治理念也会是世界主义的。对剥削性的、不平等的、麻木伤害的跨国关系的拒斥态度所包含的是某种终极的积极目标，这种目标即建立这样一个世界，在其中，跨越国界的相互依赖是一种建立在有自尊的参与者之相互信任基础上的真正合作。国内正义所追求的同样是一种以不同的（尽管也是相似的）关系为基础的真正合作。因此，全球正义的终极目标将以这样一种方式反映国内正义的终极目标：它们的目标都是文明友爱，只是采取与各自的背景相适应的形态。

全球社会民主

发达国家人民负有广泛的、尚未得到履行的帮助发展中国家人民的政治责任——为这一论点提供言之成理的理据是一回事；找到具有说服力的方法来帮助人们履行这些责任则是另一回事。为本书的论点提供支持的那些政治理由似乎显得特别无力，尤其在美国，在这里，那些未曾履行的义务是最多的。一个国家严重地滥用了其国际权力的思想以及对全球正义会要求那些易受伤害的同胞做出重大的牺牲的认可，都不怎么为人所接受。

在结论部分我将指出，权力、道德义务与实际的不负责任之间的联系（这是贯穿本书的重要论点）如何能够应用于实际的政治生活（尤其是在美国）。证明这些联系的论点已经引发了一场重要的如火如荼的社会运动，即一种全球化的社会民主运动。这种社会民主运动，通过改变影响外交政策的那些战略考量，具有降低跨国不负责任的特殊潜质。至少在美国人这里，投入这一运动将表明他们具有某种独特的世界主义倾向。它会使美国的爱国主义变成某种道德负担。说得更直接点：在美国，或许还有其他发达国家，未来朝向全球层面的文明友爱的进步，将会是实现对祖国之可靠的、文明的、负责任的爱的前提条件。

“发展中国家”

我的大部分论点都使用到一个范畴“发展中国家”；这是一个需要慎用的标签。遵循众所周知的用法，我使用的“发展中国家”一词指的是这样一些国家，它们拥有相当数量的、因环境艰苦而难以使其紧迫的物质需求得到满足的人口，它们的生产技术从总体上看长期大大落后于世界上最发达的生产技术；我使用的“发达国家”一词指的是这样一些国家，国内的绝对贫困现象以及落后的生产技术只是他们极少的例外。我们需要警惕这种传统的用法所忽略的多样性问题。发展中国家之间存在着巨大的差异。2005 年，每 6 个中国人中就有 1 人生活在世界银行划定的“每天 1 美元”的贫困线之下，1/3 的中国人生活在“每天 2 美元”的贫困线之下;按购买力平价计算，中国人的年消费中值约为 1200 美元；20% 的青少年营养不良。但是，中国的经济增长表现良好，并得到在固定设备和基础设施方面的大量投资的支撑；中国的生产、市场与军事的规模使它能够在国际事务中发出重要的声音；数百万人生活在繁荣的城市飞地中，预期寿命为 72 岁。撒哈拉以南非洲国家最贫困的人民面对的则是非常不同的处境——例如，在马拉维，尽管那里的经济增长近年也很强劲，但人们的年消费中值还不到中国的 1/3，人均投资水平不到中国的 1/10，经济规模在全球层面几乎小到可以忽略不计，预期寿命只有 48 岁。❶

我希望同等重视发展中国家之间的差异性与共同性。仔细审查跨国交往的具体特征将有助于我们抵制那种认为发展中国家都是完全相同的幻觉，也会得出反映它们的不同发展能力的道德标准。确立准世界主义的优先性将会给我们提供一个恰当的视角来对发展中国家的不同帮助需求做出回应。中国、印度和巴西的崛起也表明，推进全球社会民主事业是一项非常紧迫的任务。

---

❶ See Shaohua Chen and Martin Ravallion, “China is Poorer than We Thought, But No Less Successful in the Fight against Poverty” (Washington: World Bank, 2008), p. 15; World Bank, *World Development Indicators 2008* (Washington: World Bank, 2008), tables 1.a, 2.1, 2.18, 2.21; World Bank, *World Development Indicators 2007* (Washington: World Bank, 2007), table 1.1。中国的消费中值与人均 GDP 只有美国的 1/10。(See *World Development Indicators 2008*, table 1.a.)

从经济与政治权力行使的道德瑕疵推导出促进更多的帮助与更少的干涉，再推导出全球社会民主运动——所有这些论点都建立在越来越深入的经验探究基础之上。在开始对全球权力的这种探讨之前，我们首先要弄清楚，是否有必要确认最重要的全球正义义务。根据某些较有影响的哲学论点，发达国家人民通过理性地反思其日常的可靠的道德信念就能得出这样的结论：对世界上的穷人给予关切是一项高标准的道德要求；这无须依赖于任何特定的关于发达国家人民与全球穷人之间的交往属性的充满争议的观点。我将首先说明，在探讨国际正义的基础时对特殊关系的这种忽视为什么是错误的。

第一章　仁慈及其限度

彼得·辛格的一个具有长久影响力的观点对于哲学论证来说是如此至关重要，其观点的道德期许是如此具有吸引力，其观点提出的道德要求是如此激进，以致它成了人们评判帮助全球穷人之义务的自然逻辑起点，不管他们与这些全球穷人有没有任何特别联系。他在 1972 年的一篇论文中首次提出了那一观点；该文首先描述了当时正肆虐东孟加拉的饥荒与无家可归现象。如果该文的论点能够成立，那么，在对“为了发展中国家那些穷人的利益，发达国家中相对富裕的人们哪些利益应被迫放弃”这一问题做出要求特别高的回答时，无须诉诸特殊的关系或共同的历史。富人的财富、穷人的贫困以及使用前者的财富来减轻后者的重负的能力，才是真正相关的因素。

辛格是一位功利主义者，信仰的是这样的学说，即我们总是有义务以这种方式来做出抉择——尽我们最大的努力来为总体的幸福做出贡献。如果他仅仅是从这一僵化的哲学前提来推导出其结论，那么，没有人会在意他的观点。功利主义明确地对人们提出非同寻常的要求。我们当中很少有人会同意这样一条原则，该原则或者要求人们献出其两只胳膊——如果这是拯救另外一个被电锯锯伤的人的生命的唯一办法；或者要求外科医生悄悄地摘除一位正在做胆囊炎外科手术的病人的器官——如果这样做的重要后果是能够拯救三位需要器官移植的儿童的生命。辛格的论点仍然具有顽强的生命力，因为他给我们描绘的似乎是一条几乎我们每个人（包括那些被功利主义吓倒的）在反思了我们的道德信念后都会被迫接受的行动路线，以及一种包含了全球援助的激进道德命令的可信的经验假设。

从普通的观点中推导出非同寻常的结论这种证明方式取决于辛格的这一论点：下述原则“无疑是无法否认的”，至少当我们反思那些与救助有关的可靠的道德信念时是如此。

牺牲原则：“如果我们有能力阻止某种非常糟糕的事情发生，同时我们又不会牺牲任何具有道德价值的东西，那么，在道德的意义上，我们就应当这样做。”[1]

与其他前提结合起来，从这一原则就能推导出我所说的“激进的结论”——高标准的奉献义务：

每个人都有义务不把钱花费在奢侈品或装饰品上，有义务把我们因节俭而省下来的存款用来帮助那些贫困的人们。

更准确地说，这一激进的结论排除了把金钱用于享乐消费的合

---

[1] See Peter Singer, “Famine, Affluence and Morality,” *Philosophy & Public Affairs* 1 (1972), pp. 241, 235. 本章仅标注页码的引文指的就是这篇论文。辛格在文中很快补充道，“道德上的应当”指的是一种道德义务的命令，“而非这样一个行为，做了就是善的，而不做也不是一个错误”。

理性；我们只能把钱用于消除贫困。[1] 例如，辛格谴责那种购买衣服“不是为了保暖，而是为了漂亮”的做法（p.235）；并且坚持认为，一个人若非贫穷，都有捐赠的义务，除非进一步的捐赠会使自身变得贫穷或成为依赖他人的人。[2]

用来推导出激进结论的这两个额外附加前提中的第一个是对某种事物之重要性的毫无争议的价值评估：在任何特定场合或少数场合中，人们有机会购买奢侈品或装饰品，但人们只选择用钱来购买那些具有正常功能的其他产品，这并不是一种具有道德重要性的牺牲。毕竟，除了少数具有怪癖的人，任何人都不会认为，如果我选择购买一件标价 22.95 美元的普通品牌的保暖毛衣，而不是购买一件打折后标价 49.95 美元的漂亮名牌毛衣，那么，我就是做出了重要的道德牺牲。

另一个附加前提是关于奉献的当下后果的经验命题：由于国际援助机构提供的便利性，把放弃购买奢侈品或装饰品而省下来的钱（也许加上在其他类似场合节省下来的钱）捐献出去，一直是一种能够防止某些非常糟糕的事情发生的有效途径。例如，假设把购买便宜毛衣节省下来的钱捐献给联合国儿童基金会免疫接种项目，就能防止儿童死于那种肆虐最贫穷国家之儿童的、本来可以预防的传染

---

[1] “用于享乐消费”这一限定语认可了这样一些消费，这些消费对于一个人实现其最有效地帮助穷人的目标来说是至关重要的；例如，为了在一家衣着华丽的华尔街律师事务所谋得一份差事（以便最大限度地提高自己的捐款数量）而购买一套时髦的礼服。像辛格那样，我也默认这种购买行为。然而，即使把这一点考虑进来，辛格的激进结论给几乎每一个人都提出了基本上只生活在贫困线以上的极端严厉的道德要求。

[2] See p.242 and Singer, “Reconsidering the Famine Relief Argument,” in Peter Brown and Henry Shue, eds., *Food Policy* (New York: Free Press, 1977), p.49.

病。在这种情况下，如果我把钱用于购买一件时髦的品牌毛衣，那么我就违背了牺牲原则；如果该原则是正确的话，那么我的做法就是错误的。

人们或许可以从几个方面挑战关于这类有效援助之费用与后果的经验命题。尽管仁慈的诉求倾向强调国际援助链条最后一个环节中使用的资源的便宜性——25 美元一剂的疫苗或几美分的口服补液盐——但这只是援助过程的最后环节，而整个援助过程则昂贵得多，至少会涉及运输、培训与行政管理，有时还需要付出腐败的代价，重新募集因腐败而缺失的资金。人道主义援助想解决的那些可能的但可以避免的灾难在没有援助的情况下是否一定会发生，这并不确定：一般而言，五分之一的马里儿童，由于本来可以预防、可以治疗的传染病而在 5 岁前死去；其他五分之四的儿童会活下来。我们也不能确定，人们的捐献就会增加人道主义干预。例如，为了争取外部援助，贫穷国家的政府就会从内部减少对贫困人口的财政拨款，这种原因值得关注。

这些议论在其他语境中或许是重要的，但是，在辛格关于个人援助义务的语境中，它们不过是蹩脚的借口。日常管理的费用与援助一位陷入困境的外国人的最后一个环节所需的费用加在一起，也只相当于非常少的一部分人不购买奢侈品和装饰品而省下来的钱；这些钱的数目是如此之小，以致根本谈不上是道德上的重大牺牲。（把其他的开销加进来后，彼得·昂格尔［Peter Unger］给出的估算结果是，200 美元的捐款能够给贫穷国家一个 2 岁的儿童提供适当的健康保障一直到 6 岁；而 6 岁是儿童最脆弱的早年成长周期的时间节点。）[1]不管怎么说，我们的判断——不去援助是错误的——反映了这样一个事实：我们给宏伟的援助工程提供的捐款对我们来说通常只是一个微不足道的负担——可以说，这类似于方便地把一个救生圈抛给在水中挣扎的人们，它的费用不会多于修建防洪堤或定期更换救生设施的费用。尽管那些得到国际援助项目帮助的人在没有这些援助的情况下并不一定都会死亡，但是，防止某种非常糟糕的事情发生这一道德要求，并不仅限于要求我们去预防那些如不采取行动就必然会发生的悲剧。在道德相关的意义上，一个人把一名儿童从一条正在咆哮的狗的旁边拉开，就能够防止那名儿童被狗咬伤，即使五分之四的儿童受到咆哮的狗威胁时都没有被咬伤过。最后，对援助项目对受援国之影响的担忧，似乎是一个审慎选择援助机构——选择这样一些援助机构，它们能够最有效地满足当地政府不会予以帮助的那些贫困人口的需要——的理由，而不是自己为什么不必去捐献的理由。当然，做好事也总会存在风险，但是，鉴于这种牺牲所带来的重要的道德价值，把风险作为袖手旁观的理由，不过是一个不想去帮助他人的蹩脚的理由，就像某个人为什么不愿意把一个他用来装饰其旗杆的救生圈抛给一个溺水的儿童时，他却借口说："也许波浪会把救生圈卷走。"

总之，仅仅基于是否足够有效这一前提来批评辛格的论点，就会忽视一个重要的、充满争议的道德论题。这是一个有条件的论

[1] See Peter Unger, *Living High and Letting Die* (New York: Oxford University Press, 1996), p.148.

点——人们有义务放弃奢侈品和装饰品并把节省下来的钱捐献出来，无论何时都会有一些机构，它们能够把这些捐款用于防止某些非常糟糕的事情发生。

基于这些理由，我将采纳一项简化了的假设：购买品牌毛衣意味着放弃拯救贫穷国家儿童性命的机会。把这一假设与其他道德前提结合起来，我们就可以得出这样的结论：高档购物中心就是可怕的道德危险之地。

当然，一旦人们认识到了“牺牲原则”的激进后果，那么，该原则的“毫无争议的外表”（p.231）就会消失。但是，根据辛格的观点，只要恰当地反思一个具有启发性的案例，对几乎每个人来说，牺牲原则都是无可争辩的。假设匆匆赶去做讲座的辛格遇到一个蹒跚儿童跌落池塘中，那么，他有义务蹚水将儿童拽上来，而他这样做也只会遭受一些在道德上微不足道的损失，诸如衣服被泥巴弄脏，讲座迟到。但是，“假设我们接受了公正无私、普遍性、平等这类原则，那么，我们就不能仅仅因为一个人与我们距离遥远就歧视他”（p.232）。因此，那些与拯救邻人的义务有关的日常的可靠信念似乎就和那些与道德平等有关的更为深层的日常信念结合起来，从而证明，牺牲原则是对我们负有的拯救危险之中的人（不管他们与我们的距离是近还是远）之义务的准确描述。

辛格的论证是关于仁慈的激进要求推理的范式；这种范式近几十年来十分流行；它是由辛格及其派系提出来的，要求我们对世界上最贫困的人们提供紧急援助；它是对需求、资源与财富转移能力等分配的回应，是从我们的日常道德信念中推导出来的道德命令。

虽然辛格的论证具有持久的吸引力，但是他从日常道德与可信的经验命题的理性反思中推导出激进结论的努力，却曲解了日常道德：它忽视了我们与他人、与自己、与自己的潜在目标之间的关系在塑造人际平等尊重要求方面所发挥的作用。当然，在让儿童持续过上健康生活的重要性面前，拥有一件时髦的品牌毛衣的重要性也会黯然失色；无论对谁来说，否认这一点都是怪异和令人震惊的。但是，如何使购买行为正确，应当是个一般性原则，一个比牺牲性原则更为包容的竞争原则；在做出选择的特定场合，它借助对紧要关头利益的考量而不是相对重要性而得以确证。在阐述了这样一条原则并把它当作对尊重原则的恰当表述后，我将把它与我们关于拯救义务的可靠信念（诸如辛格必须拯救溺水的蹒跚儿童这样的信念）结合起来。结合后的原则将不会被用来证明在一个极度贫困的世界中的自私的合理性；这种自私对于日常的道德良知来说是可怕的。即使富人与穷人之间不存在特殊的联系，富人也负有义务（尽管常常被忽视）去满足这些穷人的需要。当然，我们最终会发现，这种与穷人相关的交往联系是帮助全球穷人之高标准义务（demanding obligation）

的必要组成部分。[1]

同情原则

与辛格的牺牲原则一样，与之竞争的更为温和的原则在勾勒我们帮助他人的义务时，有意将特殊关系、背景与共同的历史排除在外。

同情原则：满足他人需要的真诚内心倾向应当足以要求人们做出相应捐献行为；如果一个人还要履行更多的义务，那么那种表达了更大的内心关切的捐献行为将会使自己的生活面临恶化的巨大风险；而同情原则所确认的义务要求无须超出这一点。

如果某人拥有该原则所要求的那种态度并且充分知情却不采取那种行动，那么他的选择或者那种选择模式对于他来说就会违背这一原则。

---

[1] 与辛格的观点同属一系的诸多著作中，Shelly Kagan，*The Limits of Morality*（New York: Oxford University Press，1989），Peter Unger，*Living High and Letting Die*，and Liam B. Murphy，*Moral Demands in Nonideal Theory*（New York: Oxford University Press，2000）等著作尤其具有影响力。虽然他们与辛格同属一系，但是在本质上和程度上都有差异。昂格尔捍卫的是某种较强形式的牺牲原则（辛格也接受该原则），只要这种牺牲在道德上并不比救济重要，那么就应当提供援助。卡根（Kagan）批评人们给后果主义命令所施加的这一常见的限制：总是这样行动，以致能够带来总体上的最好结果；后果主义包含的是某种要求更高的原则。与之相反，墨菲（Murphy）认为，存在着一个合理的理由来限制这一要求：人们有义务最大限度地实现仁爱。这个理由即公平：人们没有必要为他人提供比他本来应该提供的更多的帮助，如果每个人都负有这种义务的话。然而，他承认，辛格与昂格尔关于拯救的观点对这一限定构成了严肃的挑战（see pp. 127 - 33）；而且，在当代贫穷与不平等的世界条件下，他强调他的有限的仁慈义务的紧迫性——这种紧迫性或许可以支持辛格的激进结论。尽管 Henry Shue，*Basic Rights*（Princeton: Princeton University Press，1996 [original edition: 1980]）关注的主要是一组有限的基本权利以及哪些特定制度能够支持这些权利的问题，但是，亨利·舒还是为辛格激进结论的某种制度版本提供了强有力的理据；某些理据仅仅依赖于需求、资源与帮助能力的分配。我对一种温和的普遍仁慈原则的辩护完全不同于辛格的整个派系。我对墨菲与昂格尔的著作的某些含蓄的回应，参见我的论文"Beneficence，Duty and Distance,"*Philosophy & Public Affairs 32*（2004）: 357-83，especially on pp. 365 f.and 379 f.（墨菲）and pp.381-3（昂格尔）.

这里所讨论的贫困指的是辛格称之为“相当糟糕”的那种生活必需品的匮乏状态。使用“使自己的生活面临恶化的巨大风险”这一表述，我指的是一种非常重要的可能性：一个人的总体生活将会比在不这样做的情况下更为恶化。促使一个人的生活比正常情况下更加糟糕的经历，无须延伸到一个人人生中非常漫长的时期，也无须使他承受巨大的负担。但是，这一事实——在某个时候我的处境会变得更好，或我的被浇灭的愿望又得到了实现——并不意味着，我的生活变得更糟了（如果事情朝着我原先设想的方向发展的话）。如果我在一家餐厅用餐但却没有吃到它原先提供的一道美食，那么，严格说来，我的生活并没有变得更糟。[1]事实上，人们可能会依据这一事例而得出这样的判断：即使我的生活变得更糟了，这种改变也微不足道。在此，没有必要去探讨这种分歧。那些认可这些回应的人可以重新解释同情原则，重新阐释本章其余内容使之适合于接受同情原则：把“使自己的生活面临恶化的巨大风险”这一表述理解为“使自己的生活面临实质性恶化的巨大风险”。

使用“满足他人需要的真诚内心倾向”这一表述，我指的是，把满足他人的需要当作提供帮助的一个理由；这种做法表明，一个人把消除贫困（换言之，对他人之贫困的真正关切）看得非常重要。这种倾向就是判断一个人的品格是仁慈的还是麻木的标志。表达了

---

[1] 在 Joseph Raz, *The Morality of Freedom* (Oxford: Oxford University Press, 1986), pp.241-3 一书中，约瑟夫·拉兹（Joseph Raz）提供了一个类似的例子作为支持这一论点的部分理由：“当幸福被理解为一个人的生活或一个时期的生活的质量时，那么，对幸福的追求本身就能……给人带来满足［即它涉及某个能够完全得到实现的目标］。”（p.241）

基本关切的内在倾向本身或许并不能告诉我们，在特定的情景中我们应当采取何种特定的个人行动计划。因此，某些人倾向把钱捐献给癌症研究，而其他一些人，他们对贫困问题的基本关切是一致的，他们倾向把钱捐献给消除饥荒项目。不过，这些基本的关切将证明并展现于我们的个人抉择以及我们以某种方式采取行动的特定决心之中。[1]

一种温和的义务

在评估代价的道德意义时，牺牲原则只能得出激进的结论。同样，同情原则对援助义务的影响将取决于，什么可以算作是使一个人的生活恶化了。只要这些评估与我们大多数人经过反思后的判断是一致的（如辛格的证明所要求的那样），那么，同情原则对“消费而非捐献”的约束就是温和的：在一个许多人都衣不蔽体的世界中，让自己的大衣柜塞满时髦服装的行为是错误的，但是，偶尔购买一件时髦品牌衬衣（它非常独特，尽管不是超级昂贵，但是比普通品牌要昂贵很多）却不为过。

对他人的贫困做出额外的回应会使一个人的生活变得恶化，如果这种回应使他得不到足够的资源去开心自如地追求某个有价值的目标（他从思想上高度认可这一目标，并且从不打算放弃它）。使用“认可某个目标”这一表述，我指的是，能够给某个特定的选择和计

---

[1] 对这一过程（它是那种表现了某种连贯的自主人格的行为的基础）更为生动的描述，see Harry Frankfurt, “The Importance of What We Care About” [1982]，载其著作 *The Importance of What We Care About* (Cambridge: Cambridge University Press, 1988) and Michael Bratman, “Reflection, Planning, and Temporally Extended Agency,” *Philosophical Review* 109 (2000): 35-61.

划提供支撑和价值的基本利益。一个人的人格中的这种构成要素也就是她认为之所以是那类人的构成要素。假设她对构成其自我的那类目标的认可是无可挑剔的，假如她自己的目标与能力以及她对这一目标的执着是使她的生活（如果她能自主地追求这种生活）变得丰富多彩的原因，那么，对她来说，这个目标就是一个有价值的目标。

根据某些关于何谓有价值的目标的清教徒式的概念，任何一种要求偶尔使用奢侈品和化妆品的目标都会受到谴责。但是，这些观念只是少数人认可的学说，而不是辛格所诉诸的那类日常道德思维的构成要素。根据日常的评价观念，我的有价值的目标包括我能够以这样一种方式把自己展现给他人：这种展现方式表达了我自己的美感，而且能从彼此的审美赏识中获得愉悦。我不用因为自己是这样一类人而深感抱歉：我以这种方式表达自己的美感与社交兴趣。我的生活因这些兴趣而变得更丰富了，而不是更枯燥了，尽管我还有其他的兴趣和能力。要能够开心自如地追求这种目标，我就必须偶尔购买一件奢侈品或装饰品，比如某些时髦的服装，而不是某些便宜的普通品牌服装。同样，如果我从来不能到高档餐厅用餐，那么，我就不能开心自如地追求自己这样一种有价值的目标：通过饮食来发现各种有趣而丰富多彩的审美与文化形态。如果不购买达到一定价位的立体声设备，我就无法实现自己这样一种有价值的目标：欣赏伟大的音乐家和表演家利用音色和韵律的微妙差异制造强烈的审美效果这样一种能力。因此，当我偶尔购买这些奢侈品和装饰品时，我并没有违背同情原则。[1]

我有许多昂贵的目标：表达我的美感，穿着有自我特色的服装与他人交往，品尝和探索美食，欣赏伟大的音乐作品。当然，其他人通过追求比我的更为简朴的目标也能过上丰富多彩的（至少是充满阳光的）生活。如果我能够在人生的早年被如此教导，我或许能够认同他们的这些较为简朴的目标，以致它们能够成为给我的选择提供支撑和价值的目标。然而，由于同情原则把是否使我自己的生命面临恶化之虞当作调节我的行善义务的标准，因而，我的义务的边界就是由那些我现在完全认同的有价值之目标的要求决定的。因为，如果有人尚未完全认同那些要求不怎么高的目标，那么，这种可能性——这些目标有可能会成为他自己的目标——就无法决定他的生活实际上是否会恶化。美国的许多穷人，如果他们通过某些高强度的自我转型训练项目，能够把他们的生活目标变得与那些完全适应环境的隐修和尚与尼姑的目标相似的话，那么他们的贫困也就不会成为一种负担。这并不是说，他们的生活不会因为他们的贫困而变得恶化。人们有权拒绝用暴力强迫这样一些人：他们（不仅仅是作为拥有特权的父母）已经改变了自己的价值目标，并且在一定限度上想把自己的生活方式传递给自己的子女。

---

[1] 在这些例子中，目标指的是使某些行为得到较好的表达。但是，一般来说，我是在广义上使用“目标”一词的，包括把某些事情做好，维护人们所珍视的关系，表达人们所看重的品质。几乎所有人都看重的一个有价值的品质就是，完全容忍人们偶尔对某些无害的志向的沉迷，这种沉迷（因分散了我们的精力）无助于那些构成了我们生活的意义的目标的实现。因此，在“仅此一次”的选择中获得的足够成功在较宽广的意义上完全有助于我们所追求的目标的实现，即使它偏离了狭隘意义上的目标。

尽管同情原则允许很多非利他主义的花钱方式（这些方式是牺牲原则所反对的），它仍然要求大多数不贫穷的人们奉献出相当多的东西。对于我们当中大多数不贫困的人来说，那些合理地坚持的内心目标给这种奉献留下了空间：在给予穷人以相当数量的帮助以后，我们仍然能够开心自如地追求这些目标，履行我们的其他义务。因此，根据同情原则，这就是我们的义务。事实上，这一原则仍然保留了激进结论的某些重要锋芒，因为人们倾向夸大自身生活恶化的风险。人们难免会夸张仅仅是一时的挫折，把它夸大为使自己的整个生活都变得恶化。人们尤其难以避免对未来的过度焦虑，这种焦虑使微不足道的恶化风险显得非常严重（例如，由于对未来过分担忧，人们就不会向牛津乐施会这类慈善机构捐款）。人们很容易就轻信，自己不能放弃某个目标，但是，只要稍加努力，人们就能放弃该目标，发展出或强化某些低级趣味。由于存在着误用同情原则的持续压力，因此，要使我们的生活能够满足这一原则的要求，我们就一刻也不能松懈。

由于同情原则关注的是生存状态的恶化而非某些绝对的阈值，它最终可能仍会得出激进的结论。毕竟，在把每个月的捐献标准控制在不使自己陷入物质贫困的情况下，如果一个人问自己，“每个月再多捐献 1 美元会使我的生命面临更加糟糕的巨大风险（与不多捐献这一笔小小的资金的情形相比）吗”？回答肯定是“不会”。因此，她对贫困做出的内心回应似乎比同情原则所要求的要少，除非她捐献的数量达到了使她陷入真正的物质贫困的边缘（这是激进的结论所要求的)。[1]

表面看来，这个论点是一个令人生气的伎俩，就像儿童常用的反驳之词："你太严厉了。我再多待 10 分钟又能怎么样？"这一伎俩把内心倾向与表现这些倾向的个人行动方针混为一谈。一般来说，一个人有多仁慈，他对穷人就有多关心，这并不取决于他每个月是多捐献还是少捐献 1 美元。对穷人的内心关切，在什么才是对一个人来说根本重要的层面上是难以准确地加以计算的。同理，这一情形——在其中，较大的内心关切会使个人面临生活恶化的巨大风险——也会是这种情形：在其中，即使不面临这种巨大的风险，一个人也不会做出捐献更大份额的决定。

然而，强调内心态度的细微差别，并不能恰当地对多捐献一点点只是一个微不足道的负担这种观点做出回应；因为，人们只要认识到"每个月只要多捐献 1 美元就能拯救无辜的儿童，使他们免于陷入危险的处境"这一点，一般都会倾向多捐献一点。同时，只要人们认识到"毕竟，对贫困的内心关切不受制于内心态度的这类细微差别"这一点，那么，心安理得地宣称，自己的一成不变的做法总是正确的，这也是非常荒谬的。强调内心态度的细微差别也是对富人所表达出来的、令人不安的自我怀疑所做出的荒谬回应，当他们理解了牛津乐施会与其他慈善组织的呼吁，并认识到不管多么微

---

[1] 在加勒特·库里提（Garrett Cullity）的论文"International Aid and the Scope of Kindness"，*Ethics* 105（1994）结尾处（pp.126 f.），他提出了一个类似的理据来作为支持下述观点的一个最强有力的根据：仁慈的义务要求富人为拯救全世界的苦难而做出"巨大的"牺牲。他认为，这一论点可以被批判，但是，在现有的文献中尚未找到这种批判的依据。

小的捐献都能给穷人的生活带来巨大的改变的时候。几乎所有的富人都明白，给穷人提供更多的实质性的帮助，并不会使他们的生活面临恶化的巨大风险——或者，在某些情况下，牛津乐施会的呼吁会使他们意识到这一点。在这种情况下，人们的想法（基于这一事实：应做出更大努力以鼓励人们做出更多贡献）或许会是这样的："我应当做出更大的贡献，但是，无处不在的诱惑与对未来生活的担忧难免会使我有力不从心的感觉。不过，我仍然会努力去多做一点我应当做的事情，而且，我也能把它做好。"

相反，假设某人完全确信，她目前奉行的贡献模式已经恰当地表达了她对于穷人的内心关切，表达了更为巨大的内心关切的那种程度更高的奉献将会使她的生活面临恶化的巨大风险。一个人读过牛津乐施会的一封邮件（该邮件描述了比她的贡献模式稍多一点的一小笔捐款所能带来的对贫困的消除情况）后，她或许会这样自我安慰道："我本来是可以制定一个数量稍多一点的捐款计划的，但是，这稍多一点的捐款并不会使我成为一个对穷人给予更多内心关切的人。对穷人的内心关切并不受制于这类细微差别。由于我已经充分表达了我内心对待穷人的态度，我就没有必要再多捐献一点了（也即在我现有的捐献规模上再额外捐献一些）。”[1]

把同情建立在尊重的基础之上

日常道德并不仅仅是约束特定领域行为（例如，满足穷人的需要）的原则的集合。除了倾向认可特定的原则与关于特定案例的判断，我们大多数人还认可许多含混但内容宽泛的道德义务原则。例如，根据日常的道德思维，当且仅当人们在做出某种选择时没有展现出对所有人的平等尊重的情况下，这种选择才是错误的；同样，当且仅当某种选择它不符合我们对每个人的生命之平等价值的认可的情况下，这种选择才是错误的。在这个意义上，日常道德具有根深蒂固的世界主义倾向，恰如辛格及其派系所坚持的那样。这些道德属

[1] 在库利提版本的“稍多一点”理据中，有人基于一种老生常谈的论点而提出了一种极端的道德要求：如果稍微增加一点牺牲就能拯救额外一条生命，那么，不做出这稍多一点的牺牲就是错误的。在其富于开拓性与思想性的著作 *The Moral Demands of Affluence*（Oxford: Oxford University Press，2004）的结尾处，他最终拒斥了这种观点；他认为，人们不愿意做出这些牺牲的合理理由是：“通过诉诸我对那些赋予我的生活以意义的合理的善的追求，我能够合理地克制自己去帮助他人的意愿。但是，对自己的善的这种追求与上述老生常谈的观点是格格不入的。”（p.191.）这些论断与我自己对仁慈的解释大致相同。但是，根据他自己的观点，他并不能看出，他的“稍多一点”版本的理据究竟错在何处。就仁慈问题而言，他是愿意接受“公道关怀视角”的终极道德权威的；“公道关怀视角”也可称之为“平等考量视角”，它要求根据对一个行为之后果的公道评估来评价该行为的道德价值（pp.122 f）。那么，为什么不是每一个依据相关利益而做出的拒绝援助的决定都是错误的？为什么完全的自我剥夺（这种自我剥夺导源于在给予帮助方面的稍多一点的捐赠要求）不是道德所要求的（如果许多生命将因此而获得拯救）？在回应第二个问题时，库利提宣称，“否认下面这一点是荒谬的”：某些有价值的追求本身（极端的道德要求基本上都会反对这类追求）“就提供了要求他人给予帮助的理由”；他还推论说，当人们致力于这类追求时，仁慈原则并未受到侵犯（p.157；see also p.193）。但是，否认后面这一论点似乎并不是荒谬的：在选择不帮助他们就能拯救许多无辜的生命的情况下，我们仍应帮助那些致力于这类追求的人。库利提的反对者似乎也否认这一论点。当人们根据对他人的影响来思考我们是否应当拒绝稍多一点的援助这一问题时，否认这一点——即这稍多一点的要求是标准过高的——就更不是荒谬的了。基于这些以及其他的理由，对公道关怀之道德（它优先考虑的是同情原则所要求的平等尊重与内心关切）的一个更为直接批判就需要避免库利提所拒斥的那种极端的道德要求。——我得补充说，我对仁慈原则之要求的说明不仅比库利提所拒斥的极端道德要求更为宽松，而且也比他所支持的仁慈原则的要求更为宽松；他的仁慈原则排除了那些“单纯出于愉悦目的的昂贵消费”，例如，“作为愉悦方式之一的假日旅行”，这种旅行并不是作为实现“自我发展”目标的手段（pp.183 f）。

于模糊的准则（precepts），需要做出进一步的解释，就像大多数国家的宪法中的重要条文（如美国宪法中关于确保“法律的平等保护”条文）那样。不过，它们具有重要的约束力。恰如一位负责任的最高法院法官需要决定某部法律是否违宪那样，在道德上负责任的人们也需要寻求义务的特定原则，这些原则能够满足依据对一般准则的最佳解释所提出的要求，能够最好地匹配大多数可靠的道德判断。

同情原则恰当地表达了最一般的道德平等视角。一方面，一个人，他没有对穷人展现出更多的基本关切，即使这种关切不会令他的生活面临恶化的巨大风险，也不会减损他的义务，这样的人，把他人的生活看得没有自己的重要。另一方面，一个人，倘若他对穷人的帮助义务达到了同情原则所允许的极限，这样的人能够认识到每一个人的生命的平等价值，并能够对所有的人表现出平等的尊重。“通过对他人的贫困保持这种程度的敏感，我表达了对每一个人的生命的平等价值的认可；但是，这种敏感将保持在不使我的生活面临巨大风险的范围内，如果我已经履行了我的其他义务的话”——这并不是一个内心前后矛盾的自我刻画。

当然，这些论点还需要依据对基本道德视野的其他阐释来加以审视。如果对所有人的平等尊重意味着对所有人的平等关切，那么，同情原则就会显得过于温和。当我把那些本可以用来拯救儿童（使他免于夭折）的钱用于购买时髦的服装、享受高档餐厅的美食、购置高档音响设备时，我对发展中国家贫困儿童所展现的关切就少于对我自己的关切。但是，平等尊重并不必然推导出平等关切。

由于我们有正当的理由担心，我们会过于看重自己的利益（回想起对错误运用同情原则的担心），因而，当我们与另一个人的有价值的特殊关系导致了我们对他的特殊关切的时候，平等尊重与平等关切的区别就是最明显不过的了。我不会同等地关心我自己的女儿与住在街道另一边的女孩；例如，如果这位女孩与我的女儿同样贫穷，我一般不会像照顾我自己的女儿那样照顾这位邻居，即使她的父母已经为她倾尽全力。但是，我并没有把这位邻居的生命的价值看得比我女儿的生命更少；我的不平等关切反映的是我与我女儿的特殊关系所拥有的恰当价值，而不是我对他们的不平等尊重。

对一个我们与其保持着有价值的关系的人给予特殊关切在道德上是恰当的；这种特殊关切的道德恰当性（塞缪尔·谢弗勒［Samuel Scheffler］的著作中一个重要主题[1]），并不仅仅是一个有关在公道地改进人类处境的过程中这种偏袒所能发挥积极作用的问题。辛格把不平等关切的特殊态度视为人们身上一种值得称赞的品格，只要这种态度能够使人们更为有效地对人类的总体福利（在辛格看来，这是公道关怀的终极目标）做出贡献。[2]这与他对同情原则的含蓄拒斥是一致的：在一个有着高效率的国际援助机构的高度不平等的世界中，一个人对自己的捐款方式所做的重大改变（这种改变会危及她所认同的那些较为昂贵的有价值的目标）将会对人类的总体净福利做出贡献，即使她的捐款热情降低了。但是，根据日常

[1] 例如，see Scheffler，"Relationships and Responsibilities，" *Philosophy & Public Affairs* 26（1997）：189-209.

[2] 例如，see Singer，*One World*（New Haven: Yale University Press，2002），pp.154-67.

道德思维，不平等关切的态度与对所有人的平等尊重的协调一致（compatibility），并不取决于这种态度能否成为更有效地推进人类福利的重要源泉。我的女儿是个售货员，在一个燃烧的大楼中有我的女儿和一个拥有高超的拯救生命技能的外科医生，我面临着只能救两个人中的一人的艰难选择时，我的情感会倾向让我在生命进程中做出一个减少对人类总体福利做出贡献的选择，但是，这种选择与对所有人的平等尊重是协调一致的。平等尊重与不平等关切的态度之间的协调一致也不取决于，在一个可预见的特定境况（与面对着燃烧的大楼时被迫做出抉择的可怕的意外不同）中，这种不平等关切能否最大限度地带来福利总量的增加。在一个长期人手不足的市中心急诊室工作的医生，在可预见的境况中肯定能做出更多的善行，如果他能减少对其家人的牵挂,并选择一种工作狂式的生活方式（这种生活方式的根本动机就是拯救生命）的话。但是，由于他每天从事很长时间的抢救工作后，回到家里感觉身体麻木，他发现自己的家庭生活陷入危险境地，于是他放弃市中心工作而在郊区执业，以维系并表达对家庭的依恋情感，其实，他并没有把市中心的人们的生命看得比其他地区的人的生命更无价值。

这些判断并不是仅仅反映了这样一个事实：引起特殊关切的特殊关系，作为福利的一个构成要素，拥有独立的价值。然而，从终极的意义上说，坚持这一点——对特殊关系的回应应从公道关怀方面得到认可的坚持，已经误入歧途，即使对福利的这种理解是可以接受的。外科医生因工作变化而带来的家庭生活的改善，与那些被送到急诊室的父母因得不到更好的医疗保健而带来的家庭生活新的损失相比，无疑要小很多。如果我为了增加总体的福利而以养父的身份介入其他两个孩子父母的生活,从而忽视对我女儿的抚养,那么,我就没有表达出我与自己孩子之间特殊关系的恰当的价值判断。

因应特殊关系的特殊关切也不能（以规则功利主义的方式）通过诉诸社会规范体系（它赞成或者容忍这种特殊关切）所带来的总体利益的方式来加以确证。如果以集体养育的方式把孩子抚养成人（无需对特殊的父母之爱的强烈情感依恋）事实上是一种增加总体福利的方式，人们仍然可以正当地拒绝吞下一片可以使他们无忧无虑地参与这项工程的药片；他们之所以拒斥，乃是因为，他们的生活与其孩子的生活密不可分，或者因为，他们把为人父母当成了自己实际所追求的目标。子女对其父母的忠诚、朋友之间的相互忠诚以及其他有类似功效的药片，莫不如是。事实上，把功利主义限制在社会规范层面的武断做法，是对人们通常持有可允许的偏私所做的一种糟糕的证明。对作为一个整体的社会来说，最为仁慈的规范体系允许对家庭关系给予特殊关注，这一事实很难解释那位急诊室的医生为什么没有做错任何事情，当他放弃了作为一个超然的工作狂为社会做好事的难得机会从而减少了社会的总体福利的时候。最后，基于规则功利主义来证明偏私的合理性，就会把对不平等关切的证明建立在对他处的不平等提供一种众所周知的有瑕疵的解释这样一种学说基础之上。因为，规则功利主义与平等尊重所要求的那些可靠的判断是水火不容的——规则功利主义接受那种残酷地压迫少数人的社会安排，当这种安排是最有效地增加社会福利总量的必要副产品的时候；它甚至会接受奴隶制，如果这种制度通过维持一种非常有效率的劳动分工而最大限度地增加了社会福利的话。

总之，如果我们根据关于偏袒的日常可靠的信念来解释完备的道德义务原则，那么，决定道德义务的平等尊重本身就不是一种平等关切的态度，不需要诉诸普遍的福利来对它加以证明。但是，同情原则所允许的这类特殊的不平等关切，与平等尊重可以相容吗？前述论断的合理性可以通过对有价值的特殊关系的进一步考察而得到强化。尤其是，对自己孩子的偏私（在父母养育阶段，这是可以接受的）与对某些人的不平等同对所有人的尊重，就以同情原则所允许的那种对自己与他者的态度相类似的方式结合起来了。

考虑一下下面的情形：我把一些资源用于满足我女儿的需要，这些资源我原本也可以用来帮助穷人，而我与那些穷人不存在有价值的特殊关系，没有对他们做出任何承诺，我也没有在一个能引发特殊关切的独特情景中直面他们的需求。在这种情况下，我总是一成不变地把那些资源用于满足我女儿的做法或许就是错误的。假如我的女儿总是想要新颖而昂贵的小饰品（实际上，我的女儿与此完全不同），我肯定就无法向慈善机构提供捐款了。但是，如果我对这些穷人提供更大帮助的行为将会使我女儿的生活面临恶化的巨大风险，那么，我不提供更多帮助的做法就没什么错了。

当对依赖父母的孩子提供更少的资源将让她面临丧失获得那些至关重要的能力的风险时，这种偏爱与平等尊重的相容性就得到了最生动的展现。当我把钱用于支持我女儿接受良好的大学教育（而不是把钱捐给慈善机构从而使她的生活面临恶化的风险）时，我并没有展现出不平等的尊重，也没有表明我赋予某些生命较多的价值某些生命较少的价值；当然，我也知道，如果我坚持把女儿送去一所教育质量不那么好的较为便宜的大学，那么，我省下来的钱就可以捐献给牛津乐施会用来拯救许多儿童，使他们免于夭折。但是，支持特殊关切的理由并不需要强大到足以支持偏爱的优先权。假设我女儿已经确定了一个卑微的但很有价值的目标，这个目标如我前面描述过，即通过她的衣着打扮来展现她的美感并心情愉快地与他人交往。她并不像大多数成年人那样轻易地放弃这一目标。她以这样或那样的方式变成了她自己想要的样子，尽管她在很长的时段（她的大部分青少年时光）里在经济上仍然是依赖父母的人。根据日常道德思维，如果我不给她提供资源使她能够开心自如地去实现这些较为卑微而有价值的目标，那么她的生活将会变得更糟。因此，在给她提供相当的购置衣服的零花钱时，我并没有做错什么。换一种做法，如果我只给她购买整洁保暖的普通品牌服装，把省下来的钱捐献给一个援助机构，那么，我就能够阻止许多儿童的夭折。但是，我的选择——让我的女儿在其成长过程中能够穿着具有自我风格的服装——表达的是我对我们之间的特殊关系的恰当的价值判断，而不是这样一种可怕的态度：她的生命比一个生活在马里农村的小孩的生命更有价值。从儿童早夭的规模来看，对于一个在穿着方面没什么讲究的有个性的儿童来说，朴素衣着打扮所产生的影响与上一所便宜的普通大学所产生的影响并无太大的差异。

同情原则的主体是一个人（作为自己的资源的提供者）与自己的关系。当然，从总体上看，一个有能力的成年人所寻求的那些东西，作为他追求自己目标的手段，与父母提供给尚未独立的小孩的那些东西是非常不同的。但是，在其他方面，他与自己的关系是非常相似的。他是他自身最亲近的依赖者，他严重依赖于他给自己提供必要资源和指导的各种努力，恰如一个儿童依赖于抚养他的成年人。他负有主要的责任确保自己生活顺利，就像父母对其年幼子女的生活负有主要责任一样。根据日常道德思维，父母有权利以对子女给予特殊关切的方式来表达他们对自己与其子女关系的价值判断，如果他们对其他人的贫困过度敏感本身会给子女的生活恶化带来巨大风险的话。既然如此，我们就很难证明，这种特殊关切的权利为什么不适用于一个人与他对之负有责任的最亲近的依赖者（他自己）的关系。在这里，避免武断区分（辛格及其派系都非常强调这一点，并据此转向激进慈善）倾向支持相对温和的同情原则。

拒斥辛格的原则

到目前为止，对同情原则的承诺与平等尊重似乎是相容的。如果是这样，那么，牺牲原则提出的要求就太高，以致难以成为合理的道德义务原则——为了表达对所有人的平等尊重，人们必须要用它来作为规范自己的选择的一种规则。这些原则之间的重要区别在于哪些选择是它们所赞成的，特定选择在特定环境中所产生的影响，或某种内心的态度对一个人的一生所产生的影响。在特定情境中，把因节俭而省下来的钱捐献出去就能阻止某种非常糟糕的事情发生，如果选择购买更为便宜的普通品牌的产品将导致某种重大的道德牺牲，那么，牺牲原则允许购买较为昂贵的奢侈品和装饰品。而像减少购买较为奢侈的产品的机会，转而购买更便宜的普通品牌产品，构成了某种重大的道德损失这样的情形，不存在或很少存在。毕竟，这样一种选择不会使我的生活变得更糟；它至多会使我有一点挫折感。因此，由于援助机构能够提供更多的救助机会，牺牲原则要求人们克制消费。但是,在所有特殊情境中禁止奢侈性购买行为的理由，同样适用于在其他场合奢侈性购买行为。这将使得一个有个性的较为富裕的人，无法开心自如地去追求那些他非常迷恋的有价值的目标，就像我前面提到的那些在着装方面的目标。因此，对牺牲原则的遵守将会对一个人的一生产生某种影响；据此，一个人会把牺牲原则视为要求太高而加以抛弃，如果同情原则是正确的话。辛格的原则所反对的那些购买行为都没有道德价值，但是，因持续遵守该承诺而导致的损失却具有道德价值；这种损失使得人们转而去接受一种要求较低的义务的做法是正确的。（注意详查内心关切与持久承诺对个人生活的影响这样一条原则，同建立在平等尊重的持久的内心态度基础之上这样一种道德之间的契合性，它约束着一个在道德上负责任的人的生活。）

当然，一笔捐款能够缓解那些急切的需求这一认识，确实会引导人们在任何特殊场合都不进行奢侈性购买行为，即使该购买行为能够实现某个有价值的目标。恰如牺牲原则所提供的理由一样，同情原则也为这类理由提供了一个基础。如果一位购物者认同同情原则，并倾向购买一件较为时尚但也较为昂贵的衬衫（而非一件便宜但也合适的衬衫），那么，更多的捐赠将会缓解那些急切的需求这一认识可能使他有理由提出这样的问题："如果我更加节制自己购买漂亮衣服的喜好，我的生活真的会变得更糟吗？"因此，他对同情原则的认同或许支持他在那种特殊场合不去购买那么独特的奢侈品是基于下面的理由之一。他或许意识到，奢侈性购买行为会违背他的个人消费策略（他以自己的方式使该策略与同情原则的要求保持一致），例如，只偶尔在打折时购买。因此，他应当坚持那种消费策略，除非出现了其他的考量因素。（偶尔的"仅此一次"的购买行为或许只是他追求的避免僵化的纪律控制目标的一种方式而已。那么，他是否总是在事后把这当成了违背个人消费策略的借口？）他或许意识到，奢侈性购买行为违背了他应当接受的那种作为避免偏离同情原则的一种方式的个人消费策略。他或许认为，他只是为了避免使自己的生活变遭而把更多的钱花费在购买漂亮衣服上。在所有这些情景中，由于不存在需要给予特殊考量的因素（比如，一生中只有一次的打折销售），他现在就应当通过节制消费和捐献钱财来弥补那种对他人的需求的总体敏感性不足的价值判断。而一个人能够心安理得地对自己在关怀穷人方面的不足进行深入观察，这种心安理得为其回应自身被违背同情原则的爱好所动摇的现实提供了强大的理由。

援助与距离

在日常道德的范围内，支持同情原则的理由会受到辛格那个基于溺水儿童的案例而提出的著名论点的威胁。几乎每一个人都会相信，如果辛格在赶往做讲座的路上经过一个浅水塘并看到一个蹒跚儿童溺水了，那么，他必须蹚水并将儿童救起，而他承受的只是一些在道德上微不足道的损失，例如衣服被泥巴弄脏。然而，通过捐款给国际援助机构，我们同样可以援助那些与我们距离遥远的深陷危险的人，例如，生活在遥远的农村中的儿童，他们因缺乏安全的饮用水与基本的医疗保健而深陷危险之中。一个人的生命并不因为她与我们距离遥远而更无价值。因此，如果我们对附近蹒跚儿童负有阻止某些非常糟糕的事情发生的义务，那么，我们对任何一个身处危险中的人，无论远近，都负有援助的义务，就像牺牲原则所要求的那样。事实上，如果把从辛格的案例中得出的不同版本的类似可信结论外推，应用于那些或远或近的人们，将会对我们提出比牺牲原则更为严厉的要求。如果鲍勃（Bob）匆忙赶往机场乘坐最后一趟航班去参加一个工作面试，这是他能够从事哲学方面工作的唯一具有现实可能性的机会，否则，他就必须放弃这个人生目标；而他在赶飞机的途中遇到了一个正陷进流沙中的蹒跚儿童，那么，他应该抽出时间将那个儿童从流沙中拉出来；他必须那样做，即使他意识到，他会错过航班，并且很有可能不得不过上一种他不太满意的人生。❶

如果认同道德平等的人仅仅对他人的需要的贫困程度、他减轻他人贫困能力的高低以及他实施援助所付出的代价保持敏感的话，那么，当他决定是否帮助以及给这些人提供多少帮助时，他就根本无法拒斥那些从义务性援助案例中推导出的原则，而那些原则与牺牲原则所要求的一样严厉。但是，如果施救者与被救者之间不存在特殊关系或历史交往（就像辛格所说的落水儿童与国外贫困儿童的

❶ 在论证为了减轻他人的苦难而捐献（“像你我这类典型的富人应当捐出我们的大部分金融资产以及相当数量个人收入”）这一激进结论时，彼得·昂格尔诉诸某种基于类似理由的援助义务，它涉及牺牲某些用于退休生活的资源，如鲍勃购买的布加迪汽车那个案例。See *Living High and Letting Die*, pp.134-9.

案例那样)，那么，仅仅保持对贫困、能力与代价的敏感性这一要求就是过分简化了平等尊重的要求。对每一个人生命的平等价值的认可确实包含了对这类穷人的一种基本关切；这种关切在同情原则中得到了部分表达。对一个真心诚意认可这种关切的人来说，最大限度地对陷入极端贫困的人们提供援助，可以说就是其默认的人生原则：满足同情原则提出的要求；他只有在存在恰当理由的情况下才偏离了同情原则。然而，偏离的恰当理由不一定要诉诸代价或任何特殊的有分量的考量。我继父的愿望是把他的最大一笔遗产用于帮助盲人。他知道，如果这笔遗产捐献出去用于抗击发展中国家的传染病(世界范围内导致儿童在 5 岁前夭折的主要原因)，那么，这笔捐款将能够更有效地帮助发展中国家那些陷入极端危险境地的人们。但是，他决定帮助盲人，因为他自己的视力问题使他对盲人的痛苦有切身体会。根据日常道德思维，我继父的理由足以调和他对每一个人生命平等价值的认可这一默认的人生原则的偏离。(相反，如果他的理由是基于对那些他未能帮助的穷人的利益的蔑视，那么，他展现的就是对人们的一种不平等的尊重，即使他的遗产帮助了那些穷人。)

同样，认可每一个人的生命的平等价值的人，尤其会关注他周围人的紧迫需要，因为近距离的接触使她对这些人的痛苦的感受更为真切，也更为牵挂。她基于这一理由而做出的援助安排，并没有表现出对那些与她距离遥远的人的生命价值的低估，恰如我做出的一年检测一次我的刹车的决定并不意味着我就蔑视那些期望我 11 个月就检测一次的人。

当然，对这些五花八门的理由（它们使得对某些人的特殊关怀无可指责）的认可，只是应对辛格的落水儿童案例提出的挑战的第一步。要想说明对落水儿童的义务的证明与同情原则提出的理据是一致的，我们还需要做更多的工作。根据日常道德思维，对周遭的紧迫危险给予特殊的、高标准的关切，不仅仅是一种与对所有人的平等尊重相容的个人人生原则。它本身就是平等尊重所要求的。不过，同情原则的理据却是建立在对平等尊重的解释之上的，这种解释过于宽泛，以致难以与平等尊重的要求协调一致。事实上，这种过于宽泛表现为两种不同的方式：首先，平等尊重所要求的对穷人的关切本身据说是一种内心倾向，受到这种倾向对一个人一生所产生的影响所规制；人们能够在某个特殊的场合无须付出任何重要的道德代价就能解除另一个人的巨大痛苦这一事实，并不能为这种场合的援助要求提供理由。那么，为什么尊重原则要求人们对那些周遭偶遇的紧迫危险给予关切？其次，平等尊重据说与不愿意对穷人表达基本关切（如果这种关切将使关切者的生活面临恶化的巨大风险）是相容的。那么，为什么鲍勃被要求把那个蹒跚儿童从流沙中拉出来呢？

假如一个认可了同情原则所要求的普遍仁慈义务的人，不能解释为什么他对自己熟悉的某个面临困境的人的拯救义务要比他所认可的普遍仁慈义务更为紧迫、标准更高。那么，依据对那个蹒跚儿童案例的判断，同情原则就受到了威胁。因为（正如卡根曾在类似的场合所强调的那样），我们希望我们的道德原则是“相互联系在一起的，相互支撑的，能够连带地被我们所诉诸的那些道德观念所阐释”[1]。在对拯救蹒跚儿童的义务(该义务同情原则同样适用)缺乏解释的情况下，基于对平等尊重的更为严格的解释，更为严格的普遍仁慈原则也期望把拯救蹒跚儿童的义务解释成仁慈原则的普遍要求的具体表现。

化解同情原则所面临的这种危机的唯一方法，就是能够恰当地解释我们与自己周围所熟悉且面临紧迫危险的人之间存在着何种特殊性。这种解释必须勾勒出那些尊重每一个人的人所共有的理由，这些理由导致他们对自己周围所熟悉且面临紧迫危险的人给予一种特殊关切，而这种关切要求他们提供代价高昂的援助（如鲍勃那样）。但是，这些理由必须不能弱化如下论断：对所有人的平等尊重体现在对穷人的关切上，而这种关注本身受具有温和的要求和对内心态度的基本关注的同情原则所引导。

在正常的人际交往情况下，对于所有认同每一个人的生命价值平等的人来说，至少存在三个相互支撑的考量，为他们采纳一项对自己周围面临紧迫危险的人们给予特殊关注，提供令人信服的理由。首先，任何一个愿意对所有人都表现出平等尊重的人都会发现，她自身具有强大的内心冲动来援助自己周围那些面临紧迫危险的人们。假设她没有任何恰当的理由来控制这种要求过于严厉的冲动（这个假设，我在后文会加以说明），她就应当把它当作自己的个人策略而加以接受。对所有人的平等尊重要求我们对穷人给予关切，而这种关切不会使一个人的生活面临恶化的重大风险，但是根据这一要求，

---

[1] See Kagan，*The Limits of Morality*，p.14.

这个人却很难快乐地生活。假如我们没有任何理由去拒斥这种要求过分严厉的冲动，那么，去抑制这种有助于我们履行援助义务的强大冲动，就不过是极端傲慢的表现。

其次，对邻人的苦难施以援手这种普遍的特别倾向，在推进消除贫困（同情原则施加给我们所有人的普遍义务）这一总体工程方面，发挥了非常独特的重要作用：如果人们都承担起了对自己周围熟悉且面临紧迫危险的人提供援助的特殊责任，那么，与人们不接受责任的这种较为盛行的分担方式相比，因未能及时满足人们的紧迫需要而导致后来发生悲剧的可能性就会大大减少。例如，那些陷入险境的人们，等待路人来做出决定，“我应该施以援手”，那么他们因溺水而亡或流血而亡的可能性就小很多。[1]一个在别处负有责任却缺乏这种承担责任的特殊倾向的人，在推进一项他所承担的且没有恰当的理由加以放弃的事业时，是在利用他人所具有的特殊倾向。在同情原则所致力的共同事业中，他就是寄生虫。

最后，如果我们需要从紧迫的危险中被拯救出来，遇见我们的其他人会施以援手的期望，使得我们在自身的社交世界中感到不那么孤单，感受到更多家的温暖。即使我确信，当我面临紧急危险时我也不需要路人的帮助，因为正规的紧急救援服务是如此惊人的高效。当我需要帮助时，如果我周围的人对我没有提供帮助的任何意愿，

---

[1] 在“The Possibility of Special Duties”[*Canadian Journal of Philosophy* 16（1986）：651-76]一文中，菲利普·佩蒂特和罗伯特·古丁（Philip Pettit and Robert Goodin）强调了那些关于配置特殊责任的广泛共享的规范所带来的巨大好处。然而，他们并不关心紧密关系的道德地位，而且，他们应用的是规则后果主义框架；在当代存在贫穷与不平等的全球背景下，该框架将推导出辛格的激进结论。

那么，我会深深地感到自己与他人之间缺乏情谊。（如果某人故意忽视我们，即使这个人在拯救全球穷人方面异常积极，我们也会在心底泛起阵阵寒意。）帮助那些陷入困境中的人这一心理倾向的普遍盛行，有助于每一个具有自尊感的人的重大社会利益的实现。如果她流露出这种心理倾向，那么她就是利用了他人的善良意愿，故意不融入这种对她非常关切的普遍流行的姿态，如果缺乏恰当的理由放弃的话。

现在，我们必须正视第二种担忧，即关于援助义务之可能范围的担忧。如果没有任何一个尊重所有人的人能拒斥这种要求过于严厉的政策，那么，为我们的邻人所偶然遭遇的危险提供特殊帮助的那些理由，只会迫使我们所有人形成一种履行特殊义务的特殊政策。如果平等尊重原则需要我们对面临危险的邻人承担起严厉的义务（像鲍勃的拯救行为所展示的那样严厉），那么，拯救的伦理原则似乎就与同情原则相冲突了。毕竟，鲍勃将他自身的事业陷于危险之中，而同情原则并不要求那些会使自己的生活面临恶化之巨大风险的基本关怀。不过，如果关怀的负担得到恰当评估，那么，这种冲突就不会发生。

如果我们能够深刻理解特定场合的义务与内心的道德准则（它调节着我们在特定场合做出的道德判断）之间的内在联系，那么，我们对这些义务的负担做出的正确评估就是最清晰的。如果我们追问的是，某种选择在道德上是否是错误的，我们面对的就是原则问题：为了展现出对所有人的尊重，一个人需要使自己受到一些禁止做出该项选择的原则体系（一种被普遍遵守的道德准则）约束吗？

如果是这样，那么这种选择就是错误的，而避免这种选择的要求（例如，不要忽视自己遇到的、陷入危险中的陌生人）就是一项道德责任。对道德错误的这种不同的描述，源于一种行为只有在它表现了对所有人的尊重的情况下才是正确的这一规则的反思。尊重所有的人是一种经久不衰的人格特征，它的具体要求可以通过那些引导我们在特殊场合做出特定选择的持久承诺来加以确认。如果一个人尊重所有的人，那么，他就会使自己接受某些道德义务的终极原则约束，而这些终极原则也把相同的道德义务施加给其他人。否认自己与他人都负有相同的道德义务这一点，所展现出来的不是蔑视他人（“我不必遵守约束你这类人的道德标准”）就是自以为高人一等（“我生来就是更加高贵的道德存在物，我遵循一种更高的道德标准，不会做出错误的事情”）。在评估某个对所有人都有约束力的规则体系的要求时，我们应当把他人对该体系的遵守所带来的好处考虑进来，避免傲慢地否认他们的贡献。❶

如果拯救蹒跚儿童的判断是正确的，那么，一个尊重所有人的人都不能依据下述思路来拒斥这一原则：

拯救邻人原则：我们周围某个人正处于遭受严重伤害的巨大危

---

❶ 根据斯坎伦（T.M. Scanlon）关于道德错误的具有广泛影响的契约论观点，“一个行为是错误的，如果在该情形下做出该行为是一套用来普遍约束人们之行为的原则体系所反对的，而基于知情的、非强迫的普遍共识，任何人都不能理性地拒斥这套原则体系”[Scanlon, *What We Owe to Each Other*(Cambridge, Mass.: Harvard University Press, 1998), p.153]。如他所说，如果通情达理（reasonableness，亦译合理、合理性、合情合理。——译注）被视为一个道德观念，它的具体要求要通过不同情境中的不同决定来加以界定，并对特定的道德判断做出回应（see pp.242-7）；他的这一陈述与人们对某个道德准则的令人敬佩的承诺观念是相容的。但是，我认为，就目前的案例而言，从尊重和盟友观念的角度来理解这些判断似乎是更令人信服也更重要的。

险之中，而我们手上拥有拯救他的手段，如果拯救行为所带来的牺牲不会使我们面临遭受程度类似的伤害或更严重的伤害的巨大风险，而且这种拯救行为没有伴随其他的错误，那么我们就负有拯救这个人的义务。

令人担忧是，同情原则的理据要求我们用下面的附带条件（该条件错误地免除了鲍勃的义务）来修正拯救邻人原则："除非拯救行为使一个人的生活面临恶化的巨大风险。"然而，这种担忧反映的是对代价慎思的错误解释，而对代价的考虑引导人们对某个道德准则的接受或拒斥。这些对代价的慎思涉及人们对普遍遵守另一种准则所带来的预期代价的反思——用哲学家们的行话来说，这涉及的是事前慎思（deliberations *ex ante*），即在遭遇那类要求做出特定选择的特定情境之前的慎思。对鲍勃来说不幸的是，在一个他预料不到的场合，他未能依据相关的事前慎思对之加以拒斥的一条道德原则就不期而然地摆在了他的面前。

如果拒斥或接受的对象是一个特别联合项目（两个谈判者自愿介入其中）的拟议条款，那么，各方当前的特殊处境就决定了哪些条款她能够拒斥，同时对其谈判对手予以尊重（拒斥了某些条款后，她可能会加上一句："因目前的困境，我只能如此"）。我们想弄清楚，哪些个人关切是人们拒斥或接受某个道德准则的可接受的根据，而这个根据就存在于对当下特定场合做出反应的背景之中。这种关切就是道德高尚的人在与他人交往时发出的那类持久的承诺（commitment）。在这里，对当下的特殊情境的更大抽象是恰当的。把某个拟议中的道德原则视为要求过高而加以拒斥，这要与对可能的代价与利益的评估紧密地联系起来——依据行为主体在特定境遇中采取行动时所拥有的资源与追求的目标，以及把这种道德原则运用于不同的境遇时对行为主体的生活所产生的各种可能的影响。在无知之幕（它遮蔽了人们关于自己所拥有的资源与关切的所有信息）背后做出的决定更是对实际情境所做的程度更高的抽象。但是，这种对更高程度抽象的要求会把人们在事实上会拒斥（在没有不平等尊重的情况下）的某些道德义务原则强加给人们，如果前述论点正确的话。中等程度的抽象会进一步限定人们在道德上具有决定性的慎思。

在进行相关的事前反思时，鲍勃会意识到，拯救邻人原则可能会要求他放弃更多的东西。但是，要求他做出这种放弃的机会（遇到某个面临紧迫而巨大的危险的邻人）是相当小的。他改变自己所处的境遇与自己的行为以确保对拯救邻人原则的遵守所付出的代价是异常微小的，丝毫不会影响他对其当前所处环境的正常关注。更重要的是，从恰当的事前反思角度看，鲍勃必须要考虑到对拯救邻人原则的普遍接受或拒斥给他带来的可能后果，如果他是那个陷入困境的人：在这种情况下，他明显地能够从一个高标准的普遍承诺中获得更多的好处——该承诺适用于所有的邻人，这些邻人通常的情况下易于发现这类危险，然后着手施救。

这些相关事实在相关事前评估背景下的结果表明，加入对拯救邻人原则的普遍接受，对于鲍勃的生活面临恶化的净风险仅仅是微不足道的。因此，根据对道德准则的相关评估，鲍勃不能在把他人的生命看得与自己的具有相同价值的同时，又把拯救邻人原则视为代价过高而予以拒斥。

我们每一个人都是潜在的鲍勃。从每个人的相关事前反思的角度看，与每一个人的能力与潜在需求相关的事实表明，对拯救邻人原则的普遍接受所带来的意料中的净代价不过是微不足道的。[1]因此，鉴于前面考察过的对邻人给予特殊关切的理由，认为所有人的生命都具有平等价值的人必须要接受这一原则，作为对近在咫尺的穷人给予帮助的理由。从相关的视角看，它同样通过了使同情原则成为调节普遍仁慈行为的正确原则的严格性检验：它不会使一个人的生活面临恶化的巨大风险。

与几乎所有关于义务的确切原则一样，拯救邻人原则也预设了正常的人际交往背景。对这一背景的剧烈改变将会实质性地改变人们对遵循拯救邻人原则之代价与利益的事前预期。这些偏离将以对鲍勃之义务的解释相一致的方式削弱拯救邻人原则的道德力量。如果对那些面临紧迫危险的人的帮助与对那些急切需要金融援助的人或面临非紧迫的身体伤害危险的人的帮助是一样的，那么，意料中的拯救净负担就可能相当沉重。同样，监控附近的人是一项繁重的

---

[1] 与代价“微不足道”相比，“毫无代价”无疑过于夸张。毕竟，与大多数面临灾难且需要拯救的人相比，某些人的处境要稍好一点。因此，即使从恰当的事前预期的角度看，他们也会面临某些重大损失的风险。这些人的存在，似乎成为将拯救原则搁置于互利道德之上的一个难以克服的障碍。正如墨菲指出的那样，在批评那些把有限的拯救义务原则建立在“事前谈判达成的互利”基础之上的努力时，“我们也能期待一位……从不会使自己面临风险的……安保措施完备的亿万富翁在人们面临紧急危险时出手相助……而他需要陌生人帮助的概率几乎为零”（Murphy，*Moral Demands in Nonideal Theory*，p.158）。但是，根据平等尊重的道德，对拯救邻人原则的预期代价做出事前反思的目的不是为了确保普遍的互利，而是为了说明，一个不把他人的生命的价值看得比自己生命价值更少的人不会认为，拯救邻人原则的要求太高，尽管这一原则会把某些微不足道的事前风险加诸其身。

工作；而且，对于那些生活于未来社会的人们来说，他们的眼睛与电脑屏幕连接在一起，电脑键盘直接植入他们体内，他们几乎意识不到电脑系统之外的环境的存在，从而对于生活其中的临近受害人来说，这种监控也没多大用处。正如对鲍勃的义务的说明会使人们期待鲍勃采取救助行动一样，这些处于不同境况中的潜在拯救者似乎并不受制于拯救原则最为严厉的约束，即使他们仍受制于同情原则的约束。总之，拯救邻人原则是一条约束那些（像实际生活中的人那样的）具身的（embodied）、有意识的、有行动能力的、在情感上敏感的人的原则。

仁慈是有限度的

对那些与我们没有特殊关系的穷人保持敏感性的道德要求会在三个方面受到限制，这三个方面可能会对我们之于发展中国家人民的跨国义务产生重大影响。首先，依据同情原则而生活所需做出的牺牲总量要远远小于依据牺牲原则而生活所需做出的牺牲总量。其次，虽然同情原则要求发达国家相对富裕的人对穷人给予相当数量的帮助，但是，在分配这些援助资金时，他有优先的权利支持那些对他来说非常重要的有独特价值的事业。在实践中，偏离尽最大力量帮助最贫穷的人这一默认立场的优先权，极大地限制了发达国家人民对发展中国家人民之帮助义务。因为，与人们最为休戚相关的那些有价值的事业大多是地方性的。例如，在美国，人们向免税的非营利性组织的捐款，只有 4% 流向那些自身基本利益是国际性的组织，包括关注国际安全、外交事务与文化交流，而非发展与人道主义援助的组织。[1]最后，同情原则所要求的对穷人的关切，受到人们对那些与自己有着特殊交往关系的人的责任，包括对人们与之保持着具有特殊价值的关系的那些人所负有的特殊责任的限制。那些本可以用于帮助穷人的资源，由于人们对诸如朋友、子女的义务或履行契约的责任而减少本身，就极大地影响了人们在生活中对其剩余资源的捐赠。在履行同情原则时人们只能做到这么多。

同情原则的这些特征堵塞了牺牲原则所主张的帮助发展中国家穷人的大量尚未得到履行的义务的进路。虽然几乎所有的基本需求（这些需求本来可以用较小的代价得到满足）尚未得到满足的人都生活在发展中国家，但是，在缺乏能够激发义务纽带的特殊交往联系的情况下，这一事实本身并不能导致某种高标准的援助义务。如果有一个可证明这些尚未得到履行的义务存在的方式的话，那么这个目标就只能通过那些特殊联系来达成。

探讨这种可能性的第一步就是考察那些关于相互交往（这些交往产生了帮助处于弱势地位的同胞的政治义务）的相互竞争的观点。大多数人认为，这些义务是源于我们与同胞之间的某些关系，而这些义务不会扩大到外国人。部分地基于这一理由，人们谴责那些为了帮助具有更紧迫需求的外国人而忽视有重要需求的同胞的政治选择。然而，哲学家们当中的一个重要倾向是，从对同胞的义务中推导出帮助外国穷人的要求较高的政治义务。如果把进一步帮助外国

---

[1] 从 2003-2007 年，每年的平均数是 4.36%。See Center on Philanthropy at Indiana University，*Giving USA 2008*（Indianapolis: AAFRC Trust for Philanthropy，2008），pp.212 f. 据 *Giving USA 2007* 报道，美国大约有 5% 的家庭把钱捐给国际援助项目（p.181）。

人义务暂时搁置一旁的话，哲学家们是同意大多数人认为的我们有更为紧迫的义务去帮助处于弱势地位的同胞的观点的；但是，这些哲学家们声称，国界之内的这些责任是源于经济上的相互依赖，而这种相互依赖的关系已经将世界上所有人联系在一起了。这打开了一条新的通向要求较高的跨国义务的道路，一条被普遍仁慈原则堵住的可替代的道路。

在下一章，我将拒斥这种世界主义的推断；我认为，帮助处于弱势地位的同胞的紧迫义务不是基于单纯的经济上的相互依赖，而是源于主权国家边界内部人们之间的政治纽带。如果发达国家的人民负有帮助处于弱势地位的外国人的紧迫的政治义务，甚至以对处于弱势地位的同胞的较少帮助为代价，那么，这些义务是源于超越了单纯商业往来的跨国交往活动的特征。这一结论设置了本书其余部分的安排；在本书接下来的部分，我将发达国家人民对发展中国家人民负有大量紧迫的、尚未得到履行的义务置于一个在经验上充满争议的描述方式之上，这个方式就是发达国家的人民、公司和政府利用发展中国家人民的方式。

第二章　同胞与外国人

当发达国家的人民反对他们负有高标准的义务去帮助世界范围内的穷人这一观点时，他们大多数人都依赖于他们负有特殊义务去帮助贫穷的同胞这一信念。否则，他们对同胞的大部分政治关切就要延展至整个世界。例如，假如美国的公民了解到，在他们自己国家的某些地方还存在这种现象：那里的儿童为了生存而不得不在城市的垃圾箱里寻找食物（而非去上学），或因为其父母负担不起 15 美元的医药费而死去，那么，他们当中的大多数会感到愤怒，并坚持要做些什么来改变这种令人揪心的状况。因为这些孩子生活在非常穷的城镇和州，如果本地的解决方案不可行，大多数人都会要求联邦政府承担起这份高标准的义务：利用联邦税收确保这些同胞的生活不至于跌入这么低的水平。但是，尽管几乎每一个美国人都意识到，发展中国家数以百万儿童也生活在如此低的水平，而这些发展中国家太贫穷了，无法靠当地的措施来拯救他们；相对来说只有少数几个人抗议其政府对这些外国儿童之需求的忽视。（2006 年，每个美国人获得的官方发展援助是 76 美元。[1])

在诸多关于国际正义的论述中，当前一种重要的倾向是，帮助穷人的政治义务事实上应当从同胞拓展到整个世界。根据这种世界主义的观点，那些推导出我们负有帮助国界之内的穷人的潜在的高标准义务的纽带，也把我们与全世界的穷人联系在了一起。帮助贫困同胞的高标准的政治义务，据说是针对经济上相互依赖的合作者的公平义务；那些决定着我们对生活在一个经济上自足的政治社会中的贫穷同胞负有义务的原则，已经通过全球商业活动而扩展到了全世界。

关于经济正义的这种世界主义观点——由查尔斯·贝茨、托马斯·博格（在他的早期论著中）与达雷尔·莫伦多夫（Darrel Moellendorf）提出来的——不同于辛格及其派系对普遍仁慈的诉求。这种观点诉诸某种特殊的跨国交往，而非国内的财富、国外的极度贫困以及用国内的财富去减轻国外之贫困的能力三者间的简单共存。此外，被扩展的义务是一种政治义务。它要求我们支持某些最终靠政治强制来加以实施的措施（或许是税收，或许是其他手段），从而公平地分担矫正那些不公正的贫困。与牺牲原则不同，政治义务并不要求人们采取个人的行动来补救那些因他人未能履行其义务而导

---

[1] *World Development Indicators 2008*（Washington: World Bank，2008），table 6.12. 即使把从退休金、残障补贴、失业保险与退伍补贴放在一边，美国政府转移支付给每个贫穷的美国公民的费用也是海外援助的 30 多倍。See U.S. Department of Commerce，*Statistical Abstract of the United States: 2008*（Washington: Government Printing Office，2008），p.346.

致的不利后果。[1]

不过，尽管存在着这些差别，对政治义务的这种全球扩展诉诸的是对全球现实的描述，从而轻易地避开了关于全球财富与贫困的基本事实，即那些广泛而重要的全球商业活动得到维护，而无须对任何进一步的跨国交往恪守承诺。这种扩展对那种常规的针对同胞的政治偏袒提出了挑战；这种挑战类似于牺牲原则对自我关切提出的挑战。考虑到极度贫困与用于缓解这种贫困之资源的全球分布，高收入国家（全世界共有六分之一的人口生活在这类国家）的公民可能就得牺牲他们目前享有的相当一部分利益，相对较少地支持减轻同胞负担的政策，同时支持那些体现对全球最贫困者之关切的政策（这些政策把对最贫困的同胞的关切义务普遍化了）。按 2006 年的购买力平价计算，高收入国家的人均国民总收入是 34933 美元，人均消费支出 21700 美元，而最贫困的人们则生活在世界其余国家，那里人均国民总收入只有 4336 美元，人均消费支出约 2900 美元。

---

[1] See Charles Beitz, "Justice and International Relations," *Philosophy & Public Affairs* 4 (1975): 360 - 89; Beitz, *Political Theory and International Relations* (Princeton: Princeton University Press, 1999 [original edition: 1979]), especially part III; Thomas Pogge, *Realizing Rawls* (Ithaca, NY: Cornell University Press, 1989), especially part III; Darrel Moellendorf, *Cosmopolitan Justice* (Boulder, Colo.: Westview, 2002), especially chs. 3 and 4. 在其 1975 年的开创性论文中，贝茨强调指出，"国际经济合作为国际道德提供了一个新的基础。……由于边界与社会合作的范围并不是重合的，因而，它们并不能划定社会义务的边界。所以，原初状态中的各方不能被假设为知道他们是哪个特定社会的成员"（pp.373, 376）。与此相似，莫伦多夫把他对罗尔斯国内正义理论的全球扩展建立在这一基础之上："当诸如商业交往这类活动……把人们联系了在一起……那么，正义的义务就出现了"（p.32），而博格则把"重要的全球相互依赖"视为把罗尔斯的"契约主义模型应用于全球范围"的基础（p.241）。

从全球收入分布看，那里很难有中产阶级存在。[1]

由于在高收入国家之外有如此多的人非常贫困，即使帮助那些真正渴望解除极端贫困的人们所做的保守承诺，一旦全球化，也需要为外国人做出巨大的牺牲。2005 年，约有 26 亿人（占全球人口的 40%）生活在每天不足 2 美元（发展中国家官方贫困线的中位数）的水平，他们当中的大多数甚至每天不足 1.25 美元（15 个最贫困国家的平均贫困线）。[2] 然而，关于扩展全球政治义务的主流观点把更为平等主义的立场（就像国内正义的要求那样）作为其出发点，当它扩展到全世界时，甚至引发出一种更高标准的政治义务。

主流的扩展论者都是从约翰·罗尔斯的国内正义理论出发的。罗尔斯的国内正义理论描绘了三个不同级别的政治目标，只有在实现了较高目标的情况下才能追求较低的目标：首先确保公民自由与政治权利；其次促进机会的公平平等；最后是使最不利人群的正常的经济预期最大化（所谓的差别原则）。罗尔斯为这种国内正义观确立的独特原则就是断言这种国内正义观是正当的，因为在一个假设状态——“原初状态”中，它是每一个公民都会选择且所有公民都

[1] See *World Development Indicators 2008*, tables 1.1, 4.8. 以美元的购买力平价来对产值或消费进行估算，就是用在美国的购买价格进行粗略的估算。因为外汇汇率是由国际贸易中对美元的需求与供给决定的，它们会导致差别非常大的估算，而在所有贫困国家估值低很多。以购买力平价计算的 4436 美元人均国民总收入，只相当于以外汇汇率计算的 1997 美元。消费支出包括由个人与家庭购买的所有商品与服务的估值，还包括每年的房屋支出。“没有中产阶级的世界”是布兰科·米兰诺维奇（Branko Milanovic）关于全球不平等之丰富而深刻的著作《天壤之别》[*Worlds Apart*（Princeton: Princeton University Press, 2005）] 一书中讨论全球收入分布那一章所拟写的恰当标题。

[2] See Shaohua Chen and Martin Ravallion, “The Developing World is Poorer than We Thought, but No Less Successful in the Fight against Poverty”（Washington: World Bank, 2008）, pp.5, 34, 35.

会坚持的标准；而处于原初状态中的每一个人都站在无知之幕背后力图推进她的生活目标，然而这种无知之幕遮蔽了她的优势与劣势，以及她生活目标的特定内容。❶

罗尔斯所设想的原初状态，旨在为生活在同一主权政府之下的同胞确立正义的条款,只涉及对自己国家之政府所实施评价标准（根据其对国内社会成员之影响）的选择；这种选择是人们在不知道自己在国内社会中的实际处境的情况下做出的。罗尔斯正义论的扩展论者坚持认为，相互依赖的全球体系中，针对每一个人的正义条款，是由对全世界任何地方的人都会坚守的标准的选择（依据其对世界上所有人所产生的影响，以及人们对自己在这个世界中实际处境的无知）决定的。实际上，人们都会寻求他们不知道自己是布基纳法索无地的农业工人的孩子还是瑞士投资银行家的孩子的情况下将会选择的原则。扩展论者认为，如果人们发现他们成为世界上最贫困的群体，那么，对自己生活前景的关切将会引导人们去选择与罗尔斯的平等主义的国内经济原则类似的全球经济原则；依据类似的道德推理，这些原则将会被我们所有人都用来作为促进正义的制度的

---

❶ 在其关于社会正义的经典著作《正义论》（*A Theory of Justice*, Cambridge, Mass.: Harvard University Press, 1971）中，罗尔斯指出，国际正义问题的解决“可能需要以多少不同的方式达到不同的原则”[p.8；参见中文版《正义论》（何怀宏等译，中国社会科学出版社2011年版）第7页。——译注];在该书的结尾,罗尔斯简要勾勒了一种关于国家间正义的进路,该进路基于某种非常不同的原初状态版本，在该原初状态中，“被选择的原则，我认为，将是类似的原则”，诸如大家所熟知的反对侵略的原则与自卫的原则（p.378）。在其晚年的著作诸如《万民法》（*The Law of Peoples*,Cambridge, Mass.: Harvard University Press, 1999）中，当罗尔斯再次探讨这些问题时，他再次认可了这种做法：避免全球差别原则的严厉要求，避免把支持差别原则的国内原初状态直接扩展应用于全球层面。罗尔斯正义论的全球扩展论者认为，这种做法是错误的。本书认为，罗尔斯没有做出这种进一步的推论是正确的，甚至他自己对国际正义的解释，作为对跨国交往所有领域回应的基础，是存在严重缺陷的。

指导原则。

与全球扩展论调相反，我将指出，经济相互依赖的事实本身并不能支持帮助贫困者的高标准义务。人们负有帮助贫困同胞的高标准义务，或许是如罗尔斯所主张的那种要求较高的义务，但是，这些义务是源于更深层次的交往事实，尤其是政治上的交往事实。由于人们对贫困同胞负有政治义务，因而，人们所熟知的关于同胞的需求具有政治上的优先性的信念就具有一定条件的合理性。如果经济上的相互依赖是唯一相关的跨国纽带，那么，人们就有义务青睐一组能够给贫困同胞提供非常多帮助的政策，而非一组提供较少帮助的政策；而那一对同胞帮助较少的政策，却能够在减轻那些贫困外国人更严重的贫困上做得更多。如果经济上的相互依赖是唯一相关的跨国纽带，那么，这种关心同胞的优先性就可以很好地证明主要用于帮助发达国家（如美国）中贫困同胞的援助预算的合理性；而在发达国家，许多人都有需要耗费巨资才能缓解的严重贫困问题，尽管在世界范围内这些人拥有非常高的平均收入。在我们实际所处的全球境遇中，我们还是有可能证明，我们负有许多尚未履行的跨国责任；我们有可能扭转对同胞关切的优先性，但这仅仅是基于某些具有重要道德意义的纽带，而这种纽带不如经济上的相互依赖那么明显。

基本挑战

如果对经济上的相互依赖并不是与政治纽带相伴而生的这样的情形进行反思，那么，有关经济上的这种联系本身就派生出了对那些与我们有经济联系的最贫困者的高标准义务的观点，从一开始就难以令人信服。青铜时代的欧洲人因贸易上的往来而紧密地联系在一起。这些欧洲人不得不相互依赖，因为青铜是铜和锡的合金，而铜和锡是不均匀地分布在欧洲的土地上的。但是青铜时代欧洲各家族之间经济上的相互依赖，似乎并没有使爱尔兰人（Hibernians）履行对不列颠人（Britons）的高标准义务，如果不列颠人的生活前景在青铜时代是那些与其保持着经济交往的欧洲人中最差的，而且爱尔兰人又有能力改善他们的话。同理，经济联系的稳固与政治上的关切义务的巨大变化似乎并不矛盾。1814 年，当非常贫穷的挪威人终止与繁荣的丹麦的政治联合政策，取而代之的是与非常贫穷的瑞典人联合起来，斯堪的纳维亚人的经济联系纽带继续稳固的同时，却伴随着他们的政治义务对象的巨大转变，即转而支持那些旨在帮助挪威穷人的措施。

在为帮助那些在经济上具有相互依赖关系的贫困者这一义务寻求进一步支持时，有时候世界主义的扩展论者发现，他们话题中的穷人不应受此窘境。据说这就派生出了帮助这些穷人的高标准政治义务。例如，莫伦多夫就坚持认为，我们负有采取措施建设这样一个世界的政治义务：在其中，“一个出身在莫桑比克农村的小孩也能像一个瑞士银行家的小孩那样有可能成为投资银行家”。莫伦多夫用如下术语对机会平等原则的基础做出了解释：“根本思想在于，人们不能认为，诸如他们出生和受教育的地方、种族或其父母的特权等禀赋，是他们应得的。因此，这些禀赋不应成为获得机会的基础。”[1]

虽然莫伦多夫是在讨论具有经济联系的人们之间的义务时提出这一论点的，但是，把潜在的义务要求仅仅局限于经济上相互依赖的人们之间似乎是非常武断的。如果不应得的差别大到足以派生出帮助莫桑比克农业工人孩子的义务，那么，它为什么不能在鲁滨逊·克鲁索似的人们［这种类型的人物形象首先是由米尔顿·弗里德曼（Milton Friedman）加以描述的，而罗伯特·诺齐克（Robert Nozick）则使之在哲学家中间变得广为人知］之间派生出相似的义务？鲁滨逊们独自生活在一群岛的不同岛屿上，这些岛屿的富饶程度存在着巨大的差异；丰饶不等的岛屿都不是他们每一个人应得的优势或劣势；直到他们通过被击落并被救起的飞行员遗留下来的无线电彼此联系以后才发现，群岛上各岛屿的丰饶分布完全是天然的运气。[2] 如果与莫桑比克的阿格斯蒂纽（Agostinho）相比，瑞士的玛蒂尔德（Matilde）的不应得的好处是某种包含着帮助穷人之义务的优势，那么，可以假定，鲁滨逊们也负有类似的义务：如果可能的话，那些处境较好的鲁滨逊们应当用船只把工具、番薯和干鱼运送给那些生活在群岛上境况更差的鲁滨逊们，以使后者的生活前景

---

[1] Moellendorf, *Cosmopolitan Justice*, p.79. 同样，西蒙·卡尼（Simon Caney）把全球机会平等原则的基础建立在如下考量基础之上：“人们不应因偶然机遇的变幻莫测而遭受惩罚。他们的命运不应由国籍和公民身份这类因素来决定。”他将这种理念至少含蓄地表达于他对几乎所有世界主义正义观的辩护中。See Simon Caney, “Cosmopolitan Justice and Equalizing Opportunities,” in Thomas Pogge, ed., *Global Justice*（Oxford: Blackwell, 2001）, p.125.

[2] See Milton Friedman, *Capitalism and Freedom*（Chicago: University of Chicago Press, 1962）, p.165；Robert Nozick, *Anarchy, State and Utopia*（New York: Basic Books, 1974）, p.185.

变得尽可能得好。但是，这一道德要求是非常难以让人接受的，尤其是基于那些反对牺牲原则的理据。

如果授权阿格斯蒂纽和玛蒂尔德就全球政治协定进行原则性磋商，那么，阿格斯蒂纽将会提出一条能够支持他拒斥所拟议协定的具有道德相关性的理由，当他察觉到他的生活前景因为那些不应得的差别而变得比玛蒂尔德更差时。但是，基于不应得的优势而取得的利益之损失也能够成为拒斥拟议协定的严肃理由。例如，玛蒂尔德将会提出一条能够支持她拒斥莫伦多夫的全球平等主义原则的具有道德相关性的理由："那条原则会强迫我放弃我的资源，我原本想把这些资源用于对自身那些不应得的优势的合理运用，从而追求某些有价值的个人目标。"[1] 不应得的东西，仅仅根据术语的字面意义，并不是非法地获得的或被错误地使用的。玛蒂尔德在实施全球平等主义原则时所遭受的损失要小于阿格斯蒂纽的所得，这并不会使玛蒂尔德对该原则的拒斥变得毫无道理。她损失的绝对程度（当她履行了其他义务之后）具有道德上的相关性，正如同情原则所表明的那样。如果玛蒂尔德试图寻求阿格斯蒂纽对她的政治秩序的忠诚，那么，她就应当支持那些缓解后者之不利处境的措施。但是，她不

---

[1] 关于正义与人们放弃对其不应得的优势合理运用之间相关性的深刻探讨，see David Schmidtz, "How to Deserve," *Political Theory* 30 (2002): 774 - 99.

能仅仅从经济上的相互依赖角度来求得阿格斯蒂纽的政治忠诚。[1]

除去上述局限，世界主义的扩展论还是给那些持有对于贫困的同胞负有高标准政治义务予以肯定，但却抵制基于经济上的相互依赖将这种义务向全球扩展观点的人，构成了严重的挑战。如果国际环境是不相关的，我们为什么对同胞负有高标准的义务？扩展论者对此所做的解释是：这些义务是对作为经济上相互依赖之伙伴的公平义务。鉴于人们共享贫困同胞的高标准义务的深层承诺（如果把对外国人的义务放在一边的话），扩展论的反对者应当接受这种解释，如果该解释是我们能够获得的最好的解释，同时我们又能容忍它所带来的某些较不严重的后果。这样一来，根据全球相互依赖的实际情况，拒绝承认对全球范围内的贫困者负有同样高标准的义务就将是一种致命的武断，恰如根深蒂固的种族主义社会的冷漠特质一样。那么，我们面临的基本挑战是，为我们对贫困同胞的高标准义务提供一个令人满意的根据，如果世界上其余的人

[1] 在《正义论》的多个地方，罗尔斯在证明差别原则之合理性或说明原初状态之道德意义时，都诉诸人生的有利的起点是不应得的这一事实。尽管罗尔斯基于一个政治社会的成员能够恰当地要求彼此对于共同制度的忠诚这一理据，对什么是人们不应得的做出了断言。尽管他的全球正义观点对人们提出的要求也不太高，但是罗尔斯论述这些问题的段落还是预设了一个普遍的道德目标：在人们选择道德原则时纠正“世界的偶然性”（*A Theory of Justice*，p.141；中文版《正义论》第 109 页。——译注），在感人至深的末段，罗尔斯把这一目标称赞为“心灵的纯洁”（*A Theory of Justice*，p.587；中文版《正义论》第 465 页。——译注）。然而，随着围绕《正义论》的争论的展开和互竞的公平观念的提出，罗尔斯后来越来越强调，他所捍卫的那些道德原则及其证明方式，尤其关涉“生活在作为自由与平等的公民之间的合作体系的社会中”的公民同胞的共同政治行动［*Justice as Fairness: A Restatement*（Cambridge，Mass.: Harvard University Press，2001［based on work in the 1980s］)，p.56］。通过参考罗尔斯在《正义论》之后的著述，在本章的后面部分，我将对为什么差别原则作为那些由这种政治的、非世界主义的纽带联系在一起的人们之间的经济正义的准则而受到青睐做出说明。尽管世界主义的扩展论对罗尔斯的著作做出了某种可信的阐释，但是，这种阐释所反映的并不是罗尔斯经由合理的理由所得出的深思熟虑的判断。

与我们的义务不具有道德上的相关性（当把全球相互依赖的事实考虑进来时，这种道德上的不相关性并不能把所有的经济伙伴都联系在一起）。

虚假的出发点

我将在本章的剩余篇幅对这种挑战做出回应。为了说明这一任务的艰巨性，并找到回应这种挑战的最有希望的方式，首先考察某些有吸引力但并不恰当的回应也许是有益的。

一种回应方式是，诉诸那些便利帮助穷人的公共制度与公共理解的作用。如罗伯特·古丁所强调的那样，基于这些公共制度与公共理解，向同胞提供援助物品与援助外国人相比，在运输、浪费与失误等方面的代价要小很多。❶但是，随着牺牲原则的影响力衰退和普遍仁慈的其他高标准义务淡化，这些出众的便利性根本就不能解释为何存在着优先帮助同胞的高标准义务。更重要的是，在实施仁慈原则时，便利性方面的差异并不能排除帮助那些处境比同胞糟糕得多的外国人的优先性。古丁也承认，如果贫穷国家的极端贫困能够通过向那些穷地方投入很小的资金就可以缓解,那么,总的来说,用于帮助同胞的同样数量的资金就能救助更多的外国穷人，尽管这些资金在穿越国界时需要付出一定的成本。❷

换言之，关切同胞的独特政治义务可以在支持互惠互利的制度安排这一义务基础上得以确立。正如理查德·达格（Richard

---

❶ See Goodin, "What Is so Special about Our Fellow Countrymen ? ," *Ethics* 98 (1988) : 663 - 86.

❷ See Goodin, "What Is so Special about Our Fellow Countrymen ? ," pp.684-686.

Dagger）所强调的那样，税收资助，作为制度安排的一部分，用来援助同胞比用于援助外国人更加合适，因为从长远看，在这种制度安排下，每一个人的贡献都将因利益的回报而得到补偿。[1] 例如，那些通过交税而给贫穷的同胞提供帮助的人，或许最终也需要上述的援助计划所提供的帮助。无论如何，该援助计划会把社会和谐与发达的生产力作为好处回馈给那些做出了贡献的人；而且与对外援助相比，这种回馈更加可靠和高效。但是，这一理由并不能支持人们对贫困的同胞所负有的所有义务。那些对社会总产出做出了更大贡献的人有义务做出牺牲以便帮助那些贡献较少的人，如果这种较少的贡献是源于那些无法选择的劣势。一个美国人将很难接受帮助同胞的常规义务，如果她认为，某些美国人小时候本该去上学却去拾荒这类新闻对她履行帮助他们的政治义务的影响甚微，因为她认为，遭到如此忽视的儿童未来很难具有足够的创造能力来回馈用以援助他们的投资成本。一个有良知的同胞都不会忽视国内那些患有脊柱裂的孤儿，而那些孤儿注定不能对他人的贡献做出补偿。

对帮助之便利与互利的诉诸，都是纯粹从工具角度把同胞间纽带联系视为能够带来某种更重要的具有独立价值之结果（即具有真正的道德价值的结果）的手段。换言之，人们可能会认为，我们之所以需要对同胞给予特殊关切，乃是因为这种特殊关切能够体现我

---

[1] See Richard Dagger, "Rights, Boundaries and the Bonds of Community," *American Political Science Review* 79(1985): 436-47.

们与同胞之间关系的恰当价值；这与我们出于对友谊本身的恰当重视而帮助一个危难中的朋友的特殊倾向是不同的。我将要捍卫的是后面这类观点；该观点把同胞之间的关系理解为同胞之间的某种政治纽带。不过，首先考察一下民族主义观点将是有益的。民族主义观点坚持认为，恰当地珍视某些文化与历史纽带是人们的义务。戴维·米勒（David Miller）对民族（nationality）之道德重要性的坚持，是对这种具有重要政治影响之观点的独特哲学表述。根据米勒较为青睐的说法，同胞是一个民族中具有兄弟情谊的成员；一个民族是这样一个族群（group），他们共同具有某种独特历史（他们绝大部分人认同这种历史）的独特生活方式，他们力图确保自己的族群及其文化持续繁荣到遥远的未来，他们希望其他成员也共享这一谋划。根据米勒的理解，民族的另一个特征是，人们共同地把一片领土视为本族群的家园,并拥有对这片家园行使主权（sovereignty）的抱负。在他看来，如果这种抱负变成了现实，那么，民族同胞就能够合理地利用其国家来推动他们的这一谋划——建立一个繁荣昌盛之民族，帮助民族同胞走出不利的处境。[1]

米勒正确地把共同的民族身份（而非共同的肤色与共同的服饰趣味）视为民族同胞之间深层义务的恰当基础。共同参与培养一种从过往的世代继承而来的共同生活方式并把它传递给未来的世代这一持续的谋划，是值得在每个人的目标中占据核心位置的。作为这

---

[1] See David Miller, *On Nationality* (Oxford: Oxford University Press, 1995), especially chs.2 and 3.

种理性承诺的一部分，人们将会对那些具有共同生活方式的人给予特殊关切，既因为族群的繁荣昌盛是人们的个人谋划的一部分，也因为共同的参与带来了特殊的忠诚。但是，人们是否有义务追求这一民族主义目标，是否应当把利用国家来帮助贫困的同胞作为政治选择，则是另一回事。出资人对有前途的青年剧作家创作的戏剧的排演进行资助，能够推动一项有价值的事业；但是，出资人并没有义务提供资助。在关于青少年教育的私人选择问题上，我有义务对我女儿表现出特殊关切，但是，这种偏私不应左右我的政治选择：在学校的董事会投票中，如果我投票反对候选人赞成给予贫困的儿童更多的资助的提议（因为这可能会损害到我女儿的前途，例如，增加了我女儿被最好的大学录取的竞争压力，而竞争压力则来自我所在城市聪明的穷人孩子），那么，我就是犯了严重的错误。

应当承认，当反对攻击民族的斗争是该民族的成员能够自觉地认同的唯一的政治进程时，那么，该义务就既是文化上的也是政治上的；这也可能是严阵以待的民族全体成员都应当共同承担的义务，不管该民族是否呈现为一个国家。这大概就是许多库尔德人关于库尔德民族事业的观点，尽管他们把反对攻击库尔德民族的斗争限制在库尔德文化与文化上认同库尔德人的范围之内。然而，我们的（以及米勒的）核心主题是，在某个民族是一个未受到威胁的多数的国家中，人们要在那些国家所颁布的法律和政策当中做出选择。米勒也承认，一个国家的主导民族成员之外的许多人也在该国家的领土上建立自己的家园。依据米勒的民族主义观点，如果主导民族的成员把国家当作实施对本民族同胞之特殊关切的工具，那么，在他们的政治选择中，他们就没有对那些非本民族的同胞表现出恰当的尊重。

例如，挪威的绝大多数公民也是（米勒意义上）挪威民族的成员，都是维京人的后裔。但是，挪威的拉普人不是维京人的后裔。在挪威安家的那些移民也不是维京人的后裔。[1] 如果一家全国性的健康服务中心要求居住在斯匹次卑尔根群岛的拉普人或居住在奥斯陆的菲律宾裔挪威公民付费，而不要求作为维京人后裔的挪威人付费，那么，几乎所有的挪威人都会感到震惊。这种震惊无疑是有道理的——文化—历史意义上的民族身份不能成为剥夺生活在该国境内的某些穷人获得那些其他人都能够获得的服务的理由。毫无疑问，被排斥的少数族群的存在将会干扰挪威的和平与秩序，因为被排斥的少数族群的存在会抑制培养和延续从维京人那里继承下来的文化工程的实施。那些生活在维京人文化中的人如果只基于维护和延续维京人文化的工具主义理由而接纳其他挪威人，那么，他们就没有对那些生活在挪威的非维京人表现出恰当的尊重。

如果“同胞”指的是米勒意义上的民族的成员，那么，在对国内重要的共同制度的选择上，对本民族贫穷同胞的特殊政治关切就会不恰当地重视这种特殊的民族纽带，就像裙带关系不合时宜地推进了一项合法的特殊关切。这种偏爱过于偏狭，既不能成为国内正

[1] 有人可能会反对说，从种族的角度来理解挪威民族是过时的，因为，挪威民族一直沿着美国那样的多种族民族性格演进。但是，即使这种转变确实在 20 世纪发生了，它也不会引起大的争议。在 20 世纪上半叶，出现了包括众多族群的挪威民族（米勒意义上的），而在此期间，针对挪威境内的穷人所制定的公正条款，与今天一样宽广。

义的起源，也很难成为对全球穷人忽视的理由。

现代公民身份的纽带

如果存在着帮助贫困的同胞高标准的特殊义务，并且这种义务把发达国家中的人民紧密地联系在一起，那么，这种义务就具有多重政治含义。首先，这种义务是一种规制人们就支持何种法律与政策进行政治选择的义务，而非谁应该得到援助的私人选择义务。（在面对来自“拯救儿童基金会”的捐款呼吁时，一个人可以在捐款协议中勾选“仅限美国”框、“最贫穷者优先”框，或者“仅限拉丁美洲”框等等。只有那些狂热的爱国者才会认为，只有在捐款时勾选了第一个选框的美国人才是做出了正确的选择。）其次，帮助处境不利者的义务已经变成了这样一种义务：帮助生活在本国政府管辖领土上所有贫困的人，而非仅限于本民族的正式成员。最后，给同胞提供特殊关切的义务（从现在开始，我就是在这种政治意义上使用该词的）并不仅仅反映主权国家作为一种工具——例如，作为给一定领土范围内的人们提供更大利益的工具，或作为人们期待的关于利益与贡献之分配的独立模式的工具——的有用性。人们对自己与朋友之关系的恰当重视意味着，当朋友需要帮助时，人们对朋友负有特殊的关切义务；同样，人们对那些与自己生活在同一主权国家统治下的人们之间关系的恰当重视也意味着，人们对同胞负有特殊的政治关切义务。把同胞们紧密团结在一起的纽带为何具有如此的道德力量？

生活于共同的主权政府统治下的人们之间存在着特殊关联性；人们很容易从他们对同一政治强制过程的参与中推导出他们对同胞

的高标准义务。毕竟，强制是主权国家的基本事务。某个组织要想在一片土地上建立主权政府，必须要能对在其边界内动用暴力有足够的控制力——这种暴力是用来强制性地实施法律和政策的。从同胞之间的纽带直接推导出高标准的关切义务——这一观念认为，政治上的强制没有对那些贫困的同胞表现出恰当的尊重，除非这种强制伴随着那些特殊关切。

但是，这种推导似乎太过鲁莽。政治强制可以是各种政府行为的一部分。这些政府行为，对于受其影响的穷人而言，并非全能派生出对他们的高标准关切义务。在政府采取的是最低限度的强制行为的情况下，这一点尤其明显。为了保护他们不被盗贼偷盗、不在市场交易中被欺诈，一个农村集镇的人们或许只需要在其领土上建立一个仅限于发挥这些功能的政府，这个政府只要求人们支付用于它履行这些职责以及官员忠诚其岗位所需的税收，要求人们尊重它所做出的那些维护人们所理解的诚实交易的法律。这很难派生出帮助非常贫困的农户的高标准义务；它仅要求人们遵守同情原则及其细化原则，如拯救邻人原则。当那些较为富裕的农户被告知说，由于他们支持了那些保护了其粮仓的警察，因而他们负有把谷物发放给不太幸运的农户的高标准义务，他们却可以合理地回答说，警察提供的保护仅限于确保人们能够有效地使用他们拥有的资源。到目前为止的讨论——例如，没有提及对雇佣工人的剥削——都没有削弱这一回答的正确性。

由于对同胞关切的政治义务依赖于同胞共同的政治生活的本质，因而，我将集中讨论一个核心案例，即体现现代发达国家特征的政府职能的行使。事实上，说得更简单点，我将假定，所有职能都是由一个国家的中央政府来行使的。我将指出，这些政府职能活动得以进行的共同政治生活，使一个政治活跃的公民有责任受到忠诚、公共规定、被强加的不利条件和受托人职责等考量因素的引导，这些考量派生出了对贫困的同胞的高标准关切义务，就像全球扩展论者所认为的那样，这些义务是强大的、平等主义的、范围宽广的。

还存在着许多与这个核心案例描述不同的主权政府。我并不否认这些差别与关切之政治义务的关联性，但是，我关于核心案例的讨论，牵涉到他们之间的关联性，而不是如农民共和国那样的最低限度的制度性安排。例如，关于核心案例的讨论表明，在一种发达的联邦制度中，对联邦内的人们的关切义务，很可能是对本行政区内同胞的主要义务。既然如此，如果我关于核心案例的讨论是正确的，那么，主权边界内可替代的政治安排创造了同胞之间较为脆弱的关切纽带，而不会产生稳固的跨国纽带；这些可替代的政治安排以如下的方式得以实行，即这些政治安排附加了对特定区域内的少数同胞（如同一行政区域内的同胞）的高标准义务，而不是针对全人类的高标准义务。

合理的功能

我将探讨其影响的共同政治生活，是对发达国家那些多样化的、复杂的、不断变化的、注定充满争议的政府职能的回应。在讨论这种国家行为的道德后果之前，必须对现代国家行使这些职能在道德上予以确证，基于如下的理由：国家职能的行使不会派生出更进一步的义务，把这些行为扩展到其他国家领土上，从而使那里的人们也能受益。一个人可以从互惠互利的观点中挖掘出真相，从而创造出一个足够广泛的正当理由。在现代社会，每个同胞的合理利益都支持政府采取一系列政策，从而深刻而广泛地塑造同胞们自我实现的前景。

最初，每个人都能从可靠的产权执行中受益。因为与产权保护相比，产权执行更为明确、更为广泛，在社会上也更富有成效；而产权保护只是通过对个体交易是非的反思加以确认，并且这种对个体交易的审查是与制度后果隔离开来的。而某些集体中的每一个成员都能正当地否认他们对集体的债务负有个人责任吗？在多大的范围内，在多长的时间内，在多严重的胁迫下，人们可以承诺对他人提供基于他们有义务履行的协议规定的服务？如果缺少关于有能力的消费者的恰当信息，那么，在什么条件下一项合同需要附加给消费者提供技能培训的条款？在何种前提下一个人对土地或原材料的排他性控制的主张能够派生出对这些土地或原材料的产权？这些产权的范围有多广，是永恒的还是可转让的？在某些情况下，有良知的人能够对这些问题做出初步的肯定性的回答，尽管他们没有进一步思考用法律来强制实施这种或那种规则的后果。然而，对现代经济活动而言，这些规则是完全不够的；它们过于碎片化，对社会后果过于麻木。确立能够以政治的方式强制实施的、广泛而全面的规章制度，是符合所有人的利益的；这些规章制度能够把有限责任公司与赖账团伙、有效的劳动合同与卖身为奴的协议、有资质的专业人员与假行家、对土地或原材料的有效权利与对土地的抢夺区分开来。不可避免地，理性而富有良知的人将会对这类问题提出不兼容的法律解决方案；与其他合理的替代的法律体系相比，那些被选择的法律体系将会使某些人相较于其他一些人获利更多。这套法律体系的持续稳定——经济的繁荣依赖于法律体系的持续稳定——在维持人们所追求的各种职位方面，发挥着至关重要的作用。这些职位——诸如管理人员、工薪族、专业人员、冒险的资本家、食利者——是与独特的责任与权力以及获得与其谈判实力相称的回报相关联的。

通过税收来给人们提供每一个人都希望政府提供的那类服务，这至少也是同样重要和同样紧迫的。对暴力执法的公共控制就是典型情况,既是因为私人执法者之间争斗带来的危险（洛克［Locke］），也是因为私人防御不足带来的危险（霍布斯［Hobbes］）。但是，在现代条件下，公共服务需要避免的协调性差和供应不足的祸患的范围越发宽广，以致扩展到了与经济相关的重要基础设施。投资建设用于生产、交通或交换的基础设施（无论是道路、机场，抑或是支持电子邮件的电脑）所期望获得的回报，取决于人们期望与之发生联系的那些设施所涉及的范围。就某类基础设施而言，至少早期阶段的供给需要大量的资金投入；一旦该项目失败，那么资金投入就是完全的损失了。于是，就像我们经常看到的那样，每一个人的合法的自我发展，都是通过税收资助项目来促进的；因为这些项目，对于个人来说，要么是过于昂贵，要么是风险巨大。即使基础设施修建好了，公共物品问题使得政府实施的公共支持成为维持基础设施正常运转的唯一可用的手段。[1]如果一条公路的每一个角落都有收费站，如果消防机构任由未签约用户的房子燃烧（即使这场火灾最终会殃及签约用户的房子），那么，没有人能从中得到好处;然而，如果没有这些灾难性的准入限制，搭便车的选择使得靠私人支付并不能解决资金来源不足的问题。

类似的理由还要求我们把公共资金广泛地用于教育设施的修建和维持。父母不会有足够的动力来资助其子女接受生产技能方面的教育，除非其他人的子女也接受相关技能的充分教育，以致劳务市场的细分领域对这种技能具有持续的需求。无论如何，只有极少的父母能够有个人手段来为其子女提供维持经济繁荣所需要的那种教育，尤其是当经济的繁荣需要新的技能的时候。然而，对未来国家发展轨迹的猜测，并不足以激发私人对于国家繁荣所需要的那类教育进行补贴——既是因为这种预测具有不确定性，也是因为受过良好教育的劳动力是一种公共产品，对所有的雇主都有利，不管他们有没有给予过补贴。

最后，在现代社会，私人商业所需的金融支持系统完全是由政府提供服务的。为了降低由不协调的私人投资驱动的商业周期的成本，政府采取各种财政与货币政策来影响金融时机。不论特定的政府会犯何种错误，如果某个人在其国家从事贸易活动，还得应付因政府的服务与终极监管缺位而导致的经济过热、经济萧条以及流动

[1] 公共物品的享用不是排他性的，因而提供公共物品的私营企业将难以收回其成本，除非有政府的补贴或其他形式的补偿。——译注。

性不足等问题，那么，任谁的生意都不可能兴旺发达。因此，每个人都有理由支持政府为其领土上的人们而实施的旨在促进经济繁荣的工程，而非仅仅为经济生活的这个或那个方面提供便利。

资本主义的自由主义捍卫者们宣称，他们提倡守夜人国家（the Nightwatchman State），这意味着，防盗是国家合法职能的缩影。但是，对国家功能的这种限制将导致现代资本主义的死亡。现代资本主义经济体系中的每个人都能从国家参与的一系列远超守夜人国家职能的活动（常常涉及大量的公共服务）中获得重大利益。但是，政府的公共角色符合所有人的利益这一事实并不意味着，国家的任何一个特定措施都同等地符合每个人的利益。国家应实施何种政策，在理性而尽责的同胞当中必然是充满争议的。对公共政策的某个具体问题的合乎情理的回应通常是，该项政策的实施使得某些人的生活比政府无所作为时更糟，而许多人的生活也变得比实施其他政策时更糟。例如，大规模的高速公路修建项目帮助了卡车行业，但却伤害了铁路行业。通过宽松的信贷与削减政府借贷支撑的投资繁荣，能够帮助那些处境好的同胞，但是，对那些缺乏技能、缺乏资源、地处位置不佳的同胞适应新的雇佣模式，帮助不大，毫无帮助甚至使其处境更糟。鉴于合法的国家职能对同胞生活不可避免的、重要的和有争议的影响，对共同政治秩序的有自尊的忠诚，只能基于信赖共同关心彼此的福祉是特定政治选择的基础这一观念。

对贫困同胞的公民义务

现代国家为其主权领土内的人们创造并把握各种机会方面广泛

而非常重要的功能，催生了对贫困同胞所负有的大量政治义务。这些义务包括公民友谊（即忠诚地对待那些被指望忠诚地支持共同制度的人）、福利的公平供给、减轻社会造成的不利条件、领土（广泛且排他性的主权权力在其中得到主张）托管。我将依次讨论这些对同胞的特殊义务的根据，并且主张，这些根据是对全球扩展论者所拒斥的爱国优先性的确证。❶

公民友谊。在参与对某片领土的治理时，人们应当重视其他人支持共同政治制度的意愿。就像对友谊的恰当重视一样，这主要是

---

❶ 近年来，对这一点——同胞之间的政治纽带的力量（the power of political ties）派生出对处境不利的同胞的特殊义务——的认识导致了对这些纽带之独特道德价值的广泛理解。在"Cosmopolitan Respect and Patriotic Concern"[*Philosophy & Public Affairs* 27（1998）: 202-24]一文中，我指出（如我在此主张的那样），具有政治能动性的公民，只有在她特别关注于改善那些生活前景糟糕的同胞的处境时，她（在把那些有关自我实现的条款强加给其同胞时）才展现出对其同胞的尊重（see pp.215－18）。我还指出（我现在用忠诚这一观念来重新表述这一点），要履行这样一种义务（即把社会信任当作公民合作的基础），就必须要对处境不利的同胞给予特殊关切（see pp.210－14）。与这些论点相连的一个论点是，把普遍仁慈的义务当作比这些特殊义务的要求标准更低的义务来界定。后来，迈克尔·布莱克（Michael Blake）在"Distributive Justice, Coercion and Autonomy"[*Philosophy & Public Affairs* 30（2002）: 257-96]一文中也说明了，对生活前景较差的同胞的关切是如何要求我们对处境不利的同胞给予特殊关切、从而证成对他们的强制的。在他看来，法律的强制体系是我们关注相对贫困的一个前提条件，而对绝对贫困者（不管这些绝对贫困者生活在地球的哪个角落）的救助义务则不需要这样一种前提条件（See e.g. p.294）。在"Cosmopolitan Respect and Patriotic Concern"一文以及本书当中，我反对他提出的那种较强的仁慈的政治义务。在"The Problem of Global Justice"[*Philosophy & Public Affairs* 33（2005）: 113－47]一文中，托马斯·内格尔（Thomas Nagel）说明了值得尊重的政治强制如何蕴含了对处境糟糕之同胞的特殊关切；他还否认，分配正义的准则（如公平的准则）能够恰当地扩展运用于主权国家的边界之外；在国际层面，只有最低限度的人道主义关切（它不涉及任何重大的牺牲）才是相关的（See e.g. pp.118 f.，120，131. 更准确地说，内格尔为这种观点提供了理据，并认为，这种观点"可能是正确的"，p.126）。内格尔认为，对经济福利产生影响的国际关系只涉及"经济交往领域"，"它不是正义要求的恰当领域"（pp.137 f）。我在"Moral Closeness and World Community"[in Deen Chatterjee, ed. *The Ethics of Assistance*（Cambridge: Cambridge University Press, 2004）]一文中初步勾勒并在本书后面四章将要阐述的观点是，当前的国际关系派生出了高标准的义务（常常是公平的义务），它既不同于单纯的人道主义援助义务，也不同于同胞之间特殊的经济正义义务。

对自身人际关系的某些方面做出的回应，而不是促使世界范围内善的最大化的承诺：如果我将自己的朋友当作把友谊引入两个孤独的人的生活中的策略的一部分而抛弃，那么我就没有对友谊表示出恰当的重视。[1]

一般来说，如果某个人和他人合伙参与一个重要的项目，而该项目依赖于合作者之间潜在的高度忠诚，那么，这个人就应当通过向合作者表明特殊的忠诚（这种特殊的忠诚在针对他们需求的特殊关切中表现出来）来显示对他们项目忠诚的重视来表现出他们对这项事业之忠诚的重视。尽管对忠诚合作者的特殊关切是对他们在项目中的作用的回应（因为没有人不愿意参与该项目），但是它不是单纯地对合作者表示感激的结果（其他人对共同的民族遗产的培养可能会引起共鸣），也不一定是为了相称的利益（达格所说的爱国关切的基础）。音乐爱好者可以因为听了毛里奇奥·波利尼（Maurizio Pollini）[2]的音乐会所带来的快乐而对他心存感激，但却不必对他负有忠诚的义务。与公平不同，忠诚要求我们对朋友尽到帮助义务，因为这些朋友要么处在贫困时期而不能尽到同等的帮助义务，要么就是没有发出请求帮助的呼声。

这种源于对某种关系的共同参与的人际忠诚义务，把关系本身视为关切的恰当载体，并且受到关系的重要程度以及关系的潜在需求程度的限制。举个例子：假如哲学系的一位同事因帕金森病而逐

---

❶ 如斯坎伦在其对价值目的论的尖锐批评中所表明的那样。See T. M. Scanlon, *What We Owe to Each Other*（Cambridge, Mass.: Harvard University Press, 1998）, p.89.

❷ 波利尼，意大利著名钢琴家，曾多次到我国举办钢琴独奏音乐会。——译注。

渐不能说话，以致不再能够讲授一个工作量比较大的课程（该课程没有人愿意讲授，却是人人都期待的课程组合的一部分），那么，哲学系的其他健康成员就有义务让这位同仁停课休息。倘若那些健康的同事说，“我们乐见你对本系的忠诚。但是，这份我们对哲学系的共同忠诚就足够了，无须我们对你保持忠诚”，那么他们就大错特错了。系里的每个人都有义务支持系里做出的对本系同事予以特殊关切的决定。但是，如果系里某人的同事中的大多数，在重要的系会上投票支持对同事的麻木不仁，那么，谁都没有义务用自己的工资来减少这一决定带来的伤害。如果不是通过联合项目来对援助施加限制，那么，对联合项目的忠诚参与者的援助要求，就会使我们每一个人，作为潜在的捐献者，过于脆弱而遭受他人不忠诚的伤害。

除了作为帮助的载体的联合项目所发挥的独特作用外，帮助的范围——作为忠诚的义务以及所要解决的需求的本质——也取决于联合项目。相互忠诚的义务要求我们对那些贫穷的参与者提供多少经济保障，取决于联合项目对相关的参与方来说有多重要，必要的制度忠诚所要求的标准有多高，以及合作项目作为帮助穷人的手段成效有多大。在人们需要的时候应当提供何种帮助，这取决于共同活动的常规目的（因此，在亲密的朋友之间，情感支持的义务往往比金钱帮助的义务更为明显、更为广泛）。我们需要依据义务与派生出这些义务的联合项目之间的这些联系来限定忠诚义务，因为，此项目中的相互忠诚义务必然会与彼项目中的相互忠诚义务、其他特殊责任以及合理的自我关切存在竞争关系。因为核心家庭是非常重要的活动载体，它潜在地要求人们付出巨大的努力来维持有效的合作，是提供帮助并追求不同种类的善的相对有效的手段，因此，把对工作同事的关切义务看得与对家庭成员的关切义务同样广泛和高标准，就是不合理的。

根据忠诚的这些准则，在共同治理的政治工程中，对忠诚参与者的特殊关切，就应当在利用共同的政治机构所做的选择中表达出来；这种特殊关切，仅仅是种双重的政治义务，来源于对贫困同胞义务的初始映像（initial reflections）。这些准则还意味着，帮助贫困同胞的义务的强度将取决于共同政治制度的本质。在农民共和国中，共同政治制度涉及的范围和要求是非常有限的。每家每户通过对其他住户在他们贫困期间提供帮助的方式，向他们表达相应的忠诚义务也是有限的。但是，每个人都有理由认可的现代国家任务是非常重要的。人们基于自愿合作而对国家任务所做的稳定而有效的追求，需要人们彼此间的信任预期（目前的疏忽将会得到弥补）以及抵制普遍存在的逃避责任的诱惑和通过可怕的联盟施加压力的诱惑，而不是进行有原则的妥协，并且在严重的危机中，愿意把自己的富足和安全奉献给捍卫共同的政治秩序。

在任何国家中，政治行为并不是始终由这些合作承诺引导的；在许多国家，包括所有发达国家中，政治行为都非常接近，因此，在政治选择领域之外，确切地说在致力于处理犯罪和公民的其他越轨行为时，一个公民应当遵循把同胞视为彼此忠诚的这样的方式。就像人们应当把投票权扩大到所有符合能力与责任等最基本标准的公民一样，尽管人们意识到某些公民会滥用其投票权；在这样一个国家中，公民通过认可公民忠诚这样的假设来表达他们对公民愿意合作的恰当重视，从而避免背叛并鼓励彼此信任。在标准很高、范围很广且非常重要的政治活动中，将同胞当作忠诚的共同参与者来对待，意味着他们彼此负有忠诚的政治义务，这种义务要求他们在帮助那些贫困的公民朋友时要做出巨大的牺牲。[1]

发达国家的边界之外还生活着更为贫困的人民。他们中的许多人都没有获得其同胞的关切，而这种关切将会表达一种恰当的愿景，使其成为愿意合作的政治生活的基础。那些生活在发达国家且重视公民友谊的人们应当行动起来，去帮助其他国家的人们也能够重视公民友谊，虽然在这些国家培育公民友谊非常紧迫而且艰难。但是，因此就认为，他们应当忽视非常贫困的同胞以便去帮助那些更为贫困的外国人，这无异于是在说，一个真正重视友谊的人应当抛弃一个朋友以便去跟两个不是朋友的人成为朋友。

考虑到对忠诚一词的合理限定，全球经济相互依赖的事实本身

---

[1] 对“友谊”一词的广义使用是一种通过参与共同政治制度来唤起人际忠诚恰当而成熟的手段。政治活动与一个良序国家公民间的相互关切之间的关联，亚里士多德（Aristotle）在《尼各马可伦理学》等著作中将他们描述为“被友谊所束缚”。茜比尔·施瓦岑巴赫（Sibyl Schwarzenbach）在《公民友谊论》[“On Civic Friendship”, *Ethics* 107（1996）: 97-128]一文中，尖锐地指出，基于友谊模型的相互关切仍然适用于现代公民身份。罗尔斯也把在政治选择中表达的相互关切看作共同的公民参与的合适产物，将他所追寻的良序社会描述为，在其中，“一种共有的正义观建立起公民友谊的纽带”（*A Theory of Justice*, p.5；中文版《正义论》第4页。——译注，下同）；将差别原则描述为社会成员之间“相应于博爱的一种自然含义”（ibid., p.105；中文版《正义论》第90页）；并且指出，政治正当性术语的正确解释是“把宪政民主制度中政治关系的本质确定为一种公民友谊关系”[“The Idea of Public Reason Revisited”（originally, 1997）, Rawls, *Collected Papers*（Cambridge, Mass.: Harvard University Press, 1999）, p.579；《罗尔斯论文全集》（下册），陈肖生等译，吉林出版集团2013年版，第618页。——译注]。除了唤起政治义务的重要基础外，与友谊的类比还有助于解释人们为什么把追求这些义务的政治生活视为他们自己善的一部分，而不仅仅是他们不得不忍受的某种约束。

并不会推翻对同胞政治忠诚的要求，但是要考虑到当下全球层面贫困与资源的分布。国际贸易可能是极其重要的，但是，即使在一些国家国际贸易确实很重要，然而国内经济关系在重要性上是居于首要地位的，因为国内经济关系是充分利用国际机遇的基础。虽然在商业贸易中合作者之间要彼此做出保证，但是这种保证主要是忠实地履行特定而有限的承诺问题；即使帮助的义务，例如，给特定的商业伙伴额外的时间偿还贷款的义务，也是以诚实履行商业约定为目标的。负责任的商业合作者之间表达彼此忠诚的首选工具是商业关系，而非一个政府。商业关系的特定属性——例如，下一章将要讨论的剥削的特殊危险——可以确立进一步的义务。但是，全球经济相互依赖与外国人极度贫困这一事实本身，并不足以推翻对贫困同胞忠诚的政治义务。这就好比要求一位教师忽视其家庭成员的重要需求以便表达其对本系更为贫困同事的忠诚。

公平供给。现代国家的许多经济活动所带来的收益应加以公平的分配这一要求，在相互尊重与给予贫困同胞特殊关切之间形成了第二个联系。公民们在其主权领土内通过公共设施和公共财政资助的设施及其公共管理来促进繁荣，而这些设施和公共管理的私有化不符合任何人的利益。但是，这些公共设施的正常运转符合每个人的利益这一事实，并不能决定不同同胞的利益得到满足的程度，尤其是当这些设施不能正常运转时。在目前的公共供给过程中，公平原则要求我们优先关照贫困者（即，应当采取更大的措施来减轻负担更重的贫困者们），同时，如果帮助更多的人解决重大需求需要减少对贫困者的帮助，那么就让数字来说话。例如，在引导经济方面，政府应努力调整经济发展的步伐和性质，以促进最贫困者摆脱贫困。在 20 世纪最后 25 年，美国国民收入的巨大增长，基本上没有给穷人带来任何好处，从一开始就惠及了那些处境较好的人群，因此，所谓的巨大增长可以说是失败的，除非不存在其他可以更好地改善穷人处境的现实选择。在修建公路时，应当对那些因地处偏远或交通拥堵而负担沉重的人群所在社区给予特别关切。总的来说，税收政策应该从一开始就对那些较为贫困的人群施加较轻的负担。如果一个政治上活跃的公民，在通过强制措施促进经济成功的过程中，没有表现出这种特别关切，那么，对于她试图通过公共供给来塑造其成功前景的所有人而言，她就没有对他们生命的平等价值表现出恰当的重视。

作为回应，人们可能会反对说，在公共供给和私人交易中，正确的规则是“你付出什么就得到什么”：公共供给旨在按纳税比例分配福利。那些生活在偏远而贫困的社区里的人们，如果不能够借助公路来消除贫困，从而能够缴纳相应的税赋，那么他们将会感到失望。但是，根据这种观点，如果那些更为慷慨的纳税人不能从高速公路中获得更多的补偿性收益，那么，他们也就没有理由来支持高速公路的修建了。从这个角度看，在失望中挺身而出，忠诚地支持政治秩序,是一种自尊的表现。换言之,正确的规则可以被描述为“你从社会中获得的，与你对社会产品的贡献应该相称”，并且把所有的经济活动和财政活动视为从经济活动中获得净贡献和净收益的决定性因素，把政府视为净收入的确定者。这一规则将会令许多贫困的人感到非常失望，因为他们低下的生产技能与不利的地理位置使得他们的生产力不如他们的同胞。但是，我们也可以说，基于这一规则而对公共供给予忠诚支持的做法，是人们对“不做寄生虫”这一自尊标准的承诺。

这些反对给予贫困者以优先关切的意见及类似意见所忽视的，是公共供给在为富裕阶层创造更大繁荣中所发挥的作用。政府提供的公共供给使得现代社会的繁荣成为可能。但是，这并不意味着，成功的个人自我提升带来的所有好处都可以用来帮助贫困者。任何合理的政治制度都把基于不应得的机会的自我发展所带来的诸多利益，视为合法的利益而加以保护。否则，人们通过自主活动建设性地实现自己自由选择的目标，将缺乏足够的意义和价值。但是，在正在运转的保障供给的公共事业中，那些已经获益较多的人不能基于以往所获的好处而要求获得更多的供给。首批获得资助的那些人，应当自愿站到领取资助队伍的后面去。在发达国家，从以往的公共供给中获得更大利益这种状况，通常把富裕阶层与贫困者割裂开来。富裕阶层的繁荣，在很大程度上源于他们从公共供给提供的机遇中获得了丰富的利益，然而这些机遇贫困者是无法充分利用的，尽管这不是那些贫困者自身的过错造成的。

事实上，除了从基础设施、教育、科研以及对经济的财政指导等公共供给中获得大量物质利益外，那些处于现代经济角色基本等级制度较高层级的人士，还从公共供给等级制度本身获益。管理者和高技能的专业人员在上层，没有特别技能的体力劳动者在下层，这就是一个依据责任、权力和能力从事有价值且值得追求的工作而形成的等级制度，而在这个等级制度中，占据更高的职位本身就能使一个人生活得更好。这种等级制度源于现代国家建立的法律环境，而这种法律环境远超自然权利的规定。这种法律环境可能是一个更大的法律复合体的一部分，或多或少对那些处于底层的人们有利。如果来自上层的声音抱怨说他们的需要尚未得到恰当的公共关切，那么正确的回答通常是，“你占据的那个位置本身就已经使你获得了足够多的好处”。

当然，安哥拉农村一个贫穷的农民家庭，因恶劣的道路状况而与最近的集镇隔离开来，也无法获取任何现代医疗服务，从而根本得不到保障。但是，这种恶劣的环境加上国际贸易事实本身，并不会催生任何政治责任，比如说，要求美国公民有义务支持援助，以避免公共供给中的不公平。至少在单纯的经济相互依赖假设下，美国人和安哥拉人并没有被一个由政府强制实施的联合供应项目联系在一起。设想我们有义务去建立这样一个职能广泛的联合政府，不过是假定了全球扩展论者所试图证明的东西。

不利处境的产生与减缓。在制定影响其领土福祉前景的法律时，公民应当摒弃某些固有的不可接受的选项——例如，允许奴隶制或禁止某些宗教活动的政治秩序。由于以家庭为单位的养育活动是必须被允许的,因而在一个合法的政治秩序下,一些人相较于另一些人，其人生成功的希望更加渺茫。但是，排除各种固有的不可接受的干扰项，就给合法的制度安排留下了广阔的空间，并且这些制度安排是依据它对人们生活前景的影响而加以评判的。最不得利者的困难或许千差万别，取决于从这些选项中做出的政治选择。例如，如果对那些在资本主义竞争中失败的人来说只有一个较低的安全保障，如果贫困社区的公共教育是不怎么奏效的，如果经济政策的目标是通过私人企业对牟利机会的滥用而实现经济的高增长，那么，那些没有成功的人的孩子，与在另一种制度安排之下的穷人相比，就会因其诸多劣势而承受更大的负担。

在应对这种政治选择的可能性时，公民们有义务对同胞当中的那些社会不利因素表现出特殊关切，比如，在走向成功道路上遇到的非常巨大的困难，这些困难源于可以合法地加以改变的社会环境，而非源于对那些有更大困难的人应该为之负责的选择。在评估一个决定同胞生活前景的选择时，他们应该对那些可能遭遇暗淡生活前景之人的生命平等价值表示出同情。如果以这种方式平等对待同胞，公民们就必须把减少社会不利因素作为从一种强加的选择转向另一种强加选择的理由，这是一个非常强大的理由，即忍受最多的人承受的不利因素越沉重。

这种对社会不利因素的关注并没有延伸到所有不利因素，也没有要求采取任何可行的以及同背景权利相容的措施来减轻社会不利因素造成的负担。某些同胞可能遭受因身体健康欠佳带来的灾祸，但是这些灾祸却与社会因素无关。这些灾祸可以成为政治关切的目标——比如说，在讨论公民忠诚的义务或托管的义务（我稍后会对此展开讨论）时。但是，这种关切不是源于社会强加的不利因素。为了真正地重视自力更生，避免幼稚化，公民们不愿意以社会不利因素为由向特别挑选出来的同胞求助，尽管他们已不再年轻。此外，过度干涉人们对自身优势的利用，可能就无法恰当地重视人们的自主性（autonomy），这种自主性是创造自己生活的能力（正如约瑟夫·拉兹恰当地指出的那样）之一。[1]不过，把如何详细列出社会不利因素并做出补救这些难题暂放一边，如果说在不同的社会环境中成长起来的同胞们，在同等的尝试意愿下，有义务寻求可接受的方式减少生活机会上的重大不平等，那么这对于政治选择来说是非常重要的。例如，在美国，如果根据家庭收入把人们分为不同的等级，并且根据年龄差异和家庭规模加以调整，那么，那些生活在底层 10% 的人当中有三分之一的人仍停留在那个阶层，半数以上的人上升不超过 10%；然而，出生于顶层 10% 的人当中有 30% 的人仍保持在那个阶层，只有 1.5% 的人最后会沦入底层 10% 的人群之中。平均来看，父辈在长期收入方面的差异，60% 会延续到子辈当中，在这个过程中，无论智商如何变化，它只起到很小的作用。[2]

虽然公平供给论和社会不利论都把社会政策往大致相同的方向推进，但是它们是不同的。前者坚持认为，公共设施依据正确的理由提供利益，但没有进一步明确提出制度目标。当下的观点认为，公共机构必须减轻最贫困者的负担。

各种政治观点都声称，对基本社会制度选择中的不利因素表示了适当的关切。每一种观点都把对不利因素的消减作为政治变革的

---

[1] See, for example, Raz, *The Morality of Freedom* (Oxford: Oxford University Press, 1986), pp.369 f.

[2] See Tom Hertz, "Riches and Race," p.186（汤姆·赫兹发现，生活于在底层 10% 的人当中有 36.6% 的人在成年后仍停留在底层，另有 20.5% 的人能够有 10% 的上升）; Bhashkar Mazumder, "The Apple Falls Even Closer to the Tree than We Thought," p.96（收入差异从父辈向子辈传递所依据的数据是 16 年的平均收入——如果依据 6 年的平均收入，那么弹性是 40%）; Samuel Bowles, Herbert Gintis and Melissa Osborne Groves, Introduction, p.20; all in Bowles, Gintis and Groves, *Unequal Chances* (Princeton: Princeton University Press, 2005)。

重要理由，越是如此，不利因素带来的负担越重。有些人认为，在根据不同的制度安排对生活前景的影响来评估这些制度安排时，当平均效用（utility）得到提升时，不利因素就得到了应有的重视，因为平均效用的提升可以抵消相应的痛苦；效用的这种提升与福利同等重要，不管这种效用是谁获得的。但是，在涉及其他义务时，这种观点允许选择一种对少数人来说负担极其沉重的制度安排，仅仅因为这是一种不可避免的副作用，即通过向足够多的人提供微利来使平均效用最大化。这些程序似乎表达了对同等价值效用的同等重视，但是它们似乎没有平等对待同胞。例如，一个公民，在支持一种无法消除无家可归现象的正义标准中，就似乎没有平等地对待无家可归的同胞，仅仅因为随之而来的财政问题会使足够多的非贫困人口只能拥有普屏电视机而不是宽屏电视机而蒙受损失。

在那些为贫困同胞寻求比功利主义标准更高保护的人中间，存在着进一步的、重要的分歧。一些人会把“最低限度的体面生活”（虽然微不足道，但却与人的基本尊严相容）的保证作为相互尊重的公民身份的重要且非功利主义的前提条件：在承诺将每个人都提高到这一限度并在这一努力允许的范围内最大化平均效用的过程中，“不利因素”得到了应有的重视。另一些人则认为，这一标准对最贫困者的诉求没有给予足够的关切，即使所有人都超过了阈值，但是他们的诉求仍具有特殊的力量。他们按照罗尔斯的“差别原则”提出要求，并坚持认为，如果公民自由和政治自由得到尊重，与最糟糕的社会地位相关的生活前景就会尽可能地美好。[1]

这一分歧在爱国优先的辩论中具有特殊的地位。因为，就同胞间的关系而言，全球扩展论者特别地向那些认为差别原则是正确的人伸出了手。与不那么平等的替代原则相比，似乎对这一原则的选择必须建立在某种超越不应有的不利因素的普遍义务基础之上。但是，这种义务似乎要求我们支持全球差别原则。

事实上，那些反对罗尔斯平等主义的全球化理论的人，并不需要放弃他关于国内经济正义的标准。相反，他们应当把罗尔斯本人的建议牢记于心。他最终将差别原则描述为“值得加以研究……有许多值得向往的特征……得到综合考虑后的理由的支持”，尽管这些理由对于差别原则优越于最低限度的体面生活的要求的证明，相较于它们对其正义观优越于功利主义替代原则的证明，肯定不那么“明确和具有决定性”。[2] 尽管如此，面对最低限度的体面生活要求，他认为，一个社会的成员应当把差别原则当作政治生活的基础来坚守；在政治生活中，“最不利者感觉到他们是政治社会的一个组成部分，并且认为这种公共文化及其理想和原则对他们来说具有重大的意

---

[1] 在这里，如罗尔斯所描述的，我把国内经济正义的两个方面——正确的差别原则（它调节着处境不同的人们之间对收入与财富的预期）与公平的机会平等原则的要求（它具有优先性）——合并在一起了。如果把每一个社会孤立地加以考虑是正确的，那么这些细微的差别，对于罗尔斯的理论是否值得全球化这一问题而言，并无多大影响。

[2] Rawls, *Justice as Fairness*, p.133.［参见中文版《作为公平的正义：正义新论》（姚大志译，中国社会科学出版社 2014 年版）第 161 页。中文版页码为译者所加。下同。］杰里米·沃尔德伦（Jeremy Waldron）试图确立一种社会底线原则来取代差别原则，他的这种努力，罗尔斯认为是最具挑战性的［Jeremy Waldron, “John Rawls and the Social Minimum,” *Journal of Applied Philosophy* 3（1986）: 21 - 33）］。这种支持差别标准的有力论据值得注意的地方在于，它与罗尔斯的一个假设是一致的，即考虑不利因素的政治义务，是基于维持适当政治承诺的义务，而不是基于公平促进福祉的义务。

义”[1]。当然，没有这种共同承诺，最不利者也只能对他们的社会逆来顺受。如果他们的最低限度的体面生活的条件以及公民自由和政治权利得到了保障，同时，在平均效用最大化的公平追求中他们的福利也得到了考虑，那么，作为回报，人们可能期望他们不要认为自己是“痛苦的……［不要］反对社会的正义观念……［不要］把他们自己视为被压迫者”[2]。但是，在追求正义的过程中时，人们必须要为更多的事务寻求基础，这种基础就是一种政治生活，在其中，我们不会“变得同政治社会日益疏远，并缩回到我们自己的社会世界”，相反，我们会在“思想和行为中终生认可这些正义原则。……我们希望，最不利者的处境既不会妨碍他们融入公共世界，也不会妨碍他们将自己视为它的正式成员”。[3]罗尔斯认为，只有对差别原则的公共承诺才能实现这种期望，才能支撑这样一种政治生活，在其中，最不利者“一旦理解了社会的理想和原则……［他们］就能认识到其他人为了他们的善而做出了多么巨大的贡献”[4]。

这些简短而尖锐的话语诉诸某些形式的思想和行为，这些思想和行为把人们对共同政治制度的完全忠诚与对制度的单纯服从区别开来。完全忠诚的公民，把包括主导政治话语的正义标准在内的政治制度的基本特征之维系，视为自己善的一个重要特征。在把共同的正义标准阐释成解决不可避免的政治分歧的基础时，她愿意接受

---

[1] Rawls, *Justice as Fairness*, p.129；中文版《作为公平的正义》第157页。
[2] Rawls, *Justice as Fairness*, p.128；中文版《作为公平的正义》第156页。
[3] Rawls, *Justice as Fairness*, pp.128, 130；中文版《作为公平的正义》第156、157页。
[4] Rawls, *Justice as Fairness*, p.130；中文版《作为公平的正义》第157页。

有原则的妥协，尽管那些与她的利益有关的政治分歧能够通过破坏或威胁更有效地维护其利益。她认为，为了保护自己的政治秩序不受内部危机或外部敌人的影响而做出牺牲，是自尊的正当理由。假设作为公民间政治说服的基础的共同正义标准只要求最穷的人达到最低限度的体面生活，即使他们的生活前景比其他人要糟糕得多，而在其他制度安排下的最穷的人可能有好得多的前景。那么，这将成为基本政治制度的一部分，在其中，达到最低限度的体面生活阈值的最穷之人会被告知："你正生活在基本尊严的条件之下，因此，你的处境不值得给予特殊关切。"鉴于现代国家对每个人的生活前景深刻而广泛的塑造，在这种最糟糕情况之下的每个人（不只是圣徒类型）都能全心全意地忠诚于让他们处于最低限度的体面生活阈值的政治秩序吗？罗尔斯貌似有理的回答似乎是："不能，如果他们把自身的生命看得跟其他人的同样有价值的话。"另一方面，如果最穷之人被告知，作为对正义的普遍政治承诺的一种表达，"我们已经做了一切可以做的事情，但是没能创造出一种制度，在这种制度下，最穷之人至少和你一样糟糕"，那么，公众对其生活前景的政治兴趣似乎足以把全心全意的忠诚与自尊结合起来。

公民会对强加在他们身上的沉重不利因素做出抱怨；作为回应这种抱怨的诸多方式之一（根据罗尔斯的终极观点），差别原则具有维持一种特别有价值的共同政治生活形式的独特优点。选择差别原则的这一理由并不意味着，任何地方的人的不利因素都要通过从富人那里转移财富来减少，不管富人在造成这些不利因素中发挥何种作用。同样，在确定何种共同政治制度能够支撑以自尊为基础的、全心全意的忠诚时，原初状态这一理念将是有用的——作为确认公民们将会支持何种制度安排的一种理论设置，如果每一个公民都想为他们对其政治秩序之共享的（基于自尊的）忠诚提供某种共同的基础。但是，在进一步确认人们的政治态度时，原初状态的这种有用性并没有表达出对公正关切的基本的普遍承诺；它只是一种功利主义的轻描淡写。罗尔斯自己最后也承认，他的这种理论设置只具有特定背景的价值。❶

一般而言，减少社会不利因素的政治义务的理由，不能仅仅通过经济上的相互依赖而扩展到全世界。在纯粹的全球商贸背景下，尽管发达国家的公民们把共同的政治制度强加在他们彼此的头上，但是，他们并不谋求在外国也强制实施那些影响人们生活前景的政治制度。因此，除了同情之外，他们对来自国外的关于社会不利因素的抱怨不予回应；他们的这种做法并不是对处境不利的外国人的不尊重。外国人的抱怨应当在外国的边界内予以妥善处理。

当然，即使是在纯粹的全球商贸背景下，政治强制也会对外国人的生活产生某种影响。毕竟，商业贸易涉及财产转让。正如亨利·舒在主张一项可能标准很高的跨国关切义务时所强调的那样，财产权

❶ See, for example, Rawls, *Political Liberalism* (New York: Columbia University Press, 1993), pp. 24 f., 35, 304 f. 赞成差别原则的另一个补充理据是，作为公民在减轻不利因素方面彼此负有何种义务的最佳表达，差别原则将特别有助于公民们弄清楚，在公民自由和政治自由领域他们对彼此负有何种义务。这是乔舒亚·科恩（Joshua Cohen）在《民主的平等》["Democratic Equality," *Ethics* 99 (1989): 727-51] 一文中的观点，罗尔斯指出，这一观点准确地表达了他的观点。(See *Justice as Fairness*, pp.43, 100.) 不过，科恩的观点也是建立在青睐政治社会之纽带的基础之上的。

涉及对财产的排他性控制，必须加以强制保护才能生效。[1]因此，对纯粹商贸活动的参与就包括对强制阻止处境不利的外国人从中获取利益之制度安排的支持。然而，在纯粹的商贸事实是跨国交往的唯一相关因素的世界中，同胞们可能把他们的有利处境（与处境糟糕的外国人相比）仅仅当作运气上的差异，而运气不是由他们来决定的。因此，他们对处境糟糕的外国人的关切义务仅限于同情原则的要求。他们可能会理直气壮地拒绝采纳一项允许外国人控制利用运气所获得的利益的政策（这种做法不值得道德批评），以便在考虑其他责任和承诺的同时，避免其生活恶化的重大风险。他们通过强制性手段保护其财产，以避免自身生活的恶化，这是对其财产权的正当保护，但是这种做法未能对外国的不利因素有所救正。

为了支持对跨国援助的潜在严格要求（这种要求甚至要求牺牲文化的丰富性以便满足全球穷人的生存需要），亨利·舒指出，处于赤贫状态的人在拿走不处于赤贫状态的人的财物时或许并没有什么过错。[2]但是，对侵入（作为最后的手段，当这样做不会带来大规模的暴力风险时）的允许，并不排除对财产保护的允许。为了捍卫某种高于生存水平的生活标准而阻止外来者获取他们自身生存所需的资源是可以允许的，即使这种获取资源的企图不会受到谴责。例如，人们不必谴责游牧民族在困难时期袭击更繁荣的农耕民族的

---

[1] See Shue, *Basic Rights*（Princeton: Princeton University Press, 1996［original edition: 1980］), pp.124–7.

[2] See Shue, *Basic Rights*, pp.114–19, 125. 事实上，亨利·舒并不认为，满足基本的需要会要求人们做出巨大的牺牲，包括文化丰富性方面的巨大牺牲。

做法，就像人们认为农耕民族努力捍卫其生活水平的做法是完全正确的。

如果那些被阻止的外国人不是通过索取，而是通过提供别人看重的东西来获得成功，那么，情况就不同了。除非有进一步的正当理由，否则，这类预防措施只会阻碍，而不是保护人们通过合理地运用自己的运气而取得成功的努力。仅仅基于对财产的排他性控制不只是商业贸易事实这一理由，就把这种排他性控制视为与国际交往无关的要素，这是说不通的。排他性控制是现代国家在其边界之内而不是在其边界之外行使其权威的一种特征。

然而，即使发达国家的公民有向那些寻求利用经济机遇的人开放其边界的正义义务，这种义务远远比不上他们减轻社会强加给同胞的不利条件的义务。与一国法律对一国内部优势和劣势结构的有力确定相比，移民限制发挥的作用相对较小，表现为消除了发展中国家拥有适当装备的人使用（通常是非常不情愿的）一些能获得进步的手段。❶ 此外，每个发达国家应当对将全球穷人排除在整个发达国家之外而产生的影响负责，但是这个责任不应超过该影响所对应的比例。相比之下，发达国家的每一个公民都对强加给同胞的不利条件负有专属的政治义务。

无论如何，相关的跨国交往仅仅是商业贸易事实这一假设，使

---

❶ 外来的贫穷移民所获得的好处常常因劳动力市场随后的变化而受到限制，如约翰·罗默（John Roemer）在“The Global Welfare Economics of Immigration”［*Social Choice and Welfare* 27（2006）：311-25］一文中指出的那样。

得移民限制相对容易地被证明是正当的。[1] 如果进一步开放边界的政策会造成现在的同胞生活面临恶化的巨大风险，那么，现在的全体公民可以通过拒绝进一步开放边界向同胞表达彼此承担的义务。"这会伤害到那些我们要为之负责的人，而我们对那些你想补救的不利之处不负有任何责任"，这个理由足够了。相反，如果暂停对纯粹商业贸易的限制，那么，进一步的交往（如后几章所述）可能使得将发展中国家的潜在移民排除在外成为对义务的不正当否认；在这种情况下，护照在道德上类似于南非在种族隔离制度下的花名簿（passbook）——用来管理那些分配给据说独立的班图斯坦人的人的流动。

领土托管。还有一种对于处境不利的同胞的特殊政治义务需要加以说明，即关心那些一出生就严重残疾的人的义务，因为他们有严重残疾，以至于他们不被期望成为当地政治进程的忠实参与者。忠诚必须扩大到那些忠诚地维护共同制度的人，但是那些不能参与这种活动的人，例如罹患脊柱裂而瘫痪的人，显然不应承担这种公民友谊的义务。对那些在公共供给或社会合作中没有任何作用的人提供很少的服务，这显然是不公平的。无论如何，给一个无助的人提供一点点帮助，对他来说也可能是巨大的利益，这就使得向他们提供更多帮助的义务受到质疑。对社会强加的不利条件的进一步思考，不太可能解释对这些严重残疾同胞的政治义务，因为他们可能

---

[1] 我要对丹尼尔·科尔顿斯基表示感谢。他指出，即使依据这一假设，移民限制也不能免遭道德批判。

是自然灾害的受害者，而在任何社会环境中，自然灾害都是严重的不幸。

一般而言，爱国优先的观点也适用于这些无助的同胞。人们通常都相信，他们负有减轻这些同胞负担的政治义务，即使这些同胞的命运与另一个身体健康的同胞（比如父母）的个人目标无关；而在全球经济相互依赖的情况下，人们通常都认为，为了给同样无助的外国人带来更多的好处而大幅度削减这种公共供给，就是错误的。但是，这些无助的同胞并不比那些外国人更多地参与其国家的公民生活。除非对他们特殊的优先义务能够得到更多的证明，否则，关于对他们的优先义务的观点将被视为道德上的武断。帮助他们的政治义务必须基于他们贫困的严重程度以及减轻其贫困的其他手段的匮乏；这一理由将要求我们对外国穷人承担高标准的帮助义务，更何况我们与他们之间还有更进一步的交往。

在说明对有严重残疾的同胞的特殊义务时，我们可以从重新审视公民友谊的要求开始。显然，一个在政治生活中活跃的同胞对罹患脊柱裂的孤儿的关切义务，并不会对这个饱受疾病折磨的同胞在维持他们共同制度方面的实际参与做出回应。尽管如此，无论是有能力的同胞，还是饱受疾病折磨的同胞，都有义务尽其所能忠诚地维持共同政治制度。如果你出生在一个值得你忠诚的政府所管辖的领土之内，那么，你就有义务忠诚地维护这个共同的政治秩序，除非移居国外。如果人们普遍不承认这种义务，那么，政府就不可能成为维护正义的稳定而有效的媒介。

根据这一原则，生来就有严重残疾（如罹患脊柱裂而瘫痪）的人，也和其他同胞一样有义务忠诚地参与到维护共同制度中来，如果她能够参与的话——事实上，她不能。她就像一个一贫如洗的父亲那样有义务尽其所能保护孩子的健康，但是，父亲却无法履行这种义务，因为他负担不起能够帮助孩子的唯一治疗药物。因此，如果在一个有价值的政治项目中，积极参与者有权期望彼此的关切，是对每一个都尽其所能地履行其参与义务的人的关切，那么，他们对先天严重残疾的同胞不表现出同样的关切就是武断的，因为那些先天严重残疾的同胞也在尽其所能（虽然没什么用）履行同样的义务。而事实上，尽自己所能履行有条件的忠诚义务，是政治生活中活跃的参与者适当期望得到关切的基础。

政治生活中负责任的活跃参与者所寻求的相互忠诚，涉及利用他们共同的项目来表达对彼此的特殊关切。就像友谊一样，这是一个事关团结的问题，而不是一个将贡献与利益相匹配的对等问题。因为这里讨论的是对人的关切，而不是对利益的关切，因而活跃的参与者所寻求的善良意愿，不能以能够满足履行义务所需能力条件的好运为条件。在这种情况下，强加这种援助条件，意味着人们关心的不是他人，而只关心他们参与其中所能得到的回报。假如说我一生都健健康康的，直到死神在我壮烈的晚年突然把我打倒，我的同胞也从来没有关心过我，如果我残疾了，他们或许会对我说：“你对我们毫无用处，并且保险资源是平等分配的，所以你的痛苦与我们无关。”

由此推断，如果我对那些与我一样负有相同的忠诚义务的人不给予特别关切，之所以不给予特殊关切，是因为他们身体上无法完成一个共同的政治项目，那么我对他们就没有一种我应该期待那些与我一样负有忠诚义务的人对我的关切态度。因此，拒绝给予他们特殊关切，我就是做出了一种武断的区别对待，以一种违反道德操守（moral integrity）的方式区别对待。但是，拒绝给予那些类似贫困的外国人以同样的关切，我就没有做出任何武断的区别对待，虽然他们同样不愿也不能参加我的政治项目。因为我应该在同胞之间寻求和提供的共同的特殊关切反映了一种外国人没有分担的忠诚参与的责任。因为我力图在同胞之间寻求并提供的共同的特殊关切，反映了对这种忠诚参与义务的共担，而这种义务外国人并没有共同承担。

然而，这种活跃而忠诚的同胞间彼此所负义务的延伸似乎过于间接，从而无法对“照顾国界内无助的人民是我们的责任”这一思想迅速地领会把握。此外，这一令人信服的思想还将关切范围扩展到那些没有义务尽其所能支持共同政治秩序的人。例如，我们把照顾遭受严重不幸的受害者的潜在高标准政治义务扩展到某个飞地（enclave），就像有时候我们给土著人民提供的保留区一样。在飞地里，人们基本上可以自由地根据自己的传统和考虑来管理自己的生活，我们并不指望他们对国家更大的忠诚。在行使最高主权权威的国家中，那些参与国家政治生活的人，有义务向无法自给自足的飞地居民提供医疗保健和生存方面的基本需求。

虽然这项作为基本需要的最后手段提供者的义务，并不是对受益人与捐助者积极参与同一政治进程的回应，但是它确实反映了捐助者的政治活动，即从全球范围内相似的穷人中挑选出受益人。这是一种领土托管的责任。

在一片领土内，对于制定促进自身发展的各种规则所享有的范围宽广的排他性的终极权威的主张，就伴随着这种托管责任。这种终极权威与赋予飞地的人们制定本地规则的较大权力并不冲突。例如，如果对于飞地的赋权是可以收回的，那么，国家的权威得以维系；如果主权政府通过评估发现，飞地之外的人们的重大利益受到了影响，那么政府收回对于飞地的赋权也是可以理解的，并且飞地与主权边界外的世界的关系会受到严格的管制。（农民共和国所享有的有限权威以及中世纪的某些政治实体［如神圣罗马帝国］所享有的脆弱主权是另一回事。它们产生了不同的、较少的托管义务。）

如果国家不接受相应的托管责任，那么，它就不能恰当地主张这种范围宽广的排他性特权。如果我在荒野中的某块土地上树立一块表明该片土地属于我私有的木牌，并声称有权拒绝他人不请自来的进入，有权按我认为最好的方式利用这片土地，那么我就负有一项照顾领地内所有生命的特殊义务：我必须帮助领地范围内处于危险境地的人（即使是不请自来的徒步旅行者和偷猎者），并防止非人类生命衰退弱化。在这里，我对于这种特殊义务的疏忽所引起的公正指责，不是因为不公平，而是因为我不配享有我所主张的对于这片土地的排他性特权。

控制与托管之间的联系是相当普遍的，不是一个严格的领土问题。另一个例子是艺术品的所有者所负有的完好保存其收藏品的特殊责任。为了配得上自己所主张的排他性控制，你必须接受对自己力图控制的有价值之对象所负的关切责任。其他一些考虑强化了控制与托管之间的联系。在寻求基于相互尊重的交往中，主张控制的一方必然希望被控制的一方能够自愿接受其控制。但是，如果控制方不承担起对控制对象之福利的关切责任，那么，还指望控制对象自愿接受其控制就是傲慢无礼的。控制与托管之间的联系还因为打破这种联系的后果而得到支持：没有这种特殊责任来源的更宽松的道德准则，将难以限制强者在不考虑弱者利益的情况下扩大其统治权。

人们对于边界内无助且遭受苦难的人负有特殊责任，不是因为人们邀请他们来参加的政治活动，而是人们参与其中的政治权威。如果除去纯粹的商业贸易外，没有相关的跨国交往，那么就没有相应的国际托管义务。

建立在共同主权领土之上的政治关系派生出了给予同胞特殊关切的高标准政治义务。相反，仅仅是国际商业贸易事实，最多只能派生出帮助处境不利的外国人（即使他们更为贫困）极为有限的政治义务。要确认发达国家人民大量尚未履行的跨国政治义务，要求他们把原本可以用来缓解同胞贫困的资源转移给外国人，我们就必须进入现实世界。在这里，跨国交往不仅仅是商业性的；与道德相关的商业交往特征远远超出了单纯的生产相互依赖、互利交换的事实。下一章将另辟蹊径，描述目前的全球商业交往是如何利用发展中国家人民的，从而派生出对他们的高标准义务，来避免并纠正这种不负责任行为。

第三章　道德化的全球化

在每一个时代，关于各国在经济上相互依赖、保持商业交往、保护产权等赤裸裸的说法，都忽略了它们对国际正义有着重要影响的事实。从范式上看，奴隶贸易不是纯粹的贸易：奴隶贸易与奴隶制是错误的，每一个人都有义务致力于终结这些错误，任何人都没有正当的理由抱怨说他失去了占有他人的权利。然而，即使有人拒斥了我在前面章节中批评的那些道德观点，他也根本不清楚应该如何评价当前的国际制度。我们的时代是这样一个时代，在其中，一端是悲惨的苦难，另一端是减轻苦难所需的资源，分别集中于不同的国家之中。例如，2006 年，世界上 37% 的人生活在人均国民总收入不足 905 美元（世界银行划定的“低收入”门槛）的国家中。在这些国家，1/9 的人在 5 岁前会死去，通常是死于容易治愈的传染病；平均每人的卫生支出约为 27 美元。相比之下，世界上 16% 的人生活在人均收入超过 11116 美元（“高收入”门槛）的国家中；在这些国家，5 岁前的死亡率至多是 1/16（0.7%），人均卫生支出约为3979美元。[1]每个人都应该为世界上还有这么多人受苦这一事实而感到震惊，原本这样的苦难是可以避免的。但是，鉴于前面两章讨论过的个人特权与爱国责任，仅凭这一事实——即穷人遭受悲惨的苦难，减轻这种苦难所需的资源掌握在那些通过商业贸易而联系在一起的国家手中，全球富人可以捐献出资源来减轻这些可怕的苦难——并不能推导出全球富人应当帮助全球穷人这一实质性的义务。要推导出这种义务，我们还需要履行由于进一步的跨国交往而产生的责任，类似于结束奴隶贸易、解放奴隶并为他们提供自由生活所需的适当手段的责任。现在有类似的责任吗？为了履行那些责任，我们必须做些什么呢？

本章将从考察那些维系和规范全球化的进程和制度开始，即从20世纪最后25年开始，发展中国家和发达国家在生产、交换和金融的各个层面上大大增加了与世界市场的经济融合进程。我认为，发达国家的个人、公司和政府目前在生产、交换和金融交往诸环节以及在规范这些交往之制度框架方面，都在利用发展中国家的人民，因而他们有义务放弃由此得到的利益，促进全球穷人的利益。

这些有缺陷的进程是全球化典型而普遍的特征，而非不可避免的孤立的错误。然而，这种批评不是要谴责整个全球化，也不是主张没有全球化的世界会变得更好。出口导向的增长，在促进全球化的同时也依赖于全球化，是发展中国家大幅度减少贫困的唯一途径。

[1] World Bank, *World Development Indicators 2008* (Washington: World Bank, 2008), tables 1.1, 2.15, 2.21.

通过这一摆脱贫困的途径，生活在赤贫状态的人自1980年以来减少了数亿（几乎全部在东亚和南亚地区，大部分在中国）。❶

这种批评也不支持托马斯·博格在其精辟而有影响力的著作中所做的指控，即发达国家的大多数人都违背了“一种消极责任，该责任基于这样一个事实，即我们参与并受益于对严重贫困的不公正和强制性的索取……一种消极责任，根据这种责任，我们大多数人不仅仅放任人们挨饿，还积极参与了导致他们挨饿的制度”❷。如果发达国家的人们履行了我将要描述的那些责任，那么全球贫困人口所遭受的苦难就会大幅度减少。但是，我在本章强调的这种不负责任，只是不恰当地利用了发展中国家人们的极端贫困，并没有把这种贫困强加给他们。这或许可称之为广义上的“伤害”，即如果一个人因为其他人的不负责任而遭受损失，那么他就受到了伤害。但是，这种用法适合于因疏忽而未能履行“积极的责任”，诸如一位路人由于疏忽大意未对辛格案例中的蹒跚落水孩童予以施救而使孩童受到伤害。我在批评全球化的某些方面时所使用的标准，并不是来自一

❶ 将2005年的世界贫困与1981年的世界贫困进行比较后，世界银行首席贫困研究专家陈少华和马丁·拉瓦利恩(Shaohua Chen and Martin Ravallion)估计，按2005年的购买力平价计算，每天生活于1.25美元之下的人口减少了5.05亿；他们后来根据改进了的购买力估计方法，把世界银行的贫困线标准修改为大家熟知的、不太准确的“每天1美元”，则中国的贫困人口减少了6.27亿，中国之外的东亚地区减少了1.23亿，印度减少了0.33亿，其他南亚国家减少了0.12亿，中东和北非减少了0.1亿，与此同时，世界其他地方的贫困人口却在增加，大部分位于撒哈拉以南非洲地区（1.82亿）。世界范围内每天生活在2美元（发展中国家的国家贫困线中位数）以下的人口增加了0.56亿，只有中国是个明显的例外，减少了4.99亿。See Chen and Ravallion, “The Developing World is Poorer than We Thought, but No Less Successful in the Fight against Poverty”（Washington: World Bank, 2008, pp.34 f.）

❷ Thomas Pogge, “A Global Resources Dividend” in David Crocker and Toby Linden, eds., *The Ethics of Consumption*（New York: Rowman and Littlefield, 1998）, p.502. See also Pogge, *World Poverty and Human Rights*（Cambridge: Polity Press, 2002）, p.197.

种义务，即不要做出某些使他人的处境变得更糟（与什么都不做相比）的行为，就像一个恶棍把一个落水孩童推向更深的水域中那样。把这些责任称为“消极的”，而非“积极的”，并无益处。相反，它们属于“关系性责任”（relational responsibility）；对他人的责任源自与他们的特定交往模式，就像上一章所描述的同胞间的政治关切义务源自他们之间的交往那样。[1]

占人便宜的道德缺陷

根据我将要提出的批评，发达国家的富人有义务以增强发展中国家经济的措施来应对全球化，否则，他们就是利用了发展中国家的人民。假定两个人都参与了某些交往活动，其中一方从另一方提升自身利益面临的困难中获益，并且在交往过程中，一方没有充分考虑到另一方的利益及其选择能力在道德上的同等重要性，那么一

---

[1] 义务的关系性转向也是博格的理论方向之一，而且很有可能是他的全部意图。不过，我和他关于义务标准的内容是极不相同的。这里，我对博格在其丰富而机智的讨论中提出的不负责任主张的合理性或范围提出了一些质疑。他将“苦难归咎于现存的全球秩序，并且最终归咎于我们自己”的最宽泛的理由是，“存在着某种由富裕阶层塑造的、与极端不平等的再生产密切关联的共同制度秩序……在这种共同制度秩序下，倘若有一种可行的制度选择，这种严重而广泛的贫困现象就不会持续下去”（*World Poverty and Human Rights*, pp.199, 201; see also “A Global Resources Dividend,” pp. 504, 506）。如博格愿意承认的那样，如果本可避免的赤贫的存在并不必然导向消除贫困的义务，那么，为什么在现有体制下贫困可预见性地持续存在，必然导向通过体制手段消除贫困的义务，就说不清楚了。他还指出，目前的制度安排源自血腥征服的历史，对自然资源的排他性主权控制，并赋予国家以特权来处置这些自然资源，然而这些自然资源却成为国家进行暴虐掠夺的诱因。[See “A Global Resources Dividend,” pp.507 - 10, *World Poverty and Human Rights*, pp. 201 - 4, and “‘Assisting’ the Global Poor,” in Deen Chatterjee, ed., *The Ethics of Assistance* (Cambridge: Cambridge University Press, 2004), pp.270 - 2.] 但是，对过去血腥征服造成的后果的补偿，必须受到道德上相当于诉讼时效的严格限制，这样，他们就不会过于容易地受到他们无法控制的过去错误行为的影响。不清楚的是，为什么自然资源的当前价值应该在那些各自掌握的技术和商业活动对这一价值所做贡献极为不同的人之间平等分享。对于从残暴政府控制的领土上采购自然资源进行广泛的限制，对于该片领土上的人以及其他地方需要这些资源的人来说，将会是难以承受的，因为仍然存在着许多导致暴政的诱因。对残暴政权在极端情况下的有限禁运或许有用，但相应地，对全球穷人的帮助将是有限的。

方就是利用了另一方。在全球化的情况下，主要的困难就是由于极端贫困而缺乏讨价还价的能力。

利用他人的弱点来达到自己的目的，总是需要正当的理由，以调和对弱者的尊重。在这种行为之下，一方的参与不是建立在自愿合作的基础之上，而是凌驾于另一方的意愿之上，对方因为自身情况而被迫服从。与其让她有平等的能力来维护自己的利益，不如利用她的低能力，从而从她身上榨取利益，以达成自己的目标。在缺乏进一步的正当理由的情况下，这种行为就没有表现出对他人平等价值的认同，而是将其当作手段，当作从属于个人目的的工具。

然而，确实存在着能够把利用他人的弱点与尊重他人相调和的正当理由，这样，利用他人的弱点就与利用他这个人本身无关。这些正当理由包括：在目前的案例或者类似的一般性案例中，优势方在避免利用劣势方时所面临的巨大代价；劣势方或穷人所面临的巨大代价，以及需要利用劣势方来纠正其他各方的短视、道德上的麻木不仁或者彻头彻尾的不公。在评估全球化的进程时，思考是否存在这类正当理由是非常重要的，这样，谴责的深层理由，即发达国家的代理人利用发展中国家在谈判能力上的劣势这一事实，就不是决定性的。然而，在关于全球化的争论中，某人标榜的利用他人弱点的正当理由是如此得司空见惯，以至于它应该在一开始就被揭穿。劣势方如果不与优势方交往，其处境将会更好——这一事实并不足以表明，优势方在利用劣势方时没有对后者做错任何事情。个中原委在于，对全球化代理人利用发展中国家的人民的批评，与那些有正当理由抱怨全球化代理人的人通过与他们接触从而自身处境得到改善的观点，是完全一致的。

假设我迷失在沙漠中，快要渴死了，这时一个骑着骆驼的人从闪着微光的薄雾中出现。他劝我说，如果我同意终身做他的仆人，为他铺床，打扫宫殿的厕所，那么，他就会带我去他家旁边的一口井。他向我保证，即使我跟他到了绿洲，如果我不持续用我的服务来换取生活必需品，我也无法生存下去。我本该同意他的条件，而且因为遇到他，我的处境将会得到改善。但是，他如此与我讨价还价确实是错了。他利用了我，因为我的迫切需要而与他的交往中，他从我追求自身利益的较低能力中获益，他的这种行为就没有表现出对我的平等道德价值的恰当认同。这并不是说，如果他一看见我就转身离开，把我留在危险的境地中，那就是无可厚非的。如果他这样做了,他就确实没有利用我。但是,这样一来他就犯了其他错误。由于把我留在危险的境地中，他就违背了拯救邻人原则所要求的义务。他要求为他所提供的服务支付某些费用,这本身并无异议。也许，他就是靠救助迷路的旅行者为生的。但是，对他来说，正确的应对措施是，如果不发生交往是唯一的选择，那就尽量少索取对方所能提供的东西，追求一种双方都能接受的结果，前提是谈判能力不因情况紧迫而受到削弱。

如果我们先不考虑禁止性法律是否可取的问题，那么现代资本主义社会也为我们树立了一个清晰的榜样，让我们看到，利用别人的弱点是错误的，然而又使弱者的处境变得更好。

一个来自另一城镇的人在剧痛的驱使下走进了牙医的办公室，牙医将他的正常收费提高了两倍；亿万富翁为其第三个避暑别墅寻找土地，从一个急于出售土地的贫困农民手中购买土地时尽可能地压低售价，这些都远远超出了利用他人弱点的正当理由，他们的行为显然是错误的，应该受到谴责。通过考察其他一些利用他人、欺负劣势方的事例，我们也能发现，不使对方的处境变得更糟并不是确保利用他人之行为不受谴责的决定性理由。一个具有军事天才、通过榨取苛刻的贡品来维持其奢靡宫廷生活的专制君主，从他的臣民的软弱中获取利益，无疑是错误的，虽然没有他的统治，他的臣民将会因混乱的无政府状态而遭受更加糟糕的命运。一个维多利亚时代的丈夫，依靠在就业机会和离婚条件上的性别歧视来确保他妻子的顺从，无疑是错误的，虽然他不在了，她的生活将会变得更糟。在所有这些交往中，优势方都对劣势方的生活做出了某些贡献。然而，优势方从这种交往中所获得的利益，在很大程度上不是来自对其他各方的贡献，而是来自其他各方在通过交往促进其利益方面的困难。这就是为什么在没有进一步正当理由的情况下，互利交往也可以被恰当地谴责的原因。

在强调优势方的错误行为并未使劣势方的处境变得更糟时，我并不是要把发展中国家人民处境的恶劣视为与全球化批评无关的因素而撇在一边。相反，如果一个人在与劣势方的经济交往中利用了另一个人的劣势而未使其处境变得更糟，那么，关于他利用了对方的道德判断通常取决于这种交往给对方带来的不利后果。一个人是利用了对方实现其利益的弱势谈判地位，还是仅仅参与了一个实现个人目标的常规而合法的过程，我们通常很难弄清楚。因此，如果不把注意力限制在那些使对方的命运变得更糟的情形中，那么监控一方是否从另一方弱势谈判地位中获益以及由于毫无必要的顾忌而造成的严重损失的风险的负担,往往过于沉重。此外,在市场交往中,存在这样一种危险,即过度限制逐利行为将破坏弱者所需要的效率和经济扩张,如果结果对强者和弱者都有利(与之相对的是:与本可避免的命运相比,结果更糟但处境更好),那么这种危险就是不值得冒的风险。

为了避免这些危险,我们应该在对全球化进行道德审视中采用这一有效假设:在不涉及任何一方动用武力或进行欺骗的交往中,没有谁利用谁的问题,而且在这一交往中,双方都做得更好,没有一方的结局是糟糕的。尽管对全球化的批评不是基于它使人们的处境变得更糟的事实,但是,在全球交往中,数十亿参与者的结局确实是非常糟糕的这一事实却很重要。

在这一批评中,我将从全球化的两个方面来讨论主要的尚未履行的跨国责任。第一个方面是我们熟知的对跨国公司剥削行为的指控。在生产、贸易与投资的跨国交往过程中,发达国家的人民目前利用了渴望找到工作的发展中国家人民的弱势谈判地位;发达国家人民的这种行为方式,没有对发展中国家人民的利益与选择能力表现出恰当的认同。作为对这一道德缺陷的回应,发达国家的公民就应当把他们从对弱者的利用中获得的利益用于缓解潜在的贫困。另一个方面是我们熟知的对规制国际贸易与国际金融的制度框架的不公平性的指控。支撑全球化的跨国制度安排依赖于有污点的磋商;在磋商过程中,发达国家政府利用了发展中国家政府在抵制其威胁方面的薄弱能力。因此,发达国家的公民应该支持基于相关的共同价值观所做的负责任磋商产生的结果进行的制度安排，这一转变将需要发达国家公民放弃目前的巨大优势，以促进发展中国家人民的利益。

剥 削

全球化最引人注目的特征是商品和利润大规模流向发达国家；导致这一现象的原因是，发达国家的人在发展中国家进行生产，常常通过那些根基在发达国家的跨国公司对当地人的雇佣，通过这些跨国公司与本地供应商签订合同，以及为跨国公司参与发展中国家的基础设施建设。2000 年，高收入的 OECD 国家从低收入和中等收入国家进口的制成品价值，按照当前的美元价值计算，是 1990 年的 3.7 倍；与此对应的是，在那些年间，高收入国家进口总值增加率是 1.7。高收入国家的进口商品总额中，从低收入和中等收入国家进口的商品数量占比由 1990 年的 7% 上升到 2000 年的 16%。[1] 到 2005 年，这一比例进一步增加到 21%。[2] 从这种扩张中把握获利的机会是发展中国家外国直接投资增长的主要源泉：从 1990 年到 2005 年，与高收入国家外国直接投资增长四倍相比，低收入和中等收入国家的外国直接投资增长了 11 倍（中低收入国家大约增长了 13 倍）。[3] 这些急剧增长很大程度上靠利用发展中国家的穷人，这一缺陷引发了补救的义务。

---

[1] See World Bank, *World Development Indicators 2002* (Washington: World Bank, 2002), tables 4.6, 6.3.

[2] See World Bank, *World Development Indicators 2008*, tables 4.5, 6.4.

[3] See World Bank, *World Development Indicators 2007* (Washington: World Bank, 2007), table 6.8.

在发展中国家，涉及制造业的出口和投资的大幅扩张，反映了那里能干的、勤劳的人们所接受的廉价工资和工作条件。20世纪初，在制造业中，每小时的劳动力成本，马来西亚是美国的十分之一，泰国是美国的三十分之一，中国和印度是美国的六十分之一。[1]正如全球化的鼓吹者提醒我们的那样，人们在跨国公司的血汗工厂里寻找工作，因为其他的选择更加糟糕：难以消除的农村贫困，失业的恐惧，或者为本地市场供货的本土公司更低的工资与更恶劣的工作条件。发展中国家人民生活的这些严酷事实却使跨国公司受益。在这种劳动力市场中，普通的求职者是毫无地位的，他们无法争取到能够维持对人类尊严完全尊重的生活的就业条件。如果他们因为坚持不受苦而失去了逃脱更大的痛苦的机会，那么他们将无法尊重他们自己及其家属。他们要同其他被类似的迫切需求所驱使的人竞争——直接同本地劳动市场的人竞争，间接同国外极度贫困的人竞争（因为外国直接投资可能会转向他们，以寻求更便宜的劳动力投入）。跨国公司也会面临竞争压力，但是这种压力较小。在全球范围内高效而可靠地建立和协调生产与销售的能力，仅限于相对较少的几家公司，而渴望求得职位者的全球储备是巨大的。

这并不是说，利用发展中国家劳动力谋利所遇到的特殊困难，在解释发展中国家工资较低方面没有发挥独立作用。劳动力的供应

---

[1] See Paul Collier and David Dollar, *Globalization, Growth and Poverty*（Washington: World Bank, 2002）, p.45.

与补充可能不那么及时可靠；先进而有效的技术可能与当地的技能水平不匹配；即使在全球化时代，国际协调以及把产品运输到遥远的市场都需要成本，而且可能因为通信问题以及脆弱的熟人关系网而受到阻碍；繁重的监管和腐败可能推高了成本。如果这些困难就是全部的话，那么，劳动力价格的不平等就应当与（劳动力价格与劳动力带来的增加值之间的）比率的平等保持一致。但是，还存在着第二类明显的国际不平等，这种国际不平等可以解释来自发展中国家的制成品流向发达国家的总量为何会急剧增加。20 世纪末，针对制造业中每个工人每年的劳动力成本与每个工人每年的生产增加值，世界银行做过一项广泛的调查。根据这项调查，在美国，劳动力成本与生产增加值之间的比率是 0.36——也就是说，支付 0.36 美元的工资成本，就能获得 1 美元的增加值。在美国进口和投资中扮演重要角色的一些国家，这个比率要低得多，例如，泰国是 0.19，菲律宾是 0.23，中国是 0.25，马来西亚是 0.27，墨西哥是 0.29。[1]此外，整个制造业的这些比率大大低估了对发展中国家制造业的跨国投资的特殊生产效率，以及从发展中国家进口制成品所节省的费用；因为全球化的制造业更青睐于不依赖于精细和先进的本地技术的劳动密集型工艺，诸如缝制服装、组装零部件和纺织加工等。要评估全球化制造业的生产效率，我们应该求助于专业人士，那些负责盈利的管理人员。外国直接投资增长了 11 倍，

[1] World Bank, *World Development Indicators 2006* (Washington: World Bank, 2006), table 2.6.

这是跨国公司认可在发展中国家使用的劳动力具有超乎寻常的营收生产率的反映，而不是对于低工资勉强能平衡生产困难的观点的反映。

因为他们逃离了更为糟糕的选择，那些被新兴的出口加工企业雇佣的人就接受，甚至积极寻找那些枯燥乏味的工作，没有任何人强迫他们接受这些雇佣条款。在这个意义上，他们是自愿接受这些条款的。（另一种有启发意义的看法是，他们不是完全自愿接受这些条款的，因为这是他们的生存环境强加给他们的。就目前而言，我将把这一更为苛刻的解释放在一边。）在一本整本书都在为全球化辩护的大部头著作中，贾迪什·巴格瓦蒂（Jagdish Bhagwati）坚称，这种自愿接受的做法阻碍了对雇主盘剥雇员的指控。例如，他在《纽约时报》（*New York Times*）的一篇报道中强调了在小时工资非常低的工人中自愿同意超长工作时间的作用。该报道是关于逃离极度贫困的农村，到中国南方一家皮革缝制厂工作的妇女的：

我们与几个正在熟练地工作的妇女闲谈。

“我吃完早餐后约6:30开始上班，一直到晚上7点，”一位略显腼腆的少女解释道，“我们停下来吃午饭，过后我通常休息半小时。”

“你一周上6天班？”

“不，我每天都上班。”

“一周上7天班？”

“是的。”她对我们的惊讶一笑置之，“不过，在春节的时候我会回到我们农村休息一两个礼拜。”

与我们交谈过的其他人似乎都把工厂允许他们长时间工作看作

是一件好事。[1]

巴格瓦蒂说，这家工厂的工人“像我们当中许多长时间工作的人一样，他们没有受到剥削；他们是自愿努力工作的”[2]。把那个工厂女孩的职业人生类比于哥伦比亚大学教授的职业人生肯定是无心的，但是，《纽约时报》的报道明确地告诉我们，那些工人是自愿签订劳动合同的，即没有任何人强迫他们这样做。然而，同样的案例表明，自愿签订这种劳动合同与对剥削一词的这一用法并不矛盾：从另一个工人的弱势谈判地位中获益；这位工人的这种劣势地位导致她签订了一份从事苦差事或廉价工作的合同，而这个工作没有充分尊重她的尊严。或许，巴格瓦蒂在否认这种工作的剥削性质时，想到的可能是另一种意义上更有道德内涵的剥削概念。在这种用法中，断言存在剥削，在第一种意义上，意味着在剥削他人的过程中所获得的利益与充分了解她的利益和选择能力的道德价值是不相容的。第一种意义上的剥削涉及的是利用他人弱势谈判地位的问题；第二种意义上的剥削包含的内容更多，涉及利用他人弱势谈判地位来利用他这个人。严格地说，只有第二种意义上的剥削才应受到谴责。但是，这种剥削与工人对劳动合同的自愿接受也不矛盾。沙漠中被拯救的流浪者自愿同意被剥削，这种剥削，既是第二种意义上的剥

---

[1] 引自 Nicholas Kristof and Sheryl WuDunn, “Two Cheers for Sweatshops,” *New York Times Magazine*, September 24, 2000, in Bhagwati, *In Defense of Globalization* (New York: Oxford University Press, 2004), p.175.

[2] 引自 Nicholas Kristof and Sheryl WuDunn, “Two Cheers for Sweatshops,” *New York Times Magazine*, September 24, 2000, in Bhagwati, *In Defense of Globalization* (New York: Oxford University Press, 2004), p.175.

削，也是第一种意义上的剥削。

跨国公司在第一和第二种意义上都剥削了发展中国家的工人吗？有时，它们确实剥削了发展中国家的工人，于是就催生了提高工资和改善工作环境的义务，以避免做出第二种意义上的剥削（有人可能称之为“不道德的剥削”）的错误。即使他们没有剥削发展中国家的工人，这也丝毫不意味着，第一种意义上的剥削（有人可能称之为“纯粹的剥削”）对全球化批判意义的终结。在生产环节的纯粹剥削引发了一系列道德要求：从生产地的雇佣公司的倡议，到生产所在国政府的监管，到各国政府就全球化的国际框架进行集体协商，再到发达国家人民减轻发展中国家的极端贫困的政治义务。

第一种意义上的剥削概念为我们进一步确认第二种意义上的剥削概念提供了初步的理由。通过一种乏味的安排从员工的弱势谈判地位中获得好处，只是与对员工的利益和选择能力的尊重不冲突，而这种尊重也是基于某种特殊的、开脱罪责的理由的。与通过其他渠道可获得的机会相比，员工的自愿同意及其处境的改善，并不能成为工人受到尊重的充分理由。对工人的尊重还需要其他的要件。尤其是，避免“纯粹的剥削”的代价可能成为它不是不道德的理由。

当然，为了避免利用某个人的弱势谈判地位，而以让她满意的而非仅仅好于其他非常糟糕的选择的条件雇用她，跨国公司做出任何这类特别决定，不会给自身带来巨大的损失。然而，负责任地参与交易的义务，如仁慈的义务，是由某些原则决定的，这些原则是根据持久遵守对人民生活的影响而不是仅仅根据在特定场合遵守所带来的影响加以评估的。倘若一条道德原则要求每一个公司在雇佣他人从事枯燥乏味的工作时都要主动避免利用他人弱势谈判地位来获取利益，那么遵从这样的道德原则，无论是对于力图履行这种义务的公司，还是对于潜在的雇员，都将付出巨大的代价。

在对一项投资进行管理时，很难在利用他人弱势谈判地位获取利益与对在发展中国家生产面临的特殊困难进行补偿之间划清界限。严格的自我监管的负担是非常沉重的，充其量只会产生极其容易出错的评估。如果一家公司要想避免利用他人弱势谈判地位带来的所有重大风险，它就不得不撤出发展中国家，或者严重地危及它的利润空间以致它在发展中国家的业务陷入破产境地。这只会让发展中国家求职者的生活变得更糟。如果一家公司比大多数试图在同一劳动力市场从事同一类型生产的公司更为谨慎，即如果它能容忍更大的收入风险，以避免利用他人弱势谈判地位，那么，那些不那么谨慎的竞争对手就会不惜牺牲这家自我监管严格的公司进行扩张。这样一来，无论是发展中国家的贫困人口，还是自我监管严格的公司，都会蒙受损失。

更为温和的自我监管可以避免这些代价。一个尽责的管理者会反躬自问，她是否真的有理由相信，如果她找到的是对工人更有利或薪酬更高的经营方式，那么公司的净收入将会受到损害；如果她的答案是“否”的话，那么她就应当努力改善福利。就像同情原则所表明的那样，过度的焦虑将会使遵守这一原则变得非常困难。因此，这种做法应该被肯定和推广，比如，借助有组织的消费者抵制行动产生的压力；遵循这一原则的人性化管理人员应该受到赞赏。任何人都没有理由拒斥至少包含这些要求的道德准则。通过这类尽责的管理可以减轻的剥削是不道德的；应该由公司自己主动加以改变，以造福于那些被剥削的人。中国的皮具厂或许能够通过这种道德检验，也有可能通不过。从巴格瓦蒂提供的证据来看，人们还不足以做出判断。

此外，有时甚至在某种程度上，通过政府强制实施的最低劳工标准，可以消除私人公司与避免遭受纯粹剥削的实际和潜在的雇员所承受的相关道德代价。通过实施这类措施，发展中国家的政府就承担起了监管与信息收集的繁重责任，并且保护跨国公司免受因与当地小公司竞争而造成的损失。如果政府恰当地实施了最低劳工标准，那么，本国的弱势群体承受的跨国公司因成本提高而被迫撤离该国所带来的危险将会得到充分遏制。通过国际劳工标准的协调，这些危险可以进一步减少。这些政治措施改变了道德判断的条件。如果消除因减少纯粹剥削而导致的相关成本的劳工标准已经存在，那么,曾经的纯粹剥削就变得不道德了,不仅违背了遵守法律的义务，还违背了对实际的与潜在的雇员所承诺的义务。

在实施最低劳工标准时，这一补救措施的最大限度就是弱势群体遭受灾难的风险。最低劳工标准越高，贫困人口受到经济机会增长停滞伤害的危险就越大。面对新的资产负债表，跨国公司可能会将业务转移到其他地方，或许转移到发达国家，那些国家仍然是主要的生产基地。在那些贫困人口最多的国家，这些危险是最大的，因为在这些国家，当地的基础设施、劳工技能与商品供应都最不吸引人，结构性失业最为严重而广泛。

不过，纯粹的剥削也能派生出放弃某些利益的重要义务，即使不存在依据不同条款雇佣工人的义务，或制定法律来规定更高的最低劳工标准的义务。因为，全球化制造业的相当数量的受益人仅仅是那些生活在发达国家的人；因为发展中国家贫困人口在谈判地位上的弱势，他们购买到了更为廉价的商品，或从其投资中获得了更多的收入。对于发达国家中相对富裕的人来说，这一净收益尤其重要：他们那些并不富裕的同胞从投资中没有得到什么好处或获益很少，[1] 而且由于全球化，他们可能遭受制造业工作岗位的丧失，承受依然存在的工资待遇与工作条件下滑的压力。

当然，如果发达国家相对富裕的人们不去购买纯粹剥削企业生产的产品，不向纯粹剥削的公司投资，那么，对于那些极度贫困的人（他们是前者适当关心的对象）来说，损失将是灾难性的。另一方面，倘若一位相对富裕的人，做出购买行为或者进行一项投资，要不断地去评估他所获得的收益中有多少是源于对被剥削者弱势谈判地位的利用，并寻找把这些收益回馈给被剥削者的途径，那么，这种自我监管与回馈行为将会严重干扰他自己的正常生活，而且他也很难准确地把该收益在被剥削者中重新分配。但是，这些并不是唯一的选择。富人们可以选择支持其政府采取的措施，这些措施致力于减

[1] 在 2001 年的美国，位于顶层 20% 的家庭拥有 91% 的净金融资产，顶层 1% 的家庭拥有 40% 的净金融资产；由于债务原因，底层 40% 的家庭净金融资产为负。顶层 10% 的家庭持有 77% 的股票的价值，包括通过共同基金和退休金账户间接持有，而底层 60% 的家庭只持有 3% 的股票的价值。按收入排名，底层 60% 的家庭中，2/3 的家庭没有持有任何股票，无论是直接持有还是间接持有，4/5 的家庭持有的股票价值低于 5000 美元。See Edward N. Wolff, "Changes in Household Wealth in the 1980s and 1990s" in Edward N. Wolff, ed., *International Perspectives on Household Wealth* (Northampton: Edward Elgar, 2006), tables 2 and 13.

轻发展中国家中处于弱势谈判地位的人民的极端贫困；尽管这些措施的实施会减少富人们从他们对他人之弱势谈判地位的利用中获得的利益。如此，他们就可以尊重发展中国家之人民的自主性及其利益的平等价值，而不必承担不应有的负担，也不必让发展中国家人民陷入困境从而损害发展中国家人民的利益。借助从纯粹剥削中获得利益的购买和投资行为，在利用他人的弱势谈判地位方面，这些富人发挥了积极的作用；利用他人的弱势谈判地位又因为富人们的购买或投资行为而火上浇油。如果他们拒绝把某些利益用于减轻他们的剥削对象的苦难，他们就是利用了他人，漠视了他人的自主性。

通过对利用外国人的弱势谈判地位获得的收益的有效利用而产生的援助资金，既可用于减轻目前遭受剥削的外国人的负担，也可用于减轻那些特别容易受到剥削的人（包括生活在其他国家的人）的负担。因为，作为全球化的后果，生活在遥远地方严重缺乏生活必需品的大量人口的存在本身，就加剧了那些试图出卖其劳动力的人们的弱势谈判地位。"如果我们必须支付更高的工资，我们就把生产转移到别处"——这对于偏僻农村的穷人来说是一种更为严重的威胁。

诚然，发达国家相对富裕的人可能也有同胞需要利用跨国剥削攫取的收益来摆脱贫困，尽管贫困的严重程度不如发展中国家的穷人。他们有特殊的义务帮助这些贫困的同胞，因为他们之间存在着特殊关系。（除了上一章所强调的关系，境内的剥削还派生出了避免利用同胞的义务。）然而，作为境内公民交往与经济交往活动的责任方的义务，并不是通过在跨境交往中传递不负责任的恶果来履行的。

如果我以一种尊重某些人之平等价值的方式与之交往，但是又以一种不尊重其他一些人之平等价值的方式与之交往，那么我就没有尽到对所有人的平等价值的尊重责任。事实上，对他人平等价值的不尊重，令我与同胞间关系蒙羞。托马斯·斯坎伦提出了一个恰当的、令人震惊的观点，如果有人说“因为我们的友谊，如果你需要肾的话，我很乐意去偷别人的”，那么他就没有恰当地珍视其友谊。[1] 如果发达国家一位富裕人士说，“我是一个良善的国人，我利用外国那些极端贫困的穷人谋利，以便减轻同胞们的不利处境”，那么他也犯了类似的错误。

虽然从发展中国家出口到发达国家的工业品价值，占发展中国家国民总收入的1/6，但是发达国家的对外援助金额约占其国民总收入的1%。[2] 因此，在跨国制造业中对他人之利用所获得的收益的使用规模本身，或许超过了当前的对外援助规模。然而，由于在发展中国家进行有利可图的生产面临诸多困难，这些收益受到了严重限制。如果市场结果反映的是对人们所提供产品的合意性差异，而不是来自需求或竞争的压力的差异，那么，任何人的自主性都未受到贬损，尽管许多结果是令人失望的。总的来说，发展中国家的制造业在技能、技术、可靠性以及易于向利润丰厚的销售模式转变方面，都没有为跨国生产提供多少便利。（如果不是这样的话，它们就是发达国家了。）在最为贫困的国家，对剥削理据的这种限制尤其严格。

---

[1] See T. M. Scanlon, *What We Owe to Each Other* (Cambridge, Mass.: Harvard University Press, 1998), pp.164 f.

[2] World Bank, *World Development Indicators 2008*, tables 1.1, 6.4, 6.12.

避免不道德的剥削之义务的适用范围有限，因此我们有必要去考察一下全球化的另一不同层面，在那个层面，优势国家的影响是非常巨大的，也更易于辨别，而且受到潜在的关于政治不公的严格禁令的约束。这就是发达国家和发展中国家政府就支撑全球化的制度框架达成共识的政治过程。❶

不公平的制度框架

全球化不仅仅是公司、工人与消费者之间的交往互动问题。它要求各国政府之间开展协调行动；在这些协调行动中，各国政府彼此承诺，在为深化发达的和发展中的经济体一体化提供合适的制度框架的联合决定中，对各国合法的主权特权施加持久的约束。更具体地说，它要求各国协调一致地减少在商品与服务方面的国际贸易壁垒以及资本跨国流动的壁垒，这些都体现在世界贸易组织（WTO）主导下的乌拉圭回合谈判达成的制度安排之中。

---

❶ 把经济剥削与利用他人的弱势谈判地位联系起来，以及为道德上可接受的剥削创造空间时，我的论述与艾伦·伍德（Allen Wood）在“Exploitation”[*Social Philosophy and Policy* 12（1993）: 135 - 58] 一文中的精彩论述非常相似。在该文中，艾伦·伍德将剥削描述为：一个人根据自己的计划利用他人的弱势地位或弱点来获取利益（pp.141-3）。他把这一特征本身当作批评那种关系的一个理由，但不是决定性的理由：其他特征加在一起，就可以使剥削成为道德上可接受的。我与艾伦·伍德的主要区别在于，他对“利用他人的弱势地位获取利益”这一关键概念的理解更为宽泛，同时，他认为，这种利用关系产生了有辱人格的不可逆转的污点。艾伦·伍德指出，有计划地利用他人的弱势地位或弱点获得利益，甚至“就像医生在医治病人时所做的那样”，也是有辱人格的（p.153）。尽管从总体上看，在标准的医学案例中，其他方面因素可以使得医患交往完全正当，但是，“不可避免的剥削性一面”仍然会引起“深刻的道德矛盾”（p.153）。这些令人难以置信的评估，将会给肿瘤医生一个（非强制性的）理由放弃其职业，而成为一个可有可无的小饰品商贩，其结果是将人们在与他人交往中表达自己意愿的困难，与他们在与他人交往中克服困难等同起来。绝望使得穷人在谈判时很难不妥协，但它也可以看成是一个人通过谈判获得某种满意需求的脆弱性的表现。在我看来，只有前者才是剥削的一个方面。此外，避免剥削的负担所产生的正当理由，有时会使之与尊重他人的选择能力相调和，因此，纯粹剥削在道德上的井然有序，使它能够得到明确认可。巴格瓦蒂对中国南方皮具厂的明确称赞，可能符合也可能不符合决定工厂履行责任的事实，但它并未空穴来风。（艾伦·伍德的批判性论文的某些部分与这些观点更为接近。）

这一贸易与投资框架是在排斥或歧视的威胁下形成的，通过这种威胁，主要发达国家利用了发展中国家想进入发达国家市场的非常急切的需求。在1981–1994年的乌拉圭回合谈判中，美国经常威胁使用破坏性的贸易歧视政策——例如，美国贸易代表卡拉·希尔斯（Carla Hills）略显卖弄的警告：如果其他国家不妥协，美国将发动“针对所有愚蠢事情的贸易战”[1]；或者国务卿詹姆斯·贝克（James Baker）更有分寸但同样不详的暗示：“我们希望，这种自由化的浪潮将会出现在乌拉圭回合中。如果不出现，通过各种小型协定或一系列双边协定，我们愿意探索一种‘市场自由化俱乐部’的方法。”[2] 由此产生的制度在类似的霸凌之下维持下来。例如，在2003年WTO坎昆会议上，继一个发展中国家联盟共同要求富裕国家结束对农产品的补贴之后，美国贸易代表罗伯特·佐利克（Robert Zoellick）（四年后，他出任世界银行行长）指出，“把WTO变成一个抗议政治的论坛……令美国很失望”；他宣告了美国的承诺：“在我们半球，与赞成我们的次区域组织或国家一道……推进自由贸易”，并把那些坚持要结束对农产品的补贴、不赞成我们的国家排斥在

---

[1] Jarrod Wiener, *Making Rules in the Uruguay Round of the GATT*（Aldershot: Dartmouth Publishing Company, 1995）, p.186.

[2] Ernest Preeg, *Traders in a Brave New World*（Chicago: University of Chicago Press, 1995）, p. 80. 欧内斯特·普里格（Ernest Preeg）还提到了另一个类似的威胁，即组建一个“为志同道合的国家服务的关贸总协定（GATT）”［美国贸易代表布罗克（Brock），p.48］；“取得的进展哪怕是微不足道的……探索与其他国家建立区域性协定和双边协定”［里根总统（President Reagan），p. 51］。他还描述了威胁性的贸易歧视在推进美国知识产权提案方面的关键作用（“［顽固的］发展中国家后来认识到，GATT中的多边协定可能对美国在GATT之外的单方面要求危害较小”, p.67）。普里格曾是乌拉圭回合美国代表团成员之一。他的谈判经历，在其所写的与乌拉圭回合相关的著作的封底上，印有在他参与谈判的大部分时间里来自卡拉·希尔斯和GATT总干事阿瑟·邓克尔（Arthur Dunkel）的赞誉之词。

外。[1] 如其所期待的那样，这一威胁使得像哥斯达黎加这样高度依赖于进入美国市场，且没有好的替代选择的国家，屈服于美国，脱离了发展中国家联盟。

这些恃强凌弱的贸易代表大概认为，如果他们不使用威胁来主导谈判，那些寻求躲避市场竞争压力的利益集团，包括政治精英以及他们在许多发展中国家的代理人，就会占上风，让事关所有人的事情变得更糟。即便真的如此，如果谈判结果严重背离了公平磋商（即在谈判中，各方相互尊重地提出并评估备选动议的理由，会导向令所有各方都愿意接受的共同承诺）的结果，那么发达国家就没有公正地对待全球穷人，而是利用了他们。如果一项贸易机制本质上依赖于某些国家负责任的代表只能在需要的压力下而不是对相关正当理由的相互迁就之下做出的妥协，那么，它只是强者利用弱者的一种手段而已。因此，对一项贸易与投资框架进行公平磋商是评价现行制度安排正义性的合适基础。（通过对霸凌行为的合理迁就来达成相互尊重的稳定选择，是通过公平磋商达成的有原则的妥协，这种观点在政治哲学中是耳熟能详的，它是罗尔斯政治自由主义的核心。但是，他几乎没有提到各国政府就共同制度进行磋商的合理性的限

[1] Robert Zoellick, "America Will Not Wait for the Won't-Do Countries," *Financial Times*, September 22, 2003, section 1, p.23.

制条件。[1])

在阐述就某一贸易和投资制度进行的公平磋商时，重要的是要区分以制度内部公正为目标的磋商和以制度外部公正为目标的磋商。在制度内部的公平磋商中，一方就跨国贸易和投资的规制所提出的各种许可、禁令与指令，要依据这些条款所带来的影响以及这些条款本身是否相互矛盾，才能决定对其他各方是不是正当的；代表们首先根据他们所代表的人的利益评估各种许可、禁令与指令所带来的影响，审查其是否存在任意歧视，然后把其他各方的初步评估纳入考虑，从而在各种许可、禁令与指令条款方面寻求公平；但是，他们不会，也不指望其他人会依据这些条款能否促进某个集体目标来对它们加以评估。把这些条款当作实现其他目标的手段，这本身没什么错。例如，《蒙特利尔议定书》(*Montreal Accord*)就规定，为了保护臭氧层，贸易制裁可以作为最后的手段，用于惩罚那些违反“禁止使用氟氯烃协议”的国家。一旦确定了追求进一步目标的责任，对贸易框架的正当使用就相对简单了，只是个对其他手段的可行性、有效性和副作用的反思问题。鉴于随后对正义目标的进一步反思，我将在第八章为这种工具性的利用提供辩护。但是，从全球化本身衍生出跨国责任，涉及对维持全球化的制度框架的内部评估，以便

---

[1] 罗尔斯《万民法》[*The Law of Peoples*(Cambridge, Mass.: Harvard University Press, 1999)]一书“合作组织”一节主要包含三段文字。其中一段对一类组织的论述为“旨在保证人民之间自由的贸易”(p.42)。罗尔斯指出，公平磋商将使参与者“就贸易的公平标准达成共识，以保持市场的自由与竞争”，并矫正“人民之间不合理的分配效应”(p.43)，但是，他除了指出代表们不应该依赖于对其经济规模的了解之外，没有试图说明公平与不合理的不平等是如何形成的。

确认该制度框架提出了何种独特的正义要求。

为了进一步简化对这一复杂问题的讨论，我将集中讨论政府间不得强加贸易限制（包括对跨国投资与跨国服务流动的限制）的联合协定，而根据这个协定，各国政府已经把彼此视为制定该协定条款的共同参与者。从总体上看，该协定的影响是很明确的，因为根据协定的条款，新成员是允许加入监管机构的，并且根据联合协定（它们在 IMF 中得到了集中体现），新成员允许在保持流动性的同时，避免汇率与投资流动出现破坏性的不稳定。

总的来说，自愿接受一项具有约束力的共同承诺是各国代表间公平磋商的结果，前提是相关各方在这些谈判中都履行了所有义务。这些义务包括三类。他们相互影响。第一，代表们必须履行彼此充分信任的义务。该义务涉及两项互惠义务（duty of reciprocity）[1]。一方面，每一方都试图寻求一种所有的代表都愿意负责任地予以接受的协议，只要其他所有各方都做出相应的承诺。另一方面，代表们在思考问题时必须遵循互惠原则，以道德上的相关理由支持自身的建议，并且严肃而认真地对他人提出的相关类似理由予以重视，这样，一种考量的重要性就可根据它的强度本身而非受其影响的人的认可度来加以评估。第二，代表们必须履行对其所代表的人的义务。这样，他们只能接受那些他们能够向其国家人民证明其合理性的结果，换句话说，他们所代表的人民既能接受这些结果，同时又能感觉到

---

[1] 互惠义务（duty of reciprocity）中的reciprocity一词含义较为丰富，包括互惠、相互性、对等、设身处地等含义；用作形容词时，包括相互的、互惠的、对等的、相互要求的、相互关切的等含义。后文将依据上下文分别翻译成互惠的、相互的、对等的。——译注。

他们的利益和自主性不亚于其他人。第三，各国人民必须履行自己的义务。例如，他们有义务履行对其同胞的高标准政治义务。这也是对外国人所负的义务，因为当一国公民坚持把他们自己负担的义务转嫁到外国人身上的协议时，他们就违背了该义务。

每一类型的义务都有助于我们了解其他义务的内容。例如，在谈判人员间的磋商中，什么样的理由具有道德相关性，部分取决于代表必须提出作为反对理由的各种应考虑的因素，以获取其国内公民的信任。相反，一国政府在为其所代表的国家做出的制度安排辩护时，应在同其他国家政府谈判时诉诸善意的约束。

所有这些义务与贸易制度几乎所有重要的道德问题有所关联。然而，互惠义务的一个方面，即每一方试图寻求一个所有人都能负责任地向其负责的公民证明做出合理解释的协议的义务，根据各种备选方案在每个国家的总体影响对其进行评估中发挥着主导作用。当一个国家把保护特别弱势群体作为修改一项总体上公平惠及每个公民的协议的理由时，在思考问题时显示出互惠性以及承担国内正义重担的要求发挥着主导作用。

首先来谈谈贸易正义的基本形态：所有负责任的代表们都能自愿接受的贸易制度，必须是每一个公民都能合理地认为能够整体上促进其利益的制度。更准确地说，如果把贸易之外的考虑放在一边，并对过去偏离合理的情况做出相关调整，这种情况才有可能实现。在接受该制度时，政府约束自己不去行使那种拒斥、规制贸易和投资的合法特权。“在一项对你没有任何好处的协议中，我们同意把你的特权放置一旁”——这种说法，除非反映的是贸易之外的承诺或对过去不合理情况的纠正，否则，就是谈判小组公开承认对其所代表的公民的不负责任。

因为近期政府及其公民对自身所负相关义务的偏离，单单处境糟糕的人利益受到了损失，因为人们有义务为处境糟糕的人们接受某种改变，所以过去的不合理构成了某种例外。虽然这种矫正的义务不能无限向后追溯，但是，它肯定可以追溯到上一阶段的谈判；上一阶段的谈判足以表明，一个不能给其人民争取任何利益的政府已不值得人们信任。在这一代人中发生的乌拉圭回合结束时所确认的那些约束条款，持续影响着发展中国家，使他们继续遭受霸凌。（人们对后来的多哈回合表现出的愤怒，制造了一种发达国家无能的假象。然而，多哈回合原本就是“发展回合”，关注乌拉圭回合协定所忽视的发展中国家的诉求；若无多哈回合，那些忽视发展中国家诉求的协定条款会被继续执行。谈判的僵局只是维持了发达国家的主导地位，而非否定其主导地位。例如，在多哈回合即将取得进展时，美国提议将其与农产品生产有关的农业补贴上限定为实际规模的两倍，前提是发展中国家取消对其农民的保护措施，结果谈判最终破裂，因为印度和其他发展中国家拒绝了该提议，于是谈判依然维持了这种主导地位。[1]）如果发达国家采取负责任的行动，他们就得同意放弃从乌拉圭回合的不合理条款中获得的利益，作为对某个错误的矫

[1] 这一僵局导致2008年7月的WTO部长级会议流产。See Alan Beattie,“Gamble Fails as Lamy Concedes Defeat,” *Financial Times*, July 29, 2008. 提议中的给富裕国家农业补贴的上限远远高于欧盟设想的未来支出；这一上限不会影响那些与农产品生产无关的补贴；在现行的制度下，这些补贴是不受限制的。

正；并且只寻求符合矫正正义的利益。因此，确保每一个公民的整体利益的要求，只有在进一步弄清我尚未谈论的义务标准以后才能得到实施。

确保每一个公民获得某些利益（相对于适当修正的基准线）的要求，既关注大多数富裕国家的利益，也关注最贫穷国家的利益。然而，只要这一要求得到了满足，那么，脆弱的贫穷国家，哪怕不是最贫穷的国家，也应当具有特殊地位。假设一个负责任的代表面对一个拟议的制度，在该制度之下，她所代表的人民遭受的苦难是广泛的，而且在可预见的未来这种苦难远远大于在备选制度之下所遭受的苦难；因为备选制度为她的国家提供了进入其他国家的更大规模的贸易准入机会，允许她的政府诉诸它认为的克服经济困难的有效措施，或提供更多的资源去减轻被强加的贸易政策引起的震荡所造成的伤害。作为全体公民的一个负责任的代表，她必须将此视为不愿接受该提议的重要理由。她还必须要遵守国际互惠原则。因此，该代表还必须考虑其他代表的类似关切（这些代表也力图使他们所代表的人民不遭受苦难），并恰当地重视这些关切。作为国家义务与超国家义务结合的结果，公平的贸易磋商的基本趋势就是达成一种贸易制度，该制度对于货物开放性的分配、对限制条款的豁免以及对因引发的震荡造成的压力的缓解等的规定，都最有利于那些最需要通过贸易来实现经济增长的国家，那些最需要通过政策工具促进发展的国家，那些最需要减缓混乱局面和其他压力向全球化市场暴露的国家。简而言之，在缺少与之相反的重要理由的情况下，穷人与其说将因仁慈而受惠，不如说将因正义而受惠。

对需求与脆弱性的相互冲突的考量会使得这一义务标准难以得到实施。例如，一个有助于相当数量的中国人脱贫的备选制度，可能会扰乱东南亚和撒哈拉以南非洲国家中极少数贫穷得多的人们更为迫切需要的发展。在此，站在无知之幕背后去思考应当选择何种模式，这是一个很有用的设置，可用来恰当地权衡各种相互竞争的关切的重要程度。虽然我们没有义务实施一套全面的全球正义标准（该标准是站在无知之幕背后、不知道自己生活于哪个国家的人们都愿意选择的），但是，在做出负责任的全球决策的特定关节点上，特定类型的选择对参与者某些利益的影响，作为尊重所有人的利益和自主权的正当理由的一个方面，可以得到公正的评估，由此可见，无知之幕的设置是非常有用的。

似乎任何偏离发达国家对发展中国家商品完全开放模式的做法都被这些考量排除在外，这是很不负责任的。毕竟，对发展中国家出口导向的增长的抑制，迫使那些国家的人民继续生活在艰辛当中，遭受各种疾病的持续威胁，继续与外界隔绝。即使是已经明显实现出口导向增长的中国，在21世纪头几年，仍有超过1亿人营养不良；2亿人生活在每天不足1.25美元的水平上；每千人拥有医生数只有1.5名，而且这些医生主要集中在城市；2005年，每千人机动车拥有量只有24辆，而那些生活在农村的人只拥有非常糟糕的交通资源。[1]与来自发展中国家的商品不受限制地进入发达国家所造成的最严重

[1] See Chen and Ravallion, "The Developing World is Poorer than We Thought, but No Less Successful in the Fight against Poverty," p.34 ; World Bank, *World Development Indicators 2008*, tables 2.18, 2.15, 3.13.

的痛苦（即大量缺乏竞争力的中年产业工人失业）相比，阻止发展中国家摆脱贫困的代价是更为巨大的。只要某个发达国家从总体上说是能够从某个贸易制度中获利的，那么，我们似乎无法以这些负担较轻的人的名义为贸易保护正名。但“无法”只是一种夸张表达。原则上，发展中国家的代表们可能得承认，发达国家政府负有特殊的国内责任，这些义务为他们提供了充分有力的理由，证明偏离惠及全球穷人的基本模式的贸易保护是正当的。但是，如果磋商是在善意以及不把国内正义的负担转嫁给外国人之义务引导下进行的，那么这种正当性的证明将是非常困难的。

发达国家的政府对其特别弱势的公民负有特殊义务。面对一项总体上将会改善美国的经济状况，但是会对中西部工业城市带来冲击的自由贸易协定，美国政府原则上会合理地诉诸更多的贸易保护，即使要以减缓中国与巴西脱贫进程为代价。如果美国政府告诉那些在道德上重大利益受到威胁的美国人说，“我们同意让这些商品进入美国，以使国外那些更为贫穷的人能够脱贫”，那么，那些利益受到威胁的中西部城市的人们就会做出一个具有道德相关性的回应：“你应当对我们的利益给予特殊关切，而不是，只要我们的国家总体上获益，就把他们因贸易制度造成的苦难纳入公正的全球关切之中。”（他们对严重伤害的合理担心，而非获得更大利益的期望，这一点很重要。发达国家的代表不会不对其国民负责，“我们本可以坚持达成一项比现在的协议更好的协议，但是，这将会要求其他国家承受现在这个协议所避免的巨大苦难”。）

然而，发达国家及其人民必须在公平磋商中履行其所负有的全部政治义务。代表之间保持善意的义务使得发达国家的政府很难负责任地维持这样一项政策：为了保护其境内的弱势人群，必须禁止从发展中国家进口商品的政策。为了推动全球范围的自由化，发达国家认为，与发展中国家的收益相比，其经历的巨大震荡是完全值得的。发达国家不愿在国内吞下相同的苦果，是对发展中国显示恶意（bad faith）的表现。在生产力和经济增长方面的收益（它们通过国内政策证明了产业转移的合法性），也可以恰当地用来判断国际贸易政策的国内影响。发达国家，尤其是美国，在国内，对因失业而造成的“创造性的震荡”是可以接受的。

公民同胞之间彼此负有义务；因而，发达国家对其公民提供合理保护的压力会进一步增加。如果本地社会保障的标准像国内正义所要求的那样高，那么，源于产业转移的痛苦并不能成为负责任的公民支持对来自发展中国家的商品做出限制的理由。这种不负责任的做法将国内正义的负担转嫁到外国人肩上。同样，当产业转移的负担可以通过不给其他国家造成负担的预防措施来避免时，坚持让外国人承担因未采取恰当预防措施而导致的负担也是不负责任的。美国同意 10 年内逐步取消针对发展中国家的纺织品进口配额，但是，美国直到去年才取消了重要类别的配额。不出所料，从中国涌入的大量商品引发了一轮要求“反倾销”制裁的风暴（包括作为中国加入 WTO 的条件而针对中国实施的由一项特别条款许可的制裁）。随后美国又做出了新的贸易限制。这些贸易壁垒是不讲理（unreasonableness）的表现。美国有义务通过逐步的自由化和职业再培训（它们只有在经济繁荣时期才能实现）来降低产业转移带来的负担。

当发达国家的人们抗议自由化带来的伤害（比如说，廉价中国商品涌入美国而导致美国工人失业）时，最常见的反驳论调是标准的经济学家式的，即发达国家的绝大多数人都从更自由的贸易带来的效率中获益。这确实可能是真的，但这些重大的损失如果都集中在少数人身上，他们没有优沃的人生起点，也没有条件从经济震荡中快速复苏，那么，这可能是个比收益扩散更重要的道德关切。另一种回应，在哲学家中很普遍，是世界主义的提醒：对国内处境不利同胞的伤害，是帮助其他地方处境更不利的人们摆脱绝对贫困的措施的副作用。公道的全球关切的政治义务的弱点使得这一回应软弱无力，即使它是真的。但是，对全球贸易框架磋商之合理性的反思则提供了一种几乎可行的回应。大致说来，发达国家的公民应当把国内措施视为降低自由化危害的正确手段，而不是要把国内的非正义转嫁给外国人；考虑到政府支持那些要求发展中国家人民承受至少是同样严重的伤害的共同条款，她应当把基于那些伤害而向其他国家提出的申诉视为对恶意的表达。例如，基于这些理由，美国阻挠那些向相对强大的发展中经济体的商品开放美国市场的协议付诸实施,通常会被证明是错误的,不是因为没有严重的国内损害结果，不是因为对美国人的损害在美国人中没有特殊的政治意义，而是因为这将是对贸易框架不负责任的使用。

总的来看，正义的贸易模式是，较为富裕的经济体对来自较为贫穷的经济体之商品开放其市场，发展中国家不受那些会与其政府对发展与稳定之合理关切相冲突的禁令和强制令的约束。对这种模式的偏离，作为保护发达国家之弱势群体的手段，尽管在原则上可以说得通，但是，却受到两种义务的强有力约束：认真对待发展中国家代表提出的类似理由的义务，以及发达国家公民对其国内处境不利之同胞所承担的主要义务。只有致力于制度内部公正义务的公平磋商，才能寻求最大限度的世界贸易扩展与公平要求的契合。

平等的缺失

就像它试图对 GATT 的各种制度所做改变一样，WTO 的官方承诺是寻求对等地减少自由贸易壁垒，根据需要加以修改，以确保成员国经济生活不至于急剧动荡，并尊重发展中国家的特殊需要和脆弱性。公平磋商的原则非但没有对这一广泛的承诺说三道四，反而是在确认并落实这一承诺。同样地，就国际金融与支付制度框架进行公平磋商，有助于 IMF 的普遍性承诺将促进维持国际贸易和投资所需的货币措施的目标与对破坏性波动、货币与财政危机造成的损害（这种损害主要降临到发展中国家人民头上）给予特别关注结合起来。目前全球贸易和金融框架中普遍存在的不平等现象，实际上是一种普遍性的失败，即未能在公平磋商可以证明其合理性的具体措施中落实这种普遍承诺。

我们无法对全球贸易和金融框架之平等性的缺失做一个确切的评估，因为，预测依赖于充满争议的经验主张。但是可以肯定，公平磋商的结果将与目前的霸凌结果大相径庭。

对正义贸易模式的扭曲。目前的制度安排严重背离了富国对从穷国进口的商品开放其市场的一般性规则。2000 年，发展中国家的出口在高收入国家面临的贸易壁垒，平均比其他高收入国家面临的壁垒高出三倍（以商品价值计算）。美国对来自最不发达国家的进口商品设置的壁垒是高收入国家出口公司面临的壁垒的十倍。[1] 事实上，由于出口壁垒、官僚程序要求和专利限制，最贫穷的国家在乌拉圭回合谈判中总体上是输家。关于 WTO 规则对最贫穷国家的初步影响，最广为流行的估计是，在最贫穷的 48 个国家中，每年净损失达 6 亿美元。[2] 如果发达国家对从发展中国家进口的商品取消关税，那么，发展中国家从这一改善的贸易准入中获得的利益，很有可能每年超过 1000 亿美元。[3] 我们没有理由认为，重要的富裕国家施加的这种准入限制是正当的，没有违背互惠的理由（reciprocity in reasons）。

非互惠的（non-reciprocal）理性考量。违反互惠原则是对贸易体制进行普遍批评、对富国农业补贴普遍反对的基础。2005 年，发达国家政府向其农场（通常是富人拥有的低效农场）提供了 2800 亿美元的补贴，这个数目相当于这些发达国家农产品价值总额的三分

---

[1] See United Nations Development Programme, *Human Development Report 2005*(New York: United Nations, 2005), p.127.

[2] See United Nations Development Programme, *Human Development Report 1997*(New York: United Nations, 1997), p.82.

[3] 与以往一样，估算数据对基础模型的假设非常敏感。经常用于预测替代贸易制度影响的模型简化了一些假设（众所周知，这些假设是错误的），即每个国家的就业数量不会受到影响，通过规模经济与干中学（learning by doing）不会提高生产效率。对这些假设的修正将极大地提高预期收益。例如，圣地亚哥·费尔南德斯·德·科尔多瓦（Santiago Fernandez de Cordoba）和戴维·范泽蒂（David Vanzetti）估计，根据一项将发达国家对制造业征收的关税平均减至 0.8%，同时将发展中国家的关税平均减至 5.3% 的提议，发展中国家获得的收益，根据一个标准模型（该模型假设就业人口数量不会变化）估算，每年将达到 280 亿美元；基于发展中国家生产规模的扩大将会雇佣大量未充分利用的非熟练劳动力这一合理假设，收益将达到 870 亿美元。See Fernandez de Cordoba and Vanzetti, "Now What？ Search for a Solution to the WTO Industrial Tariff Negotiations," in Fernandez de Cordoba and Sam Laird, eds., *Coping with Trade Reforms*(Geneva: UNCTAD, 2005), pp.30, 39 f.

之一，远超 50 个最贫穷国家（全球有八分之一的人生活在这些国家）GDP 的总和。❶ 这些补贴使得富裕国家的农场免受市场竞争的压力，而市场竞争通常是富国政府在贸易谈判中所坚持的。诚然，一个国家可以合理地拒绝放弃其农业补贴政策，办法是诉诸对文化之延续、满足人民重要需求的民族之独立或家庭经济生活之稳定方面的考量。但是，不管繁荣的农场在发达国家的文化延续、民族独立与生活稳定方面发挥何种作用，繁荣的农场对发展中国家的文化延续、民族独立与生活稳定更为重要。发达国家广泛的农业补贴扼杀了发展中国家的农业在世界市场中的竞争机会，从而摧毁了发展中国家农民的生活，削弱了农业对发展中国家之文化延续、民族独立与生活稳定的价值。由于美国对其棉花种植的补贴（2001 年大约是 39 亿美元），世界最大的棉花出口国美国的棉花出口数量在为期三年的低价倾销期（1998–2001 年）翻了一番。仅在非洲，美国棉花补贴造成的竞争扭曲，每年就给穷国人民造成约 3 亿美元的损失。❷

偏离互惠思维的一个更加重要的表现是，发达国家虽然倡导所有生产要素的跨国流动，但是，却限制一种要素即劳动力的自由流动，而该种要素的自由流动不仅特别有助于发展中国家的人民，而且还能提高全世界的生产效率。据保守估计，如果发达国家在没有

---

❶ See OECD, *Agricultural Policies in OECD Countries at a Glance 2006* (Paris: OECD, 2006), p.19; UNCTAD, *The Least Developed Countries Report 2006* (Geneva: UNCTAD, 2006), Annex: Basic Data on the Least Developed Countries, table 1.

❷ See Oxfam, *Cultivating Poverty: The Impact of U.S. Cotton Subsidies on Africa* (2002), www.oxfam.org.uk/policy/papers/30cotton, pp.2, 11. 更准确地说，这里关于损失与补贴的数据是对 2001–2002 的“销售年度”数据的统计。

严重歧视非熟练工人的情况下吸纳来自发展中国家的工人，从而将其劳动人口数量扩大 3%，那么，现在居住在那些国家的人每年将获得超过 1000 亿美元的收入。[1] 日益增加的移民汇款（相当于发达国家对外援助金额的三倍）和发展中国家内部劳动力供应过剩的减少，都将是发展中国家得到救济的来源。目前，发展中国家在国外打工的亲戚寄回国内的汇款如果每人增加 10%，那么，发展中国家每天生活水平在 1 美元以下的人口比例就会降低 3%。[2]

不平等的负担。转向我一直阐述的那种合理性，将会减轻发达国家的贸易保护政策给发展中国家带来的负担。然而，发展中国家的强制性自由化也给自身带来了诸多负担；如果要想使促进更大开放的共同承诺变成公平的承诺，那么，发展中国家因强制性自由化带来的负担的特别严重性要求我们对发展中国家施以特别援助以缓解这些负担。发展中国家融入全球化世界通常并不那么顺利，因为其脆弱的公司、商店、农场和整个经济部门无法与外部更加有效率的竞争者相匹敌。即便是那些长期受益的国家，由于受到发达国家投资者面对陌生而遥远国度的发展前景所表现出来的兴奋和恐惧的影响，平常年份也会像全球投资海洋中的软木塞那样起伏不定。因

---

❶ 对温特斯（Winters）、沃姆斯利（Walmsley）、王振坤（Zhenkun Wang）和格林伯格（Grynberg）2002 年的研究以及其他类似研究的讨论，See Joseph Stiglitz and Andrew Charlton, *Fair Trade for All*（Oxford: Oxford University Press, 2005）, pp. 250 f. 施蒂格利茨（Joseph Stiglitz）和查尔顿（Andrew Charlton）指出，这一研究中有些偏低的估算（800 亿美元）乃是源于对发展中国家非熟练劳动力事实上过量供应的忽视。

❷ See Richard Adams and John Page, "Do International Migration and Remittances Reduce Poverty in Developing Countries？," *World Development* 33（2005）, pp. 1645, 1652 f.

为市场自由化，发达国家的富人能够买到更廉价的商品，投资也更有利可图，因而发达国家的富人从发展中国家人民特别坚毅的品格中获得利益。这是对自由化带来的负担的一种不平等的分担方式，不管它是否违背互惠的理性思考原则。

发达国家应当支持发展中国家建立保障体系，以帮助这些国家的弱势群体应对自由化所带来的不成比例的负担；但是，发达国家的这种支持不仅来得晚，也很少。最终，“国际货币基金组织骚乱”（IMF riots）——在主要贸易谈判所在地发生的破坏性示威活动和学术批评，引发了国际社会对自由化带来的负担以及与之相伴的对市场力量的日益依赖的关注。作为回应，发展中国家设立了用于减缓转型震荡的“社会基金”（social funds），这些基金的大部分资金通常来自国外。在 2004 年的一项研究报告中，乔瓦尼·科尼亚（Giovanni Cornia）和桑杰伊·雷迪（Sanjay Reddy）指出，这些基金平均每年只向每个穷人支付 18 美元。在主要由国外提供资金的社会基金中，每年用于每个穷人的平均支出不到 8 美元。（墨西哥的项目是迄今为止最慷慨的，全部由当地资助。）在有数据可查的 12 个国家中，有 5 个国家的社会基金支出在 GDP 总量中的比例比社会基金建立前 2 年的比例还低。大多数增加的社会基金支出也只占 GDP 的 1% 左右。[1] 在基金支出方面这种非常有限的反应，部分地反映了贸易自由化与政府支出之间的直接冲突。在许多发展中国家，关税和其他来自贸

[1] See Cornia and Reddy, “The Impact of Adjustment-Related Social Funds on Income Distribution and Poverty,” in Cornia, ed., *Inequality, Growth and Poverty in an Era of Liberalization and Globalization* (New York: Oxford University Press, 2004), pp. 275, 281.

易的税收（这些税比其他种类的税更容易征收）是国家财政收入的重要组成部分，与发达国家相比，它们在发展中国家要重要得多。例如，在结构性调整中期和乌拉会回合晚期的1991年，这些税收占撒哈拉以南非洲国家和菲律宾政府财政收入的四分之一。❶

受阻的开发方案。尽管可以采取更多的措施来缓解贸易自由化给人们带来的代价，但是，这些代价很难避免。因此，更为重要的是要考虑，发展中国家目前的强制性自由化的程度是否剥夺了它们对政策的选择，而明智和负责任的政府将设法保留这些选择。

如果不依靠乌拉圭回合制定的规则（通过对剧烈抵抗实施致命威胁最后达成的）所禁止的控制国际贸易所带来的损害、增加国际贸易带来的利益之措施，没有哪个国家能够成功地发展。❷ 1960–1978年是目前这些被禁止的措施（诸如出口补贴和保护脆弱经济部门的高关税壁垒）大行其道的时期；在此期间，在拉美国家，人口加权的人均GDP年增长率是2.8%。1978–1998年期间，这种政府导向模式被世界市场导向模式所取代，首先是通过经由美国倡议、IMF和世界银行施加在拉美国家头上的结构性调整条件，然后是通过WTO主导的贸易、投资和产权保护机制；在此期间，GDP年增长率降到了0.8%。GDP年增长率的可比数据，亚洲国家从4.0%

---

❶ See World Bank, *World Development Indicators 2003* (Washington: World Bank, 2003), table 4.13.

❷ 关于对自由贸易传统的这些背离，罗德里克（Rodrik）有一个令人信服的解释。See Dani Rodrik, "The Global Governance of Trade as if Development Really Mattered" (New York: United Nations Development Programme, 2001.) 一些国家（如东亚某些取得巨大发展成功的国家）在20世纪对这些规则的运用，类似于美国、德国和日本在早期成功发展过程中对传统自由贸易规则的背离。

降低到 3.6%，非洲国家从 1.5% 下降到 0.1%。[1] 根据罗德里格斯（Rodriguez）和罗德里克对 20 世纪最后 25 年有关经济增长与政策导向的自由化之间关系的重要国际研究成果的精辟分析，贸易自由化对发展中国家经济增长的贡献，除了贸易自由化政策使得数百万人的生活陷入剧烈的动荡之中外，平均为零。[2]

鉴于现有世界贸易制度的运行状态以及该制度运行的结果对发展中国家人民的极端重要性，在现有世界贸易制度之中，发展中国家的负责任政府有理由抱怨，它们无法实施可行的发展战略，而这些战略可能是他们当前局势下可实施的最好战略。任何一种重要的发展战略都是一种博弈。[3] 那些其未来命运受到这种博弈影响的人，在他们应当选择何种赌注的问题上都应当有发言权。由于正确的一揽子政策很难被发现，而且必然会因时因地而异，因此，排除范围广泛的可行战略，也有一个我们熟悉的对组织化认知的成本：它排除了必要的试点实验。对这些发展战略的禁止，至少是种令人反感的限制，还可能是场灾难。

对不平等（及其限度）的回应

对我所批评的全球贸易框架的支持，不能通过诉诸仁慈的限度来证明是正当的。因为，我的批评不是说贸易框架违背了帮助的义

---

[1] See Branko Milanovic, *The Two Faces of Globalization* (Washington: World Bank, 2002), www.worldbank.org/research/inequality/pdf/naiveglob1.pdf, p.14.

[2] See Francisco Rodriguez and Dani Rodrik, "Trade Policy and Economic Growth: A Skeptic's Guide to the Cross-National Evidence" (Cambridge, Mass.: National Bureau of Economic Research: 1999), www.nber.org/papers/w7081.

[3] 在最佳发展道路的问题上，发达国家的学者始终无法达成共识，对此的生动说明，see William Easterly, *The Elusive Search for Growth* (Cambridge, Mass.: MIT Press, 2001)。

务；而是说它违背了不利用他人在制度安排（在这种制度安排中，弱者被要求放弃其合法特权）中的弱势的义务。对这种框架的支持也不能通过诉诸发达国家内部的爱国关切义务来证明是正当的。从美国富人的合法项目中获得的利益转移,而不是从对马拉维(Malawi)人民的霸凌中获得利益，恰当地表达了对我在南布朗克斯（South Bronx）的贫困同胞的政治忠诚。事实上，爱国关切的理据本身就意味着这样一种义务：致力于用国际合理性来代替国际霸凌。如果公民同胞必须寻求能够反映其公平磋商的共同治理条款，而不仅仅是对国内权力制衡的理智适应，那么，跨国公司的参与者也必须寻求类似的能够合理地调和他们的合法利益的共同制度安排，而不仅仅是简单地反映弱者的理性需求对强者的威胁影响的顺从。

除了有义务为全球化而建立的制度框架恢复责任外，我们还有义务弥补过往至少是过去几年不负责任的做法所造成的伤害。仅仅使发展中国家摆脱商业与发展方面的障碍，让它们自己制定贸易、金融与投资政策，就像美国内战结束时仅仅解放了奴隶而没有进一步帮助他们克服奴隶制所带来的挑战一样，也是不负责任的。为了能够被 WTO 接纳，菲律宾在 20 世纪 90 年代取消了玉米进口关税，这导致数十万人口失去了农业岗位的工作。这些人虽然贫困，但是，基于自力更生的劳动,他们此前还能够满足基本需求,维持各种家庭、社会与文化关系。[1] 给他们提供社会保障体系已经太晚了，而且试

---

[1] See Oxfam, *Rigged Rules and Double Standards* (2002), publications.oxfam.org. uk/ what_ we _do/ issues/ trade/ downloads/trade report.pdf. pp.116 f. ; "The Rigged Trade Game," *New York Times*, July 20, 2003, News of the Week in Review, p.10.

图恢复已经支离破碎的土地关系也毫无意义。但是，发达国家的公民（他们的政府控制着主要的贸易制度）如果对此袖手旁观，而不是弥补发展中国家在没有建立恰当社会保障体系的情况下强制实施自由化所带来的损失，那么，他们就是不负责任的。在一个联合企业中，那些在过去几年强制实施了不平等的制度安排的一方，有义务对该制度安排给他人带来的伤害进行弥补，并且在消除了制度的不平等后，仍有义务缓解制度的不平等所带来的持续影响。

事实证明，避免利用发展中国家人民的义务要求对维系全球化的贸易制度进行重大改革，即承诺大幅度减少全球化带来的苦难以及做出重大努力来弥补过去的不平等带来的影响。以 IMF 为中心的便利资金流动与货币流通的国际框架，也受到类似的批评。IMF 对发展中国家的货币与债务危机的反应似乎违背了互惠原则，因为这些反应使发达国家经济精英中的债权人能够舒适地逃避其经济选择的后果，但却通过痛苦的财政紧缩和大范围的破产将市场规则强加于那些国家的人民头上。[1]不断有人提议，IMF 应根据成员国货币创设广泛的特别提款权（Special Drawing Rights），以代替对美元的持有，并把这种特别提款权用于应对发展中国家的货币危机；这些提议将会降低发展中国家政府的借贷成本，并可切断与美国财政政策的联系，因为美国财政政策是造成发展中国家金融不稳定的一个持久根源。这些提议除了消除全球对持有美国国债的需求，还将剥

[1] See Joseph Stiglitz, *Globalization and its Discontents* (New York: Norton, 2002), pp. 200 - 13.

夺美国获得低息贷款的全球来源，甚至是来自最贫穷的国家的贷款。公平磋商似乎支持这些措施，在维持全球流动性的联合项目中减轻依赖美元这一最沉重的负担，但是美国的实力使这一现状得以维持。[1]

当然，负责任地建立起来的全球贸易与金融框架对发展中国家的穷人用处有限。因其他政府对其出口设置的壁垒，或者强加给其政府的政策约束，他们努力摆脱贫困的努力所承受的不公平负担将会消除。自由化引起震荡的负担将会减轻。但是，在其境内，满足需求的困难将继续存在。即使发达国家没有设置贸易壁垒，世贸组织也没有禁止任何负责任的政策选择，更温和地融入世界市场，IMF 提供的资源也没有不合理的歧视，许多人仍然无法摆脱贫困。全球市场无法提供足够多的贸易机会这一主要问题仍然无法得到解决。因此，重要的是要弄清楚，我们对发展中国家的那些外国人尚未得到履行的跨国义务，在多大的程度上能够超越在全球生产、交换中的谈判和为全球贸易制度所制定的制度框架。

经济活动所造成的全球危险后果，即温室气体排放激增，是尚未得到履行的义务的另一个重要根源。这是下一章的主题。尚未得到履行的义务的其他重要根源是对跨国权力的行使。这种行使远远超出了建立全球贸易框架的谈判范围。第五章将探讨这一根源，重点讨论一个目前最突出的范式，即美国的跨国权力。

---

[1] See Joseph Stiglitz, *Making Globalization Work* (New York: Norton, 2006), pp.260 - 5 ; George Soros, *On Globalization* (New York: Public Affairs, 2002) .

第四章　全球伤害与全球平等：气候正义[1]问题

上一章指出，尚未得到履行的跨国义务源于那些利用他人获取利益又毫无必要地使受害者的处境恶化的行为。本章还将从另一个方面提出帮助发展中国家人民的尚未得到履行的义务：对本身可能在道德上是毫无瑕疵的行为的意外有害副作用给予适当关切的要求。

对我们行为的意外有害影响给予适当关切，是一项例行公事的且非常重要的义务。如果人们不小心过马路，那将会是一次致命的冒险。在限制我们行为的有害副作用时，我们表达了对信任的某种恰当尊重。若对这种关切缺乏期待，谨慎则是恰当的人际交往态度，而他人的成功足以引发我们的焦虑，因为他们对我们共同的自然环境、经济环境和社会环境带来了巨大影响。即使一个人有足够的资源成功地保持警惕并避免他人的伤害，也会被这种前景所排斥，转而渴望相互信任，并在对适当关切给予特殊承诺中表达这种渴望。

[1] 本章标题以及内文中，米勒使用的是“greenhouse justice”。学界目前使用较广的是“climate justice”一词；米勒的“greenhouse justice”所表达的也是“climate justice”一词的含义。故将“greenhouse justice”一词译为“气候正义”。——译注。

尽管道德责任的这一方面向来司空见惯，但它的要求却取决于各不相同的考量，其影响因具体情况而异。一方面，我们负有的避免并终止自身行为造成的意外伤害的义务，受到他人负有的避免成为受害者的责任的限制。如果我的邻居根本不看我正走过来就突然冲到人行道上，那么，我无意碰到他时我就没有做错任何事情。（相反，如果我故意推搡他，那我就犯了错，而且要对行为的后果承担责任，即使他不小心错过了一次避开我的推搡的机会。）此外，对我们行为造成的意外伤害的适当关切，还能使我们对补救的成本保持敏感。在干旱地区，一农户在用水方式上无可避免地会使其他农户的处境变得更糟，也是无可非议的。诚然，人们应当寻求一种彼此都能接受的克服利益冲突的方式，因为在这种利益冲突中，人们的自我提升会产生有害的副作用。但是，应当接受什么样的条件还远不清楚：对有害进程的贡献、终止伤害的代价、从他人的伤害中获得的好处以及其他人对其受害者的责任，所有这些似乎都是相关的考量因素，而且它们经常发生冲突。例如，那些对水资源短缺负有更大责任的人，可能也需要更多的水资源（比如说，用于灌溉）；如果按比例减少用水量，那么，他们将承受不成比例的代价。

出于这些原因以及其他方面原因，对一项无可非议的经济活动的跨国后果的适当关切的具体要求，将以某些复杂的方式取决于交往活动的特定性质。由于这些复杂性，我将在本章中详细探讨这样一种进程，即在几乎所有的经济活动中，通过温室气体尤其是二氧化碳的排放所导致的有害的气候变化。强调这一点是为了说明，这一进程对于发达国家人民放弃自身的优势来帮助发展中国家人民的义务具有特别重大的影响。与上一章关于贸易协定的探讨一样，本章的目标也是发现用于履行由这类特殊的人类交往活动所派生的责任的基本道德原则。在本书第八章对跨国责任进行总结之前，我们将利用温室气体排放规制来履行与温室气体排放无关的道德义务的可能性按下不表。

气候正义问题

通过使大气中的气体层（二氧化碳是其中最重要的成分）变厚，经济活动中一切如常的行为，引致气温升高的后果，从而在世界范围内造成了严重的危害。该进程所导致的发达国家人民帮助发展中国家人民的义务，取决于我们对下述两个问题的回答：在寻求限制全球变暖危害方面，减排任务的何种分配是公平的？为了履行这一人类集体责任，以限制我们共同导致的伤害，何种减排目标是适当的？如果发达国家人民在减少全球温室气体危害方面所做的努力少于他们应承担的公平减排份额，那么他们就有责任为发展中国家人民提供更多帮助。而在他们应承担的公平减排份额之内，他们有义务做些什么，取决于人类气候控制计划所确认的排放极限。

除了将道德问题从适当性和公平性方面做出区分外，温室气体方面的文献还把温室气体排放带来的挑战的应对措施分为两种：减缓措施（即减少排放及其给气候变化带来的后果）和适应措施（即提高人们应对遗留下来的气候变化后果的能力）。从原则上讲，不减少排放，而是通过直接干预气候过程，例如，向大气中喷洒颗粒物以反射阳光和冷却地球表面，也可以实现减排。但是，人们的广泛共识是，这些干预措施存在着重大的风险，是在最不幸的情况下应对不恰当减排的最后手段。尽管适应措施是非常重要的，但是发展中国家的适应能力有限，给发展中国家的资金援助在提升其适应能力方面的效果也有限。因此，关于发达国家应如何帮助发展中国家应对温室气体排放带来的挑战的争议，集中于如何在适当的减排机制中公平分配减排份额的问题。我将遵循这一重点，并最终捍卫它。尽管如此，用来评估提议中的减排机制的道德原则，也将适用于对那些强调适应措施的各种建议做出评价。

虽然适当性和公平性这两个不可回避的核心问题是有区别的，但它们也是相互依存的。如果需要适当的遏制，就需要制定一套适合评估严重利益冲突的公平标准。相反，如果气候变化造成无法接受的负担，即使是在公平分配减排任务的情况下，也必须放宽对气候变化的限制。

碰巧，某个拥有某些权力的多国集团（抽象地）确认了一个关于适当性的全球标准：1996 年，欧盟理事会宣布，“全球平均气温不应超过工业化前水平的 2℃（3.6 ℉）”——欧盟经常重申的一个立场。[1] 六年前，世界气象学会温室气体问题咨询小组（the Advisory Group on Greenhouse Gases of the World Meteorological Association）与联合国环境规划署（United Nations Environmental Program）曾提

---

[1] See European Union,“Strategy on Climate Change: Foundations of the Strategy”(2005) europa.eu/scadplus；Malte Meinshausen，“What Does a 2° Target Mean for Greenhouse Gas Concentrations？,” in Hans Joachim Schnellnhuber et al., eds., *Avoiding Dangerous Climate Change*（Cambridge: Cambridge University Press, 2006）, p.265. 在实践中，1861–1890 年的平均排放被视为前工业化时期排放的基准。

出过这个上限。[1] 2007 年，巴厘岛会议（Bali conference）上，一份由 215 名气候学家联名发表的请愿书，为《京都议定书》（*Kyoto Protocol*）后的温室气体排放机制的谈判奠定了基础。[2] 为了应对温室气体排放的两个道德问题间的相互作用，我将从辨别清楚这个目标开始，接着论证一个公平的标准，然后绕回来证明 2℃这个目标是合理的；在讨论这一问题时我将求助于这一共同的理念，即我们有义务寻求一种对温室气体排放的恰当限制，这种限制基于我们关于平等的理据。其结果将是，为了实现这一艰巨的目标，我们需要公平的全球团队协作，这一要求在促进全球穷人利益的同时，会使发达国家的许多人面临付出牺牲的巨大风险。

由于适当性和公平性标准及其后果的评估都取决于温室气体排放带来的挑战的真实状态，因而，这些判断必须要与气候变化的大量证据相符，然而，目前这些证据在许多重要方面都呈现出广泛的不确定性。我主要依据的是最近关于这一证据的最具权威性的总结——政府间气候变化专门委员会（IPCC）2007 年的评估报告，以及对其结论有重大贡献的研究成果。毫无疑问，这一证据在未来会出现变化；但是，如我们将会看到的那样，目前最有力的证据是，要经过漫长等待以获得确凿的证据后才采取果断行动，那将是极其不负责任的赌博。

---

[1] See F. R. Rijsberman and R. Swart, eds., *Targets and Indicators of Climate Change: Report of Working Group II of the Advisory Group on Greenhouse Gases* (Stockholm: Stockholm Environmental Institute, 1990), pp.viii - ix.

[2] See Climate Change Research Centre (University of New South Wales), "2007 Bali Climate Declaration by Scientists," www.climate.unsw.edu.au (December 2007).

公平：若干建议

在关于应采取何种措施以应对温室效应的问题上，公平是一个公众激烈争论的话题。(公平，而非庸俗科学，才是乔治·W. 布什[George W. Bush，即小布什]依据一项由美国参议院以95票对0票通过的决议[即《伯德·哈格尔决议》——译注]，拒绝接受《京都议定书》甚至是完全不适当的约束的原因。他否决了一项可"免除包括中国和印度这样人口集中的国家在内的世界上80%的人的义务"的协定。[1]) 在这场喧嚣中，许多建议——作为应对温室气体挑战道德上恰当的措施——都具有内在的吸引力。一种建议是强制执行廉价拯救(cheap rescue)。据说，通过达成一项不对那些受气候变化威胁的发展中国家人民施加任何沉重的限制的减排机制，发达国家人民有机会把全球气温控制在不恰当的阈限之内，而无须让其同胞面临道德上的巨大风险；既然他们能够在无须做出牺牲的情况下拯救发展中国家的人民，那么，他们就应该这么做。在对所需付出的努力不那么乐观的评估中，公平只要求对那些强加给人们的重大负担给出公正理由即可。这可以视为事关公平的团体协作问题，即一个为了实现共同目标所需的对牺牲的可接受的公道分配问题。换言之,对贫困的特殊关切有时被视为气候公平的一项独立要求。通常，公平可以依据"污染者付费"这一准则来加以判断。对任务的公平分配也可以视为依据不同的气候机制带来的利益与负担所进行的公平交易。

---

[1] George W. Bush, "Letter from the President to Senators Hagel, Helms, Craig, and Roberts," March 13, 2001, www.whitehouse.gov/news/releases/2001/03/2001.

我的建议是，唯有谋求公平的团体协作进路（teamwork approach to equity）才是最为根本的进路。其他进路所具有的某些合理性，来源于对应对温室效应所付出的牺牲需要在应对温室效应的团体之间达成公平的可接受的分配的考量。我们将会看到，更高的排放限制成本、更低的人均排放量和更大的气候危害，所有这些都将发挥出重要作用，所有这些都非常有利于发展中国家。然而，它们要想发挥出恰当的作用，就需要对那些负担进行公平的分配。

拯救的成本

寻求气候公平应当从我们都想使用的标准——廉价拯救的详细考察开始。正如阿尔·戈尔（Al Gore）在电影《难以忽视的真相》（*An Inconvenient Truth*）中顺理成章地做出的暗示那样，如果发达国家的任何人都不必为实施一个完全不会给发展中国家人民带来负担的适当机制而承受重大的代价，那么，这种几乎无成本的拯救就是我们要走的路。发达国家负责任的人民将乐于为那些有如此多其他事情要操心的人提供如此廉价的救济，使他们摆脱极度危险境地。然而，2℃这一适当性标准要求人们所付出的代价却要比这一安慰人的论点所承认的要大得多。如果我们的共同义务是把气温升高控制在2℃以内，那么，减排任务就应当依据发达国家中许多人因经济震荡而遭受严重损失的重大风险来加以分配。

根据目前气候对温室气体敏感性的合理估计范围，到2150年，如果把温室气体中二氧化碳当量稳定在450ppm（1ppm为百万分之一。——译注）的水平上，那么，我们就有五成机会将气温均衡升高的幅度控制在2℃以内；如果把二氧化碳当量减少到400ppm，我们就有七成的把握使地球气温的升高不超过 2℃；如果二氧化碳当量增加到 500ppm，那么，地球气温的升高突破 2℃限度的可能性高达七成。❶ 到本世纪末，这些温度平衡将会达到。然而，不可减少的物理限制与回避严重的经济风险都要求我们，必须在本世纪中叶把大气中二氧化碳当量稳定在低于 450ppm 的水平，以避免全球气温的升高在本世纪突破 2℃。

2007 年，当 IPCC 第四次评估报告出炉时，温室气体浓度已接近二氧化碳当量 450ppm 的水平。❷ 全球气温较前工业化时期升高了 0.8℃。❸ 考虑到海洋变暖过程有所滞后，即使温室气体浓度被快速地稳定在二氧化碳当量 450ppm 的水平上，到本世纪末，全球平均气温的升高将会超过 0.5℃。❹ 但是，如果要避免大规模的工业停产，那么温室气体浓度的快速稳定就不是可选择的手段。工业革命前，以陆地和海洋为基础的吸收过程使大气中温室气体的浓度保持稳定，但是，近几十年来，大气中每年增加的温室气体排放数量相当于使用化石燃料一年排放量的一半左右。1965-1975 年，二氧化碳的年均排放量大致相当于 2004 年排放水平的 45%，而大气浓度每

---

❶ See Meinshausen, "What Does a 2° Target Mean?," p.270. 该文描述的概率分别是 54%、28% 与 71%。

❷ See Terry Barker, Igor Bashmakov et al., "Technical Summary," in IPCC, *Climate Change 2007: Mitigation* (Cambridge: Cambridge University Press 2007), p.27.

❸ See Susan Solomon, Dahe Qin et al., "Technical Summary," in IPCC, *Climate Change 2007: The Physical Science Basis* (Cambridge: Cambridge University Press 2007), p.36.

❹ See Gerald Meehl, Thomas Stocker et al., "Global Climate Projections," ch. 10, ibid., p.822; Gerald Meehl et al., "How Much More Global Warming and Sea Level Rise?," *Science 307* (2005), pp.1769 f. 事实上，立即结束温室气体排放会导致未来 40 年气温延迟升高 0.2℃。See Pierre Friedlingstein and Susan Solomon, "Contributions of Past and Present Generations to Committed Warming Caused by Carbon Dioxide," *Proceedings of the National Academy of Sciences of the United States 102* (2005), p.10834.

年约增加 1ppm。[1]由于新增排放量对存量的贡献，要想实现 21 世纪中叶大气中二氧化碳浓度稳定在 450ppm 的目标，同时又避免大规模的经济停产，那么，我们控制排放的起点必须高于想要实现的浓度目标。即使实施这种超标准的排放限制，全球气温近期依然在升高。如果把经济约束与物理约束叠加起来，那么，把二氧化碳浓度稳定在 450ppm 的方案（在最终平衡时，它有五成的机会避免气温升高超过 2℃），就有五成把握在 21 世纪把地球气温控制在这个升高的极限之内。[2]

由于减少排放以实现 450ppm 的控制目标是如此得艰难（更不用说 400ppm），因此，这些方案尚未得到详细研究。确实，当 IPCC 第四次评估报告出炉时，考虑如何以及以何种成本全面减少温室气体排放量以实现这一目标的唯一详细研究，是由荷兰环境评估局所属的一个团队做出的；该团队将他们"评估责任区分的国际规制框架"（Framework to Assess International Regimes for differentiation of commitment）模型，贴上了"FAIR"标签。（其他具有大致相似抱

---

[1] See Kenneth Denman, Guy Brasseur et al., "Couplings between Changes in the Climate System and Biogeochemistry," ch.7 of IPCC, *Climate Change 2007: The Physical Science Basis*, pp.516 f.; H.-Holger Rogner, Dadi Zhou, et al., "Introduction," IPCC, *Climate Change 2007: Mitigation*, p.103.

[2] See Meinshausen, "What Does a 2° Target Mean ?," pp.273 f.; Michel den Elzen and Malte Meinshausen, "Meeting the EU 2℃ Climate Target: Global and Regional Emission Implications" (Bilthoven: Netherlands Environmental Assessment Agency, 2005), www.pbl.nl/publications, p.17; Bert Metz, "Meeting a 2 Degree Target: Is It Possible ? " (Bilthoven: Netherlands Assessment Agency, 2006), PowerPoint accessible at ips.ac.nz/events/completed-activities/Climate Change Symposium/Dr Bert Metz.pdf, p.8.

负的研究也得出了一致的结论。[1]）FAIR 团队敏感地意识到，在工厂可持续运转数十年（发电厂超过 30 年）这样一个世界中，需要避免全球经济停止运转，因而，在 2007 年提出的建议报告中，FAIR 团队提出将全球排放总量的下降推迟到 2015 年。[2] 根据他们的减排计划，未来 35 年，全球的排放总量要下降 50%，人均下降 60%。到本世纪末，全球排放总量将是 2000 年排放总量的 30%（2000 年人均排放量的 20%），2015 年排放峰值的 1/4，是中等水平常规经济活动情况下的预期排放量的 1/7。[3] 本世纪晚期排放量降低（它使得初期的排放许可变得可行），关键取决于二氧化碳捕获技术（这种技术的大规模应用仍有待证明）、利用含水层储存二氧化碳的不确定性以及对能源潜力极不确定的生物燃料的使用。[4] 对该严格目标的其他研究，则更倾向乐观的技术推测，例如，建造一个将大型种植园、从种植园中提取的生物燃料以及将使用生物燃料产生的排放进行封存结合起来的巨型全球二氧化碳真空吸尘器。[5]

---

[1] See Detlef van Vuuren, Michel den Elzen et al., "Stabilizing Greenhouse Gas Concentrations at Low Levels," *Climatic Change 81* (2007), p.123. 在 Brian Fisher, Nebosja Nakicenovic et al., "Issues Related to Mitigation in the Long Term Context," ch.3 of IPCC, *Climate Change 2007: Mitigation*, pp.198 f 中，布赖恩·费希尔（Brian Fisher）等人只认可了对 6 种排放轨迹的描述；这些排放轨迹将导致大气中温室气体浓度稳定在 450-490 ppm 二氧化碳当量。这些描述所包含的研究成果，与 FAIR 的研究不同，它们没有评估减排所依赖的低排放技术广泛使用的可行性。通常来说，通过假定经济活动一切照旧的排放轨迹比 2℃ 目标的中间方案排放轨迹更易于接受严格的目标，FAIR 团队之外的研究成果还降低了对成本的估计。

[2] See den Elzen and Meinshausen, "Meeting the EU 2℃ Climate Target," p.18.

[3] See van Vuuren, den Elzen et al., "Stabilizing Greenhouse Gas Concentrations," pp.127, 133.

[4] See van Vuuren, den Elzen et al., "Stabilizing Greenhouse Gas Concentrations," pp.135, 144.

[5] See, for example, Christian Azar et al., "Carbon Capture and Storage from Fossil Fuels and Biomass," *Climatic Change* 74 (2006): 47 - 79.

实现减排目标的代价是什么？对严格的长期排放轨迹的详细研究，目前尚难以回答这一问题。不过，他们对如果在不采取减排措施的情况下，用最有效的能源配置替代符合减排轨迹的能源使用，从而使这种替代既可靠又不会造成进一步的经济动荡，那么商品和服务的价值将会减少多少做出了估计。实际上，这将是“总量管控与排放交易”（cap and trade）的一个神奇版本，即通过完全知情且理性的交易者（这些交易者都有信心遵守所有承诺）之间的拍卖，将排放许可总量加起来，达到当前允许的总量。根据 FAIR 团队的研究，2015–2040 年，减排成本会逐年上升，从世界生产总值的 0.3% 上升到 2%，然后在 2050 年之后下降，到本世纪末，降至世界生产总值的 0.8%。[1] 在理想化的拍卖中，拍卖者决定对特定国家和地区人民的直接减排成本，因而 FAIR 团队所青睐的排放配额模型强烈地倾向人均 GDP 和人均排放量低的国家，因此理想化的直接减排成本的分配近似于廉价拯救计划的设想。[2] 例如，2020 年，如果分配给美国的排放总量低于其正常排放基准的 30%，那么，其理想化的直接减排成本就是其基准 GDP 的 0.5%；2050 年，当其排放配额低于其正常排放基准的 90% 时，那么，它的减排成本就将上升到 GDP 的 2.5%。在中国，2020 年，理想化的直接减排成本是其 GDP 的 0.25%，而 2050 年将上升到 1%。[3]

神奇的最低成本再配置方案与行得通的效率方案之间以及宏观

---

❶ See van Vuuren, den Elzen et al., “Stabilizing Greenhouse Gas Concentrations,” p.137.

❷ See den Elzen and Meinshausen, “Meeting the EU 2℃ Climate Target,” pp.22 f.

❸ See Metz, “Meeting a 2 Degree Target,” pp.21 f.

经济动荡的间接成本与按其他可行模式照常经营的间接成本之间的差异，将会大大增加这些成本。即便是为了适应《京都议定书》所提出的要求不高的排放限制，不进行配额交易的直接减排成本，也会比那些通过理想化的全球排放配额交易所实现的最低成本减排的成本高得多，在美国，前者高出后者5倍。[1]但是，在实际的许可排放交易市场中，如果要想把排放总量控制在极限之内，那么交易的不确定性以及监管和执行的问题可能会导致对化石燃料配置的效率远远低于理想的水平。[2]（或者说，在碳税机制下，最优效率要求有效实施一套国际统一的税收制度。如果发展中国家不受影响，那么直接减排成本将在短期内翻一番。[3]）在评估美国加入《京都议定书》的前景时，美国能源情报署（U.S. Energy Information Agency）估计，即便假设国内实施了许可排放拍卖制度以及通过工资税减免对财政收入进行了再利用，因通货膨胀和工厂倒闭而造成的宏观经

---

❶ See Jean-Charles Hourcade, Priyadashe Shukla et al., "Global Regional and National Costs and Ancillary Benefits of Mitigation," ch. 8 of IPCC, *Climate Change 2001: Mitigation* (Cambridge: Cambridge University Press, 2001), pp. 537 - 9. 全球交换的过程大多涉及通过排放许可交易进行再分配，这反映出向原苏联集团国家提供的超量排放预算，以贿赂它们批准《京都议定书》，并且假设能得到"理想执行……从而可以利用"清洁发展机制(Clean Development Mechanism)提供的"所有具有成本效益的选择"，而发达国家借助清洁发展机制，可获得排放额度，用以补偿资助发展中国家的各种措施所造成的减损。

❷ 在 David Victor, *The Collapse of the Kyoto Protocol* (Princeton: Princeton University Press, 2001) 一书中，戴维·维克托生动地描述了"总量管控与排放交易"的责任。在 Michael Grubb and Karsten Neuhoff, "Allocation and Competitiveness in the EU Emissions Trading Scheme" [*Climate Policy* 6(2006): 7 - 30] 一文中，迈克尔·格鲁布和卡斯滕·纽霍夫指出了在不确定性条件下再分配问题对欧洲实践的影响，同时还指出了再分配问题对特定政策选择（这些选择使分配问题更为突出）的影响。

❸ See William Nordhaus, *A Question of Balance* (New Haven: Yale University Press, 2008), p.19, World Bank, *World Development Indicators 2008* (Washington: World Bank, 2008), table 3.8.

济震荡的成本是直接减排成本的 4 倍以上。[1] 除了这些干扰之外，全球“总量管控与排放交易”还将因为巨量的美元转移而触发世界贸易与金融的震荡。FAIR 团队预计，到 2050 年，美国排放总量的 2/3 将来自排放交易市场。[2]（在全球综合碳税机制下，碳税收入从发达国家向发展中国家转移，也会产生类似的后果。）在中等程度的照常经营情景中，IPCC 倾向把 A1B 模式（与 FAIR 团队 B2 模式相比，该模式具有较高的人均增长率和二氧化碳排放量）视为中等排放模式的范例。[3] 根据 FAIR 的公平原则，在发达国家成本和削减幅度加大的情况下，排放模式的转变将使理想化的直接减排成本中世界生产总值的损失比例增加 3/4。[4]

诚然，在发达国家，更高的人均 GDP 的提高并不必然与更高的平均幸福感相联系。在某个特定时间，那些高于人均 GDP 的国家报告了更高的幸福感，而那些低于人均 GDP 的国家报告了较低的幸福感；这一倾向似乎反映了其他国家的人在其社会中的表现以及与社会平均水平相适应的目标设定之间的对比，而不是要拥有更多的

---

[1] See Energy Information Administration, “International Energy Outlook 1999”, www.eia.doe.gov, p. 137.

[2] See Metz, “Meeting a 2 Degree Target,” p.21.

[3] In Timothy Carter, Roger Jones and Xianfu Lu et al., “New Assessment Methods and the Characterization of Future Conditions,” ch. 2 of IPCC, *Climate Change 2007: Impacts, Adaptation and Vulnerability* (Cambridge: Cambridge University Press, 2007), A1B is characterized as “Intermediate case”, B2 as “Intermediate/low case” (p.160).

[4] See van Vuuren, den Elzen et al., “Stabilizing Greenhouse Gas Concentrations,” p.138.

不可比的需求（这种需求确实影响了发展中国家的发展趋势）。[1]然而，发达国家（尤其是美国）经济发展速度和经济结构的紊乱，将会使许多人面临遭受失去工作这一严重损失的风险，失业将使他们付出沉重的代价。对于美国一名中年产业工人来说，失业确实是一个严重的损失——长时间的就业中断，往往会终结一个人有生之年经济上成功向上跃迁的憧憬，而这种憧憬正是一个人的计划、希望和自尊的焦点。[2]目前，在发达国家，再培训计划似乎帮助不大，[3]而且面对快速的技术变革（它往往带来难以预料的赢家和输家），再培训计划可能做得更糟。

也许，担心失业、经济衰退与保障缺失等理由都是虚假警报。尤其是对技术创新的速度及其对投资的影响持谨慎乐观的态度（它是 FAIR 团队对减排成本估计的基础），可能是过于谨慎了。但是，同样地，为了将地球气温升高控制在 2℃以下而实施严格的排放限

---

[1] 在 20 世纪下半叶的美国，人均收入增加了 3 倍，但人们报告的“幸福感”却呈下降趋势。See Robert Lane, *The Loss of Happiness in Market Democracies* [(New Haven: Yale University Press, 2000)], p.5. 这里，罗伯特·莱恩（Robert Lane）借鉴了埃德·迪纳（Ed Diener）的著作。在 Robert Frank, *Luxury Fever* [(Princeton: Princeton University Press, 1999), p.73] 一书中，罗伯特·弗兰克指出了鲁特·范荷文（Ruut Veenhoven）关于日本的一个类似发现：1960-1987 年，日本的人均收入增加了 4 倍，但是，人们报告的平均幸福水平并没有什么变化。

[2] 关于美国经济动荡的最广泛的数据，来自美国劳工统计局（U.S. Bureauof Labor Statistics）所做的两年一次的失业工人调查。分析了最近的调查后，亨利·法伯（Henry Farber）指出，在一个典型的三年期内，大约 35% 的失业者在这段时期结束时仍没有找到工作；在再就业的工人中，失去全职工作的人中有 13% 的人只能找到一份兼职工作；找到新的全职工作的全职工作失业者的平均收入比失业前减少了 17%。[“What Do We Know about Job Loss in the United States ?,” *Economic Perspectives* (Federal Reserve Bank of Chicago, www.chicagofed.org) 2005 (second quarter):13 - 27.] 有 20 年工龄的失业工人找到的工作的工资比其以前工资少 1/3。[Louis Jacobson, Robert LaLonde and Daniel Sullivan, “Is Retraining Displaced Workers a Good Investment ? ” *Economic Perspectives*, 2005 (second quarter), p.48.]

[3] See Amit Dar and Indermit Gill, “Evaluating Retraining Programs in OECD Countries: Lessons Learned,” *World Bank Research Observer* 13 (1998) : 79 - 101.

制，也可能是基于对未来经济活动轨迹的错误估计而发出的虚假警报。确实，IPCC关于21世纪经济活动一切照常进行的其中一个设想，就是在不采取任何特殊的温室气体排放干预措施情况下，我们有相当大的机会把气温升高控制在2℃以内。[1] 在应对这两种类型的虚假警报的可能性时，不严肃对待过度乐观的风险，就是不严肃对待潜在的受害者。

不可否认，包括美国在内的发达国家人民对2℃目标做出的承诺所带来的负担的风险，也伴随着预防那些国家的人民遭受气候危害的可能性。例如，与不那么严格的目标相比，2℃目标的承诺，可能会大大减少美国在本世纪因为美国西南部地区干旱所带来的危害。对拟议中的气候机制的评估，当然应当对减缓措施可能带来的好处做出回应。然而，尽管各国政府需要接受并实施必要的应对气候变化的措施，但是，归根结底，与道德相关的负担仍然是个人的负担。能够对害怕干旱的凤凰城居民的私心做出的回答，并不能对芝加哥的产业工人的私心做出回答；这些工人所遭受的严重损失不应被忽视。无论如何，当一项强制实施的政策在给某些人带来重要伤害的同时，也给他们带来至少同样重要的其他好处时，那么就应当向他们提供一个正当的理由来接受这种政策安排，而不是其他伤害更少的政策。应该告诉他们，他们有申诉的权利。对于为发展中国家提供公平供应而言，这一申诉空间至关重要。

在我称之为“廉价拯救”的快速道德补救方案看来，适当的减

---

[1] Scenario B1. See Carter et al., “New Assessment Methods,” pp.159 f.

缓气候变化措施所带来的负担无关紧要；它宣称，发达国家的人民并不是毫无负担地说出他们承担起将全球变暖控制在 2℃以内的全部负担。即使有证据表明这种观点是错误的，也不能免除发达国家任何人的责任。它只是把对气候公平的追求推向了一个新的领域，在这个领域里，给人们施加的道德上的严重代价必须是公平合理的。在此，我们需要某种公平的团队协作模型来引导我们。

团队协作模型

无论是消费者还是生产者，其自身行为所涉及的温室气体排放不会对气候造成危害。事实上，某一个国家的温室气体排放本身也是无害的，即使是美国或者中国。温室气体危害是我们各自无害的追求共同产生的集体影响，从而产生了遏制温室气体排放的共同责任。由于对这些追求的宽容可能构成某个重要的损失，因此，在追求共同目标的过程中，我们彼此有责任就公平分配负担制定一个共同标准。

假设我们人类有共同的责任去追求某种确定的控制目标，比如说，避免气温升高超过 2℃。因为负责任的人民都有实现这一目标的共同义务，我们都应当有同等意愿为实现这一目标而做出牺牲。不愿意做出牺牲将是不负责任的，即对自己有义务帮助实现的目标缺乏承诺。但是，如果一个人必须做出更多的牺牲才能弥补其他人对该共同目标的较少承诺，那么，他们这些人的行为无疑就像寄生虫。如果每个人在追求目标过程中都是完全负责任的，那么就没有人需要弥补他人的较少承诺。因此，对为实现目标而做出必要牺牲的同等意愿的坚持，源于负责任的磋商；这种磋商是实现公平的一个基础。

这种平等承诺并不必然导致对施加同等牺牲的计划的优先选择。有可能存在这样一种适当的减排机制，在这种机制下，人们做出不平等的牺牲，而做出牺牲最多的人，与在其他适当的减排机制下的人相比，做出的牺牲较少。例如，把减缓气候变化的负担都集中在发达国家人民身上，这可能会是脱碳技术变革的一个特别强大的推动力；该技术变革迅速扩散到全世界，并伴随着一轮投资驱动的经济繁荣。相反，坚持每个人都承担同等沉重的负担，这并不是公平，而是虐待。但是，我们不应执着于将最严重的代价最小化，因为这将迫使更多的人付出某些较少但却严重的牺牲。如果说在一种适当的机制下，沙特阿拉伯的极度贫困是最严重的损失，而在该机制下，生活在印度、巴西和中国的数亿人可以摆脱相对不那么严重的贫困，然而一个贫穷的巴西人却宁愿选择这个机制，而不去选择另一个能让更多的人遭受更少的持续贫困的损失，而让少数人免于更大的贫困损失的机制，那么他就完全不会为了实现某种共同目标而做出牺牲表现出同等意愿。[1]

在这样或那样的情况下，处于无知之幕背后的人在对各种损失组合方案进行选择时，将会选择一组不平等的牺牲方案，并寻求提升她的利益，但是对于哪个损失是由她造成的却一无所知。这些都是关于谁应当牺牲什么的公正选择，因此，他们表达了同等的牺牲

[1] 在“Fair Chore Division for Climate Change,”[*Social Theory and Practice* 28(2002)：101－34]一文中，马蒂诺·特拉克斯勒（Martino Traxler）对应对气候变化的国际合作基础进行了富有智慧的讨论，他主张对沉重的减排份额进行平等分配。然而，最恶劣的后果应该加以修正，以适应“合理而有说服力的”需求。无论如何，特拉克斯勒的建议是在不同于我的道德架构内针对不同类型的问题所做出的回应：它们旨在以推进不伤害与帮助的普遍义务的方式解决政府间协定与承诺的实际问题。

意愿。

一旦适当性问题得到解决，温室气体减排公平除了承诺一组公平可接受的损失结果，以表示每个人都愿意为共同目标做出牺牲之外，还有其他要求吗？没有其他要求。我将要审视的其他考量，最初是有吸引力的。但是它们在温室气体减排公平中的适当作用，要通过对做出牺牲的平等意愿的适当理解来确认。

贫穷的相关性

这一完整性主张似乎要求忽视对明显相关的贫困的考量。即使把减贫这个气候控制之外的目标放在一边不予考虑，一项对世界穷人的特殊需求缺乏敏感度的气候机制似乎是极不公平的。团队协作模式并不否认这一点。相反，特殊需求与这一模式具有高度相关性，因为，在追求共同目标的过程中，这些特殊需求对人们提出了不同的牺牲要求。

对推迟结束因基本需求得不到满足而遭受的痛苦，也是一种重要的牺牲。例如，在中国，数亿人遭受着上一章所述的贫困，其中包括营养不足、医疗保健不足、地理位置偏僻以及仅能维持生存的艰辛劳动。2005年，1/3的中国人生活在每天不足2美元的水平上。[1]与我们前面考察过的那种将导致发达国家经济震荡的排放限制相比，阻碍或大幅度推迟摆脱这种贫困的排放限制，将会造成更严重的牺牲。即使对发展中国家的排放限制只会降低其人均排放量的增长率，

---

[1] See Shaohua Chen and Martin Ravallion, "The Developing World is Poorer than We Thought, but No Less Successful in the Fight against Poverty" (Washington: World Bank, 2008), p.35; World Bank, World Development Indicators 2007 (Washington: World Bank, 2007), table 1.1.

而对发达国家的限制则会使其人均排放量大幅下降，这种代价也是非常严重的。在美国，煤炭行业中一位中年产业工人的失业很可能是件严重的事情，但是这种职业中断毕竟没有持续终生的劳苦、与世隔绝和缺乏保障那么糟糕。发展中国家摆脱贫困，与温室气体的排放密切相关。到目前为止，人均 GDP 的增长是中国二氧化碳排放量惊人增长的最大贡献者，在 20 世纪的最后 10 年里，其重要性是排在第二位的重要因素人口增长的 8 倍。（单位 GDP 能耗大幅降低。[1]）

因此，公平的团队协作要求对全球穷人那种为摆脱贫困、追求更好的生活所需的排放给予特殊许可——这是对亨利·舒在温室气体排放开始成为人们关注对象时提出的“生存排放”观点的扩展。[2]然而，要求发达国家的团队成员做出的牺牲仍将是巨大的，并可能使某种温室气体减排机制（比如，更为渐进的强制减排）比其他机制更为公平。简单地拒斥发达国家人民关于经济动荡的关切，犹如他们对失业的担忧并不比推迟下一代电子产品问世的担忧更有道德地位一样，无异于是对那些人民的忽视。

结合当前对经济活动一切照旧的合理预期，这些对公平牺牲的考量，揭示出我们制定某种避免全球气温升高超过 2℃的公平机制的大致轮廓。当前对经济活动一切照旧的合理预期，就是必须对发展中国家的温室气体排放实施某些限制，从而将全球气温升高控制

---

[1] See Kevin Baumert and Jonathan Pershing, “Climate Data: Insights and Observations” (Pew Center on Global Climate Change, 2004), www.pewclimate.org, p.22. 在印度，GDP 的能耗强度（energy intensity）也有所下降，日益增长的人均 GDP 也是温室气体排放的最大贡献者，其重要性是排在第二位的重要因素人口增长的两倍。

[2] See, for example, Shue, “Subsistence Emissions and Luxury Emissions,” *Law & Policy* 15/1 (1993): 39 - 51.

在2℃以内。在中等程度的经济活动一切照旧情景中，到2035年左右，发展中国家就会突破与将二氧化碳浓度稳定在450ppm这一目标相符的全球二氧化碳排放预算。[1] 一个在尊重公平的同时接受适当性的确凿事实的气候机制，要求减缓发展中国家的排放增长，可能会延缓其摆脱贫困的速度。但是，这对于发达国家而言（在排放方面，而不是在牺牲方面）更加严厉，即更快、更大幅度地削减排放，以尽量减少气候控制协作团队中因未能摆脱贫困而带来的负担。在最不发达的国家，任何额外的经济负担都会把人们的生活推向死亡或悲惨的深渊，因此，通过将改革限制为“双赢”安排（即在不威胁经济增长速度的情况下，使排放量低于原有水平），可以避免不恰当的牺牲。对贫困的这种关注，尽管与仁慈相关，也是在控制气候变化共同任务中对公平的团队协作的要求。

污染者付费?

气候公平的最常见标准就是“污染者付费”这一主题的不同版本或变体。既然抑制排放对于任何令人满意的温室气体减排机制都是必不可少的，那么，对排放者施加排放成本的政策肯定会发挥作

[1] See Paul Baer, “Exploring the 2020 Global Emissions Mitigation Gap,” December, 2008, www. globalclimatenetwork. info, pp.6, 8.米歇尔·登·埃尔岑和尼古拉斯·霍恩(Michel den Elzen and Niklas Hoehne) 在“Reductions of Greenhouse Gas Emissions in Annex I and non-Annex I Countries for Meeting Concentration Stabilisation Targets,” Climatic Change 91 (2008) : 249 – 74 一文中提出了类似的预测（see especially pp. 261, 263）。在这篇文章中，登·埃尔岑和霍恩给出了估算的基本原理，对该原理的总结，see Sujata Gupta, Dennis Sirpak et al., “Policies, Instruments and Co-operative Arrangements,” ch. 13 of IPCC, *Climate Change 2007: Mitigation*, p.776. 彼得·希恩（Peter Sheehan）在“The New Global Growth Path: Implications for Climate Change Analysis and Policy,” Climatic Change 91 (2008) : 211 – 31 一文中所做的各种预测，意味着发展中国家一切照旧的排放量将会早早地达到全球温室气体排放的预算量，大约在2025年。See especially p.222.

用。但是，拟议的标准针对的是更基本的道德评估水平。排放和排放限制之间的恰当性标准是在施加限制时作为正义的一个独立的基本标准而提出来的。事实上，这些标准，要么是对气候团队公平的可接受的负担这一更基本规则在道德上的扭曲，要么只是该规则的某些方面。独立依赖“污染者付费”原则作为气候公平的基本标准，会导致把不适当的指责引入对气候正义的追求，恰如独立依赖于对贫困的关切会导致对仁慈的不恰当期待一样。

有时候，发达国家人民几乎全部承担排放限制义务，是建立在接受对本国排放量的限制的义务基础之上的，这种限制应该与该国的排放量对于迄今为止人类历史上累积的排放量的贡献成正比。但是，这似乎是对 1990 年之前的排放量做出的不合理反应。我们很难理解，为什么现在生活在发达国家的人们——因为生活在该国境内的人们（绝大部分早已逝去）以往的、本质上是合法的活动，而且其有害的副作用还无法预见——就承担着牺牲自己的利益的义务。❶

❶ 那些根据过去发生的事情主张这一义务的人，通过把责任的当前承担者视为受益人而非施害者，可以消除任何关于现在活着的人要为死去的人的污染行为承担责任的暗示。他们的主张是，那些目前从以往的以化石燃料为基础的工业化中获益的人，应当为这些利益做出相应的牺牲，以阻止或减轻当前的有害影响。See, for example, Henry Shue, “Global Environment and International Inequality,” *International Affairs* 75 (1999), p.536. 但是，消除这一暗示并不能对为什么一个人必须为了前几代人的行为而牺牲某种优势这一问题做出回答，因为这些行为在本质上并不是非法的，而且其有害的副作用是无法预见的。即使有害的副作用能够提供部分理由来说明，为什么发达国家活着的人所拥有的优势是不应得的，但是这并不能妨碍他们充分利用自身不应得的优势的特权。事实上，即使过去的活动令人难以置信地被谴责为错误的，目前的义务也没有因此而得以确立。某个城镇居民目前受益于过去的挪用公款行为的影响，但是该行为却持续拖累了邻近城镇的经济发展，这一事实似乎并不能派生出当前的牺牲义务。西蒙·卡尼在“Cosmopolitan Justice, Responsibility and Global Climate Change” [*Leiden Journal of International Law* 18 (2005): 747 - 75] 一文中，对被严格解释的“污染的受益人付费”和“污染者付费”之间的区别做出了说明，同时对何人要承担义务给出了一个揭示性的说明（also in Thom Brooks, ed., *The Global Justice Reader* (Oxford: Blackwell, 2008)）。

1990 年以后的排放情况如何呢？那时开始已有大量证据表明，排放会带来有害的后果。在对当前各种提议的任何合理道德评估中，这些过去的排放量将发挥特殊作用。如果一个国家在所有道德上令人满意的温室气体排放机制下，在 1990 年后本应该执行更严格的排放控制，那么，该国的公民就负有对其他国家人民做出补偿的政治义务，即接受现有的更为严格的排放限制，以避免把其政府不负责任的行为所带来的负担转嫁到外国人肩上。但是，这项关于最近的过失做出赔偿的指示，并没有告诉我们应适用何种过失标准。

相反，一旦温室气体排放的危害是可预见的，一种前瞻性的“污染者付费”变体可能要求人们削减的排放量要与在没有排放限制的情况下的排放量相称，以达到全面适当削减排放量所需的程度。但是，如果每个人的排放量都与为追求适当的气候目标而牺牲的同等意愿相符，那么似乎就不会有人要承受任何更大的负担。因而这一要求将是极其繁重的。在不久的将来，排放量的减少将会给发展中国家数十亿的穷人带来巨大的牺牲，涉及对他们基本需求的推迟满足。

为了避免因按比例削减而产生的不公平，那些强调把排放差异作为发展中国家人民温室气体排放公平基础的人，越来越多地诉诸人均平等排放的权利。[1] 根据“污染者付费”这一复杂变体，那些

[1] 例如，在最近一本关于气候变化的小册子中，牛津乐施会把公平原则等同于“地球上的每个人都有权利平等分享大气资源，因此也应一致主张把温室气体的排放控制在地球的承载能力的范围内，以避免危险的全球变暖”这一原则。See Oxfam，Adapting to Climate Change (2007)，www.oxfam.org，p.24. 阿尼尔·阿格拉沃尔和苏妮塔·纳拉因（Anil Agrawal and Sunita Narain）在 *Global Warming in an Unequal World: A Case of Environmental Colonialism* (New Delhi: Centre for Science and Environment，1991) 一书中，对这一公平标准有过有力的早期辩护。

排放量超过了全球平均排放水平的人，就凭这一点，就有义务对超出他们正当排放份额的排放量进行补偿。然而，更仔细地审视一番就会发现，在平等排放权的主张中有效的东西，要么是对气候控制协作团队没有帮助的，要么是源于对气候控制协作团队公正的可接受的牺牲的承诺。

显然，发达国家的人们没有资格以这种方式来对温室气体的排放提议做出回应，即宣称他们比别人拥有更高排放量的道德权利。一个瑞士银行家的孩子与一个安哥拉农民的孩子相比，其活动所产生的排放量要大得多，就像他们之间的许多其他差异一样，这些都是她利用了她不应该得到的更多机会和资源的后果。但是，不存在增加排放的权利并不意味着增加排放是错误的。因此，不应该得到的东西并不是不公正地获得的或错误地使用的。银行家的儿子可以承认，她的排放许可不是基于某种可以比他人排放更多的权利，但她同时可以否认，在利用她不应得的优越生活环境去追求那些有价值但在追求过程中会排放更多温室气体的目标时，有任何的错误。

在对典型的瑞士人和安哥拉人进行比较时，基于减排负担的严重性而非排放本身，公平的协作团队模型已经提供了一个强有力的理由来偏袒后者，并且还将提供更多的理由。对独立依赖于人均平等排放权的检验，可以通过一些案例来进行，在案例中，更严重的削减负担和更少的排放量可以把不同的排放者区分开来。对减排负担的公平分配需要考虑，与意大利人斯特凡诺（Stefano）相比，排放量更大的瑞典人斯文（Sven）在冬季所遭受的减排影响更大。如果不考虑负担的公平分配，斯特凡诺拥有与斯文平等的排放权，斯文在冬季排放较多以取暖的行为就有可能使他承担对斯特凡诺的赔偿责任,即使这种排放数量的差异并未导致不公平的负担。这是报复,而非公平。

不过，坚持平等排放权仍有几分合理性。在评估限制排放的政策时，一些人比其他人排放更多的机制，需要一个公正的理由来解释为什么在这种情况下这种不平等的排放特征在道德上是可以接受的。“瑞典人需要排放更多以免在冬天受冻”就可以是一个充分的正当理由的组成部分。“不用担心这些巨大的不平等。那不过是单纯的排放嫉妒”这类说法在道德上是愚蠢的。对温室气体排放问题的内在考量以及努力控制温室气体的排放，可以解释这种道德压力吗?

我们可以根据大气层的吸纳极限来对此做出合理解释。把气温升高控制在危险阈值以下的共同承诺，是这样一个共同承诺，即把人们共享的唯一大气层（所有人的排放都混入其中）控制在温室气体饱和的危险水平之下。如果 2℃的标准（或其他可信的标准）确定为适当性标准，那么，对公平的负责任追求就必须遵循一个异常艰难的假设：把全球气温升高控制在阈值之下，要求全球排放量有一个下降的趋势，而且要尽快开始，以使全球的排放量大大低于正常水平，全球范围内人均排放量急剧下降。在这个过程中，某些人的较多排放意味着要相应地增加其他人的排放限制，减少了后者利用自然的机会。即使发展中国家的人们目前没有排放限制，目前较大的全球排放量也意味着全球碳预算随后将急剧下降，这样一来，发展中国家（它们从排放活动中获得的收益特别有助于满足其重要需求）,今后也将会受到更严厉的排放限制。机会的减少是一种负担;

要想确保遏制气候危害的合作是公平的，那么，对这种负担的分配必须是公道而可接受的。同样，如果一个国家的人均排放量大于另一个国家的人均排放量，那么，在其他条件相同的情况下，这将导致负担的不公平分配，即为了追求气候安全而减少某些人的发展机会。

在政策层面，正确的应对措施，可能包括，也可能不包括，在商定的排放轨迹的当前阶段，对全球总的可交易许可配额的人均平等份额的分配。（不可交易的人均排放份额没有意义。2004 年，孟加拉国的人均二氧化碳排放量为 0.2 吨，中国 3.9 吨，美国 20.6 吨，全球人均排放量 4.5 吨。人均允许排放量的平等将带来巨大的损失和浪费。[1]）这种“总量管控与排放交易”形式的适当性，部分取决于碳排放许可证拍卖与作为减缓气候变暖手段的碳税之间颇具争议的比较。例如，许可证总额可能直接受到所期望的全球最大排放量的限制，但许可证价格的不确定性和波动性可能会降低对所期望的技术创新的激励。

我们所需要的是某种“收缩与趋同”（Contract and Converge）模式，即全球排放量下降与各个国家之间人均排放量大致相等的趋同之间具有强相关性。随着时间的推移，目前发展中国家高效利用化石燃料的能力不断增强，而为了实现适当的全球气候目标，全球排放总预算必须缩减。因此，在一种适当的气候机制中，人均排放量的不平等趋势越来越大，这反映了利用自然的机会上被强加的劣

[1] See World Bank, *World Development Indicators 2008*, table 3.8.

势。由于这种劣势是强加给那些需要排放更多二氧化碳的人的，因而，未能实现各个国家之间人均排放量大致相等的趋同，就与气候控制团队成员之间的相互尊重不相容。

不相关的议价能力与气候义务

最后，公平的团队协作模式与应对气候挑战的另一种公平的替代标准形成了鲜明对比，该模式坚持公平交易，强调对减缓气候变化措施所带来的净收益的平等分享。[1] 这一替代标准将把减缓气候变化的沉重负担置于全球穷人身上。由于遏制全球变暖能给发展中国家的穷人带来特殊的利益，一个要求发展中国家在放弃发展机会方面做出巨大牺牲的气候机制，仍能给发展中国家人民带来至少与发达国家人民的净收益相当的净收益。

将全球气温升高控制在2℃阈值之下，会给发展中国家的穷人带来不成比例的收益，这与他们的贫穷程度密切相关。在某种程度上，这是人们生活地域所带来的结果。例如，东亚和南亚有大量人口居住在受海平面上升影响特别严重的沿海低地。冰川的融化对于印度和南美洲人民的用水需求尤为重要。大多数情况下，更大的影响，不仅是对发展中国家人民生活地域的反映，还是对发展中国家人民经济、社会和政治状况的反映，他们的生活方式对气候变化越敏感，他们用以调整生活方式的资源就越少。更为严重的风暴和干旱，是近期一切照旧的经济活动最有可能带来的重要后果，是农民

[1] 更确切地说，从净收益较低的人的角度来看，如果公平的交易优于更为平等的替代方案，那么依据净收益进行的公平交易只能表明不平等的净收益。因为这不会影响公平交易标准最令人震惊的后果或者对其最具说服力的批评，我将省略这一复杂因素。

的祸根和农村社区的特殊负担。位于非洲和亚洲的发展中国家，约2/3的人口生活在城市地区之外，农业贡献约占GDP的1/6，而发达国家只有1/5的人口生活在农村，农业对GDP的贡献率只有2%。[1]美国政府可以随时提供更好的防洪堤和海堤，即使在目前尚没有这些设施的地方。如果全球气温升高不能控制在2℃以内，且不能提供额外的防洪设施，那么，孟加拉国、缅甸、印度、巴基斯坦和斯里兰卡很难从容应对这一前景：如果不将气候变暖控制在2℃以内，而且不提供额外的防洪措施，在本世纪下半叶，洪灾将成为这些国家沿海地区额外的数千万人的沉重负担。[2]

由于排放限制给人们带来的利益是不平等的，即使发展中国家的穷人因其国家的排放受到严格限制而在发展缓慢方面遭受重大损失，但在全球范围内，适当的气候变化制度带来的净利益可能是平等的。在这种温室气体排放机制之下，印度和孟加拉国的人民需要为减少遭受气候危害的风险而付出代价，即他们面临着满足基本需要的发展将会被推迟的日益增加的风险。虽然他们在博弈中只是有点超前，但是美国人也是如此。美国人期望承担较轻的减缓全球变暖的负担，但是，由于减少了全球变暖造成的损失危险，他们获得

---

[1] See World Bank, World Development Indicators 2008, tables 3.1, 4.2.

[2] See Rex Victor Cruz, Hideo Harasaw, Murari Lal, Shaohong Wu et al., "Asia," ch.10 of IPCC, *Climate Change 2007: Impacts*, p.484 ; Robert Nicholls, Poh Poh Wong et al., "Coastal Systems and Low-Lying Areas," ibid., ch.6, pp.333 f., 339 ; Carter et al., "New Assessment Methods," p. 159 ; Robert Nicholls and Jason Lowe, "Climate Stabilisation and Impacts of Sea-Level Rise" in Schnellhuber et al., *Avoiding Dangerous Climate Change*, p.200 ; Martin Parry, Nigel Arnell, Tony McMichael et al., "Millions at Risk: Defining Critical Climate Change Threats and Targets," *Global Environmental Change* 11 (2001), p.182.

的好处更少。那些想获得更大保障的人，就得为保障的获得而放弃更多的东西。这有什么不公平的呢？考虑到一项机制将会给美国西弗吉尼亚的一位煤矿工人带来严重的职业中断的风险，以切实降低40年后孟加拉国遭受毁灭性洪水和致命疾病的风险，如果他说，“我才不在乎孟加拉国发生了什么”，那么，他就是一位卑鄙无德的小人。但是如果他倾向说，“考虑到我付出的代价，以及他们及其孩子所获得的利益，孟加拉国人民应该愿意为额外的安全保障付出更多”，那么，这在一开始似乎就是对公平的呼吁。

在评估其他契约性安排的公平性时，有人抱怨不得不花更多的钱，这当然可以通过观察他得到更多收益来进行反驳。但是在其他情况下，这种关于公平牺牲的推理可能会非常不恰当。配给制对二战中英国的战争努力很重要,配给计划的公平性也很重要。有人建议，英国的犹太人接受较少的配给，因为如果英国战败了，他们将会面临更多的损失，这种建议无疑是非常荒谬的和骇人听闻的。每个人对排放限制机制的承诺，都是恰当地建立在确保所有人的持续自由这一利益基础之上的，而非建立在他/她自身的利益及其得到公平对待的意愿的基础之上的。同样，一个煤矿工人抱怨他未能得到同等的净收益，那么对该抱怨的一个有效的回应应该诉诸限制温室气体排放这一义务的道德基础。在这里，对公平的考察，要求我们进一步探究支撑适当性标准的理由。

鉴于同情原则是有限度的，提醒人们关注那些需要帮助的人并不是一种有效的回应。煤矿工人并没有拒绝为防止孟加拉国遭受严重伤害而提供少许的帮助。相反，他只是不愿意把更糟糕生活的重大风险强加给自己。如果他对于保护全球环境不至于恶化有着强烈的环保主义承诺，那么他可能会把对孟加拉国环境的保护看作是从他自己的角度得到的好处，从而弥补他在物质上的牺牲。但是，想必他没有如此强烈的环保主义承诺。无论如何，那些试图在他的政治社会中施加排放限制的人，都应该寻求能够为每个致力于自由和平等的公民价值观的人所接受的正当理由。不为某些重要的政治强制寻求这样一种正当理由，就是对那些愿意参与公民合作的同胞展现出不能容忍的蔑视。人们可以从信任和托管这类熟悉的政治考虑中找到这种遏制温室气体危害的承诺的正当理由。对于削减温室气体排放这一高标准目标的认同，是对一场非同寻常的危机做出的普通政治承诺。

煤矿工人的抱怨忽略了一个重要的道德事实，那就是他和他的同胞们对孟加拉国面临的气候危险所做的贡献。在遏制所有人都不同程度参与的排放活动的有害影响方面，坚持净收益平等，实际上就是坚持污染者付费：在降低排放危害的国际合作中，那些其活动对损害做出较少贡献的公民们将承担较少的费用。如果没有更好的选择，对那些面临灾难的人来说，默认这种平等标准是合理的。事实上，这一标准为所有接受减缓气候变化机制的人提供了平等而合理的激励。但是，通过对他人不愿接受的痛苦进行奖赏，这一平等标准并没有对在负责任的同胞的政治交往中所表达的信任给予重视。

在寻求同胞公民同意在国界内促进福祉的制度安排时，负责任的人寻求的是人人都愿意接受同时又认可人们的平等价值的措施，而不是那些易受他人伤害的人默许的作为劝阻他人利用其脆弱性的代价的制度安排。无论是通过武力还是通过稳定的、占主导地位的选举联盟，那些能够捞取更多好处的强大国家，如果负责任的话，都会愿意放弃他们可以做出的让步，以便把政治稳定建立在相互信任而不是不对称恐惧的基础之上。否则，就像专制独裁者一样，他们把其统治建立在剥削弱者的基础之上。在应对温室气体挑战时，对团队协作模式的偏爱超过了平等净收益标准，就表达了对信任的同等重视。在温室气体排放机制中，就像在国内制度体系中一样，强大的国家应当把从其他国家的脆弱性中获得的收益，视为他们为了寻求真正的合作而努力避免的某种代价。

为了与托管的一般政治价值保持一致，而不必依赖于特殊的环境保护主义价值观或宗教价值观，还需要对平等净收益标准加以拒斥。对无助的同胞的特别关切在一定程度上取决于领土托管的义务：主张对某片领土的排他性的最终控制，倘若不接受作为领土内人民免受严重损失威胁的终极保护者的义务，那就是不负责任的。如果将外来者排除在主权特权之外，在这种情况下才是唯一负责任的做法的话，在不关心自边界内开始的进程对外来者造成严重有害影响的情况下，这种主权国家也将是不负责任的。在这种情况下，就像在其他情况下一样，托管者的关切应扩展到各种副作用——典型的是环境污染的伤害，以及故意造成的危害。

作为一般政治责任基础的那些目标，并不是只对为什么那些不易受到气候变化伤害的人不应该坚持对那些更易受到伤害的人收取额外的保险费做出了解释。基于公平的理由，他们创造了一个更有利于他们的理由。在国界以内，负责任的公民必须要特别留意同胞们的利益，因为在那些塑造了人们在国内的自我发展条件的法律之下，同胞们的生活前景堪忧。那些支持这些法律的人是错误的，除非他们对那些被其造成的低劣的生活前景所拖累的人们发出的合理抱怨做出合理的回应。他们必须对处境不利者的利益表示同等的尊重，尽管他们的行为会给处境不利者带来不利影响。假设我们实施了这样一套减缓气候变化机制，一些国家就被要求承受来自其他国家排放带来的特别严重、未曾减轻的负担。就像那些被要求承受社会不利处境的人一样，他们受到了不公正的对待，除非他们对承受较大负担的抱怨能够以某种平等关切其利益的方式来加以回应。

事实上，这种残存下来的气候危害是温室效应不可避免的结果，由此派生出了进一步的公平义务。无论如何，2℃的阈值并不标志着在整个变暖过程中发生的严重气候危害的开始。例如，21 世纪前十年气温升高约 0.8℃，很有可能造成北非的干旱和荒漠化；而当气温升高 1℃，可以预料的是安第斯冰川将会萎缩，由此将导致在不久的未来秘鲁的用水短缺。某些人有重要的理由拒斥那种将会使她们承受不对称的气候伤害的制度安排。

这种抱怨不应被视为决定性的理由。可行的减缓气候变化的制度安排不可避免地会对一些人造成更大的气候危害；而降低这种不平等的努力可能会在道德上付出非常高昂的代价。公正的解决办法是，在评估拟议中的温室气体排放机制下牺牲的公平性时，要考虑到未曾减缓的气候变化对其他国家控制下的气候排放小组每个成员的影响。

这些残存的气候危害与限制排放或填充大气碳汇而减少的增长机会无关。因此，在追求公平地分配负担时，必须要把残存的气候变化所带来的人类成本单独地纳入考量的范围。这就增加了帮助发展中国家应对气候变化的要求和气候正义的其他要求。

原则上，通过把发达国家从排放中获得的经济回报用于减轻最严重的气候危害这种方式，给发展中国家提供的用于帮助其适应气候变化的外国援助，可以显著减轻发达国家的减排责任。帮助发展中国家采用低排放技术的外国援助也能起到同样的作用。事实上，用于这些目的的外国援助，应当是要求发达国家对减排予以重视的补充而不是取代。把外国援助用于应对气候挑战，将与长期宣称的利用援助来促进经济增长的目标共同分担责任。这两项努力都必须克服使新的项目与技术适应当地环境和当地的社会、政治与经济进程的严重困难。毫无疑问，诸多最强大的发达国家的利益，决定了对外援助的方式，而这些方式增加了这些困难。这些国家的公民应该想象得到他们的政府在制定理想的援助方式时有更好的行为方式。但是，如果忽视发展中国家的社会进程中那些严重制约援助效益的限制——政府能力与公信力的限制，它们对发展中国家的人民确实没有好处，而大规模的援助资金流有时会使这种限制变得更糟。（这些限制将在第八章中予以更加详细的论述。）投资于效益难以估计和监测的项目的外国资金，转而用于培育当地客户网络的时机已经相当成熟，尤其有可能替代当地政府更有效、更苛刻的努力。《京都议定书》中的“清洁发展机制”的历史已经提供了大量证据，证明外国援助的效用有限。在该机制中，受援方和援助方都基于一切如常的减排而做出的意料之中的投机估算而获得奖励。[1]

这些并不是为了实现气候控制目标而放弃外援的理由，因为这样做可能会减轻受援国的负担，同时不会给援助国带来相应的负担。它们是不依靠这种替代方案作为避免发达国家严格执行减排的基础的理由。通过发达国家减缓气候变化的措施来降低温室气体浓度，这不仅避开了通过外援干预援助的中介机构，还直接使那些面临最大风险的发展中国家人民受益。随着气候危害被阻止，埃塞俄比亚的农民与上海郊区的穷人就可以靠自己的努力利用他们已经改善了的发展机会获取收益。此外，要适当地化解气温迅速升高所带来的急剧增加的破坏，外国援助措施无疑远水难解近渴。这一危险在确定气候控制目标、解决适当性问题方面发挥着重要作用，我马上就要谈到这个问题。

适当性、信任与有限的公正性

承担减轻对其他国家气候危险的负担的政治责任，原来是源自信任的一般政治责任：基于相互尊重的信任做出共同承诺的义务，以及对某一主权领土的托管义务。[2]在人类限制温室效应的共同任务中，这些基于信任的义务不仅对于建立公平的劳动分工很重要，而且还决定了共同气候目标的适当性，而这些目标应当是我们的共

---

[1] 发展中国家的非政府组织（NGO）在应对气候变化时极力坚持平等原则，它们在揭露清洁发展机制存在的问题方面发挥着特别积极的作用。See, for example, Patrick Bond and Rehana Dada, eds., *Trouble in the Air*（Durban Natal: Centre for Civil Society, 2005）; Ritu Gupta, Shams Kazi and Julian Cheatle, "Newest Biggest Deal," *Down to Earth*［New Delhi: Centre for Science and the Environment］, 14/12（2005）.

[2] 当然，合作的义务与恰当的关切也影响个人的选择。对这些个人义务的反思，可以确认并进一步明确气候政策中的信任要求。

同目标。在有望完成气候控制目标之附带条件的范围内，合作与恰当关切的义务使得——气候政策施加的负担和未减轻的气候负担的公正的可接受性（impartial acceptability）——当作完整的气候正义标准，这个标准包含公平和适当性两个要素。

首先，要恰当地重视值得信赖的合作，应对气候挑战的公民们必须愿意为了全球气候安全而将重大负担施加在同胞身上。只要每一个公民从整体上看能够从国际气候协定中获得利益，公正的磋商就可以减轻全世界由于气候危害和机会限制而造成的最沉重的负担，能够公正地评估每一组全球负担的严重性。否则，如我们在关于贸易磋商中看到的那样，各国的代表不能负责任地采取行动——既保护他们所代表的人民的切身利益，又承认其他代表提出的类似理由的合理性。与贸易磋商的情况一样，某些公民将因为其国家的经济发展衰落而遭受特别的损失，尽管作为整体的人类会因此而获利。但是，如果所有各方的推理都是一致的，那么基于这些理由对排放限制进行重大豁免，将会使全球的应对行动归于失败。

由于对共同的气候控制目标（例如，把全球气温升高控制在2℃以下）的承诺、任务的分工以及适应能力共同决定了负担的分配，因而道德评估的主要对象就应当是整个温室气体减排机制，即为全世界人民制定的减缓气候变化目标与适应这一目标以及责任分工的一揽子协议。目标的适当性与追求目标的公平性之间的区别，对应着不同的政策和坚持不懈的不同动机，但是对公正的可接受性的相同要求规制着气候正义这两个主题。

从值得信赖的合作的道德准则到公正的可接受性的争论，始于一个附带条件，即与不达成协议相比，最终协议总体上对各方都有利。无论如何，气候谈判大体满足了这一条件，只要谈判遵守公正的可接受性的原则。如果在谈判过程中把发展中国家的发展将受到限制这一负担考虑进来，那么发展中国家将会因为其特殊的气候脆弱性而获益。鉴于发达国家具有较强的技术能力、较多的财富以及一切照旧的经济活动对其人民造成的气候危害，在一个整体上对其人民有利的气候协议中，发达国家可以承担不成比例的减排负担。即使由此造成的发达国家 GDP（无论是总量还是人均）的增长轨迹大大落后于以往，也不会带来很大的负担。随着时间的推移，GDP 的增长并不能给发达国家人民的幸福感带来显著贡献。另一方面，环境恶化仍然是人们感到不幸福的根源之一——因此，正如经济学家所说，环保物品（environmental goods）的相对价格上涨了。

诚然，追求极端严格的气候控制目标所导致的严重的、长期的经济低迷，可能会给发达国家带来危害，其危害程度堪比该国避免的气候损失。但是，全球经济相互依赖会将这种危害扩散到发展中国家，阻碍它们摆脱贫困，危及它们努力适应不可避免的气候变化。追求极端严格的目标所带来的这些特殊的经济危险，与发达国家想减少的气候危险同样严重；在追求不那么严格的环保目标时，它们原本是想减少这种危险。因此，一个规定公正的可接受的负担的气候机制，将不会对发达国家提出要求：这种由减缓气候变化措施导致的经济崩溃对任何一个公民都没有好处。总之，如果所有国家都遵守了公平的可接受性原则，那么每个国家的净收益的限制条件都将得到满足。

其次，除了值得信赖的合作外，恰当的关切是从一般政治价值观走向气候正义的另一条途径。假设，通过草原诸省的更好的收成，以及西北大通道的开放，加拿大人总体上有望从一切照旧的发展模式中获益。这种考量会违背关于预期收益的附带条件。但是，它不是拒绝在全球减排努力中承担公平份额的适当的理由，因为全球排放对加拿大以外的世界造成了严重损害。这样一种拒绝未能展现出对某个严重的伤害过程的恰当关切。

对恰当关切目标的进一步反思，再次把我们引向关于负担的公平的接受性的标准。在气候政策中，恰当关切的目标并不局限于减少温室气体排放的有害副作用。在努力减轻它们共同造成的伤害时，那些实施一切照旧发展模式会造成伤害的国家，也必须考虑到它们所采取的应对措施的有害副作用。为了减少由减缓措施所带来的严重伤害和机会损失（thwarted opportunities），我们这些气候危害的共同制造者，应优先考虑人们所承受的由气候危险与气候减缓措施带来的最沉重的综合负担，应优先考虑更多的人所承受的沉重负担，应优先考虑容易解除的沉重负担。为了解决负责任的气候减缓措施不同维度之间的权衡问题，我们应当参考人们熟知的公正视角：对自己实际处境一无所知的情况下在负担分配中做出选择。

这样非同一般的公正性会不会对参与者要求太高？这是一个迫在眉睫的问题，因为人们为了避免对他人造成意外伤害而不得不强加给自己的风险有限。士兵有义务不惜付出自己的安全代价以避免对平民的意外伤害，而不是不惜一切代价。迈克尔·沃尔泽（Michael Walzer）举了一个深刻的例子：一战期间，英国士兵在法国村庄清缴藏有敌军的地窖时，认识到有义务承担一些额外的风险，即在向煤槽投掷手雷之前发出警告，以便挤在地窖里的村民能够让英军士兵知道他们的存在，从而避免受到伤害。[1]但是，在激烈的巷战中，如果要求士兵也先发出警告，以便让平民有时间逃跑，那么，这就是一个太高的要求，因为敌人会向发出警告的士兵发起攻击。同样，如果加拿大的经济是如此地依赖于温室气体的大量排放，以致一个公正可接受的气候机制将会使加拿大陷入贫困，那么，这似乎是加拿大人拒绝该机制的一个合理的理由。

对于道德上何时需要为避免有害副作用的行为而付出高昂的代价，目前还没有一个公认的、全面的、合理准确的说明。这样一个标准的确立，必须解决伦理学上最模糊和最有争议的故意伤害和非故意伤害之间的区别问题，并为正义战争理论家长期以来试图解决的问题提供一个原则性的解决方案，即对那种避免导致平民死亡的恰当关切做出合情合理的准确说明。正如对基督徒式的托管义务的承诺，是执行气候机制的一个宗教基础一样，目前，尽量避免气候伤害也是恰当关切所包含的真正具有普遍性的要求。尽管如此，把某些有限的、无可争议的信念与全球气候变化和全球经济发展的状态结合起来，使得气候控制负担之公平可接受的分配成为每个人履行恰当的气候关切义务的手段。

毫无疑问，那些参与造成严重伤害的活动的人，必须真诚地努力减少这些伤害。至于真诚需要多少自我施加的风险尚不清楚。但

---

[1] See Michael Walzer, *Just and Unjust Wars*(New York: Basic Books, 1977), p.152.

是某些重大的风险必须要承担。为了适当地珍视平民的生命，清剿地窖的士兵不得不增加自己的危险。一个真诚地参与减少气候伤害项目的公民（他们制造了那些气候伤害），必须要愿意付出某些代价——这些代价要与他们对一项重要的公民计划的真诚追求相符。公民们付出的这些常规代价，至少与发达国家为追求 2℃ /450 ppm 等气候目标所做的部分努力引发的经济衰退的重大风险同样严重。毕竟，我们可以正当地告知铁路工人，为了促进国家繁荣，他们的工作保障可能会因为高速公路系统的修建而被牺牲。因此，我们可以肯定地告知涉及温室气体排放产业的工人，他们的工作保障可能会在避免严重气候危害的项目中被牺牲掉。

为了避免对他人造成严重风险，承担自己遭受伤害的风险，这一义务尤其引人注目，因为在某些可行的情况下，自己不仅不会受到伤害，实际上，还可能会从保护他人的项目中获益。这些都是发达国家大规模减排的其他典型的预期。如果关于技术变革与应对新成本之经济措施的假设是可信的，那么，旨在将温度控制在 2℃以下的气候机制可能会带来巨大的经济成本，或者，从另一个角度看，可能会在追求新技术的过程中刺激投资导向型增长。在目标变得极其严格之前，像往常一样，各种方案都有经济学家为其辩护。[1]

[1] 在 Schnellnhuber et al., *Avoiding Dangerous Climate Change* 一书中，理查德·托尔和加里·约埃（Richard Tol and Gary Yohe）在 “Of Dangerous Climate Change and Dangerous Emissions Reduction” [pp.291 - 8] 一文中强调了由于排放削减而造成的经济损失的可能人力成本；而特里·巴克、潘浩然等（Terry Barker, Haoran Pan et al.）在 “Avoiding Dangerous Climate Change by Inducing Technological Progress” [pp.361 - 71] 一文中则主张更为乐观的前景。.

诚然，对恰当关切义务的谨慎运用（即仅限于温和的关切成本），并不会确立参与一项要求减排的机制的义务，因为该机制会给一国人民带来普遍的严重的巨大风险。但是，在探寻一项各方都认为自己所承受的负担是公平可接受的机制时，这种损失的严重性应当被考虑进来。从这个角度看，一国人民因强制的减排措施而遭受的普遍而严重的经济损失能够加以避免，除非这个国家及相关类似国家强制实施的减排措施是为了避免世界上其余国家承受更为严重的后果。[1] 因此，如果一个国家的相关排放量以及相关类似国家的排放量都不会导致严重的气候危险，那么对该国来说，在经济上具有破坏性的减排就不会被强制实施。如果柬埔寨人的福祉与排放甲烷的水稻种植农业紧密地联系在一起，那么，就没有充足的理由因为限制甲烷排放而摧毁柬埔寨的经济。同样，在加拿大人的冶金幻想中，加拿大人可能有理由坚持获得这种特殊待遇——尽管由于根本的经济原因，任何发达的经济体都不可能与冶金业的独特排放工艺有这种严格的、至关重要的、特殊的关联。

相反，在其他因素相同的情况下，通过要求主要的人均排放大国实施经济上破坏性的减排措施以避免全球气候危害，或许可以作为公正分配负担的正当理由。但是，所有其他因素都是不相同的：经济上的相互依赖会把经济损失扩散到全世界。由于减排机制对全球穷人造成了严重的伤害，从公正的角度来看，这种机制可能会遭

[1] 使用“相关类似国家”（relevantly similar country）一词，我指的是基于与全球制度目标相适应的特点，由一般规则挑出的国家。武断地施加的负担与寻求有自尊心地参与的合作义务是不相容的；这种参与有助于确定气候义务。

到拒绝。当然，某些国家（比如沙特阿拉伯），其经济与化石燃料的销售具有如此紧密的联系，以至于他们的人民将在一个公正可接受的气候机制下遭受严重的普遍损失。但是，这些国家的人民很难要求外国人背离限制其经济活动的恰当关切的要求，以迎合化石燃料销售商的特殊需要而做出购买行为。他们最应该要求的是，从公正的角度来选择一项将他们的损失考虑在内的气候机制。

显然，任何一个值得信赖的公民都会寻求所有人都能公平接受的一揽子全球气候政策。这就是追求全球气候控制目标（其后果，在前面几节已经探讨过）的公平性视角。尚待讨论的是适当性问题，即我们所追求的全球气候控制目标可以定得多低。

达致 2℃目标的代价与收获

指导人们寻求答案的最重要的准则，在很大程度上类似于标准经济学家提出的将边际成本等于边际收益的政策处方。在选择长期的全球减排方案时，人们应当选择越来越低的目标，直到更严格的目标的成本与收益不相称。在这里，是否相称是从适当而公平的视角来加以判定的。我们不应该假设，总收益和总损失的数字衡量是相关的和准确的；我们不应该假设，市场偏好可以衡量相关的价值；我们也不应该假设，由于小幅度增长而产生的收益和损失进一步紧缩是否值得。理性选择这一常识性原则只会在特殊情况下才会激发标准的边际主义成本－收益分析技巧，而不会用这种技术来分析遏制全球变暖方案。

在减排机制下成本的基本模式是，随着气温升高的控制目标从低变为非常低，成本会大幅度升高；随着对气温控制的物理极限的接近，成本会急剧加速升高。对一切照旧的发展模式下排放的小幅度减排，不仅无须付出成本，还能节约成本。减排的激励措施——无论是税收、购买许可证的需要还是补贴——都会促使人们做出比自己埋单更为节能的选择，而这些选择是足够积极、有远见的节约论者无论如何都会做出的。我们这些拖延症患者总得使我们的家园适应气候的变化。进一步的短期减排可以利用现有的技术，这些技术只须付出某些不是很高的成本就能大规模加以推广。但是，随着短期减排目标变得越来越雄心勃勃，它们就会遭遇更加严峻的制约。必需的额外投入、设备与基础设施的获得与运用不仅困难重重，而且代价高昂；或者对它们的获得与使用本身就带来危害。例如，适合于风力发电的多风草原越来越少；生物燃料作物越来越多地侵占粮食作物土地，因森林砍伐而极大地减少陆地碳汇，因食物价格上涨而使全球穷人负担加重；其他可开采铀矿的品质变低，需要更具排放性的加工处理，同时对核扩散危险的控制也处于紧张状态。❶减排造成的损失开始大幅增加，而且随着控制目标的日益严格，损失也大幅度增加。此外，日益严格的控制目标将给发展中国家施加

---

❶ 在 FAIR 团队的估算中，如果大气中二氧化碳浓度达到 650ppm 的稳定目标，那么减缓气候变化的直接成本将占到一切照旧发展模式下世界生产总值的 0.5%，如果达到 550ppm 的稳定目标，则相应占比为 1.2%，如果达到 450ppm 的稳定目标，则相应占比为 2%。每增加一次排放强度，则成本的峰值就提前十年达到。See van Vuuren et al.，"Stabilizing Greenhouse Gas Concentrations，" p.137.《斯特恩评论》（*The Stern Review*）警告道："碳能源模型发现，将二氧化碳浓度降至 450ppm 以下的成本非常高，因为，超过那个数值，可负担得起的减缓气候变化的选择很快就会消耗殆尽……**总体来看，各种模型的比较发现，把二氧化碳排放浓度稳定在 500–550 eq 的成本是稳定在 450–500 eq 的成本的 1/3**。这告诉我们，要避免追求太高太快的目标，要恰当地控制减缓气候变化的节奏。" See Nicholas Stern et. al.，The Stern Review：*The Economics of Climate Change*（London: HM Treasury，2006），www.hm-treasury.gov.uk，p.247；黑体字部分系原文所加。

越来越多的约束，它们一切照旧发展模式下的排放将很快并大大突破与控制目标相符的全球排放预算。❶

最终，对近期减排的进一步压力将达到一个经济断崖点，在此，进一步的减排将引发工厂与发电厂的大规模倒闭，由此带来可怕的宏观经济后果。FAIR 团队的估计表明，在 22 世纪中叶将二氧化碳的浓度控制在 425 ppm 的稳定目标过程中，全球经济发展的断崖点就可能会达到。❷

当然，随着时间的推移，技术进步将会把经济压力与经济断崖点的边缘持续往后推移，直到它们最终消失，能源生产实现无碳化。但是，把全球变暖控制在一个相当低的限度内——即使是 2.5℃，更

---

❶ 即使根据 IPCC 的一切照旧发展模式的设想（它并不符合中国和印度近期的快速发展），严格的控制目标会把发达国家的工业面临倒闭的风险和强迫发展中国家减少可能满足其重要需求的排放活动交织在一起。根据对这些设想之平均结果的推算，如果发达国家到 2020 年要将其排放量在 1990 年的排放基准上大幅削减 30%，那么目前的发展中国家仍将不得不接受《京都议定书》之后的气候机制（该机制旨在将二氧化碳浓度稳定在 450ppm）所确定的把一切照旧发展模式下的排放量削减 19%。相比之下，在 550ppm 的机制中，发达国家在 1990 年的排放基准上削减 30%，发展中国家只需把一切照旧发展模式下的排放量削减 4%；而在 650ppm 的机制中，发达国家削减 20%，发展中国家就不用做任何削减。到 2050 年，即使发达国家在其能源生产中完全消除了温室气体排放，在 450ppm 的机制中，当前的发展中国家将不得不把一切照旧发展模式下的排放量削减 70%；在 550ppm 的机制中，发展中国家需要削减 50%；而在 650ppm 的机制中，目前的发达国家在 1990 年的排放基准上减排 40%，与发展中国家在排放基准上削减 40% 相一致。鉴于中国与印度近期的快速发展，对当前的发展中国家一切照旧发展模式下排放的更合理的估算，将使二氧化碳浓度更低的全球控制目标对人们的影响更加严重。例如，在 450ppm 的机制中，到 2020 年，发达国家要在 1990 年的排放基准上削减 30%，而目前的发展中国家则要把一切照旧发展模式下的排放量削减 25%。See den Elzen and Hoehne, "Reductions of Greenhouse Gas Emissions in Annex I and non-Annex-I Countries for Meeting Concentration Stabilisation Targets," pp.264, 266.

❷ See van Vuuren, den Elzen et al., "Stabilizing Greenhouse Gas Concentrations," p.149; Metz, "Meeting a 2 Degree Target," p.16. 需要注意的是，这些特定的估算仅仅与二氧化碳的浓度有关联，而非与二氧化碳类似的温室气体的浓度，同时也考虑到了其他温室气体，这是 FAIR 团队的报告余下的部分以及本章所描述的目标。Metz, "Meeting a 2 Degree Target," p.15, permits a direct comparison. See also van Vuuren, den Elzen et al., "Stabilizing Greenhouse Gas Concentrations," p.147.

不用说2℃——的真诚努力，是不能容忍像一切照旧发展模式一样推迟减排或是长期推迟减排的绝对数量。继续排放增加了大气层中二氧化碳的储存量（这导致了气温的升高），这将很快使全球气温突破控制目标的极限。低的控制目标越低，就必须尽早实施大幅度的减排——这样一来，发展中国家更多的穷人将受到经济减速发展的影响，而使生产减少排放的现有手段的效力也将越低。

另一方面，与减排政策成本相关的气候安全收益将取决于排放对大气浓度的影响、浓度对气候变暖的影响以及气候变暖所带来的危害。在对这些物理联系的全面评估中，2007年IPCC的报告集中关注的是那些已经建立起来并在计算能力范围内安全的机制。根据IPCC对中期控制目标的评估，伴随经济动荡与低效率的低成本减排，与在气候安全方面的收益是非常相称的。IPCC对一切照旧发展模式中期运行前景的描绘，是与2100年平均气温最多略高于3℃的最佳估计相关联的。[1] 把气温升高控制在某个度数而又不会给经济发展带来太大压力的排放轨迹似乎是可行的。例如，FAIR团队估计，把二氧化碳浓度控制在650ppm范围内的排放轨迹，可在2100年把温度升高幅度降低0.7℃，而且无须付出较大的成本。[2] 到本世纪末，假定防洪能力随着收入的增加而增加，而且只考虑海平面的变化，那么这种规模的温度升高幅度将会下降，从而有可能

[1] See Carter et al.,"New Assessment Methods," pp.159 f.

[2] See Metz,"Meeting a 2 Degree Target," p.8; van Vuuren et al.,"Stabilizing Greenhouse Gas Concentrations," pp.137, 141.

会使至少几百万人免遭沿海洪水的侵袭。❶理论上所说的风暴强度的增加（因为气候变暖产生的水汽强化了风暴），将会使免受伤害的人数增加数百万。这些差异都小于日益增强的防洪能力的影响。但是，我们没有理由假设，在一个对排放施加如此温和的全球限制的公平机制中，经济损失将会干扰对气候变化的这种适应。同样，综合来看，温和的减排机制将会降低为携带有疟疾的蚊子提供新的繁殖场所的全新降雨模式的趋势，但不会通过干预人们在排干水塘、获取蚊帐、获得有效的抗疟疗法方面的经济能力而消解人们在健康方面的收益。

然而，随着气候控制的目标变得更加雄心勃勃，经济危害增加的风险，包括失去适应气候变化的能力，变得更加严重，尤其是把宏观经济影响考虑进来以后。随着这些与减缓措施无关的危险增加，对气候危害的中期估计显示，安全方面的增量收益急剧下降。❷即使那些与尼古拉斯·斯特恩（Nicholas Stern）和威廉·诺德豪斯（William Nordhaus）的研究在语气和方法上强烈对立的研究，也确定了一个转折点，在这个转折点上，预期的气候收益与把气温升高超过2℃的方案所付出的巨大代价是不相称的。❸

2℃与大灾难

如果人们对22世纪中叶的气候伤害有所质疑的话，那么，对

---

❶ See Nicholls et al.，“Coastal Systems and Low-Lying Areas，” pp.323，334; Carter et al.，“New Assessment Methods，” pp.159 f.

❷ 具体例子，可参考 Stern et al.，*The Stern Review*，p.159.

❸ See Stern et al.，*The Stern Review*，pp.299，195；William Nordhaus，*A Question of Balance*（New Haven: Yale University Press，2008），pp.86 f.，106 f.

目前旨在将全球气温升高控制在2℃的气候项目的真诚承诺的理由，取决于诸多可能性，这些可能性越来越重要，但其发生的可能性尚难预测。大气、陆地与海洋之间可能的相互作用会加速大气中温室气体储存量的增加，这尤其令人担忧。在IPCC 2007年的报告中，基于这些最完善的耦合建立的不同模型产生了对不同浓度的二氧化碳沉积预测结果，这些预测结果对于2100年气温升高2℃范围内的气候变化有不同的估计。[1] 其他一些可能减少陆地对二氧化碳的吸收，甚至可能会把陆地表面从碳汇转化成碳源的过程，由于研究不够充分而被放置一旁，并通过随后的调查成为更深层次关切的基础。根据一项研究，为了应对二氧化碳浓度的增加——在本世纪增加了3.8倍，对植物生长所需的氮和矿物质的限制似乎严重抑制了植物对额外的二氧化碳的吸收。[2] 野火在燃烧化石燃料的过程中排放的碳占了全球碳排放的三分之一。由于全球气温变暖导致的干燥，野火的发生频率预计会大大提高，尽管变暖导致的干燥和降雨导致的湿润之间特定的全球平衡关系尚不清楚。[3] 永久冻土的融化可能会导

---

[1] See Denman et al., "Couplings between Changes in the Climate System and Biogeochemistry," p.538；还可参考P. Friedlingstein, P. Cox et al., "Climate - Carbon Cycle Feedback Analysis," *Journal of Climate* 19 (2006) : 3337 - 53 (see especially pp.3344, 3347) .

[2] See Peter Thornton et al., "Influence of Carbon - Nitrogen Cycle Coupling on Land Model Response to CO_2 Fertilization and Climate Variability," *Global Biogeochemical Cycles* 21 (2007), GB4018, p.13.

[3] See Christopher Field et al., "Feedbacks of Terrestrial Ecosystems to Climate Change," *Annual Review of Environment and Resources* 32 (2007), p.9.

致相当于目前化石燃料排放六分之一的碳排放。[1]

由于对二氧化碳浓度的中期预期偏低的可能性仍然存在，因此，基于中期预期，在本世纪内将全球气温升高的目标控制在明显低于2.5℃的范围内的气候政策，实际上可能是必要的，以避免全球气温升高 3℃及以上所带来的危害。一般说来，对这种可能性的正确应对之法，就是等待、观望，必要时予以矫正。但是，对复杂自然的反馈的大胆预计要经过很长时间才能得到证明。新的、更严格的全球排放政策的谈判也是如此；要想加快技术创新的步伐，这些政策就必须为未来的中期减排目标设定严格的任务。等待新的证据、新的政策与新的行动，意味着接受大气层中温室气体储存量的增加，这将使人们无法避免新证据可能造成的危害。

气温平稳升高 3℃的现实可能性已经足够令人不安了。如果气温升高 3℃，将使面临水资源短缺风险的人数在气温上升高 2℃时缺水人口基础上再增加 10 亿左右，并将导致全球谷物产量下降，热带地区谷物产量的减少尤其严重。[2] 根据目前关于生物对栖息地变化敏感程度的一项有影响力的推断，一旦气温升高达到 3℃，大约 1/3 的现有物种将面临灭绝。[3] 此外，对于气温远低于 3℃的初始上

---

[1] See Edward Schuur et al., "Vulnerability of Permafrost Carbon to Climate Change," *BioScience* 50 (2008), p.711. See also Meehl et al., "Global Climate Projections," pp.829 - 31; Andreas Fischlin, huy Midgley et al., "Ecosystems, their Properties, Goods and Services," ch.4 of IPCC, *Climate Change 2007: Impacts*, p.231.

[2] See Gary Yohe, Rodel Lasco et al., "Perspectives on Climate Change and Vulnerability, ch.20 of IPCC, *Climate Change 2007 : Impacts*, p.828 ; William Easterling, Pramod Aggarwal et al., "Food, Fibre and Forest Products," ibid.ch.5, p.286.

[3] Christopher Thomas et al., "Extinction Risk from Climate Change," *Nature* 427 (2004) : 145 - 8. See also Fischlin, Midgley et al., "Ecosystems, their Properties, Goods and Services," p.244; IPCC, *Climate Change 2007: Synthesis Report* (www.ipcc.ch), p.10.

升的快速而大规模的有害应对的现实可能性是存在的；而对于脆弱人群来说，应对速度过快而难以适应。从原则上说，全球变暖与热带雨林的退化或永久冻土的解冻之间的正向反馈，可能会在几十年内使全球气温急剧攀升。[1] 即使全球变暖基本上控制在 3℃以下，一些关于海上冰架和陆上冰盖融化、流失以及海上冰架和陆上冰盖变化之间相互作用的观测和理论表明，全球变暖可能导致格陵兰冰盖（Greenland Ice Sheet）或者南极冰盖（Antarctic Ice Sheet）急剧萎缩，或者两者同时急剧萎缩，从而导致海平面迅速抬升。尽管这种担心还不是一个确凿的可怕预测，但是它仍在过去的变化范围之内。在上一个冰河期末期，极地升温 2.5℃（高纬度地区更高）导致冰川消退，海平面在一个世纪内上升约 1 米。[2] 目前，海平面的这种急剧升高将淹没数亿人居住的沿海地区。[3]

考虑到这些现实可能性，仅仅因为可能的成本超过了预防气候危险的可能收益而拒绝采纳气候政策，就像仅仅因为一个人在那一年不太可能患重病而拒绝支付一年的医疗保险一样愚蠢。尽管如此，寻求更大的气候安全仍面临着巨大的不确定性，即通过一项代价更高的气候政策能换取多少更大的气候安全。大气、陆地与海洋之间耦合的竞争模型表明，人们对排放与二氧化碳浓度之间的关系存在

---

[1] See, for example, Peter Cox et al., "Acceleration of Global Warming due to Carbon Cycle Feedbacks in a Coupled Climate Model," *Nature* 408 (2000): 184 - 7.

[2] See Jonathan Overpeck et al., "Paleoclimatic Evidence for Future Ice-Sheet Instability and Rapid Sea-Level Rise," *Science* 311 (2006): 1747 - 50; Anders Carlson et al., "Rapid Early Holocene Degalaciation of the Laurentide Ice Sheet," *Nature Geoscience* 1 (2008): 620 - 4.

[3] See Nicholls et al., "Coastal Systems and Low-Lying Areas," p.334.

着不同的理解；目前的证据也证明了这一点。对于可能引发迅速的、不可逆转的大规模危害的全球变暖，或许超出基于任何情况下可能的气候危害和缓解气候变化成本而寻求的温度控制的极限，或者低于地球已经注定要达到的限度，或介于两者之间。这些具有潜在灾难性的过程对气温非常敏感，但是，目前的证据并不支持对温度过高阈值的估计。

面对这些不确定性，一个公正地关注气候和经济方面的人类负担的人，会通过减缓气候变化政策从可怕的气候可能性中换取安全；总的来说，她不希望这些政策通过经济损失造成广泛的严重的人类代价。目前，把气温升高控制在 2℃以内的真诚努力，符合这一温和的标准。从技术进步与投资的一些观点来看，它不会增加人类的净经济成本。另一些观点认为，它会增加净经济成本，但是，这些假设的可靠性不高；预计中的温和的成本是在人类追求重要的公民目标而产生的负担的正常范围之内。实现 2℃目标的脱碳压力不太可能把世界经济推向大规模工厂倒闭的经济断崖点。无论如何，诸如最高排放许可证价格这类保障措施，可以作为抵御这类灾难的一道屏障，同时又不会破坏那些现有证据显示足以将温度升高控制在 2℃以内的激励措施。

将气温升高控制在远远低于 2℃的真诚努力是另一个问题。我们对那些约有五成把握将气温升高控制得如此低的减排机制的遵守，更有可能导致大规模的严重经济危害，并且极有可能把世界经济推过断崖点。避免这些危险的安全阀不能仅仅依靠将气温升高控制在远远低于 2℃的真诚努力：只有对过度排放的严厉惩罚的安全担忧才足以激发必要的技术变革。

施加严重的、可能而广泛的风险，作为避免预料中的广泛灾难的想当然的手段，这是不合理的。在《京都议定书》后续谈判伊始，已有的证据表明，将气温升高控制在 2℃的目标是适当的。

当然，把气温控制在比前工业化时期高 2℃、1.9℃或者 2.1℃之间的差别是没有任何特殊的道德意义的，就像整个数字本身和摄氏温标（Celsius scale）没有特殊的道德意义一样。但是，适当性标准不仅仅是确定“满意度”的基础；它是全世界负责任的人面对不可避免的科学争议、技术变革和负担变化、怀疑的理由以及对不诚实的诱惑时，他们自己和其他人都会坚持的共同目标。一个单一的共同的数字承诺，在最常见的测量标记法中是易于理解的；在气候小组的紧张协调中，这种单一的共同的数字承诺具有明显的优势。在气温升高控制目标的近似区域内，该函数将 2℃的控制目标挑选出来了。

子孙后代的远景

2℃控制方案的最后一个要素是关于时间的恰当视角。由于温室气体在大气中存在的持久性以及大气中二氧化碳的浓度已达到较高水平，因此，就将气温升高控制在 2℃以下的真诚努力而言，大幅度减排应当尽早启动。如果尽早启动，那么这将面临经济混乱与经济衰退带来的损失的风险。相反，在 2℃控制方案中已经提出的要预防的那些气候危害，几十年后将成为严重的全球负担，并将在本世纪末集中爆发。因此，2℃控制方案应该对气候危害给予适当性的关注，而这些危害对于那些被要求同意减排的人来说在其有生之年是不必承受的，而减排却有可能将巨大的代价加诸他们身上。

对信任的重视支撑着我们目前限制温室效应的政治义务；这意味着对其他人的利益的关注维持着对未来的这种关切。在寻求那些我们与之交往的人的信任时，我们需要对那些源于我们所控制的事物造成的伤害承担责任，避免在制定联合行动条款时利用他人的脆弱性，并促进对自我提升的共同约束（这些约束是所有接受约束者都能自觉坚守的）。信任是依赖于对彼此利益的适当相互关心的同辈人之间的一种态度。但这并不是说，一个值得信赖的气候决策只关注有关行为的直接影响。相关的利益包括同辈人在晚年以及现在满足自己需要的利益，还包括他们在养育方面的利益，例如，把孩子抚养成人，从而使孩子们能够成功地满足他们自身需求的利益。在寻找适合指导那些寻求正义的人们之间的政治交往的原则（terms）时，应该把对下一代的类似利益以及他们的利益假定在无子女的人身上。如果一个人不关心他所处社会的制度在他死后会对年轻一代产生怎样的影响，那么他就不会关心这些制度是不是正义的。考虑到这些养育利益的中心地位，从下一世纪——目前这一代孩子的孩子生活的时代——就将显现的气候影响，就应成为我们极其重要的关切之一；这种关切的负责任的表现只能是，努力防止气温升高超过 2℃的阈值。

那些想同其他人负责任地生活在一起的人们把气温升高控制在2℃作为目标的这种方案，并没有考虑到生活在遥远未来的人所面临的危险。现在年轻一辈对其最后的孙辈们假定的终极之爱，或许能够把关切的时间范围扩展一些，但也只是限于下个世纪之内。隐含在一般政治义务之中的这种有限的时间范围，会对履行气候义务产生影响吗？特别是，现在关切遥远未来的证据，有哪些可能提出更为严厉的减排义务，旨在把气温升高控制在远远低于2℃的限度内，尽管存在着严重的额外经济成本的巨大风险？

至少，大量的证据将会证明这种显著的可能性，即一个比2℃控制方案的负担重得多的项目，虽然会使现在的许多人陷入贫困，剥夺他们应对气候变化的手段，但是该项目对于防止某种相当独特的灾难——在遥远的将来，源于长期的拖延所导致的不可逆过程，人们将遭受更广泛的气候灾难，至少对个别受害者来说是相当严重的灾难——是必要的且充分的。这种严峻可能性的每一个特征对于更深层次的要求都是必不可少的（尽管它们的结合可能还不足以提出这种要求）。一个人没有义务为了避免对他人预测的危险而造成对自己及其所爱的人遭受可怕损失的显著可能性。可怕的损失不需要强加于人，以避免对其他人的副作用，因为这些副作用对于每个受影响的人——比如，为了购买空调设备要额外支出数十亿美元——并不那么重要。由于遥远的未来不可消解的不确定性、源于强加的经济损失而放弃的巨大而复杂的未来利益，以及放弃有助于应付脆弱人群大量需求的资源所带来的不可避免的风险，未来额外的气候危害应该会大大超过目前避免它们而产生的经济负担，并且不仅仅是个人的沉重负担。生活在现在和遥远影响之间的数十亿人，要承担起自己的责任来防止气候危害，并且他们可能比人类现在拥有更多的物质资源来应对气候危害；因此，启动一个对未来干预不敏感的进程，并使这些责任变成不相关的——这肯定是提出某种更高要求的原因之一。

目前，还没有任何可怕的前景符合这一高标准的应对之策。大量的证据表明，气温升高阈值在 2℃至 4.5℃之间的全球变暖将会引发格陵兰冰盖的渐次融化（目前任何可预见的手段都无法阻止这种融化），这将在三个世纪内使海平面升高 1.7 米，3000 年内升高 7 米。[1]由于 FAIR 团队提出的突破 450ppm 的排放轨迹有五成概率使全球气温升高超过 2℃，所以，一个更高标准的项目将会降低这种风险。但是，现在要承担多大程度的可能出现的沉重负担才能降低引发格陵兰冰盖融化的风险，是非常不确定的，就像几百年或千年后出生的人们应对格陵兰冰盖的渐次融化的物质能力和文化能力也是非常不确定的。控制气温升高远远低于 2℃的方案引发的一些可能结果，肯定会摧毁未来人应对气候变化的能力。例如，可以想象，这样的气候变暖在不久的将来就会缓慢而不可逆地渗透到海洋深处，在几千年后将一种致命的冰冻甲烷水合物融化并大量释放出来。但是，目前这些都只是猜测。

现在不采取行动，以目前虽然严重但相对较轻的代价去阻止未来发生巨大危害的可能性，这似乎与人们生命（无论他们何时出生）的同等价值的尊重是不相容的。但事实上，它表达了一种对某些选择及其可能后果的态度；从代际公正的角度看，这种态度应当被认可。如果一个人把自己在世界历史上的地位的认知放置一旁，那么，

---

[1] See Meehl et al. "Global Climate Projections," pp. 829 - 32; Schneider et al., "Assessing Key Vulnerabilities," pp.793 f.

"当人们预测到了某种可能性，在遥远的未来避免更大伤害是必要的时候，以可能对自己、自己所关心的那些人以及自己对其负有特殊责任的那些活着的人造成广泛而严重的伤害的方式行事"，就不是一条人们有充足的理由加以采纳的原则。因为各种预测的可能性太容易提出来了。

这种拒绝将不久的将来的重大牺牲建立在对遥远未来巨大危害的推测上的做法，不仅没有削弱赞成低目标的理由，反而强化了这种理由。因为在下个世纪初，气温升高大幅超过2℃将造成的危害，可能需要通过防止遥远的未来的冰河期来防止更严重、更广泛的危害。持续数万年的冰河期，似乎是由北方夏季气温下降到某个阈值以下，从而允许足够的冰雪长期积累而引发的。过去，地球气温下降似乎依赖于地球轨道的变动。尽管3000年后出现下一个冰河期具有威胁性的轨道变动情形，似乎略高于某个阈值，但是这一预测是不确定的。在不久的将来，随着气温升高大幅超过2℃，从而加重人们的负担的温室气体排放，很可能会提供关键性的保护。在50000年后地球轨道变动的危险期，近期破坏性排放所导致的气温升高对于避免冰河期的到来似乎是非常关键的。[1]当然，我们并没有足够的证据来证明，近期减缓气候变化机制所带来的痛苦，能在

---

[1] See David Archer and Andrey Ganopolski, "A Movable Trigger: Fossil Fuel CO_2 and the Onset of the Next Glaciation," *Geochemistry Geophysics Geosystems* 6 (2005) Q05003; David Archer, *The Long Thaw* (Princeton: Princeton University Press, 2009), ch.12.《漫长的解冻》一书发出了一个强烈而丰富的呼吁，要求严格减排以遏制全球变暖。在评论他自己关于引发冰河期的著作时，阿切尔（Archer）写道："然而，我不会提前做出这样的预测……以支持二氧化碳的排放。气候变暖的潜在危险是迫在眉睫的，而自然界潜在的下一个冰河期可能在几千年后才会到来。"（pp.156 f.）

多大程度上保护我们免遭危险的自然进程带来的危害，也没有证据来证明几千年后出生的人们会有什么样的处境或心理。或许，他们会拥有调控自然的适当手段，或者不会受到现在所谓的“芝加哥”纬度上一英里高冰原的影响。但是我们也可以同样说，几个世纪后，在现在被称为“曼哈顿下城”（lower Manhattan）的地方，由于冰盖融化将会被几码深的水所淹没的威胁。

把全球气温升高控制在不超过2℃的义务，依赖于对有限时间视阈内的气候危害的特殊关切。对信任的恰当重视只能把人们的义务扩展到有限的未来，不能扩展得足够远。

温室效应与跨国正义

信任的价值观产生了对同胞给予关切的政治义务，也使发达国家的人民产生了一种高标准的政治义务，即选择那些帮助发展中国家穷人的气候政策。公平地追求对全球变暖的适当限制，将给发达国家的人民带来严重的经济破坏的风险，同时减少发展中国家人民特别容易遭受的气候危害，并最大限度地减少那些他们所需的发展的障碍。

同时满足适当性与公平性要求的可能性非常小。在美国，对经济动荡的恐惧，对增加新税种的警觉，地方上遭受气候危害的短期风险相对较小，企业因持续使用化石燃料而产生的影响，以及对中国加速超越美国的措施的抵制，所有这些都会对影响全球气候机制的各种选择产生影响；这与那些限制美国人应对气候挑战方面的作用的道德理由非常不相称。中国的政治领导层依赖经济的持续快速增长来获得人民的持续支持，因此，很难指望他们做出重大让步来弥补美国对气候规制的抵制。与此同时，大气中二氧化碳的浓度持续升高，从而达成2℃的控制目标变得更加艰巨。

很快，这一目标就不再能够以全球穷人可以接受的代价得以实现。但是，它的道德意义不会终结。因未能实现这一控制目标而带来的危害将派生出补救的道德债务，而对于那些偏离气候正义特别严重、补偿资源特别巨大的国家来说尤其如此。例如，美国将因不负责任的排放而承担主要的道德债务。美国对适当性与公平性标准年复一年的偏离，加重了其所承担的补救义务，因为它的行为无疑增加了大气中二氧化碳的浓度。

事实证明，经济活动的有害副作用大大增加了跨国制造业和世界贸易制度框架所产生的帮助发展中国家人民的责任。然而，第二章讨论过的关于对同胞的政治关切的道德观表明，对同胞的政治关切可能还有另外一种特别重要的理由。在现代社会，帮助同胞的政治义务反映了主权国家政府对其境内人民自我发展的塑造；为了向那些受其影响的人们证明国家行使这种塑造权力的合理性，国家必须要向其人民表现出某种特殊形态的关切。这意味着，跨国政治权力能够派生出它自身的高标准政治责任。

探讨由此产生的责任的第一步是澄清目前重要的跨国权力关系。在第二章，对国内处境不利者给予关切的政治义务，取决于同胞之间文明交往的具体特征。尽管这些特征在不同的政治社会中会表现出巨大的差异，但是，在稳定的现代社会中，公民交往的那些相对没有争议的特征是确立目前最重要义务的基础。关于如何描述跨国权力关系，人们之间的共识要少得多。

在这里，美国独特的跨国权力具有特殊的重要性。它对整个世界尤其重要，因为美国拥有最强大的影响力，相应地，美国也应当承担最重的责任。显然，美国公民在道义上迫切需要了解这种跨国权力，并明确这种权力所派生出的政治责任。对美国全球权力的恰当描述，还有助于我们澄清其他发达国家人民的责任，因为这些国家的政府是美国所领导的联盟的一部分；在某些情况下，它们的政府也独立地行使类似的权力，尽管是稍弱的权力。

我相信，美国的全球权力可以通过对“美利坚帝国”（the American empire）这一隐喻的解析而得到准确的描述，从而阐明所有这些责任、危险与挑战。由于美国的全球权力对本书其余部分来说非常重要，因此，我将在下一章对美国的跨国权力进行专门的探讨和描述。然后，我将提出，美国对帝国权力的行使派生出了对发展中国家人民广泛而未得到履行的帝国责任。

第五章　现代帝国

政府对权力的行使是政治责任最明显的来源。但是，政府的跨国权力产生跨国责任的方式目前还很难辨别。在我们所处的后殖民时代，大国的系统性影响跨越国界，而不必诉诸政治效忠或合法权威。这种缄默并没有消除对那些生活被塑造的人的责任。在司汤达（Stendhal）的小说中，帕尔马王子（the Prince of Parma），可憎的拉努乔－埃内斯托（Ranuccio-Ernesto）在他的宫廷中直接使用权力来维持奢华的生活，忽视了对政治效忠或合法权威的要求，但是没有读者认为王子履行了他的关切的政治义务。然而，在国际背景下，由于缺乏一套向权力行使对象证明权力的跨国行使合理性的既定政治做法，这使得对权力责任的描述成为一项生疏的任务。

在描述这一领域的过程中，我将集中讨论一个目前最重要的政府跨国影响力体系，有时被称为“美利坚帝国”。本章将通过对“美利坚帝国”的解释开始探索，把它作为当前现实的准确描述加以辩护，并对维持这种影响力网络的主要机制进行说明。然后，在第六章和第七章中，我将描述美国人对发展中国家人民的义务，该义务派生于美利坚帝国，以及其他发达国家公民由于类似关系而承担的义务。

在第6章中，我将试图说明，美利坚帝国的跨国影响力催生了巨大的责任，即使美利坚帝国权力的行使本身并不是不公正的。尊重那些受帝国权力支配的人的自治权，也会产生一种高标准的附加责任来提供基本的需求。美利坚帝国所造成的破坏，最终将产生一种高标准的修复义务。最后，在第七章中，我将指出，美利坚帝国一直存在着不公正的倾向，包括普遍存在的不公正暴力，这使得美国公民负有一种独特的义务，即制止帝国的暴行。

当然，任何一个全球角色，只要配得上“美利坚帝国”这个隐喻性标签，最终都会走向衰亡，就像每个真正的帝国一样。但是，这一角色的存在和道德含义是与其长期利益相关的。其中一个方面就是，尽管危机一再发生，自我怀疑情绪高涨，但是美国权力的基础却是稳健的。2006年，美国GDP占世界生产总值的比例略高于1980年或1970年（2006年的比例为27%，而对比数据为25%和26%）。[1]数十年来，权力的质变是军事层面上的进步，即向后冷战时期的军事优势转变。2007年，美国的军费预算占全球军费总预算的45%，是最大的非盟友国家中国军费预算的9倍。[2]

无论如何，美利坚帝国权力的衰落并不意味着其道德意义的下降。过去帝国的历史引发了对衰落帝国利用军事力量来避免其威权

---

[1] See United Nations Statistics Division, National Accounts Main Aggregates Database, unstats.un.org.

[2] See Stockholm International Peace Research Institute, “The Fifteen Major Spender Countries in 2008”, www.sipri.org, 2008年6月查阅。这些是按外汇汇率换算成美元的支出。按购买力平价（反映了中国货币对作为整体的中国商品和服务、大米、住房和理发以及坦克的国内购买力）计算，美国的军事预算是中国的4倍。

旁落之方式的巨大道德焦虑——第七章将主要论述这种焦虑。此外，一旦权力衰落，帝国未履行的义务将是持久的道德上的债务，我将在第六章中对此进行论证。

最后，一旦人们理解了美利坚帝国权力的本质和道德含义，那么它们将会阐明其他大国在其他时间所负的责任。在其他大国当中，与美国结盟并以类似的方式的统治，具有类似的道德后果。当美利坚帝国消失后，另一个国家或集团很可能行使类似的控制手段。在对权力道德的探索中，美国是继真正的帝国之后最重要的跨国权力类型的典范。

解读“美利坚帝国”

“美利坚帝国”这个标签现在已经被广泛使用了，甚至在美国也是如此。人们用这个词来描述他们所谴责的压迫性权力体系，或者仅仅是一个不管好坏都应该考虑的事实，又或者像最近人们认为的那样，是一个值得加强和捍卫的人道利益的源泉。[1] 使用这个词的大多数讨论似乎都有一个共同的主题。但是有时很难将富有成效的分歧与仅仅口头上的分歧区分开来。因此，在探讨道德责任如何派生于那些构成了美利坚帝国的交往模式时，我们最好从澄清这一术语开始。

人们不可能指望用一个单一的界定来说明“美利坚帝国”的所

---

[1] 例如，2001 年 9 月 11 日之后不久，著名历史学家尼尔·弗格森（Niall Ferguson）呼吁“扩大美利坚帝国，即使这意味着像目前（在阿富汗）正在进行的战争那样的许多小规模战争……美国应该将其巨大资源的更大比例用于使世界因为资本主义和民主而安全……美利坚帝国的一个适当角色是在它们缺乏的地方建立这些机构”。“Clashing Civilizations or Mad Mullahs：The United States between Formal and Informal Empire,” in Strobe Talbott and Nayan Chanda eds.，*The Age of Terror*（New York：Basic Books，2001），pp.126，140.

有用法，也不应该做这样的尝试。就像隐喻的自发的变化所表明的那样，“美利坚帝国”一词的含义的变化也是不受控制的。就目前的道德探究目的而言，人们应该寻求一种足够明确的用法，以使诸如“是否应该终结、限制或促进美利坚帝国”这样的问题有得到揭示或回答的可能，并且这个词义至少要与一个真正的帝国的特征相接近，这一词义的扩展一定不会误导使用它的人。（就我将要描述的用法而言，真正的帝国中最大、研究得最深入的一个——大英帝国，可以匹配这一角色。）在这些限制范围内，人们应该尽可能地扩大这个用法的范围，以避免仅仅通过规定把就“美利坚帝国的利益和危险”进行富有成效的争论的人们的利益特征排除在外。如果某个说“美利坚帝国是现实存在的”的人，把美国的一些权力优势视为美利坚帝国存在的关键；如果几乎所有的说“美利坚帝国是现实存在的”的人，把美利坚帝国视为美国的某种持久特征，那么这种优势就应该与这个表述联系在一起，以致“美利坚帝国”这个词标识了所有这些优势。这种用法最容易揭示出美国的全球权力在多大程度上派生出其独特的责任。

在这一普遍性观念中，美利坚帝国涉及三种来自美国的跨国影响：特权的影响、威胁力量的影响和破坏性力量的行使。“专横的影响”是我将要描述的三种影响的一个恰当的通用标签：它们的方向是由美国政府或具有政治影响力的美国团体所感知的美国利益决定的，它们不依赖受其影响的外国人的自愿支持而改变美国以外的人的生活。相比之下，如果美国仅仅通过游说、美国机构的吸引力以及美国制造或设计的商品的优越性来影响其他国家的生活，几乎没有人会使用"美利坚帝国"这个词。笼统地说,"美利坚帝国是现实存在的"这一论断的一般性版本是:美国在世界各地区都有基于这三种权力类型中的每一种的强大的专横影响,其在世界范围内的影响力远远超过任何其他国家,而美国利用其专横的影响,深刻地、普遍地、以比任何其他外国势力都更大的力量塑造了许多发展中国家的生活。

特 权

所谓美国的"特权"(它是美国三大专横影响中第一个要素的基础),我指的是,美国有能力以下面的方式追求其利益:由于美国很重要,美国就通过一系列基于共同规范和满足共同需求的制度安排把成本转嫁给他人。从这个意义上说,拥有特权的人具有迫使他人让步的重要性。最主要的例子是美国由于美元和美国金融工具在国际金融和支付体系中的作用而享有特权。在这一体系中,美元一直是国际交易中申报和结算货币债务的主要基础,也是各国政府为避免本币价值发生破坏性变化而持有的外汇储备中最重要的组成部分。

美元应该扮演这一角色,反映了美国经济在全球的重要性,也反映了商业交易对流畅性和安全性的普遍需求。如果承诺和支付有广泛的共同的货币基础,那么国际交易就不会那样复杂,货币波动的风险也不会那样严重,即使是在货币所在国以外的当事方之间也是如此。因此,大约60%的美元是在美国境外持有的;2004年,89%的外汇交易都是美元介入的。[1] 为了抑制本币币值的波动,防

[1] See Richard Caves, Jeffrey Frankel and Ronald Jones, *World Trade and Payments* (Boston: Addison-Wesley, 2002), p.431; Ewe-Ghee Lim, "The Euro's Challenge to the Dollar," *IMF Working Paper* (Washington: IMF, 2006), p.25.

止对大幅贬值的自我验证性恐惧爆发，各国政府将储备集中在以全球最重要货币计价的资产上。2008 年初，63% 的外汇储备是以美元持有的，这是过去 40 年的常态，高于 1965 年（56%）或 1982 年（58%）全球化浪潮开始时的水平。[1] 即使导致一种货币居于主导地位的经济优势消退，便利和对不稳定的担忧仍将使其维持很长一段时间，比如，尽管英国相对衰落，但英镑依旧长期保持着主导地位。

由于美国往往是国际金融投资最安全的港湾，因此，外国对美元的需求更为可靠。但这只是相对安全。没有任何一个国际上重要的可提供丰厚回报的金融市场在爆发混乱时依然安全。不过，尽管美国市场相当安全，不受外国金融问题的影响，但是在从美国市场开始的重大金融风暴面前，外部避风港无处可寻。受美国经济的全球重要性、贸易和储备使用美元担保的海外投资以及美国金融和保险公司在对外金融事务中日益紧密的联系驱动，来自美国的金融风暴迅速在全球蔓延。（例如，导致美国友邦公司［AIG］几近崩溃的 4410 亿美元信用违约掉期中，有四分之三是由欧洲银行持有的。[2]）

由于美元在全球的作用，依靠美国国债在外汇储备中的全球功能以及寻求相对安全避风港的投资资金的持续流动，美国得以年年为巨额预算和贸易赤字融资。事实上，外国投资者现在持有的约五

---

1. See IMF, "Currency Composition of Official Foreign Exchange Reserves," www.imf.org, www.IMF.org, 2008 年 6 月查阅；Menzie Chinn and Jeffrey Frankel, "Will the Euro Eventually Surpass the Dollar as Leading International Reserve Currency? "(Cambridge, Mass.: National Bureau of Economic Research, 2006), www.nber.org/papers/w11510, p.50.
2. See Edmund Andrews, Michael de la Merced and Mary Walsh, "Fed's $85 Billion Loan Rescues Insurer," *New York Times*, September 17, 2008.

分之二的联邦债务在私人手中。[1]2006年，他们认购了市值超过16万亿美元的美国资产的债权，高于当年美国的GDP。[2]尽管美国独特的借贷特权来自储备货币和避风港的共同利益，但是美国为了维持预算和贸易赤字而例行行使的这一特权，使得其他国家投资资金更难以获得。借债特权为美国的外交政策举措提供资金，但是这些举措无法保证是为其他国家的利益服务的。

此外，由于美国的经济重要性及其对美国货币和金融的特殊作用，美国政府为应对美国问题而不时采取的特殊货币和财政政策，往往会给其他国家带来严重的代价。例如，从1979年秋季开始，当美联储（Federal Reserve）通过货币紧缩政策抑制美国通胀时，最终可预见的对发展中国家的副作用是灾难性的。此前，由于美元贷款的实际利率历来较低，美国银行积极向发展中国家政府释放贷款，并大力推动涉及美国公司的大型开发项目，流向发展中国家的贷款，大多是以美元结算并与联邦银行利率挂钩的，以不变的美元计算，在1970年至1979年间激增了近十倍（当时贷款净流量是外国援助水平的十倍）。[3]随着美联储反通胀政策的实施，美元升值、利率上升和全球需求减少，引发了许多发展中国家的债务危机和经济急剧

[1] See Niall Ferguson, "True Cost of Hegemony: Huge Debt," *New York Times*, News of the Week in Review, April 20, 2003, p.1.

[2] *Statistical Abstract of the United States 2008* (Washington: U.S. Census Bureau, 2008), pp. 429, 789.

[3] See Sergio Schmukler and Pablo Zoido-Lobaton, "Financial Globalization: Opportunities and Challenges for Developing Countries" (Washington:World Bank, 2001), p.37. John Perkins, *Confessions of an Economic Hit Man* (San Francisco: Berrett-Koehler, 2004)是一本关于这一发展时代的骇人听闻的第一手资料。

萎缩。[1]发展中国家在世界贸易中的份额从1980年的28%下降到1986年的19%。[2]特别是受到危机重创的拉丁美洲，1960-1978年间人均GDP的平均增长率为2.9%，1978-1998年间人均GDP的平均增长率为0.9%。[3]

在20世纪90年代的另外一系列政策及其影响中，美国政府支持美元贬值的倾向减轻了美国对外国债务的实际负担，而美国政府推行的鼓励跨国资本流动的措施使美国金融机构受益，推动了金融服务业顺差不断增加，这在美国整体贸易平衡中几乎是独一无二的。由于美国的金融特权，货币贬值和不稳定的跨国流动并没有破坏美国经济的稳定。但这些特权所维持的政策，使日本等美国债权人付出了巨大的贬值代价，并加剧了东亚金融危机造成的严重不稳定。[4]

美国的优势在其他领域也产生了特权。例如，在西方军事联盟中，其他国家不得不遵从美国的战略倡议，因为美国的军事贡献更为重要，联盟的力量取决于统一指挥。更广泛地说，美国在世界经济和全球信息流动中的特殊重要性创造了所谓的“协调特权”，即在全球范围内，供需高效调配产生了更加符合美国倡议和需要的资源、行为与态度。世界文化深受美国特权的影响，这是因为：英语作为一种全球性语言的发展；国际公认的各种正式和非正式证书来

---

[1] See Robert Gilpin, *Global Political Economy* (Princeton: Princeton University Press, 2001), pp. 313 f.; Joseph Stiglitz, *Globalization and Its Discontents* (New York: Norton, 2002), p.239.

[2] See Susan George, *A Fate Worse than Debt* (London: Penguin, 1988), p.73.

[3] See Branko Milanovic, *The Two Faces of Globalization* (Washington: World Bank, 2002), www.worldbank.org/research/inequality/pdf/naiveglob1.pdf., p.14.

[4] See Gilpin, *Global Political Economy*, p.247; Stiglitz, *Globalization and Its Discontents*, ch.4.

源的重要性；在一些领域美国拥有的独占鳌头的认证专业知识；在美国公司和美国主导下的机构在其中起主导作用的全球生产与交换中，对流畅的跨国合作的需要；以及一个对提供廉价服务和提供稀缺技能的外国人相对开放的巨大的美国劳动力市场。随之而来的外国人对归属、认可和至少部分融入的面向美国的需求，在美国国内创造了一个全球精英网络（这个精英网络拥有美国商业、政府和科学的实践、文化、语言和人员），并赋予美国大学在全球智力工作中制定议程的特殊能力。这些遵从美国程序、做法和制度的全球性需求，也为美国雇主提供了获得全球劳动力储备的机会，这些劳动力会对美国的就业机会做出反应，尤其倾向在美国待上一段时间，并很可能因家庭关系而与美国捆绑在一起。

与美国的货币和金融特权一样，这些协调特权可能产生不符合外国人利益的后果，尽管这些特权是基于共同的需要。例如，由于这些特权，当地生活方式与美国文化融合，当地精英越来越多地加入以美国为中心的管理者、企业家和官僚网络。

在国际活动的每一个重要领域，美国特权赋予美国人选择的权力，包括美国政府的选择，从而对外国人民的生活产生影响，而这并不取决于那些国家的政府或者大多数人民是否认为这些影响符合他们的利益。美国比任何其他国家拥有更多基于特权的专横影响。

威胁力量的影响

美国特权的影响如此之大，以至于足以构成帝国统治。但大多数人使用“美利坚帝国”这个标签，只是基于对主权国家国内政治权力的类比，这种国内政治权力的核心，霍布斯认为，是“一个让所有人都敬畏的共同力量”。这个类比建立在我所说的“威胁力量的影响”上：美国影响其他国家人民的生活，因为人们有理由担心，在部分是出于维持这种恐惧的目的的美国行为中，“如果美国不得逞，美国会做什么”。相比之下，单纯的特权并不取决于美国的选择——不管是实际的还是预见到的选择——来灌输恐惧以影响其他国家的行为，尽管美国的特权通常会使推行与美国利益背道而驰的政策成本更高。（当然，特权极大地促进了威胁的影响，稍后我会讨论这个主题。）

在任何问题上，在任何领域，美国都有可能制造麻烦。美国必须时不时地行使其权力，并实际制造麻烦以维护其威胁的可信度。但是，威胁力量对全球行为造成的影响通常远远超过实施威胁而造成的影响。事实上，美国的威胁力量对人们生活的影响在三个重要方面比美国实施威胁带来的影响更为广泛。其一，美国的威胁力量通常足够可信，可以在没有实际实施威胁的情况下影响事态发展。其二，背离美国利益将导致美国灌输理性的恐惧以激发对美国顺从的预期，往往会防止背离美国利益的预期产生，而无须美国表达任何特定的威胁。其三，美国持久的威胁力量可以形成激励体系，在这种体系中，选择通常符合美国的利益，而不会受到明示或暗示的威胁的恐吓。我们已经讨论过的美国对其他国家的贸易、金融和知识产权政策施加影响的霸凌过程，它们都说明了威胁力量在没有实际实施的情况下产生巨大影响的三种可能性。

在乌拉圭回合中，美国动不动就发出威胁，比如将某方排除在有利的区域安排之外，对某方实施惩罚性的贸易制裁，要求某方对美国特殊利益的保护主义做出让步，或是全面退出“双边或小型协定”。多起这类威胁导致了附有确切期限的最后通牒。但是实际上，面对许多发展中国家的强烈反对和欧盟国家极度不愿改变其共同农业政策的情况下，没有任何威胁不得不付诸实施，以使谈判基本上朝着美国寻求的结果方向发展。❶

此外，尽管美国在与利益上有竞争关系的最强大代表的典型争端中明确诉诸威胁，但类似的恐惧在其他领域也发挥了作用，却没有发出明确的有针对性的威胁。撒哈拉以南非洲国家对农业补贴的待遇极为不满。在一个以协商一致方式正式运作的组织中，像布基纳法索（Burkina Faso）这样的小国和穷国，原则上可以阻挠最终协议的达成。但是美国没有必要对这样一个国家发出明确的威胁，即撤回援助和阻止贸易将会造成严重后果，以确保对这些后果的恐惧会产生影响。

最后，新的贸易机制一旦建立，商业活动就会与之相适应，这样，对规范（这些规范最初是在遭遇激烈抵抗的情况下被强加的）的违背就会变得不受欢迎，即使不考虑这种违背给商业活动带来的威胁。WTO 在贸易、投资和金融服务方面的机制，是通过积极分裂发展中国家的抵制集团而建立的，该机制规定，遵循韩国式的发展道路——通过类似的出口补贴、保护新生产业、政府对投资基金的引导以及对利润进行就地再投资的要求——是非法的。现在，诸

---

❶ 主要的例外是对巴西实施的贸易制裁，主要是因为巴西计算机行业不遵守美国的专利和版权制度。

如泰国等国家，这种自由化使外国公司和外国银行在金融和生产的重要部门发挥了主导作用，就算不考虑对美国通过或不通过 WTO 进行报复的恐惧，这些政策无论如何都会导致灾难性的后果。同样，在印度，软件公司的技能、计划和研发投入现在都以与美国计算机行业的公司（这些公司坚持遵守美国的专利和版权制度）建立友好关系为前提。因此，WTO 对尊重这些极其长期的权利的要求，最初是在美国对印度和巴西的强大威胁下确立的，在很大程度上已成为纯粹的私利问题。

诚然，如果认为过去的威胁或恐惧的当前影响纯粹是遥远过去的残余，就像 18 世纪英国帝国主义在北美中纬度地区的当前后果一样，那么这是一个糟糕的责任指南，是一个牵强的类似于真正的帝国主义的做法。为了避免这些曲解，美国的威胁影响应被解释为对一个国家的生活方式的塑造，在这一过程中，美国的威胁影响一开始就影响了某个国家自我发展的条件，而且，美国一直都在伺机而动，随时准备对该国施加重大影响，致力于维护那些有利于美国利益的条款，即使面对当地的阻力和挑战以及实际情况的改变。同样地，在许多受大英帝国间接统治的土地上，人们的生活通常几乎完全由他们自己的习惯法（适用于“本土法院”）来调节，最终依靠他们自己的传统领导。尽管如此，间接统治仍然是由英国来实施的，即使目前的所有的政治行为都是本土政治精英实施的。因为已经塑造了符合英国利益的地方性的自我发展条件的英国权力的实际行使，继续伺机而动，以便根据英国的利益来维持或改变这些条件。

对全球化的批判所描述的威胁大多在经济领域，如经济失序和经济机会减少。然而，最可怕的威胁是人身暴力。此类威胁的重要性也远远比其实施频率所显示的要大得多。实际上，强权的这一方面为 20 世纪通过未实施的威胁来规范国际生活提供了典型的案例：通过从未实施甚至很少表露的核毁灭威胁，美国和苏联各自在很大程度上成功地阻止了对方侵入最令人关切的势力范围。这些势力范围的基本完整性也证明了当地方势力与外国利益背离时，可信但未实施的暴力干预威胁的强大影响。例如，在东欧，苏联的武装干预很少见到，杀伤力也不大，但足以维持数十年的统治地位。在中美洲和加勒比地区，鼓励武装镇压危地马拉的革命和尼加拉瓜的右翼叛乱、发动猪湾登陆、通过美国军队逆转博什（Bosch）在多米尼加共和国的选举、推翻巴拿马和格林纳达的政权，对那些可能参加了远远超出这些破坏性力量行使的时间和地点的左翼民族主义运动的人产生了劝阻性影响。

破坏性力量

征服和暴力镇压已成为每个真正的帝国行为的一部分。有些人认为这种活动在恰当的非字面意义上使用“帝国”这个术语是必要的。例如，在试图区分帝国（广义上，不需要主张政治权威）统治和仅仅由于另一个国家的优越性而受到的限制时，迈克尔·多伊尔（Michael Doyle）为它设定了一个标准：“宗主国……用暴力手段成功地镇压反抗。”[1] 在美国专横影响三个方面中，与此相符的要素是

---

[1] Michael Doyle, *Empires*（Ithaca, NY: Cornell University Press, 1986）, pp. 43 f. 在该书的最后一句话中，多伊尔承认，他广义上使用的“帝国”可能适用于美国，但他没有表明他的个人立场（p372.）。

破坏性力量的行使——更准确地说，依照程序行使，而不是防御对美国的实际的或者迫在眉睫的武装攻击，并且也没有得到代表整个受影响领土上的人民意愿的邀请。（从现在起，这些限定条件将被保留下来。）

破坏性力量的运用使威胁变得可信，而且起到了更大的作用。它还可以通过破坏与自己敌对的其他人的威胁力量所依赖的资源，来增加自己威胁力量的影响，并将其作为牺牲他人来强行获取资源的过程的一部分。例如，推翻萨达姆·侯赛因（Saddam Hussein）是一种破坏性力量的行使，期望实现三个目标：强化对美国施加在那些倾向反对美国利益的政府头上的代价的恐惧，摧毁一个重要地区与之对立的威胁力量，以及获得更多的石油储备、市场和投资机会。

为了明确“美利坚帝国”这个词的普遍用法并确立其道德意义，我们应该将依赖美国支持的外国团体的暴力行为以及作为美利坚帝国权力一部分的破坏性力量行使的美国武装力量的暴力行动都囊括进来。有时，这些外国团体（如尼加拉瓜的反对派和阿富汗的“圣战”者）会将他们的暴力指向美国所反对的政权。有时，他们是使用暴力结束当地抵抗的政府武装力量（例如，在巴勒斯坦领土上的以色列国防军，或者使用美国设备镇压库尔德叛乱的土耳其军队）。

在一项旨在指导跨国责任分配的专横影响评估中，美国破坏性力量的影响不应局限于符合美国利益、目前由美国实施或赞助的破坏。暴力，作为美国行使破坏性力量可预见的后果，应当被纳入美国破坏性力量的影响之内，即使行使破坏性较少的权力更符合美国的利益。动用影响手段，就要对那些处于危险中的人所受损害负责。例如，武装阿富汗“圣战”者组织、入侵伊拉克，以及蒙博托（Mobutu）政权、礼萨·巴列维（Reza Pahlevi）政权和取代阿本斯（Arbenz）政权的危地马拉军政府的建立，这些入侵行为都是为了保证不在美国想要破坏的情形限制之内的破坏。

此外，如果美国的破坏性力量设定了一片领土上人民的生活条件，并且美国的专横影响正伺机而动，以对严重背离美国利益的行为做出回应，那么，在美国支持的暴力结束后，该片领土上人民的生活条件应算作是目前由美国的破坏性力量塑造的。在建立一个以暴力手段结束民众支持的对美国利益的威胁的政权之后，美国最终可能会撤回军事援助，并批评其滥用暴力行为。尽管如此，美国还是动用了破坏性力量去推动那个国家朝着陷入目前这些危机的方向发展；这些危机决定了该国人民的生活常态。如果美国随时准备利用威胁影响、破坏性力量或其特权，在其利益的决定下再次发挥影响，那么这个国家（例如危地马拉或刚果 / 扎伊尔）自我发展的条件就是由美国的破坏性力量塑造的。专横影响这场戏剧可以是一个以改变轨迹为目的的艰难的推进问题，而不是不断地拉扯木偶线的问题。

自二战结束以来，美国比其他国家在国外动用了更加广泛的破坏性力量，其在遥远国家造成的巨大死亡和破坏不断地增加。在特定时期，暴力只在少数地方发生；但对真正的帝国来说，这样的时期也是很少的。一个帝国，像一个国家政府一样，在它广泛使用破坏性力量的同时，也在为它的存在而奋斗。如果很少动用破坏性力量，而动用破坏性力量旨在建立通常能够自我维持的和平激励结构体系，并且在面临特殊挑战时维持这些结构体系，那么这是一种强大的而不是软弱的表现。

领土统治

每个人都承认，我所描述的三种影响形式对美国的全球影响远远超过任何其他国家。每一种形式都是强大而广泛的。事实上，美国的特权和美国的威胁力量极大地影响着每个国家的行为。每种形式的力量都在强化其他形式的力量。例如，美国的借贷特权维持着由于破坏性力量的行使（比如在越南和伊拉克）而产生的财政赤字。美国的威胁力量阻止了那些将减少基于美元作用的特权的措施，例如，美国的威胁力量使得IMF多次提出的给予发展中国家由主要货币组合起来的特别提款权倡议无果而终，因为这会降低持有美国国债的需求。如果破坏性力量的行使不能证明美国已经准备好实施威胁，那么威胁力量的影响就会减弱，因为这种影响是出于对美国行为的预期。

然而，这一揽子权力的强大和无处不在，并不是美利坚帝国话题所包含的全部内容。那些使用这个短语的人通常意味着唤起的不仅仅是普遍存在的全球优势，而且是对特定领土的特殊支配关系，这是真正的帝国的特征。[1] 当然，除了关岛等少数可能的边缘例外，

---

[1] 因此，在他的一本关于“大英帝国与美利坚帝国”比较研究的书的开头，托尼·史密斯（Tony Smith）明确指出，在他的用法中，“帝国主义可以定义为一个相对强大的国家对较弱的人民的有效统治”[*The Pattern of Imperialism*（Cambridge: Cambridge University Press，1981），p. 6]。本着同样的精神，虽然承认有些人对“帝国”的定义更为宽泛，但迈克尔·多伊尔建议将这一术语仅限于指“某些政治社会对其他政治社会的有效主权施加的政治控制关系”，并补充说，“非正式统治”也算作政治控制（*Empires*，pp.19，20）。

美国的领土支配权并不包括对那些正式归附的领土——就真正的帝国而言这些领土非常重要——主张政治权威。不过，领土支配权的归属并不仅仅是为了表明强大的美国威胁力量的在场和美国特权的重大影响。这些都是美法关系和美中关系的特征，但是那些寻求类似于真正的帝国对殖民地进行统治的人，很难将法国和中国纳入美国领土帝国之中。

要想把领土统治归因于美国的专横影响，那么美国的专横影响就得是深刻的和完全不对称的。各国政府在外交政策中经常考虑到彼此的威胁影响和破坏能力。但从属关系也渗透到方方面面。在危地马拉和菲律宾等从属于美国的国家中，面对当地的抵抗，国内的生活条件，依然以极其重要的方式，受到美国的威胁影响或破坏性力量以及加强对当地精英控制的美国特权的调用的影响。在强大的利益支配下，面对抵抗，美国始终拥有强大的力量来维持或改变当地的社会结构特征。尽管在美国强权面前让步的需要深远地影响了当地的持续发展进程，但美国几乎不受安抚这些国家的需要的影响。[1] 相比之下，美国通过其专横影响强加在法国和中国头上的生

---

[1] 在区分帝国与其他强权的关系时，多伊尔将其与一个更强大的国家持久的"外国渗透"联系起来，行使"不对称的影响力和权力"，并深刻影响"外交和国内政策"（see *Empires* pp.34，38，40）。同样，约翰·加拉赫和罗纳德·罗宾逊（John Gallagher and Ronald Robinson）曾提出了这样的著名论点：19 世纪的欧洲帝国建立在"如有可能就实施非正式控制，如有必要就实施正式统治"这一观念的基础之上；他们对"帝国"一词的广义（包括非正式控制）使用，依据的是欧洲列强（尤其是英国）在利用其极度不对称的专横影响方面所扮演的角色——欧洲列强利用这种影响来塑造较弱但政治独立国家的国内发展道路。托尼·史密斯在为他们的观点辩护时强调了这种来自外部的非正式操纵对国内的影响。See John Gallagher and Ronald Robinson，"The Imperialism of Free Trade，" *Economic History Review* 6（1953），p.13；Smith，*Pattern of Imperialism*，pp.21-6.（以阿根廷的关键案例为中心。）

活条件是有限的，并且影响是相互的，尽管美国占有一定的优势。美国在非洲的政策和美国在国际贸易自由化方面的倡议已经调整到了法国能够接受其成本的程度。美国对台湾和东南亚的政策需要避免激怒中国，而鼓励中国大量持有美国金融工具的需要是防止美元贬值的一个重要理由，否则美元贬值可能对美国更有利。

如果一片领土受到来自国外的深刻的、不对称的专横影响（美国在其中发挥了重要作用），那么，要证明该片领土统治权属于美国，我们就得提供更多的证据：美国独立于其他外国列强的倡议在塑造当地生活条件方面是非常重要的。（否则，人们只需要简单地说统治权属于北方，属于发达国家或者属于诸如此类的国家即可）。对“美利坚帝国”一种有用的普世性的理解将会包括两种美国倡议发挥这种独特影响的不同进程（作为美国领土统治的形态）。一种方式是美国通过直接的单方面行动对领土施加特殊影响，这是真正的帝国施加影响的典型方式。另一种方式是通过美国对世界银行和国际货币基金组织等多边机构超乎寻常的专横影响一举获得支配地位，而这些多边机构根据美国倡议所形成的政策与偏好，反过来利用特权和威胁塑造被支配领土上的人们的生活。

当美国单方面行使其特权和威胁影响对当地政治和经济选择的影响比任何其他外国政府的影响都大得多，并深刻和不对称地影响着当地的生活条件时，美国对领土的统治就采取了传统的形式。危地马拉、菲律宾、埃及和埃塞俄比亚是这种单边的美利坚帝国的一部分，但塞内加尔不是，因为法国的独立影响也很大。

在真正的帝国中，一个独立于其他政府行事的政府，其所具有的独特的强大影响力几乎总是以领土从属为特征的。在面对相互竞争的利益时，双重权威会威胁到混乱的双重效忠，因此双重权威只有在一些罕见和短暂的事件中才能找到，例如英法在埃及的短暂宗主权。一个单一宗主国的独特权威会被另一来源的强大的外部影响所削弱。然而，当政治权威不是专横影响的工具时，通过多边手段实现统治的新前景就出现了。

通过对多边机构，特别是世界银行、IMF 以及现在由 WTO 主导下的贸易机制的独特而专横的影响，美国在重塑发展中国家的政治和经济结构体系方面发挥了主导作用，克服了其他主要发达国家的惰性，有时也克服了其他主要发达国家的公然抵抗。在推销了这些结构体系后，美国在维护或改变这些结构体系方面继续发挥主导作用，并根据美国的利益，利用这些机构。但是其他发达国家也可以自由地利用这一全球进程带来的新机遇，在许多地方发挥着类似的作用。美国对结构性调整条款和世界贸易协定的指导对塞内加尔和多米尼加共和国产生了深刻影响，尽管美国目前在这些国家的本土经济和政治生活中的作用，一方面并没有取法国而代之，另一方面也受到西班牙的挑战。

作为责任和危险的一种特殊来源，直接的、单方面的统治值得我们注意，因为它有引起国际竞争的特殊趋势，有时这种竞争是通过扶持傀儡政权来维持的。而美国在主导多边进程（该进程影响绝大多数发展中国家发展方向）中的特殊作用，也是统治的一种形式，这种统治可能导致美国需要承担特殊责任。在对“美利坚帝国”的普世性解读中，为了阐明美国权力所应承担的责任，最好承认这两种角色最终确立了美国对其他国家的统治。

除了包括直接形式和间接形式的美国影响外，对领土统治的普世性解读在另一方面是宽松的。它需要深刻的、不对称的专横影响，但是不需要如此严格的影响，以至于美国几乎总能从当地政府的决策中得到它想要的任何东西。诚然，在所有的真正的帝国中，如果这种对地方政治的严格限制是所有宗主国与帝国领土之间关系的一部分，那么，批评“帝国”的隐喻性用法太过牵强和有误导性质，可能是恰当的，因为帝国实际上需要的东西是很少的。这似乎是迈克尔·沃尔泽谴责有关美利坚帝国的言论的依据：“帝国主义是一种政治统治体系，不一定是直接统治，但在某种强烈意义上是统治：一个帝国从它创造、支持或庇护的政府那里得到它想要的东西……‘9·11’事件后不到两年，在一场大战争的前夕，我们［在联合国安理会的磋商中］不能指望墨西哥和智利这样的国家——好吧，那种帝国是什么样类型的帝国呢？”[1] 然而，这一要求建立在对真正的帝国的夸张描绘基础上的。

例如，在大英帝国，英国并不是总能得到它想要的东西。由于法语国家的抵抗，伦敦无法动员加拿大全面参与布尔战争这场世纪之交的帝国大危机，而只能满足于两支未经加拿大议会批准而派出的志愿者队伍。[2] 总的来说，加拿大无情地背离了伦敦所希望的大

---

[1] Walzer, "Is There an American Empire ?," *Dissent*, Fall 2003, www.dissentmagazine.org, pp. 1 f.

[2] See, for example, Robert Craig Brown and Ramsay Cook, *Canada 1896 - 1921: A Nation Transformed* (Toronto: McClelland and Stewart, 1974), pp.39 f.

英帝国的自由贸易，并在几十年后逃脱了因这种背离而应遭受的惩罚，因为伦敦需要避免将加拿大推向美国怀抱的冒犯。英国同样对澳大利亚和新西兰做出了让步，以维持这两个遥远领地的效忠。以印度为例，英国制造商的利益必须与维持印度精英支持的需要相平衡，在这一过程中，英国制造商经常失去来自本国的支持。[1] 1882年英国军事占领埃及后，于名于实，这个国家都成了大英帝国的一部分。但是，埃及总督依旧可以自由地在邻近领土上追求领土野心，最终导致了引发喀土穆灾难的独立军事远征。[2]

19世纪的英国的做法还包括非官方的领土支配关系，这与当今将国家与美国联系在一起的那些关系极为相似；当代的观察家，就像现代史学家一样，自由地将其定性为帝国主义。对于脱离西班牙的独立战争后的南美，评论员们清楚地看到，英国很快就把阿根廷、巴西和智利变成了“准殖民地……甚至不需要花钱维护它们”，一名美国驻巴西外交官在1843年尖锐地指出。[3] 这种领土统治包括当地占主导地位的亲英精英随时接受英国主张的贸易自由化和伦敦银行提供的贷款、随之而来的英国对利润丰厚的对外贸易的控制，以及应对债务危机而实施的紧缩和自由化措施。后续的各种措施是

---

❶ See, for example, P. J. Cain and A. G. Hopkins, *British Imperialism 1688 - 2000* (London: Longman, 2002), ch.8 (1850–1914 年间，关于加拿大、澳大利亚和新西兰的情况)，特别是 pp.212 f.，235 f ;(关于印度的情况)，pp.296 f。

❷ See, for example, H. C. G. Matthew, *Gladstone* (Oxford: Oxford University Press, 1997), pp.394 f.

❸ See Cain and Hopkins, *British Imperialism*, p.246. 凯恩和霍普金斯将1850–1913年间拉丁美洲在英国出口和英国进口中所占份额描述为“比帝国内除印度以外的任何其他大陆或国家都要大”(p.249)。

伦敦各银行所要求并经常由其管理的，只在极少数情况下和极短暂的时间里，诉诸炮艇来强制执行贷款义务。（炮艇本身很少作为恐吓民众或者从根本上威胁统治精英的手段。它们是确保控制关税征收——政府收入的主要来源——的手段。）没人会想到英国总能在这些准殖民地得到它想要的东西。例如，在没有得到它想要的东西的情况下，英国长期以来一直敦促巴西废除奴隶制，一个在经济上和道德上都很有吸引力的目标，目的是结束以奴隶为基础的种植园的自给自足。

诚然，沃尔泽的评论指出了一个真正的危险：重要的是不要把美国的影响等同于真正帝国的漫画（漫画确实认为帝国是要严格控制的）。但同样重要的是，要认识到不同领土之间，无论是真正的帝国领土还是象征性的帝国领土之间，专横影响的严格程度是不同的。1900 年，英国对印度、埃及和加拿大的专横影响大不相同，但所有这些国家都被视为大英帝国的一部分，尽管在这三个国家中英国的专横影响都是有限的，并不总是反映出法律从属的程度（尽管如此，至少英国在埃及的影响力大于其在加拿大的影响力）。如果危地马拉像英国统治下的印度（Raj），那么墨西哥就像白人的自治领。

帝国的事实及其机制

由于领土统治容易激起民族主义的愤怒，因此，它是帝国引人注意的一个方面。但是，领土统治的事实很难全面描述“美利坚帝国”一词所传达的权力事实。事实上，对一些使用这一术语的人来说，美国独特的无处不在的专横影响值得贴上这个标签，即便它没有在任何地方达成领土统治。美国强权的领土维度和非领土维度同时并存并相互强化。普世性的解释包含了这两个维度。“美利坚帝国是现实存在的”这一论断将与以下四项主张紧密相联系，共同描述了帝国的事实所涉及的内容：

1. 世界各地的生活都受到来自美国的专横影响的重大影响。

2. 在世界范围内，美国的权力在专横影响的各个方面都远远大于任何其他国家的权力。

3. 深深地影响世界各国人民生活的那些国际机构及其做法，主要是在三种相互加强的专横影响下按照美国利益塑造的。

4. 许多发展中国家的生活条件在一个完全不对称的过程中深受美国的专横影响，包括威胁性影响或破坏性力量，在这个过程中，美国的影响比外国竞争对手的影响重要得多，也就是说，在操控整个发展中国家发展方向方面更为重要，在影响当前的政治和经济决策方面，往往也更为重要。

基于我已经呈现的证据，存在一个这种意义上的美利坚帝国，这是得到广泛承认的，而到本书结束时这些证据将会变得更加丰富。然而，要了解美利坚帝国的性质，我们还得了解它是如何存在的。特别是，有必要更为具体地描述美利坚帝国实施专横影响的主要方式；在这些影响足够强大、不对称且具有排他性的情况下，美国维持了对当地的统治。首先，对机制的调查在确定对那些拥有有限的主权但并非总是按美国意愿行事的国家存在广泛的领土控制方面起着至关重要的作用。无条理地归集帝国破坏、威胁和遵守的事实是不够的。其次，根据道德义务的关系理论，专横影响所带来的责任将取决于它的载体，而不仅仅是它的影响。最后，研究构成领土统治的专横影响机制，将有助于评估全球霸权程度低于美国的国家的责任，并有助于评估这些机制不那么强大、不对称或排他性时产生的责任。

间接金融控制

美国通过控制跨国机构对发展中国家施加的专横影响尤其深远。然而，对政治责任的反思，是一个陌生的话题：政治哲学传统上关注的是一个国家如何规范其领土内的生活，它用非常不同的载体、结构和范围来审视影响的形式。由于其重要的影响和规范的不熟悉，该机制值得详细关注。

我已经描述了美国是如何利用其威胁影响来塑造由 WTO 主导下的几乎全世界的贸易机制，改变发展中国家的所有制模式和生活方式的。IMF 和世界银行至少和美国的专横影响的载体一样重要。IMF 和世界银行都位于华盛顿特区相邻的大楼内，拥有相同的成员国政府、一个联合发展委员会（joint Development Committee）、一年一度的联席会议（annual joint meeting）以及工作人员之间频繁的合作，也以相同的方式被美国操控。在这两个机构中，投票和否决程序都是这种操控的明显标志。投票权是按贡献来衡量的，这使得美国获得了比任何其他国家都多的投票权，并使以美国为首的一个由发达国家组成的小联盟获得了绝对多数的投票权。几十年来，随着美国投票权比例不断下降，重大政策调整所需的绝对多数席位也进行了调整，这使得美国仍然是唯一拥有否决权的国家。例如，20 世纪 70 年代初，由于美国在 IMF 的份额已降至否决“特别决定”

所需的20%的门槛，美国极力抵制日本和欧洲提出的增持更大份额的提议，但最终接受了其所占份额下降至19%，同时将否决权门槛降低至15%。[1]2008年，美国拥有16.77%的投票权，几乎是第二高的国家日本的三倍。这两个国家以及德国、法国和英国是一个由24个成员组成的执行董事会的常任理事国，负责管理IMF的日常事务，其他成员国拥有其所代表的集团的加权投票权。五大巨头获得了IMF 38%的投票权。加上比利时、加拿大、意大利、荷兰和瑞士，它们在184个成员国中拥有大多数投票权。意大利的投票权高于印度，而意大利和芬兰的投票权加起来可能超过中国。[2]

尽管美国否决的可能性有助于限制这两个机构的决策议程，但出于对美国财政资源的担忧在大多数决策中更具影响力。随着世界流动性需求的增加，IMF依赖美国向IMF储备注入更多美元。世界银行进入美国资本市场须经美国批准。例如，1984年，世界银行试图筹集新资本时，美国财政部一名官员对世行副行长表示，未能顾及美国对发展中国家能源部门私人融资的重视，导致美国政府"重新审查世行是否应继续进入美国资本市场"。这些担忧受到了重视。[3]1991年，为了提高对私人企业贷款的比例，美国否决了世界

---

[1] See Yoshiko Kojo, "Burden-Sharing under U.S. Leadership: The Case of Quota Increases of the IMF since the 1970s," in H. Bienen ed., *Power, Economics and Security* (Boulder, Colo.: Westview, 1992), pp. 296 - 8.

[2] See International Monetary Fund, "IMF Members' Quotas and Voting Power, and IMF Board of Governors," www.imf.org/external, accessed September29, 2008.

[3] See Catherine Gwin, *U.S. Relations with the World Bank, 1945 - 92* (Washington: Brookings Institution, 1994), pp.56, 75 f. 该警告的描述来自世界银行的谈话备忘录。凯瑟琳·格温（Catherine Gwin）的专著也是下述书籍的第六章：Devesh Kapur, John Lewis and Richard Webb, *The World Bank: Its First Half Century* (Washington: Brookings Institution, 1997), ii: Perspectives.

银行的一项增资提议，尽管遭到其他成员国的普遍反对。[1]

世界银行内国际开发协会（IDA）的低息、延期支付贷款项目，是世界银行帮助发展中国家的主要手段，如果美国不能定期为其注入补充资金，其将无法正常运行。世界银行授权发布的前五十年的历史表明，IDA的成立本身就是美国主导下的、对联合国基金（U.N. fund）即联合国经济发展特别基金（SUNFED）日益支持的应对措施，因为这一基金本来就非常难以控制。“由于没能让联合国经济发展特别基金消失，美国决定尝试合作。理查德·迪默斯（Richard Demuth）[美国财政部驻世界银行的联络人]向世行同事报告时解释说，国际开发协会是……‘国会的愿望’，‘为了驱逐联合国经济发展特别基金’。”[2] 对其后续的影响，一个很好的例子是，世界银行历史报告称，1979年，世行行长麦克纳马拉（McNamara）即将登机时，他被告知，如果他不立刻承诺不会向越南提供贷款，那么在增资期间，IDA 6号法案将面临迫在眉睫的失败。他授权立即致函国会并做如是声明。[3]

美国影响力的最重要载体和标志是美国决策精英在世界银行和国际货币基金组织例行决策中所扮演的角色。世行行长必须是由美国政府提名的美国公民这一半官方规定，是这种介入最显眼的方面。这些机构与美国财政部之间的例行交往，是一种不太显眼的但却至关重要的联系。在世界银行一项基于对美国目标表示基本同情的研

---

[1] Gwin, *U.S. Relations*, p.64.

[2] Kapuret al., *The World Bank*, i:History, p.155.

[3] Kapuret al., *The World Bank*, i:History, p.1150.

究中，凯瑟琳·格温发现，“美国是唯一对世界银行每项提案进行详细审查的国家，也是除了在世界银行理事会的代表之外，唯一通过政府官员与世界银行保持经常联系的国家。通常，美国会在准备过程的早期就对可能的贷款提出质疑，并在世行执行董事会对贷款提案进行最后审议时发表评论，旨在引起人们对普遍关注的问题的关注，从而影响未来的贷款”❶。

同样，在国际货币基金组织，美国财政部在重大救助中的主动权如此之大，以至于与美国财政部磋商是国际货币基金组织实施救助的捷径。1997 年，东亚金融危机爆发，韩国派出一名特使，执行制定一项国际货币基金组织的救援计划的任务。“我没有费心去国际货币基金组织，”特使后来回忆说，“我从首尔的家里给美国财政部萨默斯（Summers）先生的办公室打电话，然后飞往华盛顿，然后直接去了他那里。我知道这就是实现目标的方法。”❷2001 年，在为国际货币基金组织在阿根廷实行的货币政策所带来的灾难性后果寻求应对措施时，美国财政部再次充当了国际货币基金组织的急先锋（front bench）。《纽约时报》的一篇报道指出："作为该基金第一大股东，美国在为广大的发展中国家制定一揽子援助计划方面发挥着重要作用，这并不罕见。但是……在本案例中，政府的角色尤其复杂，许多深夜会议都是在美国财政部办公室举行，而不是在附近

❶ Gwin, *U.S. Relations*, p.59.

❷ David E. Sanger, “A Fund of Trouble: As Economies Fail, the I.M.F. Is Rife with Recriminations,” *New York Times*, October2, 1998, Archive p.5.

的国际货币基金组织总部举行。”❶

美国利用这种强有力的影响力塑造了国际金融机构的行为，而这些机构反过来又对发展中国家的生活条件产生强有力的影响。总的来说，对受援国的选择帮助了美国所青睐的国家，阻碍了美国强烈不喜欢的国家及其发展方向。例如，为了迁就美国，不顾其他成员国的抵制，世界银行拒绝向阿连德（Allende）主政下的智利、越南和桑地诺（Sandinista）主政下的尼加拉瓜提供贷款。但它向索莫查（Somoza）主政下的尼加拉瓜、马科斯（Marcos）主政下的菲律宾和蒙博托主政下的扎伊尔提供了贷款。在贷款委员会会议上，诸如担心世界银行项目将大大有利于索莫查家族（Somoza family）的忧虑，却得到了如此平静的回应："土地持有和索莫查所有权的问题是一个不幸的问题，但这是我们从一开始就意识到的问题，我认为现在提出这个问题已经太晚了。"美国对威胁自身权力之趋势的担忧产生了截然不同的影响，正如一篇关于在1961年给予厄瓜多尔农业信贷的与农业无关的评论中指出的："厄瓜多尔似乎是下一个支持卡斯特罗主义（Fidelista）的国家"，"因为这些政治风险，我们可能会考虑更多的IDA资金"。❷

"结构性调整"是利用国际机构塑造发展中国家生活的典范。它已动员世界银行和国际货币基金组织做出威胁性的、充满活力

---

❶ Joseph Kahn, "Argentina Gets $8 Billion Dollar Aid from the I.M.F.", *New York Times*, August 22, 2001.

❷ 摘录于"Rough Notes of Staff Loan Committee Meetings" in Kapur et al., *The World Bank*, i:History, pp.167 f.

的、广泛的和协调一致的努力，将大规模政策变革的要求作为贷款的条件。

长期以来，通过威胁来迫使别国接受附加条件一直是美国特别关注的问题。国际货币基金组织成立时，除美国以外的所有参与者都拒绝将政策变革强加给处于危机中的国家作为获得所需资金的条件；正如凯恩斯（Keynes）所说，国内政策的修改应当"由受影响的政府自行决定"❶。尽管这种"自发性"（automaticity）最初是由国际货币基金组织的协议条款规定的，但美国代表利用其权力阻止别国从国际货币基金组织提款，直到这种自发性被关于满足附加条件的规定所取代。❷ 20 世纪 80 年代初，在美联储的利率政策引发发展中国家债务危机的过程中，附加条件以一种独特的形式出现，这种形式在发展中国家普遍存在，并一直持续至今。国际货币基金组织和世界银行规定了"结构性调整"的附加条件，包括财政紧缩（随之社会支出的缩减）、私有化、外贸和金融自由化——大规模的政策转变意味着一个国家向里根总统在 1983 年的联席会议上所描述的"市场的魔力"开放了。❸

贷款往往是急需的。贷款即使获得批准，也面临下面这一条款

❶ See Keith Horsefield et al., *The International Monetary Fund 1945 - 65* (Washington: International Monetary Fund, 1969), i, p.65.

❷ See Mark Harmon, *The British Labour Government and the 1976 IMF Crisis* (London: Macmillan, 1997), pp.21–6. 正如出席执行董事会重要会议的美国代表所回忆的那样，"美国在国际货币基金组织中的声音是决定性的。……在那些年里，在任何可能大量使用国际货币基金组织资源的情况下，实际问题是美国是否会同意，而答案是通过直接调查获得的"。See Frank Southard, *The Evolution of the International Monetary Fund* (Princeton: Princeton Economics Dept, 1979), pp.19 f.

❸ Gwin, *U.S. Relations*, p.40.

的威胁：国际货币基金组织或世界银行（通常作为结构性调整的合作伙伴）的负面报告将导致私人企业丧失信誉。这一威胁影响的工具是由人们熟悉的美国制度性统治确立和维持的。世界银行授权发布的历史报告显示，在里根政府执政之初，美国财政部“委托进行了一项研究，以确定世界银行是否有‘社会主义’倾向，并阻止了向国际开发协会提供补充资金”[1]。1983年，里根对市场的魔力的鼓吹，与美国参与补充资金将取决于世行对这种魔力的接受程度的隐晦威胁交织在一起。在世界银行内部，美国的这一立场得到了新任首席经济学家的大力推进，而这位经济学家是由世行行长、美国一家大型商业银行的前首席执行官任命的。在制定世界银行应对发展中国家债务危机的方案时，美国的介入是如此得广泛，以至于时任美联储主席保罗·沃尔克(Paul Volcker)后来说，美联储和美国财政部“主导”了世界银行的贷款。[2] 在整个20世纪80年代，美国强行更广泛地动用附加条件，以深化不受限制的市场在债务国中的作用，世界银行不得不接受这些行为以换取美国对国际开发协会资金补充的批准。[3]

仅在1983年，就有52个国家受到国际货币基金组织结构性调整条件的制约。[4]20世纪80年代，拉丁美洲国家平均受到国际货币基金组织或世界银行6个调整方案的制约，而撒哈拉以南非洲国

---

[1] Kapur et al., *The World Bank*, i:History, p.338.

[2] Gwin, *U.S. Relations*, p.45，引自1992年对沃尔克的采访。

[3] Gwin, *U.S. Relations*, pp.40–8.

[4] See Adam Przeworski and James Raymond Vreeland, “The Effect of IMF Programs on Economic Growth,” *Journal of Development Economics* 62(2000), p.388.

家平均受到国际货币基金组织或世界银行 7 个调整方案的制约。❶在 20 世纪 90 年代，部分地由国际货币基金组织和世界银行鼓励的资本市场自由化引起的金融危机，为推动结构性调整提供了进一步的动力，其条件有时与引发这些危机的紧急情况相去甚远。因此，1997 年，当动荡的跨国资本流动将泰国房地产泡沫的破裂转化为东亚危机时，从短暂的流动性危机中拯救韩国管理良好的经济的贷款，是以取消进口限制和韩国金融部门向外国银行开放为条件的；这一变化与美国金融界长期追求的目标密切相关，却与遏制波动性的任务不甚相关。❷

20 世纪 90 年代，国际货币基金组织和世界银行不再使用“结构性调整”这个词。例如，国际货币基金组织撤销了“增强型结构性调整基金”(Enhanced Structural Adjustment Facility)，转而使用“减贫与增长基金”(Poverty Reduction and Growth Facility)。一份由世界银行和国际货币基金组织牵头，并由银行、捐助者和非政府组织参与，在地方审议中为低收入国家编制的减贫战略文件(Poverty Reduction Strategy Paper)的最新进展，作为一般债务减免和发展援

---

❶ See Giovanni Andrea Cornia and Sanjay Reddy, “The Impact of Adjustment Related Social Funds on Income Distribution and Poverty,” in Cornia ed., *Inequality, Growth, and Poverty in an Era of Liberalization and Globalization* (Oxford: Oxford University Press, 2004), p.272.

❷ See Joseph Stiglitz, *Globalization and Its Discontents*, ch.4; Stiglitz, “What I Learned at the World Economic Crisis,” *New Republic*, April17, 2000; testimony of U.S. Trade Representative Charlene Barshefsky, Ways and Means Committee, U.S. House of Representatives, February 24, 1998, www.waysandmeans.house.gov/Legacy, pp.3-5; Nicholas Krist, “Worsening Financial Flu in Asia Lowers Immunity to U.S. Business,” *New York Times*, February1, 1998.

助中“国家所有权”的基础被提出来。在分配优惠贷款时，世行参考了一个多维指数，即国家政策机构评估。但现实情况基本没有改变。

虽然许多国家政策机构评估倾向明显改善福祉的特征，例如减少腐败，但“结构性政策”簇基本上监测遵守从国家主导的发展向全球市场发展转变的持久计划的情况，在实践中它是迄今为止最重要的。在 2005 年为世界银行进行的一项研究中，哈罗德·贝多亚（Harold Bedoya）发现，在所有具有法律约束力的贷款条件中，45% 的贷款条件集中在结构性政策条件上，而在第二个最重要的簇中，即在“公共部门管理”方面的良好政府评级中，这一比例为 25%。（这种强调并不是从行之有效的做法中吸取教训。结构性条件与经济增长之间的独立相关性微不足道且呈负相关。[1]）埃里克·纽梅耶（Eric Neumayer）对“国家政策和制度评估”（CPIA）机制下贷款的影响因素的研究发现，当其他因素（如贫困程度）得到控制时，低腐败和法治与贷款的获得之间存在（统计上不显著的）负相关；发挥作用的是“低监管负担”。[2]

同样，结构性政策条件仍然是国际货币基金组织做法中不可分割的一部分。2002 年，国际货币基金组织在设定这些条件时采用了“节约”、“关键”和“精简”等通用性准则。尽管如此，2005 年的一项

---

[1] See Harold Bedoya，“Conditionality and Country Performance,” in Stefan Koeberle，Harold Bedoya，Peter Silarsky and Gero Verheyen eds.，*Conditionality Revisited*（Washington: World Bank，2005），pp.187，192.

[2] See Eric Neumayer，*The Pattern of Giving*（London：Routledge，2003），p.69.

审查发现，国际货币基金组织支持的方案中结构性条件的平均数量从2002年的17个增加到2004年的18个，而1995年只有10个。❶ 制定减贫战略文件（PRSP）的程序需要一开始就要接受国际货币基金组织单方面强加的制度框架；2001年，在着手制定的坦桑尼亚减贫战略文件（Tanzania's PRSP）中，就包含了30多个不可谈判的条件。❷

结构性调整对绝大多数发展中国家产生了重大影响，是人类历史上大规模政策转变中涉及面最广的一项协调工程。它改变了发展中国家政府和公民之间的契约，把国家对管理发展的承诺转变为对引导全球私营企业的承诺。国际贸易和资本流动在确定经济变革的速度和形式方面的作用已经大大加强。虽然经济动荡造成了对援助的广泛需求，但社会支出在GDP中的比重通常会下降，而且往往会大幅下降。❸

市场对效率、创新和扩大生产的压力，本应弥补结构性调整的人力成本。世界银行和国际货币基金组织的高层一直抱有这种预想中的希望，但迄今为止的经验并没有证明这一点。在对国际货币基金组织调整后的国家与类似的未经调整的国家进行的最广泛的受

---

❶ See IMF Policy Development and Review Department, "Review of the 2002 Conditionality Guidelines"(Washington : IMF, 2002), p.16.

❷ See Jeremy Gould, "Poverty, Politics and States of Ownership" 和 Gould and Julia Ojanen, "Tanzania: Merging in the Circle" in Gould ed., *The New Conditionality*(London : Zed, 2005), pp.3, 25.

❸ See Cornia and Reddy, "Social Funds," p.280. 世界银行关于其自身工作的一般辩护性报告 Vittorio Corbo, Stanley Fischer and Steven Webb ed., *Adjustment Lending Revisited*（Washington : World Bank, 1992）以及 Anne Maasland and Jacques van der Gaag, "World Bank-Supported Adjustment Programs and Living Conditions"，都对整个20世纪80年代接受广泛的结构性调整的国家用于卫生和教育的支出占GDP的比重下降表示关切，在这一时期，在他们的样本中，未经调整的发展中国家用于卫生和教育的支出占GDP的比重有所上升（p.52）。

控比较中，亚当·普泽沃斯基（Adam Przeworski）和詹姆斯·弗里兰（James Vreeland）估计，在国际货币基金组织的结构性调整计划下，调整后的国家年增长率平均下降了1.53个百分点。实施结构性调整计划的国家的经济增长速度并不比从未加入该计划的类似国家快。退出这些计划后，各国的增长速度也并没有超过进入前的速度。❶ 这些失败也不是不服从的问题。在对98个国家的国际货币基金组织计划的研究中，阿克塞尔·德雷尔（Axel Dreher）估计，在完全服从的情况下，接受国际货币基金组织的计划往往会使经济增长率下降约1.5个百分点。❷ 在世界银行的一项以大数据为基础的可控比较研究中，威廉·伊斯特利（William Easterly）得出的结论是，国际货币基金组织和世界银行的调整贷款计划往往会降低经济增长缓解贫困的速度，其结果是："实际的调整贷款对穷人人数的影响是，[每日开销低于2美元的人口数量]净增加了1400万。"❸

这些重塑发展中国家经济的项目并没有得到这些国家全体人民的追求或欢迎。事实上，在接受结构性调整计划的国家中，约有一半的国家曾发生过大规模而动荡的"国际货币基金组织暴动"，抗议实施的紧缩政策。❹ 委婉地说，结构性调整对经历过这种调整的人民的好处还不清楚。另一方面，美国政府的地缘政治利益和美国主

---

❶ Przeworski and Vreeland, "IMF programs," pp.297, 399-402.

❷ See Axel Dreher, "IMF and Economic Growth," *World Development* 34 (2006), p.779.

❸ William Easterly, "The Effect of International Monetary Fund and World Bank Programs on Poverty," *Policy Research Working Paper 2517* (Washington: World Bank, 2001), p.5.

❹ See John Walton and David Seddon, *Free Markets and Food Riots* (Cambridge, Mass.: Blackwell, 1994), pp.40-2.

要企业的经济利益，显然是来自以下政策：发展中国家向外国商品开放市场；将地方当局和企业赶出经济制高点；将地方金融与全球银行和投资体系结合起来；将通信和运输行业私有化并向外国投资开放；将农业和小企业的参与者转移到跨国制造业的劳动力大军中。结构性调整是美国借助跨国手段行使其专横影响的重要手段。

世界银行和国际货币基金组织所倡导的多边主义使它们成为反对和抵制美国倡议的论坛，这类反对和抵制会导致美国妥协，甚至偶有失败。但这些多边机构并不是美国直接参与的第二大替代品，而是在促进美国利益方面取得的重大进展，因为它们的影响力的大方向（尽管不是每一项决定）都是美国想要的。在苛刻条件下，贫穷的债务国对向它们强加苛刻条件的债权国产生了不可避免的怨恨，这种怨恨往往指向一个国际官僚机构，而不是美国或美国的银行。正如美国进出口银行（U.S.Export-Import Bank）执行副总裁戴维·贝姆（David Beim）1977年在关于美国商业银行向发展中国家过度扩张信贷的一次富有先见之明的讨论中所指出的那样："向最不发达国家（LDC）贷款的真正风险不是这些国家会避开银行，而是它们会吸引银行更深入地介入它们自己的内部事务，从而使银行成为对保守经济政策不满的人们的攻击目标……一些地方政客可能会通过转移祸水来减少民愤。但这给银行和整个美国都带来了明显的政治风险。"[1] 除了转移祸水之外，1981年里根政府对美国参与多边开发银行（MDBs）的概要性评估中还指出了一个更大的优势："因为多边

[1] David Beim, "Rescuing the LDCs," *Foreign Affairs* 55 (1977), p.725.

援助计划具有资源杠杆性质……美国应该能够通过多边开发银行以低于美国纳税人总体预期成本的方式实现其外交政策目标，而不是由美国拨出同等数额的资金。”[1]

实际上，国际货币基金组织和世界银行的决定反映了两种类型的国际合作。首先，其他主要发达国家通常都同意美国倡议的基调，即开放发展中国家的贸易和资本流动，在这些国家陷入危机时保护外国债权人的利益。美国总是更快、更广泛、更深入地利用国际金融机构灌输市场的魔力。尽管如此，其他主要的发达国家仍发挥着真正的尽管是次要的作用。这在道德评估阶段很重要，因为它会派生出共同的责任。

其次，结构性调整往往是发达国家的政府和经济精英与受条件制约的国家的政府和经济精英进行的秘密合作。尽管对可怕的替代方案的恐惧可能会迫使一个不情愿的政府接受结构性调整作为摆脱危机的途径，但政府及其支持的精英们或许乐于接受这些使许多公民付出沉重代价的措施，同时宣布这些措施是从外部强加的，必须在尽力承受灾难性的损失下加以遵守，从而获得外国信贷。正如约瑟夫·施蒂格利茨作为世界银行首席经济学家在华盛顿发展共同体（Washington development community）工作后指出的那样：“国际货币基金组织同一个国家的财政部进行交往，而该财政部往往在很大

[1] U.S. Department of the Treasury, *Assessment of U.S. Participation in Multilateral Development Banks in the 1980s* (Washington: U.S.Government Printing Office, 1981), p.D-14.

程度上反映了该国金融界或更广泛的精英阶层的利益。”[1]

在这里，也存在着可派生出共同责任的共同机构（shared agency），这种责任由地方政府和外部国家共同承担。对当地精英坚信不疑的后果的恐惧，是美国及其主导下的机构所制造的恐惧。地方政府意愿中的（即便是默许的）对外部强权的邀请，并不能取消外部对后果的责任，因为外部强权的责任是对发展中国家人民的责任，而不是对其政府的责任（除非这些政府代表该国人民的共同利益和普遍意愿）。

这种由外部势力和地方精英组成的混合机构，在真正的帝国历史上是很常见的。在大英帝国穿越非洲和中东的征程中，人们对女王陛下军队会采取什么行动的恐惧，常常超过了酋长和埃米尔（emir）的抵抗。但是，有时，英国可能的镇压却可以成为酋长和埃米尔的一种资源；在帝国的支持下，这些酋长和埃米尔——作为“间接统治”的代理人，而不是作为远离英国权力的统治者——他们的处境更加安全和奢侈。他们邀请英帝国进来的事实，并没有使英国免除责任。

暴力塑造与军事支持

塑造发展中国家生活的其他机制由多国机构进行间接管理。例如，发展中国家的生活条件往往是由美国的破坏性力量塑造的。如果这一行为在推翻一个政权（该政权的倒台被视为对美国至关重要的，就像在伊朗、危地马拉、尼加拉瓜、阿富汗和伊拉克那样）方

---

[1] Joseph Stiglitz，“Globalization and the Logic of International Collective Action，” in Deepak Nayyar，ed.，*Governing Globalization*（New York：Oxford University Press，2002），p.244.

面发挥着关键作用，那么它就是最引人注目的。此外，不管地方政权的起源如何，一片领土上的政策大方向往往与美国的利益有关，因为该政权依赖美国的军事支持。

中东是一个著名的军事保护地。沙特王室在遏制油价飙升和扩大产量方面发挥了全球主导的作用，并给予美国石油公司优惠条件，以换取对其脆弱统治的支持，这一统治以镇压、偏执和拿国家财富换取王室奢侈生活而闻名。作为沙特阿拉伯最大的武器供应国，美国在 20 世纪下半叶对沙特政权的军售总额超过 1150 亿美元（以现在的美元计价）。❶ 这种以武器换石油的方式，迅速造就了一支高度发达、高度依赖美沙军事合作的军事力量。正如美国国务院在 2004 年所说："长期的安全关系在美沙关系中仍然很重要。1953 年在达朗（Dharan）成立的美国军事训练团为沙特武装部队提供武器使用和其他安全相关服务方面的训练和支持……美国陆军工程兵团在沙特的军事和建造活动中发挥了长期作用。"❷

在 20 世纪的最后 25 年，以色列是迄今为止美国军事援助的最大受援国，经常得到总军事援助的 40% 以上，1999 年为 51%。埃及是第二大受援国，1999 年接受了 35% 的援助。❸ 这些援助水平在新世纪的头十年继续或有所增加，由于对波兰的大规模军事援助以

---

❶ Alfred Prados, "Saudi Arabia: Post-War Issues and U.S. Relations," *Congressional Research Service Report* (Washington: Library of Congress, 2001), www.ncseonline.org/nle/crsreports/international/inter-74.cfm. pp.5 f.

❷ U.S. Department of State, "Background Note: Saudi Arabia," (2003), www.state.gov, p.7.

❸ U.S. Dept. of Commerce, *Statistical Abstract of the United States 2001*, "U.S.Foreign Military Aid by Major Recipient Countries" 与 1981 年、1991 年、1995 年的类似表格。

及对伊拉克和阿富汗新政权的支持，在某些年份，援助排名有所变化。2005年，主要受援国的军事援助总额中，以色列占30%，埃及占18%，伊拉克占17%。❶ 美国军事援助为以色列政府在维持主权或者对大多数阿拉伯人民居住的领土进行备受怨恨的监视方面提供了一个重要组成部分。❷ 作为庞大支持的回报，美国在中东拥有一个完全安全的军事盟友和外交盟友，这种关系为全世界其他代理人提供了强大的忠诚保证，并增强了人们对阿拉伯民族主义失败的认识,而阿拉伯民族主义曾是美国在中东地区利益的主要威胁。在埃及，这种援助有助于维持一个四面楚歌的独裁政权，而这个独裁政权正是美国在中东利益的主要阿拉伯国家的倡导者。

由于军事支持使美国在一个地方政权的生存中发挥着中心作用，因此，军事支持似乎在地方决策和美国利益之间建立了一种特别紧密的联系。然而情况并非总是如此。军事支持往往是昂贵而引人注目的，容易引发人们对美国的代理人和美国统治的反对，从而使美国的军事力量面临被打败或重新部署的风险；美国的军事支持仅仅表明美国在当地的利益至关重要，而如果没有其扶持的政权的合作，它在当地的其影响力将是脆弱的。受资助者可能会利用美国的重要需求作为他们自己议程的保护，而这些议程可能并不完全符

❶ U.S. Dept. of Commerce，*Statistical Abstract of the United States* 2008，p.798. 在2008年拟议中的对外援助预算中，“和平与安全”类援助35%流向以色列，19%流向埃及。See U.S. Department of State，*Congressional Budget Justification: Foreign Operations*，2008财年，www.state.gov，pp.760-2.

❷ U.S. Central Intelligence Agency，*World Factbook*（www.cia.gov，2008年9月查阅），“以色列”、“西岸”、“加沙”条目，涉及阿拉伯国家的占大多数，约占51%。

合资助者的意愿。尽管巴拉格尔（Balaguer）的政治生存有赖于美国海军陆战队的入侵，但他有时以国际交易效率低下为代价，对多米尼加经济实施个人控制,并用危及稳定的恐怖和腐败来击败对手。《五角大楼文件》中来自西贡的电报充满了这样的抱怨：即使面对美国要求其改革的压力，南越的军政府仍然急于追求个人利益。

无论如何，在不丧失其更大影响力（丧失更大影响力不符合任何一方的利益）的情况下，当地政权能够实现而美国又希望的那些目标是有限的。1973 年，当美国的军事空运一扫以色列在 10 月战争中的颓势后，沙特阿拉伯心不甘情不愿地回应了阿拉伯石油禁运的呼声，以缓和事件的影响，而沙特阿拉伯没有预料到实际结果是石油价格的大幅上涨。[1]然而，如果沙特阿拉伯完全拒绝参与禁运，那么抵制的短期效率的降低很可能会被操控影响力的长期丧失所抵消。

尽管有这些偏离，军事赞助依旧是一种手段，通过这种手段，美国可以把在一片领土上的政府的施政纲领控制在美国认可的轨道内。虽然受资助的政权对其统治的后果负有重大责任，但外部的资助者也是如此：如果没有依赖外部支持的内部默许，该政权可能无法继续掌权。

援助依赖

对美国经济援助的依赖（没有多边机构的调停），是美国对发展

[1] See Madawi al-Rasheed, *A History of Saudi Arabia* (Cambridge: Cambridge University Press, 2002), pp.136-9.

中国家的专横影响的另一种机制，该机制有助于美国对领土的全面统治。如果美国国内的特殊利益以及受援国的外交政策不能指导援助的分配，对减少援助的恐惧也不能作为影响这些政策的手段，那么援助依赖将是贫穷的不幸后果，而不是专横影响的工具。事实上，在分配援助时，美国行使一个非常富裕国家的特权，以促进符合其利益的政策和联盟，并且不受贫穷国家人民利益的影响。在特别依赖援助的国家中，美国的援助通过令人担忧的前景和减少援助的巨大破坏性影响，充当了一种威胁影响的工具，有时充当了瓦解政权的工具。

正如那些负责美国专横影响保护的人所认为的那样，美国以速度和精准度跟踪美国的战略需求的重点。1999 年，以色列是美国经济援助的最大受援国，尽管以色列（即以色列本土，不包括约旦河西岸和加沙）是一个高收入国家，人均国民总收入（GNI）按购买力平价计算在世界银行所列 207 个国家中排名前五位。真正贫穷的约旦河西岸和加沙获得了以色列 7% 的津贴。受援数额紧随以色列的是埃及，被世界银行列为“中等偏下收入国家”。2001 年，这些国家获得援助的数额被哥伦比亚（按购买力平价计算，人均国民总收入在 208 个国家中排名第 88 位）超越，从而巩固了美国所获得的来自哥伦比亚新政府的支持（哥伦比亚紧邻一片日益不友好地区中一个最具挑衅的政权）。2003 年，其他事件导致了受援对象的不同排名，按降序排列为：伊拉克（迄今为止排名第一）、约旦（规模虽小但极具战略意义和潜在不稳定性）、阿富汗和哥伦比亚，它们接受的援助是人口较多且正从一场破坏性的战争中恢复过来的刚果民主共和国［简称刚果（金）——译注］的五倍多，而按购买力平价计算，刚果的人均收入是哥伦比亚的十分之一。仅这四个国家就获得了美国经济援助总额的三分之一，其次是其他具有重大战略意义的国家。[1]

即使在发放“发展援助”类的援助时，美国也不青睐低收入国家。2006 年，美国只有 32% 的双边发展援助流向了低收入国家，其中全世界 37% 的人口居住在这些国家。[2] 进一步反映了美国在发展援助中美国的独特利益的是，约 70% 的双边发展援助承诺与从美国购买商品和服务挂钩。除了它们带来的美国收入外，这些联系还有助于将经济体与美国公司、商业惯例和投资目标联系起来。[3]

对援助的依赖程度足够深的地方，美国援助的持续批准可能成为政治生存的一个条件。海地就是一个生动的例子。面对阿里斯蒂德（Aristide）对他原本承诺接受的国际货币基金组织 / 世界银行的政策的抵制，加上某些政治渎职行为（美国愿意为之资助的专制和腐败政权而言，这些渎职行为是微不足道的），美国的援助从 1995 年（美国支持的阿里斯蒂德政府重建的第一年）的 1.58 亿美元下降至 1996–1999 年的平均 9900 万美元，之后又急剧下降，与此同时世

---

[1] See *Statistical Abstract of the United States*, 2001, 2004, 2006, tables on “U.S. Foreign Economic Aid by Major Recipient Countries” and World Bank, *World Development Indicators 2001* (Washington: World Bank, 2001), table 6.11 ; 2005, table 1.1.

[2] See World Bank, *World Development Indicators 2008* (Washington : World Bank, 2008), tables 1.1, 6.12, 6.15.

[3] 据公布，1998 年这一比率是 70%，当时其他捐赠者的比率约为 20%。See World Bank, *World Development Indicators 2003* (Washington: World Bank, 2003), table 6.9. 自 1998 年以来，美国已成为唯一一个没有报告其援助比例“挂钩”的主要捐助国。根据联合国开发计划署发布的《人类发展报告 2005》，美国对最贫穷国家的援助中平均有 83% 是挂钩的。United Nations Development Program, *Human Development Report 2005* (New York, United Nations : 2005), p.102.

界银行和国际货币基金组织提供的资金也在减少。2003 年，美国完全停止直接向阿里斯蒂德政权提供援助，而阿里斯蒂德政权通过非政府组织获得的援助总额比 1995–1999 年的平均水平下降了 28%，比 1995 年下降了 55%。以援助占国民总收入的比例衡量，海地 1995 年的援助依赖率为 28%，是世界上援助依赖率最高的国家之一。[1] 因此，撤回援助在使前政权敢死队的领导者重新进入海地并罢免民选总统方面发挥了重要作用，而民选总统的持续广泛和激进的支持需要在今后两年内定期进行暴力镇压。此时，阿里斯蒂德所在政党另一名成员，一位更尊重美国权力、更能满足美国要求的前总统当选为海地总统。就像《纽约时报》报道的那样，据“政治观察家”称，他“就是美国和领导联合国稳定特派团（United Nations Stabilization Mission）的各国政府努力恢复秩序所寻觅的那个人”[2]。

贸易依赖

美国的大多数贸易都是与富裕国家进行的，这些国家的国内市场、其他合作伙伴以及技术和商业设施，使它们在国际谈判的激烈竞争中拥有应对美国威胁的强大力量。对于一个严重依赖美国市场，以美国直接投资为导向，对美国在贸易协定中的赞成或反对以及对不公平贸易做法的指控十分敏感的小国和穷国来说，情况大不相同。

例如，因对美国的贸易依赖而非援助依赖所造成的美国不满的

[1] World Bank，*World Development Indicators*（1997–2004），tables 6.10，6.11；U.S. State Dept.，Bureau of International Information，“USAID official reaffirms U.S. commitment to helping Haiti，” www.state.gov，2004 年 1 月 20 日查阅。

[2] Ginger Thompson，“Candidate of Haiti's Poor Leads in Early Tally，” *New York Times*，February10，2006，p.A10.

代价，是美国对中美洲发生影响的一个主要因素。除了巴拿马偶尔例外外，没有一个中美洲国家从美国获得大部分发展援助；通常，几个国家从至少一个其他国家，常常是多个其他国家获得更多援助。然而，除了巴拿马之外，这些国家都极其依赖与美国的贸易。2006年，哥斯达黎加对美国出口占国民总收入的比例为18%，尼加拉瓜为29%，洪都拉斯为42%。❶ 美国威胁不让贸易竞争对手获得优惠准入的做法，对这些贸易依赖者产生了巨大影响。在一发展中国家集团坚持要发达国家减少农业补贴，拒绝美国在2003年世界贸易组织坎昆会议上寻求的那种贸易自由化之后，美国将退出中美洲自由贸易联盟（Central American Free Trade Association）的威胁成功地使中美洲国家从反对发达国家农业补贴的联盟中退出。2005年，当尼加拉瓜议会中第一大党与桑地诺民族解放阵线结盟，试图让尼加拉瓜总统下台时，即将成为世界银行行长的美国副国务卿就飞抵马那瓜（尼加拉瓜首都——译注）。对尼加拉瓜而言，威胁减少美国的援助是没有意义的，因为美国援助只占其援助总额的七分之一，占双边援助的五分之一，每个尼加拉瓜人大约20美元。但是尼加拉瓜对美国的出口占其国民总收入的24%。❷ 副国务卿“警告商界领袖……如果他们希望继续与美国做生意的话，就不应该继续支持那些试图推翻尼加拉瓜总统的政党。佐利克先生说，他这样告诉商人们，否则，

---

❶ *Statistical Abstract of the United States 2008*，table 1278；*World Development Indicators 2008*，tables 1.1，6.11.

❷ World Bank，*World Development Indicators 2007*（Washington：World Bank，2007），tables 1.1，6.11，6.12；*Statistical Abstract of the United States 2007*，table 1288.

‘你们将会丧失贸易机会’”。❶

根据对“帝国”一词的普遍性解释,“美利坚帝国是现实存在的”的说法似乎是正确的。这种持久的跨国政治权力体系涉及各种形式的专横影响，对外国人的生活产生了巨大影响，其行使方式很难与尊重外国人的自主性相协调。正如在尊重自治的前提下调和不同的国内权力关系会引起对处境不利的同胞的关切一样，跨国制度大概也产生了帮助处境不利的外国人的政治义务。但是，美利坚帝国的跨国关系与美国国内的关系并不相同，因此我们可以预期，跨国责任也会有所不同。美国公民必须支持哪些措施来帮助发展中国家的弱势群体，以履行他们在美利坚帝国中的责任？其他发达国家——它们与美利坚帝国合作，有时也追求类似的、独立的、较小的权力路径——的公民必须支持哪些措施，以履行其责任？根据本章对帝国关系的考察，下一章将探讨帝国的这些责任。

❶ Joel Brinkley,“U.S. Threatens to Shun Nicaraguan Business if President Is Ousted,” *New York Times*, October6, 2005. p.A13.

第六章 帝国与义务

美利坚帝国这个话题，通常是在争论世界是否会因为它的缺席而变得更好的时候讨论的。我将在下一章结束时进入这场辩论。但是匆忙对它进行讨论将会绕过一个跨国责任的核心问题：这种目前看似不会立即结束的权力结构的存在，如何影响了美国及其发达国家盟友的公民对发展中国家人民的政治责任？在第二章中，同胞之间的政治责任取决于他们通过参与共同的政府塑造彼此生活的方式。美国与其他发达国家结成基础联盟，对发展中国家施加专横影响的方式，也可能派生出帮助这些外国人的跨国责任。我要说的是，主要的、未得到履行的帝国责任实际上是由帝国权力派生出来的。

没有捷径

鉴于上一章所述的专横影响，似乎很容易确立一项涉及大多数发展中国家的高标准的帝国责任。美国直接或通过指导多边进程，在大多数发展中国家塑造了自我发展的条件。因此，在没有这种专横影响网络的情况下，对处境不利者的政治责任将把美国公民与其同胞捆绑在一起，而现在这种政治责任似乎必须扩展到所有参与其中的人。诚然，在专横影响的网络内，就像在国内一样，参与者应该坚持让处境不利者履行自己的责任，努力向前迈进。此外，帮助处境不利的外国人的政治义务将很难仅限于美国人：所有参与跨国生活塑造的发达国家的公民都应根据其国家发挥影响的资源和倡议提供相应的帮助。尽管如此，美国不成比例的资源和主动权仍将使它承担迄今为止最大的责任，以维护某种贯穿整个美利坚帝国的正义标准；这种标准在美国权力没有超越国界的情况下只约束着美国公民。例如，如果美国公民有义务确保他们处境最不利的同胞的生活前景尽可能好，如果权力不超越国界，那么他们就应尽最大的责任去最大限度地改善整个美利坚帝国领土上处境最不利者的生活前景。

这个结论过于仓促了。从道德上讲，如果第二章充分描述了同胞之间政治责任的起源，那么美利坚帝国就并不是一个噱头而已。美国人相互之间所负义务的程度和性质所反映的是：每个人的幸福对他们共同的政府所实施的法律和政策的深度依赖，那些法律和政策对他们的生活前景的不同影响，对所有人都期望（但通常难以实现）的共同政治秩序的高度忠诚，以及公民们在主权国家边界内对其生活所行使的排他性的终极政治控制。这些共同点并不能约束美利坚帝国的所有臣民。一个负责任的美国公民不会从危地马拉人那里寻求对美国机构的忠诚支持。美国的富人和危地马拉的富人在很大程度上依赖于各自国家不同的公共设施来获得成功。危地马拉人生活前景的差异很大程度上源于危地马拉的社会制度和政治制度；对帝国影响机制的调查并未表明，危地马拉人和美国人在生活前景方面典型而巨大的差异主要源自帝国统治。无论美国对危地马拉人生活的影响有多大，危地马拉都不在美国排他性主权控制的范围之内。总之，没有任何推断能够快速确定由于美利坚帝国而产生的跨国责任的性质和程度。

本章将借鉴并补充上一章中对帝国的描述，而不是寻求某条捷径来说明，在帮助发展中国家人民方面，帝国权力的三个具体进程产生了多么重要却基本上未得到履行的责任，这三个进程包括：通过结构性调整和对经济需求的类似使用来塑造发展道路，支持专制的傀儡政权，以及行使直接的和赞助的破坏性力量。第一个进程产生了满足基本需要的高标准的辅助性义务（residual responsibility），第二个进程产生了促进附属领土繁荣（高于基本需求的满足）的义务，第三个进程产生了广泛的修复义务。

对美国未能履行这些责任的批评，虽然可能是严厉的，但并不等同于导致许多人希望美利坚帝国消失的控诉，也不等同于对帝国的治理有造成不公正伤害包括不正义暴力带来的巨大损失的持久趋势的指控。下一章将会评估这一指控——自然而然地促使帝国灭亡的愿望，以及若它为真将产生的责任。结论将是，这些指控是成立的，但它们不支持美利坚帝国消失的愿望，相反，它促成了一种独特的公民责任，即限制帝国的不道德的过激行为。

操控发展

近几十年来，美国有时直接采取行动，但往往通过国际金融机构采取行动，将大多数发展中国家的发展道路转向了它所青睐的方向：从国家主导的发展转向私有化、财政紧缩、对货物和投资之跨境自由流动开放、跨国公司与当地企业享有同等待遇。最明显的操控手段是结构性调整，即国际货币基金组织和世界银行规定向这个方向发展，以此作为摆脱货币或财政危机所需的援助和低于市场利率贷款的条件。但是，这一手段与其他手段协同工作，通过设定帮助满足迫切需要的条件，无论是明示还是暗示，制定出了美国所偏爱的但不是发展中国家全体人民所偏爱的发展政策。例如，在乌拉圭回合中，结构性调整与第三章所述对市场准入的迫切需要的操控同时进行。结构性调整也是美国对贫穷国家的政府提供对外援助的前提条件，即要求这些国家向市场化方向调整；这些条件有时是非正式的，有时是含蓄的，有时是官方规定的，就像通过“千禧年挑战账户”（Millenium Challenge Account）选择援助对象时，利用传统基金会（Heritage Foundation）所做的贸易政策排名那样。在本节中，“结构性调整”指的是一整套相互加强的需求操控，其中结构性调整是最突出的部分。

通过操控需求来操纵发展的流行做法并不是始于1980年左右。在那之前的几十年，美国的对外援助——资金、技术援助以及早期大量的粮食援助——通过抑制民族主义的发展进程，促进适当的基础设施（尽管有很多浪费），侵蚀传统的农业经济，为跨国制造业的发展奠定了基础。[1] 事实上，结构性调整已经有很多重要的历史先例：19世纪，英国政府、伦敦银行和当地精英相互合作，共同塑造了南

---

[1] 对于20世纪50年代和60年代粮食援助在影响发展中的作用的充分说明，see Harriet Friedmann，“The Political Economy of Food：The Rise and Fall of the Postwar International Food Order,” *American Journal of Sociology* 88（Supplement 1982，“Marxist Inquiries”）：S448 - S286.

美洲的发展道路。[1]专注于结构性调整为各种手段所派生出来的责任提供了一个模板，而通过这些手段，帝国（无论是隐喻的还是真正的）在没有暴力威胁或者动用暴力的情况下，塑造了那些努力摆脱贫困的人自我发展的制度框架。

在探讨结构性调整的道德含义时，我将首先以两种方式简化复杂的因果过程。在现实中，许多发达国家和组织在这一过程中发挥了积极作用。这有助于一开始就采用一种简化的假设，即一个外部单一行为体通过结构性调整这一工具操控发展：美国，通常通过国际机构采取行动。一旦确定了由此产生的明确责任，我们就很容易结束无端的争论，并将实际共同的责任在多个行为体之间分配。

另一方面，我将首先把内部行为体在限制、改变或（至关重要地）补充结构性调整对发展政策的影响放在一边。实际上，我将假定，地方政府之所以不愿意采纳发展政策框架，仅仅是因为外部提议附带的条件，而这些附带条件因为地方需要的紧迫性当地政府不能负责任地拒绝。然后，当地方政治机构的影响被纳入考虑时，它将产生极其重要的地方责任，但不会改变结构调整者承担相关责任的基本原则。根据我已质疑的最大化评估方法，结构性调整（在这个简化版本中）将赋予美国公民这样一种责任：像对待其处境不利的同胞那样对待那些受结构性调整政策影响的国家的处境不利者。根据

---

[1] 例如，see Tony Smith，*The Pattern of Imperialism*（Cambridge：Cambridge University Press，1981），pp.21－32；P. J. Cain and A. G. Hopkins，*British Imperialism：1688－2000*（London：Longman，2002），ch.22.

最小化的评估方法，由此产生的责任仅仅是在满足规定条件的情况下履行援助、贷款或市场准入的承诺的义务。我将为这两个极端之间的高标准评估方法辩护。

在风险很大的情况下，认识到在指导他人选择时应注意的义务，就足以建立起比最低需求更高的义务标准。结构调整者在制定政策条件时唯一适当的目标就是经济改善目标。作为实现任何其他目的的手段，这些政策条件将是对他人如何处理他们的事务的选择所做的不恰当的强制要求，就像房屋按揭贷款人坚持要求用该贷款购买的房子必须要用他最喜欢的颜色粉刷一样。在规定实现这些重要目标的方式时，调整的主导者最好有充分的证据证明自己的策略是有效的。由于一些条件被附加到政策决策中，经济上接受调整的国家（我们假设），除了走规定的道路，无法做出负责任的选择，如果调整者的策略是错的，那么人们的生活将受到威胁。如果调整者的策略是基于不合理的自信，那么调整者就犯了疏忽的错误，因此造成的伤害应该得到补偿，就像医生应该对于她的疏忽要给予补偿一样，不管她的本意有多么善良。如果事后的失败表明，干预是错误的，那么，干预者就有责任以适当修改的条件重新提供援助。当别人的生活依赖于我们的指导时，我们必须这样做，才能值得别人的信任。

在所有那些将对他人生活产生重要干预的行业中，这些行为准则都是广为人知的，它们将结构性调整与实质性的职责联系在一起。虽然结构调整者已经履行了不放弃的义务（如果他们的建议是糟糕的），但前几章概述了他们普遍麻木不仁的情形。在强制执行服从市场力量的策略方面的克制并没有跟上削弱人们对其有效性的自信的证据的步伐。事实上，鉴于专家共识在过去屡遭失败，在结构性调整之初，坚持统一遵守“华盛顿共识”（Washington Consensus）就是失职的。

然而，避免疏忽的干预很难成为关切的政治义务的限度。由于作为同胞我们彼此相互影响，因而我们有互相帮助的义务，而不仅仅是在选择帮助时要小心的义务。虽然结构性调整并不能推断出我们对美利坚帝国领土内的所有人也负有相同的相互帮助的义务，但它也使得努力帮助的义务是非选择性的。在通过结构性调整改变发展道路的过程中，美国被赋予了满足他人基本需求的辅助性义务，只要这些需求无法通过其他国家之公民（他们的自我发展的制度框架已经被结构性调整政策所改变）的真诚努力得到满足。

我所说的“基本需求”，指的是那些需求的满足通常是获得满意生活的前提条件，甚至在人们自律地根据自己的资源调整自己的生活目标时也是如此。这些基本需求得不到满足会产生特殊的政治后果。如果有人不能通过她自己的努力以及履行政治责任的其他人的帮助来满足她的基本需求，如果政府声称拥有在领土内制定自我发展条件的广泛特权，那么她对政府的接受就理所应当地取决于政府帮助她满足基本需求的承诺。如果政府没有帮助她（这与她履行了自己的责任不矛盾），如果在她得到帮助时那些至少和她一样贫困的人也不会受到忽视，那么这种对她的需求的忽视就能证明她不愿意支持其政府的正当性。如果她自己致力于一个要求广泛权威的政治秩序，却很少承诺通过自己的努力保证自己过上满意生活，那么她就没有认真对待自己的需求。同样，一个政府只有优先满足领土内人民自己无法满足的基本需求，才能负责任地制定领土内人民自我发展的条件。

发展中国家的政府以不同程度的真诚和能力，提供各种设施，实施各种政策，以便缓解阻碍其许多公民基本需求得到满足的经济劣势。在结构性调整中，一个外部行为体——美国（在我们简化后的模型中）——利用紧迫的基本需求来促使这些政治措施发生转变，即改变了发展中国家自我发展的性质和前景。比如说，以前农场主将产品卖给市场委员会（marketing board），穷人购买补贴食品，农场和企业受到关税壁垒、国内所有权要求以及当地银行和信贷机构优惠政策的保护，免受外国竞争的影响。现在的情况，也许更好，也许更糟，自我发展取决于增大了的基于市场的风险、机会和变革的压力，它们破坏了以前的关系网，加快了以前的生活节奏。

因为美国强行将新的发展方向加诸那些可以更好地满足人民基本需求的国家项目之上，所以美国应当在项目中承担起帮助的责任。这类政治项目，其影响涉及面广泛且不可避免，远远超出了对先前政治权利的无争议保护；这类项目只有在得到所有人的自愿支持的前提下才能正当地强制予以实施。如果不承诺去满足那些其生活将被改变的人的基本需求，那么，这个项目便不值得支持。以前，参与这项努力满足基本需求的责任是当地政府的责任。现在，美国已经利用对可怕后果的恐惧迫使这些国家朝着它所偏好的方向发展，它也分担了这一责任。

如果当地政府起码有能力选择正确的发展道路并更能代表当地

的发展偏好，那么美国的帮助责任就是极其高标准的了。当地政府被迫接受了实施其政策的约束性条件，而当地政府如果想履行它的帮助其公民满足他们的紧迫需求的责任，原本是应当拒绝那些约束性条件的。通过规定这些条件，美国傲慢地接管了那些将承受其强加的发展政策后果的人的适当特权。它忽视了本国公民和另一个国家的公民在道德上的关键区别。对这一篡夺行为做出的适当赔偿，就是尽力确保他们成功摆脱贫困（当地政府曾许诺他们会摆脱贫困）。倘若把这些外国人真的当作它自己的公民来对待的话，美国就应该（如果需要的话）把自己的资源用于他们的成功发展。

鉴于指导外部行为体在塑造当地发展道路方面的共识一再失败，而且这些行为体远离当地政治进程，对能力和代表性的限制不是很苛刻。但是假定它们并没有得到满足。即便如此，美国依然要投入相当多的资源来帮助那些必须适应新发展道路的人。

如果作为结构性调整目标的政府非常不称职和缺乏代表性，那么它对经济生存的需求就可以被操纵，也没有对其选择的价值表示出不尊重。重要的是那些被这个政府挫败的人民的选择能力，而不是控制当地精英的努力。并且，在寻求将其青睐的发展道路强加给其他国家时，美国必须注意，这一道路应该得到那些被强加的国家的自愿支持。否则，美利坚帝国离专制暴政就只有一步之遥了。结构性调整改善了一个掠夺性政府原本需要去做的事情，那是远远不够的。一个掠夺性暴君的臣民可能会非常高兴——因为他已经废黜了比他更具掠夺性的叔叔，并承认目前没有比他的暴政更好的维护政治秩序稳定的来源。这个侄子所做的，仍然是政治上不负责任的。如果与当地政府的所作所为相比乏善可陈，那么，美国就必须回应当地人的抱怨，即如果新的发展道路已经成功实施，那么，尽管当地人已经尽了最大努力，但是他们的基本需求却依旧得不到满足。

似乎结构调整者可以通过指出它（归根结底是它的纳税人）提供了一些东西来换取当地政府对遵守附加条件的承诺，从而满足这些抱怨。它提供援助，或提供低于市场利率的贷款。然而，这种回应忽视了那些附加条件广泛而深远影响的道德意蕴。一个行为体设定了其他人追求其重要利益和合法利益的制度框架，这是他确保其他人的基本需求得到满足的道德理由，尽管提供这类援助只是外部行为体设定制度框架的手段。

例如，在前现代的情况下，失去资源的人的最后手段可能是一个富人善意地提出把他作为佣人领进他的家庭。这是由一个不需要佣人的富人提出的善意提议，但是这并不能否认这个富人要为那个人提供体面的工作条件、满足基本需要的义务，即使做得更少点依然会令这一提议具有足够的吸引力。在现代环境中，几乎所有的雇员都不可避免地要在某个雇主或其他雇主所设定的环境中生活，这就产生了雇主要为雇员提供一个体面的工作环境的义务。“这总比挨饿好”并不是对工人抱怨的适当回应。同样，当结构调整者试图把自我发展的某种制度框架强加给整个社会时，结构调整者就应该同时致力于满足人们的基本需求，只是人们必须得忍受这套被强加的制度框架的后果。在所有这些情况下，为人们追求他们所确定的目标而设定制度框架的行为派生出了一种特殊的责任，即确保在该框架下生活的人过上满意的生活。不承认这种责任的制度框架制定者，就没有充分重视一个被迫（至少是被她的生存环境所迫）接受该制度框架的人的选择能力。

诚然，鉴于制度框架制定者所承受的负担，其所负有的在制度框架范围内帮助他人满足基本需求的责任，必须减轻。仁慈的富人不必牺牲他的财富，因为他已经决定与他人分享它。资本主义社会的雇主有权获利，包括因从事管理工作而获得的公平工资。尽管如此，美国从结构性调整进程中获得的巨大收益构成了一项维持基本需求的基金，这一基金在接受“这对我们要求太高了”的请求之前，作为在这一进程中所要求的责任的限制，必须用尽。

美国操控发展中国家的发展道路，是增强美国人民在发展中国家经济活动中的优势的有力手段。对市场的极端开放极大地增加了美国公司的投资和贸易机会，极大地帮助了美国消费者，然而往往给发展中国家造成了破坏，却没有带来相应的收益。通过将当地政治精英从经济制高点上赶走，经济转型也提升了美国政府在战略要地的政治影响力方面的利益。赠款和低于市场利率的贷款是这一转变的重要工具，因为市场没有充分刺激大规模、长期的结构性变革，而不是因为结构性变革进程是一个自我牺牲利益的问题。因此，作为结构性调整杠杆的赠款或贷款应被视为在这一进程中的一个事件，而在这一进程中，美国受益于其利用他人弱势而谋取利益的能力。那些从控制他人自我发展条件中获益的人，他们不应该出让高于那些生活被他们所塑造的人通过努力而获得的公平工资的任何东西。否则，他们就是把弱者视为资产，而不是视为人。

为了从强制推行发展道路的做法中保有巨大的利益，而不是促进对他人基本需求的更成功满足，美国效仿专制暴君的做法，即专制暴君的统治既是一种对抗混乱的手段，也是一种获取贡品以维持其统治的手段。

因此，无论这是否是一种傲慢的篡夺，结构性调整都产生了一种强大的关切责任。然而，这种责任有明显的限度。它所要求的关切是一种辅助性关切（residual concern），即对于那些寻求满足基本需求的穷人，要首先充分尊重其自力更生的能力，然后在此基础上提供帮助。

这种关切之所以是辅助性的，是因为负责任的结构调整者必须寻求的对其结构性调整的那种接受，是一种与自尊相容的接受。在一个主权国家里，具有自尊心的人（不论是个人还是集体）都喜欢自力更生，而不是外界的帮助。他们希望能够以自己的成就为荣。他们倾向集体努力，通过表现出与人际关系内在价值相对应的特殊关切来表达对持续存在的关系的适当重视。这些关系在很大程度上是限定在国界之内的，不包括对美利坚帝国的从属关系。自尊包括某种强烈的互惠偏好，即对重要利益的全心全意的终极回报。这种互惠关系是通过发展中国家内部正在进行的自愿合作项目而不是通过外国援助进程来维持的。

正确认识自力更生并不需要拒绝一切帮助。自力更生的意义在于过一种真正属于自己的生活，在这种生活中，自力更生源于对自身各种有意义的生活项目的参与。（约瑟夫·拉兹举过一个令人心酸的例子：一个生活在荒岛上的女人，必须要投入全部精力和注意力才能远离贪婪的野兽的魔爪；这样一个女人不可能过上真正属于她自己的生活，即使她聪明地不断地逃离野兽的魔爪。[1]）一个人如果无法独自获得足够的资源来过真正属于自己的生活，那么，在他接受援助并善用援助时，他仍然能够表明，自己是看重自力更生的。那些生活在相互义务圈子内的人们是寻求这种帮助的第一个对象，但是进一步的外部援助也是可以接受的，如果需要的话。因此，结构调整者的帮助应该用于满足这种具备辅助功能的利益（residual interest），最好是提供资源，使发展中国家的人民能够继续互相帮助，从而帮助到他们自己。

除了它的辅助功能外，参与结构性调整只会产生一种责任，即关注人们的基本需求，而不是满足人们为追求有价值目标而需要的所有东西。美国所动用的胁迫是满足基本需求的紧迫性，即人们无法通过调整他们的欲望来满足他们的资源的迫切需求。另一方面，如果说美国提供了其他有价值的需求，诸如高等教育和有吸引力的公共建筑，那么，这就是在满足一个贫穷国家的人们想必根据他们所拥有的资源也无法实现的愿望。不尊重他们选择自己追求的目标的权利，就是不尊重自力更生。把美国视为通过提供这些需求而控制他们的工具，就是把他们幼稚化。此外，基本需求是美国试图调整方向的发展项目所满足的需求。因此，对发展项目调整方向的正当理由应当包括对这些具体利益的促进。最

---

[1] See Joseph Raz, *The Morality of Freedom* (Oxford: Oxford University Press, 1986), pp.374 f.

后，当外部势力试图改变地方政策时，尊重地方文化自治有利于对维持生计、医疗保健和安全等基本需求的关注。在任何文化中，这些需求都被认为是紧迫的。此外，如果外部势力根据满足基本需求以外的标准在未来的国家发展轨迹中进行选择，那么这些措施就有可能扭曲由文化和体制决定的当地的发展进程，从而有偏向于某个派系或者外部势力的文化的危险。

虽然对基本需求的限制防止了过度需求的产生，但其严格性不应被夸大。这些需求包括维持生计、基本的医疗保健和人身安全的需要。但人们不会满足于单纯的肉体上的生存，因为单纯的肉体上的生存对自己及其家人而言并不是一种有意义的生活的重点。此外，对安全和稳定的基本需求，要求对共同的政治体制给予广泛的支持，而这种支持要求在对公共利益做出某种合理解释的基础上关注全社会人民的利益。因此，贫穷社会的基本需求不能以全盘忽视那些寻求超越基本需求来改善生活的人为代价而得到满足。进一步的代价将是冲突、混乱和普遍的不安全感。如果菲律宾人民原本就有消除菲律宾人的贫困的措施，哪怕这一措施只是使几乎所有菲律宾人生活水准最终略高于贫困，那么美利坚帝国的责任就无法被免除。

尽管如此，当人们没有机会进入一所优秀的国立大学，住在一个小地方，并且拥有比几乎所有美国人都少得多的财产时，他们仍然可以过上真正属于自己的生活。否认某位明智地选择成为一名农民、工匠或店主的马里人——其收入仅为美国平均水平的一小部分——能够过上令人满意的生活，是不准确的，也是侮辱性的。因此，克服这些限制并不是后天发展责任的目标。

现在是时候取消那种简化的假设了。那种假设就是：只有一个最终独立地通过结构性调整发挥专横影响的国家，那就是美国。在作为这种专横影响的主要执行者的机构——世界银行和国际货币基金组织中，美国是发达国家主导的联盟的领导者，但不是唯一的独立力量。虽然美国诱使法国、德国和日本在重大转变中遵循其倡议，但它们无论如何都不是傀儡政权，也没有受到程度严重到足以免除其责任的可怕威胁。此外，美利坚帝国单边的专横影响机制与其他大国独立的影响机制是齐头并进的，例如法国在非洲法语国家所采取的经济依赖措施，可以在较小程度上达到类似的效果。

应该如何比较支配者的努力，以确定它们是否在发展中国家尽到了应有的责任？两个方面的比较尤其重要。一个是有效果的主动行为，即这些政府中的某个政府的独特能量和独特愿望在多大程度上决定了发展中国家的自我发展条件。一方从事有可能贬低另一方自治的活动的活力越大，其对促进较弱一方自治的进一步活动的贡献就越大。同时，公正性要求注意每个专横政府公民的负担。在那些参与产生更多责任的活动的公民中，如果某些人履行责任的负担比其他人更重，那么他们就有理由进行抱怨。（在国内，这可能是对过重税收负担的抱怨。）如果美国是一个贫穷的但军事上强大的国家，在塑造国外生活方面处于领先地位，但是不付出特殊代价就无法履行共同责任，那么我们在评估美国目前所担责任的份额时，可能很难兼顾这两个方面的比较。但事实上，负担的标准和领导的标准大致一致。利用他人抵抗自己意志的困难的领导者，最不可能根据自身资源的占比来缓解基本需求。因此，由于操控了其他国家的发展道路，美国承担着最大的未履行的责任。

除了承认结构性调整中的外部机构的复杂性之外，我们还应避免另一个简化的假设，即内部机构只能被动地接受外部行为体的调整指令。作为结构性调整目标的本地政治机构也负有重要的政治责任。虽然绝大多数发展中国家通过结构性调整，已经从国家主导型发展向市场驱动型发展迈进的步伐越来越快，但没有一个国家是华盛顿策略的被动接受者。通常，相当一部分人口是支持策略变革的。有时，朝着这个方向发展，政府是支持的，就像在墨西哥那样（尽管政府可能会试图通过将变革与外部机构的要求联系起来来转移不满）。相反，条件有时会有所缓和以应对官方的反对或愤怒的骚乱，经常得不到充分遵守，或在危机过去后部分逆转。在任何情况下，政府都可以善用或坏用被强加的制度框架。国际货币基金组织从不要求某一执政党把私有化视为将最优质的国有资产私下出售给最有地位的成员，但这种情况经常发生。不论在哪个方面，发展都应该是内部机构和外部机构共同进行的项目。

要了解发展中国家内部的机构如何影响发达国家的跨国政治义务，就必须区分关于发展责任的各种主张。否则，对外部责任的大量主张将掩盖极为重要的内部责任。

首先，发展中国家的政府和公民在克服地方贫困方面应该做出的努力是艰巨的，而这种高标准义务丝毫没有因为结构性调整而减少。无论发展的制度框架是什么，无论它是否是外部强加的，政府和公民都应努力善用它。

其次，地方政府在制定发展政策方面的行为一直是责任来源之一。但这无须减少外部参与者的帮助责任。例如，如果某个政府自愿接受并执行它本应抵制的贷款条件，依靠对外部援助的迫切需求，促使全体公民勉强默许，那么，这个政府理应受到谴责。但它的合作并没有减轻结构调整者的责任。

再次，无论指导发展的政策是否完全是外部强加的，外部的帮助义务都会受到自力更生价值观的制约。对自力更生的适当重视将包括对发展中国家人民为满足自己的需要而做出的政治努力和个人努力提出合理要求。但是，拒绝援助是不尊重自力更生的表现，因为困难的人民没有通过政治活动危及他们的基本需求，这种政治活动通过镇压或腐败造成严重损失，将稀缺的能源用于几乎肯定注定要失败的事业，或者对其他容易造成严重的不利影响的社会群体或社会地位中的人们做出无回报的让步。

除了这些道德考量外，地方问责制和公民参与实际上也很重要。当地人比外地人更清楚自己需要什么，信任谁，不信任谁，地方政府比外国政府有更深层次的理由回应他们的需求。因此，通过地方倡议进行改进是发展中最受欢迎的进程。通过削弱地方政府对问责制的要求而削弱它的做法，很可能会使情况变得更糟。这些可能是不从事乍一看似乎有益的跨国行为的理由。但这并不是外国政府不做有助于满足基本需求的事情的理由。这些都是外国政府过度干预无济于事的原因。

在所有这些方面，地方倡议在道德上和实践上都至关重要。但是，它并没有消除以前出现的跨国义务，即结构调整者帮助人们满足其基本需求的辅助性义务。相反，地方倡议的重要性引导着这一义务的履行，并派生了地方政府的相应的义务；如果地方政府履行了这些义务，那么外部行为体的辅助性义务将会减少。在某种程度上，外部行为体的持续责任反映了它们的资源优势。更重要的是，这反映了它们对特定地方的人们的生活的侵入性。结构性调整（在广义上我为当下的目的所做的规定）是一种转变发展道路的重要策略，它已导致大多数发展中国家发生了重大变革，并在这些变革不完全的地方持续施加压力，而且扩大了发达国家的资源。拒绝利用这些收益来帮助那些基本需求岌岌可危的人（在适当考虑到自力更生的情况下），就违背了这种特殊侵入性所派生的义务。如果，为了减少他们的辅助性义务，结构调整者告诉当地的穷人，“这种帮助对我们来说要求太多了，因为我们没有给你们造成所有的负担”，那么，穷人可以恰当地回答，“没有人强迫你们干预我们的生活”。如果结构调整者提议，“你们可以指责自己的政府没有做得更好”，那么那些必须按照共同确定的发展道路生活的人可以正确地做出回应，“我们责怪他们，没有什么太大的目的。如果你不利用你的资源帮助我们自救，我们也会责怪你。”

傀儡政权

当美国利用基本需求的紧迫性来改变旨在满足基本需求的政策时，它承担的责任仅限于满足这些需求。这种联系表明，在更广泛的胁迫下进行直接合作，可能会产生一种超越帝国领土内对基本需求给予关切的政治义务。事实上，一个外部大国确实对生活在其傀儡政权（即很大程度上依靠外部大国的支持来维持生存的专制的、与外部大国结盟的政府）下的人民负有这种进一步的责任。

中东和非洲的许多地区都由美国的傀儡政权（例如，近年来，埃及、埃塞俄比亚、在巴勒斯坦领土进行治理的以色列、索马里和伊拉克）或者至少是由近年来的庇护主义和对得到未来支持的希望所深刻塑造的政权，例如刚果民主共和国，进行统治。（其他国家，如法国，也有自己的傀儡政权，比如乍得和科特迪瓦，承担着类似的责任。）在刚果、以色列占领的地区和索马里，生活前景可能比没有跨国庇护主义的情况下更糟糕，这就产生了一种善用赞助者的资源的义务。（当然，傀儡政权有义务改善其治理，但是其失败绝不会减少赞助人对负担沉重的政治秩序的赞助所承担的补偿责任。）在其他情况下，如埃及和埃塞俄比亚，如果傀儡政权得不到支持，其生活前景可能会更糟。但避免恶化并不是赞助者道德责任的限度。

作为穆巴拉克政权的担保人,美国有义务将穆巴拉克（Mubarak）政权在履行政治责任方面的不足视为其应承担的过失。即使这一政权出于地区稳定的充分理由阻止了埃及人的政治自治，它也只有在推进与这些安全利益相容的当地人的愿望时，才能尊重埃及人被挫败了的自治愿望。就像一场正义战争后的占领国一样，正确的标准不是“什么会使这个国家更好？”（对于战败的德国来说，这不是一个很高的要求），而是“一个公正的政府在促进这个国家人民的利益方面会取得什么成就？”也许，如果美国不支持穆巴拉克政权，埃及人就会把残暴腐败的衰退转化为自相残杀的毁灭。但这并不能成为美国不在埃及推行负责任治理的正当理由，就像我的律师不能以我有可能把我的资金浪费在一项愚蠢的投资上作为正当理由而挪用我的资金一样。美国利用其资源确保埃及人拥有美国想要的政府，而不管这个政权是否符合他们的意愿，美国必须在自力更生的价值观所构成的限度内，确保埃及人的处境在条件允许的情况下尽可能接近负责任政府的结果。

埃及人民凭借专业知识、资源和创业精神，大概能够在负责任的治理下，维持超出基本需求的繁荣。因此，在一个负责任的埃及政府领导下，促进繁荣的生活拟像的义务有着更广泛的影响。在结构性调整情况下，限制基本需求的理由并不适用。对直接胁迫的支持，而不是对基本需求的操控，是挫败埃及人自治愿望的工具。（2005 年，美国对埃及的军事援助虽然因伊拉克的开支而减少，但仍占埃及巨额军事预算的一半以上，维持着占埃及劳动力 3.5% 的武装力量，以此与它的所有邻国和平相处。在美国的所有援助中，86% 是军事援助。[1]）美国不只是指导发展政策，还支持一个行使各种政治特权的政权，对埃及的生活和文化产生广泛影响。因此，不能说美国的行动是一种有限的侵入。

尽管如此，在履行其作为赞助人的责任方面，美国对埃及人的目标与对美国人的目标不同。一个负责任的埃及政府将会做什么仍然受到埃及资源的限制。当然，这些限制本身也有其历史原因，包括英国在 19 世纪末残酷地把埃及变成依赖英国的受保护国。但是，今天的美国公民可以拒绝为过去大英帝国造成的负担承担责任。当

---

[1] See World Bank, *World Development Indicators 2008*, tables 4.2, 5.7; U.S. Dept. of Commerce, *United States Statistical Abstract 2008*, table 1271.

前的美利坚帝国造成的责任则是另外一回事。

帝国的弥补

广义上讲，对发展道路的塑造和对一个政权的支持，是建设性的活动。然而，帝国也会介入破坏性活动。美利坚帝国的破坏性活动是其未履行的责任极为重要的来源。

50 多年来，在每一届总统的领导下，为了保护或扩大美国在发展中国家的影响力，美国政府未经人民的同意，直接参与、故意促成或关键性地延续了许多令人震惊的破坏性进程，在整个受影响的地区造成许多无辜受害者。这可能是对美国进行不正当破坏的控诉的开始，这将是下一章的中心议题。然而，对这一指控的裁决对于确立一个重要的道德后果并不重要：即使美国部署破坏性力量是正当的，美国也有义务按照损害的规模提供援助。

如果某一政治当局采取了一种以暴力摧毁那些没有参与非正义攻击的人的做法，那么这种做法的非正当性就在于它使无辜者处于严重危险之中。必须有充分的理由使这种做法与对那些面临死亡的人的尊重相协调。否则，那些被这种做法置于危险境地的人可能会理性地屈服，但这只不过是不公正漠视中的理性默许，就像无力的少数民族听任同胞对其遭受的不公正忽视的默许一样。

涉及暴力的全部做法必须是正当的，没有适当补救的暴力可能是不可接受的，即使暴力本身不是不可接受的。如果美国政府不得不使用重炮和数千枚重磅炸弹来铲除盘踞在怀俄明州小城镇的匪帮，那么，即使轰炸是无可厚非的最后手段，被摧毁的城镇的人民也应该在重建中得到帮助。也许我有理由单方面决定淹没邻居的田地以阻止森林大火的蔓延，尽管这项措施会危及他的房子和他的家人：这里有一个更严重的风险，即大火会吞噬我的家人，而我没有时间与他商量。尽管如此，我还是欠他一个认真的努力来修复或补偿我引起的洪水造成的损失。如果没有修复或补偿的承诺，我就不能恰当地评价在这件事上没有任何选择权而我可以改变其生活的人的选择能力。

就像我对火灾威胁所做的评论那样，美国在发展中国家行使的破坏性力量并没有反映出那些受影响者具有道德权威的知情同意。为了尊重那些他们所伤害的人的选择能力，美国人必须要代表其政府做出这样的承诺：矫正或补偿其政府对那些受影响者所造成的损害。至少，如果一个政府拥有像美国那样丰富的资源，却又拒绝善用那些资源来帮助那些无辜的受害者，那么，未给予知情同意的受害者就有资格抱怨他们生命的平等价值没有受到尊重。

因为责任是可以回溯的，所以，矫正暴力侵犯的责任就必须考虑到时间的推移对道德的影响。最初，当一个政府承担赔偿责任时，它的公民有责任偿还道德债务，这是他们公正使用政治权力的义务之一。但是，最初的不做善事的不公正可以逐渐减弱，并最终消失，道德债务亦将慢慢取消。尽管西班牙人民将费迪南德（Ferdinand）和伊莎贝拉（Isabella）治下的君主政体视为他们国家的政府形式，但是他们没有义务为 1492 年对犹太人或穆斯林家庭的不公正驱逐而对当前的犹太人或穆斯林做出补偿。如果在某种道德准则中，只要政治制度持续下去，正义的政治债务就会持续下去，那么这种道德准则最终会把人们禁锢在他们无法控制的遥远过去的选择中。它还将把当下的补偿要求建立在对遥远过去的伤害造成的负担的不可靠的猜测之上，然而这些伤害往往塑造了引以为傲的遗产，并成为稳固且有价值的文化身份的一部分。

另一方面，仅仅通过拖延足够长的时间来逃避道德义务似乎是错误的。至少，如果有人提出了适当的抱怨——就像在与美国有关的政治案件中那样，大声疾呼，愤愤不平——拖延似乎只会加剧不负责任，而不是结束它。此外，弥补义务会随着时间的推移而逐渐消失这一限制性条款，通过向鲁莽者保证，要求补偿的理由最终会失效，从而有可能产生对过失的不正当激励。最后，如果破坏是连续做法的一部分，那么对信任的考量就提供了不让弥补义务迅速消退的理由。如果外交政策的做法使一个国家失去了他国的信任，那么这个做法就是错误的。当一个外国大国没有履行自己的责任时，那些有理由相信它会对他们说“让过去的事都过去吧”的人，他们有理由不信任这个大国。❶

一项将跨国弥补义务的时效限定在约两代人以内的道德规定，似乎是对过早解约的担忧和陷于往事的担忧这两种担忧的合理调和。在重要的国际协定中，公民们希望在未来一两代人中形成一个共同的行为领域。想要在未来更进一步塑造行为的欲望，将会使远见的限度过度延伸，超越人们可能共同预设的积极关切的世代界限，即

---

❶ 科克 - 肖 · 谭在 Kok-Chor Tan，“Colonialism，Reparations and Global Justice，” in Jon Miller and Rahul Kumar，eds.，*Reparations*（Oxford: Oxford University Press，2007）一文中提出了对于殖民地非正义的补偿具有启发意义的论点，并指出了补偿在恢复信任方面的作用。即使信任的价值并不像他所建议的那种可以追溯到很久以前的义务的基础，但它无疑排除了对现行做法中相对最近的损害的忽视。

自己和下一代的界限。为了使承诺的可信度延伸到未来，一个公民必须维持一项持续的认真履行很久以前的责任的承诺，即一项在未来达到极限之前不会用尽的承诺。

此外，将弥补时效限定在两代之内的规则倾向支持受害者的控诉而又不引发对受害者的有害的依恋情感。如果一个人对其父母所遭受的痛苦坚持赔偿要求，那么这个人就充当了其父母之正当抱怨的监管人，并与其父母保持一种健康的认同关系。但是在下一代，如果没有进一步的、持续不断的不公正，那么持续的抱怨所显示的就只是对受害者的病态的身份认同。因此，关注自己能够过得多好，比寻求对自己所取得成就的认可更为重要。

最后，就伤害的肇事方而言，认为公民的疏忽责任将在一代人的时间内消失的想法，是对拖延的一个强有力激励，削弱了政府对防止伤害的关注。但是，同样没有多少人会为两代人的疏忽最终会洗去污点而动容。人们很少被如此遥远的解脱机会所激励。

人们可能会认为这一规范过于宽松。毕竟，时效的法律规定是针对罪行的严重性而制定的，在最严重的情况下，谋杀对起诉没有任何限制。然而，关于人们法律起诉的时间限制的推理，与关于公民对其政治社会过去所造成的伤害的道德责任的时间限制的推理，有着不同的考量。

法律上的时效限制使当局不至于负担过重，也保证了足够长时间不犯罪的人们，在社会中能够更容易成为非伤害性的积极参与者。过去的犯罪越不严重，这些考虑就越有说服力。虽然它们可以证明对法律责任的时效限制是正当的，但它们并不能解决道德责任和道德债务问题。一个人通常尊重另一个人的代理权，继续要求他对他曾经需要负责的伤害承担道义上的责任。偶尔，人们会经历一次全面的人格转变，这使得人们对持续承担道德责任的前提条件产生疑问。但这太不寻常，也太难确定是否是法律豁免权的基础。“他真的不是同一个人”是一个罕见的、令人不安的减轻处罚的理由，但这并不构成法律责任基本规范的依据。

相反，在判断公民是否应承担对他们的国家政府在他们出生前所造成的损害给予赔偿的责任时，一个核心的、无争议的事实是人们有没有参与造成相关损害的行为。然而，作为公民，作为曾经造成伤害的政治社会的现任联合代表，人们是要承担责任的。依据这种代表身份，他们当然应该承认政府所造成的严重伤害，不管这种伤害发生在多久以前。但目前的问题是，公民是否有义务承担一项潜在的繁重的责任，以弥补过去的损害。集体的这种政治责任应该通过考虑现在公民之间相互尊重的交往的先决条件来确定，我认为，这种调查使类似于两代人隔离开来的做法成为恰当的做法。

在这种集体政治责任中，如同在个人法律责任中一样，损害的严重性是一个相关的考量因素。人们不想深究过去相对较小的伤害，这种伤害在没有一个公正的世界政府的情况下必然会发生，从而使争吵成为国际关系的标志。因此，在这两个领域中，都应该承认公民有责任做出弥补，这种弥补的范围追溯到过去越远，说明过去的错误越严重。但是，进一步声称公民对严重的集体错误负有无休止的责任，会使集体政治责任与个体政治责任过于相似。无论错误在何时犯下，个人对其先前的错误负有道德责任这一基本前提，并不等同于政治社会对其先前的错误负有责任这一基本原则。在集体领域，当所有沉重的弥补责任，即使是最严重的错误所带来的责任都被允许完全消失时，道德操守也不容否认。

一个行为体能否对于因不请自来的侵入所造成的包括死亡、伤害和疾病在内的损害进行赔偿？在一个非常真实的和痛苦的意义上，这是不可能的。一个人不能使逝者复活，也不能使那些遭到破坏的生活恢复到从前那般美好。尽管如此，美国在没有全体人民邀请的情况下，在一个国家发起、赞助或故意煽动破坏，美国可以对该国人民做出补偿，即使它不能使逝者复活。它可以利用其巨大的资源来改善人民的福祉，其重要性不亚于所造成的损害，并优先对那些被破坏的东西进行切实可行的修复。

接下来的叙述是对部分发展中国家偏远地区这一债务的部分说明。它们确立了一项巨大的弥补我所捍卫的道德时效范围内所造成的伤害的义务（事实上，这一时效范围并不比许多活着的美国人的生命时间更久远）。这也是我将在下一章中完成的对致命暴力中巨大不公正行为的控诉的第一步。最后，由于这种破坏性行为构成了一个政府对其他政府领土上人民生活广泛而深入的侵入的持续做法，这大大增加了本书所描述的不断增长的托管义务。

那些对某一领土行使排他性的终极控制的国家，承担着相应的托管义务，它们应当成为该片领土上应得到和需要得到照顾的人的最终照顾者。在第二章对同胞的责任分配中，控制和照顾之间的这种联系是照顾无助同胞义务的最重要基础。在这种情况下，它有助于解释这样一种信念，即仅凭国外有严重残疾人士存在，并不能派生出像公民必须向国内的严重残疾人士表明照顾义务那样的相同义务。

我将要叙述的帝国破坏，是最具戏剧性的侵入性的方式，在这种方式中，从长远来看，在所有重大问题上，大多数发展中国家的当地政府所拥有的最终的排他性控制力是不存在的。如前所述，结构性调整、通过支持傀儡政权来确定治理，以及通过威胁影响塑造参与世界经济的条件等，是其他一些方式。这不是说这些政府是缺乏权力的。实际上，出于许多目的，他们的领导者表现得好像海外这些政府行使着排他性的终极控制权，避免了用反帝国主义的抱怨来交换高标准的责任。但是，出于同样的原因，如果发达国家的公民认识不到共同控制的道德意蕴，那么他们就会逃避责任。对哪些政府会对一个发展中国家生活条件的最终完全控制的全面描述，一般包括主要发达国家的政府，尤其是美国政府。

分享这种控制权意味着分担照顾的义务——始终适当考虑到自力更生的作用，但也要适当考虑到有限的内部自力照顾的能力、外部主体在集体控制中的份额以及外部主体拥有的资源。这可能会对当地的控制力构成巨大的冲击（通过毁灭性的政策）。除了补偿的具体影响之外，它还增加了一项跨国托管的义务，只要美利坚帝国继续存在，这就是美国人的道德命运。

破坏的历史

自 20 世纪中叶以来，波斯湾地区提供了一个引人注目的初步例证，说明美国所诉诸的破坏性力量是多么具有破坏性、持续性和双边性。这也是一个缩影，说明这些破坏性力量的使用是多么得多样化，以及在任何时候，在体面的美国政治话语中，人们回忆起的仅仅是其中微乎其微的一小部分。

1953年，美国在伊朗组织了一场政变，推翻了一个民选的、立宪的和世俗的民族主义政权，该政权在民众的普遍支持下，开始将石油工业国有化。这场政变将独裁权力交给了礼萨·巴列维，他以对美国有利的条件重组了石油工业，并利用美国的直接援助（政变后10年内超过10亿美元[1]）和在美国购买的武器（从1965年起一直到与卡特政府任期重叠的两年中，总计90亿美元[2]）来维持需要残酷镇压的统治。1975年，大赦国际（Amnesty International）谴责这一政权"有着令人难以置信的酷刑史"，并指出，根据报道，当前的政治犯人数竟高达25000人。[3] 这一镇压的主要机构——萨瓦克（SAVAK）是在20世纪50年代末与美国官员协商后成立的，主要通过中央情报局（CIA）的一个小组进行训练。[4]

1972年，美国与巴列维政权合作启动了一个项目，正如基辛格（Kissinger）后来所说，该项目旨在"通过支持伊拉克境内的库尔德叛乱来保持对伊拉克的占领"[5]。到了1975年，叛乱已经发展

---

[1] See Stephen Kinzer, *All the Shah's Men*（New York: John Wiley, 2003）, p.202. 马克·加西奥罗夫斯基（Mark Gasiorowski）在 *U.S. Foreign Policy and the Shah*（Ithaca, NY: Cornell University Press, 1991）一书中指出，1954-1961年，美国的对外援助接近10亿美元，基本上在经济目的和军事目的上做了平均分配，年均援助额是1949-1953年的5倍（p.94）。

[2] See Gasiorowski, *U.S. Foreign Policy and the Shah*, p.112. 军售和对外援助的数字都是以当时的美元计算的。

[3] Amnesty International, *Annual Report1974/75*（London : Amnesty International Publications, 1975）, pp.8, 129.

[4] See Gasiorowski, *U.S. Foreign Policy and the Shah*, pp.116-18.

[5] Henry Kissinger, *Years of Upheaval*（Boston : Little, Brown, 1982）, p.675.

到了极点，它几乎要成功地实现库尔德自治，而这是该地区任何地方政权都不希望看到的。所以美国切断了对其的支持，并承诺击溃它所煽动的叛乱。这场叛乱导致大约 20000 人死亡，多达 25 万库尔德人流离失所。❶

从 1980 年开始，美国为防止两伊战争中任何一方取得决定性胜利所做的努力，根据 1987 年《纽约时报》的一篇报道，包括共享“故意歪曲或不准确的情报数据……以防止伊拉克或伊朗占上风”❷。50 万人在那场旷日持久的战争中丧生，8 年的痛苦超过了 20 世纪任何其他常规战争的时间跨度内所遭受的痛苦。当伊朗的人数优势和第二次库尔德叛乱几乎要扭转局势时，美国为萨达姆·侯赛因诉诸大规模杀伤性武器提供了便利。正如《华盛顿邮报》（*Washington Post*）所报道的，十多年后，“罗纳德·里根政府和乔治·H.W. 布什（George H. W. Bush，即老布什）政府授权向伊拉克出售大量军民两用物品，包括有毒化学品和致命的生物病毒，如炭疽病毒和黑死病病毒”；例如，在 1988 年 12 月，伊拉克毒气袭击库尔德人的报道中，陶氏化学公司（Dow Chemical）在美国进出口银行的批准下，出售了价值 150 万美元的可用于制造毒气或杀虫剂的化学制品。❸

---

❶ See Christine Helms, *Iraq* (Washington: Brookings Institution, 1984), p.148; William Cleveland, *A History of the Modern Middle East* (Boulder, Colo.: Westview, 2004), p.411.

❷ Stephen Engelberg, “Iran and Iraq Got ‘Doctored’ Data, U.S. Officials Say,” *New York Times*, January 12, 1987, p. A 1.

❸ Michael Dobbs, “U.S. Had Key Role in Iraq Buildup,” *Washington Post*, December 30, 2002, p. A01.

1990 年，在萨达姆入侵科威特后的一次国家安全委员会会议上，人们对公开谴责、外交施压和经济制裁的战略给予了极大支持。在第二天的第二次会议上，美国政府却决定通过军事手段迫使伊拉克撤出，以防止萨达姆（正如最初的简报所说的那样）“占据不平等的位置，因为他将用世界第四大军队控制已探明的第二大和第三大石油储量”❶。5 个月后，萨达姆为谈判提供了基础，他承诺通过谈判撤军以避免战争，美国国务卿贝克（Baker）和美国陆军总参谋长鲍威尔（Powell）认为这是一个恰当的结局，但是，根据鲍勃·伍德沃德（Bob Woodward）对重建的关键交流，老布什和国家安全顾问斯考克罗夫特（Scowcroft）无法接受维持伊拉克地区实力的结果。“总统直视着他的顾问们（鲍威尔和贝克），直截了当地说：‘我们必须打一仗。’他的话和他曾经所说的话一样沉重地悬在空中。”❷

在那场战争里，精确制导武器摧毁了制冷、供水和污水处理所依赖的发电站，炸弹还摧毁了巴格达主要的污水处理厂。❸这些袭击的策划者向《华盛顿邮报》的一名记者解释说，这些袭击是蓄意的，目的是打击“‘所有那些使一个国家能够维持自身生存的东西’……并让人们知道，‘把这家伙赶下台，我们会非常乐意帮助

---

❶ 据布伦特·斯考克罗夫特报道，这是中情局局长韦伯斯特（Webster）在会议开始时的陈述中说的话。会议上，斯考克罗夫特和老布什就支持采取更积极的应对措施方面设法取得了“团结一致”。See Bush and Scowcroft，*A World Transformed*（New York: Alfred Knopf，1998），p.322.

❷ Bob Woodward，*Shadow*（New York: Simon & Schuster，1999），p. 185.

❸ Andrew Cockburn and Patrick Cockburn，*Out of the Ashes*（New York: Harper Collins，1999），pp.4，131.

你们重建'"[1]。战争即将结束时，老布什总统一再呼吁"伊拉克军方和伊拉克人民自己动手，迫使独裁者萨达姆·侯赛因下台"[2]。但是，当萨达姆倒台后，伊拉克民众起义而非美国所希望的军事政变爆发时，美国抛弃了数万名反叛的伊拉克人，坐视其遭到屠杀，因为美国担心他们过于同情伊朗，或者倾向通过库尔德人的过度独立来激怒土耳其。在伊拉克南部，伊拉克直升机在美军飞机的配合下组织了这次大屠杀，因为美军阻止了叛军夺取伊拉克武器库和弹药库。[3]美国人口普查局的一位人口统计学家对伊拉克战争的人力成本进行了最广泛的评估，她在报告泄露后被迫离职，据她估计，这场战争、战争结束后对起义的镇压以及第一年所遭受的破坏和经济制裁，导致15.8万伊拉克人死亡，其中4万名士兵在战斗中丧生，3.2万名儿童遇害。[4]

随后共和党人与民主党政府的接力是完美无瑕的。由于克林顿（Clinton）政府极力捍卫对进口产品的制裁，使得伊拉克无法恢复

---

❶ 据巴顿·格尔曼（Barton Gellman）报道，一名"在空袭行动中发挥了核心作用，却拒绝透露姓名"的空军高级军官和一名未透露姓名的"空军计划师"对袭击的目的做了描述。（Barton Gellman,"Allied Air War Struck Broadly in Iraq," *Washington Post*, June 23,1991, p.A 1.）格尔曼用不那么简洁的表述把这种具有"长远影响力"的目标的类似描述归结为美国空军主管战略、理论和计划的副参谋长约翰·A. 沃登三世上校（Colonel John A.Warden III）说的。

❷ 这是老布什于1991年2月15日在两次被广泛报道的演讲中所说的话。See Cockburn and Cockburn, *Out of the Ashes*, p.38

❸ Cockburn and Cockburn, *Out of the Ashes*, pp. 23, 39; Nora Boustany, "Violence Reported Spreading in Iraq; Army Units Clash," *Washington Post,* March 6, 1991, p.A26; Boustany, "U.S. Troops Witness Iraqi Attack on Town in Horror, Frustration," *Washington Post*, March 31, 1991, p.A20.

❹ 托马斯·金斯伯格（Thomas Ginsberg）在"War's Toll: 158, 000 Iraqis and a Researcher's Position," *Philadephia Inquirer*, January 5, 2003中报道了贝丝·奥斯本·达庞特（Beth Osbourne Daponte）于1991年所做的一项研究（p.A05）。

卫生和医疗保健，制裁最终导致伊拉克 5 岁以下儿童死亡达 10 万人，甚至更多。❶ 在两个政党的下一次过渡之后，一次动用了压倒性的火力以减少美国人员伤亡的入侵和占领，致使伤亡人数又有增加。约有 5000 名伊拉克士兵在入侵中丧生。❷ 主流媒体关于入侵期间平民死亡的报道大约是 6000 人。❸2006 年，通过仔细应用标准流行病学技术估计，入侵后的头 40 个月，伊拉克死亡人数超过 50 万，这

❶ 1999 年联合国儿童基金会（UNICEF）对伊拉克儿童死亡率的调查得出的结论是，如果 20 世纪 80 年代 5 岁以下儿童死亡率下降的趋势一直持续到 90 年代，那么，从制裁开始到 1998 年，死亡人数将减少 50 万人。See G.Jones, "Iraq : Under-Five Mortality"（UNICEF, 1999），www.unicef.org/reseval/pdfs/irqu5est/pdf, p.1. 在重新分析中，阿里（Ali）、布莱克（Blacker）和琼斯（Jones）考虑了一个保守的假设，即在没有制裁的情况下，5 岁以下儿童的死亡率将保持不变，并在此基础上得出死亡估计数超过 40 万人。See Mohamed Ali, John Blacker and Gareth Jones, "Annual Mortality Rates and Excess Deaths of Children under Five in Iraq, 1991 - 98," *Population Studies 57*（2003）: 217 - 26. 在另一项被广泛引用的研究 "Morbidity and Mortality among Iraqi Children from 1990 through 1998"（Campaign against Sanctions on Iraq, 1999），www.casi.org.uk 中，理查·加菲尔德（Richard Garfield）认为，根据所有可用数据，死亡 227000 人是最有可能的估计值，而死亡 106000 人是相当保守的假设结果。

❷ 虽然曾经提供伊拉克士兵死亡人数的记录已被销毁，但美国军方估计，至少有 2320 名伊拉克人在一次攻占巴格达前期袭击这座城市附近的部队的行动中丧生。See "Special Analysis:Iraq has Fallen," *Independent*（London），April 16, 2003, p.7. 据路透社报道，"非官方智囊团估计"，在入侵中有 4895-6370 名伊拉克军人死亡（"Table of Military Deaths in Iraq," April 7, 2004, www.reuters.com）。

❸ 伊拉克罹难人数统计组织（Iraq Body Count）在 "A Dossier of Civilian Casualties 2003 - 2005"（www. iraqbodycount.net, 2005）中，依据至少两个主流新闻媒体报道统计出的死亡人数是5232-6882名平民在入侵期间被美国领导的部队杀害（see Fact Sheets 2 and 3）。2003 年 6 月 11 日，美联社巴格达分社仅根据伊拉克 124 家医院中 60 家医院的死亡记录，报道了对萨达姆战争一个月内平民死亡的"零星"统计。他们进一步排除了没有区分平民死亡和军人死亡的记录，这是他们采取的一项排除"数百，可能数千名"平民受害者的预防措施。这个死亡人数是 3240 人。See Niko Price, "AP Tallies 3, 240 Civilian Deaths in Iraq," www.rr.com/v5/1/my/news/story/0, 2050, 9000 430693, 00.html.

与其他调查和统计非常吻合。[1]

一旦萨达姆·侯赛因被推翻，对其破坏性决策的不情愿的无辜

---

[1] 吉尔伯特·伯纳姆（Gilbert Burnham）等人在 Gilbert Burnham，Riyadh Lafta，Shannon Doocy and Les Roberts，"Mortality after the 2003 Invasion of Iraq，" *The Lancet* 368（2006）：1421－8 一文中估计，入侵后的死亡人数超过了基于前三个月死亡率的预期（这一基线本身反映了由于制裁机制导致的高死亡率）。他们的调查采用了随机抽样的标准方法，共访谈了 1849 户 12801 人。结果表明，95% 的置信区间在 392979-942636 之间，也就是说，如果他们的方法挑选出一个真正随机的样本，那么有 95% 的可能他们发现的死亡人数反映出伊拉克在这一范围内的死亡总数。其中绝大多数是暴力死亡，并随着时间的推移急剧增加。联军是这一时期已知的最大的暴力死亡原因（31%）。访谈者要求 87% 的死亡报告须出示死亡证明，结果 92% 的人提供了死亡证明。在媒体上，最常提到的有关伊拉克死亡人数的数字不是估计数，而是由伊拉克罹难人数统计组织依据至少两个平民暴力死亡——军事行动造成的平民死亡、恐怖袭击造成的平民死亡和犯罪暴力造成的平民死亡——可靠的新闻来源所做的统计数，这个统计数超过了萨达姆统治时期这些类死亡的（很小的）死亡率的预期。伯纳姆等人指出，在他们的调查期间，这些报道涉及 43491-88283 人的死亡。他们还注意到，这些统计数严重不完整，在长期暴力冲突地区进行的有充分根据的流行病学调查中，这些统计数通常只提供了十分之一或更少的死亡人数。随后，阿米尔·阿尔库扎伊（Amir Alkhuzai）等人在 Amir Alkhuzai et al.，"Violence-Related Mortality in Iraq from 2002 to 2006，" *New England Journal of Medicine* 2008（358）：484-93 一文中，根据对 9345 户 61636 人的调查（在该调查中，伊拉克卫生部的雇员向户主发放了一份广泛的健康问卷），提出了同一时期死亡人数的估计。他们指出，有大量证据表明死亡报告严重不足，而且暴力死亡报告还存在一个特殊问题：由于安全问题，他们最初抽样的家庭中有 10% 无法接受调查。他们的解决办法是根据伊拉克各省的死亡人数统计表，推算出这些危险地区的暴力死亡人数。但在这些危险地区，更高的暴力死亡率没有报道。据阿尔库扎伊等人估计，在入侵后的 40 个月内，有 15.1 万人死于暴力。他们进一步估计，约 40 万人死亡。这两项调查只延续到入侵后的第四年，也是迄今为止暴力死亡最严重的一年，在这一年中，报道的平民暴力死亡人数占到伊拉克罹难人数统计组织前四年统计数的 42%。第四年结束后不久，一家英国民调公司——舆论研究公司（Opinion Research Business）向 2414 名伊拉克人询问了一个代表性问题，"自 2003 年以来，你的家庭中有多少人（如果有的话）因伊拉克的冲突（即，因暴力而非诸如年老等自然原因）而丧生？"这些回答表明，大约 100 万人死亡（"New Analysis 'Confirms' 1 Million+ Iraq Casualties，" January 28，2008，www.opinion.co.uk）。伯纳姆等人关于入侵后第一年的研究结果与他们团队的早期研究 Les Roberts，Riyadh Lafta et al.，"Mortality before and after the 2003 Invasion of Iraq: Cluster Sample Survey，" *The Lancet* 364（2004）：1857－64 结果一致。关于入侵后伊拉克死亡人数的另一项广泛研究是《2004 年伊拉克生活状况调查》（*Iraqi Living Conditions Survey 2004*，www.iq.undp.org/ILCS）的一部分，该调查报告是联合国开发计划署与伊拉克计划部的合作成果，涵盖了入侵后的第一年，调查了 21688 户约 14 万人。那半页关于"2003 年入侵之后……与战争相关的死亡人数"，淹没在后面关于"孕产妇死亡率"（ii，p. 54）一节的报告中，排除了生活在军事基地的士兵，只包括战争期间的死亡，如作战行动、炮击和引爆爆炸装置导致的死亡（see the survey questionnaire，www.fafo.no/ILCS/）。由于伊拉克计划部的代表要求受访者说出他们家中受害者的名字，因此，死去的叛乱分子的人数很可能严重低估。国际法委员会（ILCS）估计，从入侵开始到 2004 年四五月份（大约一年后）的战争期间，有 24000 人死亡。

受害者进行补偿的义务，将促使美国迅速向伊拉克提供大量援助，迅速实现伊拉克真正的独立，而不管伊拉克随后在贸易、投资、所有权、石油和区域联盟方面的政策是否符合美国的利益。一个不愿意这样做的美国政府当然值得担心，也不值得信任。美国胜利之后也确实没有这么做。

在没有相应的修复或补偿项目的情况下，两党对美国权力的角逐造成了极其致命的、旷日持久的破坏，这已成为发展中世界所有其他地区的命运。在阿富汗，兹比格纽·布热津斯基（Zbigniew Brzezinski）在接受采访时说，"对喀布尔亲苏政权的反对者的秘密援助"得到了吉米·卡特（Jimmy Carter）的批准，因为布热津斯基认为"这项援助将引发苏联的军事干预"。"那个秘密行动，"他吹嘘说，"是一个很好的主意。它有把俄国人拉进阿富汗陷阱的效果，难道我会因此而后悔吗？"❶ 这个陷阱造成的死亡人数超过 100 万，大部分是阿富汗平民。苏联撤军后，美国继续通过巴基斯坦向僵化的伊斯兰军阀输送武器和补贴，希望以此限制伊朗的影响力。这些军阀使该国处于无法无天的恐怖统治之下，例如，1994 年，有 25000 人在争夺喀布尔控制权的派系斗争中丧生，其中大多数是平民。❷2001 年，美国将其压倒性的火力与残暴且狂热的军阀联盟手下的军队结合起

❶ 关于整个采访，see "How Jimmy Carter and I Started the Mujahideen," *Counterpunch*, October8, 2001, www.counterpunch.org/brzez inski/html. 这个采访最初刊登于 *Le Nouvel Observateur*, January 15 - 21, 1998, p.76，但不在发给美国的较短的版本中。约翰·库利（John Cooley）在 *Unholy Wars*（London: Pluto, 2000）一书中展示了一些摘录（pp.19 f）。

❷ See Human Rights Watch, "Military Assistance to the Afghan Opposition," October, 2001, www.hrw.org/backgrounder/asia/afghan-bck1005.htm, p.4.

来，以驱逐塔利班。在对美国在阿富汗前两个月轰炸造成平民死亡报告的两项广泛分析中，一项估计死亡人数超过3000人[1]，另一项估计死亡人数在1000至1300人之间，这一差异主要是由于后一项研究中报告的死亡人数出现了严重的数字缩水。[2]

尽管冷战、遏制伊朗、铲除基地组织和塔利班都是这场暴力的正当原因，但在随后的破坏中，无辜的阿富汗受害者很少有人为此付出生命。更何况他们受到的损害远未得到补偿。事实上，在2001年的入侵之后，美国非但没有修复几十年的暴力造成的破坏，还把阿富汗的大部分地区留给了残暴、狂热的军阀，灾难性地损害了长期建立的、有效的非政府机构的中立性，[3]而且几乎没有提供什么援助，直到两年之后才提供了少许援助，也只是因为应对塔利班死灰复燃的迫切需要。[4]《2007年阿富汗人类发展报告》是由联合国开发计划署主持的全球系列报告的一部分，是阿富汗、联合国开发计划

---

[1] MarcHerold，“A Dossier on Civilian Victims of United States' Aerial Bombing of Afghanistan”（2002），www.cursor.org/stores/civilian deaths.htm，内容通常与英国、法国或美国报纸记者的新闻稿中的部分相对应。

[2] See Carl Conetta，“Operation Enduring Freedom: Why a Higher Rate of Civilian Bombing Casualties”（Cambridge，Mass.: Commonwealth Institute，2002），*Project on Defense Alternatives*，www.comw.org/pda/0201oef.html. 按照他更严格的标准，关于难民死亡数字的报告，“一些死亡”应视为一个，“十几个或更多”应视为三四个，“几十个”应视为八到十个，“几百个”应视为四十到六十个。

[3] 例如，2004年，无国界医生组织（Doctors Without Borders）解释了他们从阿富汗撤退的原因，当地人把杀害救援人员与“争取人道主义援助”的努力联系起来，因为美国散发的传单告诉阿富汗南部的人们，“如果他们想继续接受援助，就必须提供有关塔利班和基地组织的信息”。See M'edecins Sans Fronti'eres，“MSF Pulls Out of Afghanistan，” July 28，2004，www.msf.org.

[4] 2003年，美国向阿富汗提供的双边发展援助不到总额的一半。它对该国的发展援助比向哥伦比亚提供的援助少27%，大约是它向小的具有战略意义的国家约旦提供的援助的一半，只略高于它向高收入国家以色列提供的援助。See World Bank，*World Development Indicators 2005*（Washington: World Bank，2005），table 6.11.

署和其他国际研究人员的合作成果，依据联合国发布的衡量总体国民福祉的两项主要指数，对阿富汗进行了估计。2007 年，他们分配给阿富汗的人类发展指数，在联合国开发计划署自己分配的 177 个指数中，排在其后的只有 4 个国家（布基纳法索、马里、塞拉利昂和尼日尔），比下一个最差的相邻排位国家（巴基斯坦）指数低三分之一。阿富汗的人类贫困指数排名更糟。2007 年的两个估计数都比 2004 年的估计数更差。❶

在中美洲，美国在危地马拉进行了长达 40 年的军事统治，导致 20 多万人死于民众暴乱，其中绝大多数是被危地马拉军方杀害的非战斗的玛雅村民。❷近年来，美国对危地马拉的发展援助一般约占双边援助总额的四分之一，有时少于日本或欧洲最大的捐助国（例如少于西班牙，仅略多于 2005 年的日本）。❸在尼加拉瓜，美国对桑地诺政权长达十年的反对行动，包括赞助一场导致约 30000 人死亡的叛乱、在尼加拉瓜港口布置水雷、全面贸易禁运以及阻止世界

---

❶ [Kabul] Center for Policy and Human Development, *Afghanistan Human Development Report 2007* (New York and Kabul: United Nations Development Programme and Kabul University, 2007), pp.18 f. 虽然没有提到 2004 年以前的指数估计数，但报告确实注意到 2005 年与 2002 年或 2003 年相比的具体收益。由于数据不足，联合国开发计划署本身没有关于人类发展指数或者关于阿富汗（或伊拉克）的人类发展指数的官方估计数，尽管官方评定的 177 个国家包括了刚果民主共和国这样负担沉重、动荡和难以调查的国家。2005 年，一家美国公司对阿富汗人进行了一项全国性的调查，57% 的人说，就业机会和经济机会的可得性与塔利班统治时期相比，要么相同，要么更糟。See Charney Research for ABC News, "Despite Deep Challenges in Daily Life, Afghans Express a Positive Outlook," December 2005, www.charney.org, p.11.

❷ 参见根据和平协定设立的危地马拉官方历史澄清委员会 1999 年的报告 *Guatemala:Memory of Silence*, Conclusions, http://hrdata.aaas.org/ceh/report/english/concl.html, pp.1, 6. 委员会估计，3% 的侵犯人权行为是叛乱组织所为（p.5）。

❸ See World Bank, *World Development Indicators 2007*, table 6.12.

银行和美洲开发银行的贷款等。❶随着这种破坏性力量的动用越发加剧，在这个政权的头四年里，经济增长——远远快于整个中美洲的国家——却迎来了毁灭，它变成了一个贫穷国家。❷尼加拉瓜现在是西半球第二贫穷的国家（仅次于海地），平均收入甚至低于几个撒哈拉以南非洲国家。外国援助占尼加拉瓜国民总收入的比例高达58%（1996年）。近年来，美国向尼加拉瓜提供的双边发展援助总额通常不到尼加拉瓜国民总收入的五分之一。实际上，在2004年，美国贡献了8%，是德国贡献的四分之一。❸

在印度尼西亚，1965年底和1966年初，美国大力推动了一项由将军们发起的行动，这些将军们最终推翻了苏加诺（Sukarno）政权，美国驻雅加达大使以那句“不遗余力地采取行动，尽可能地清洗印尼最大的党——印尼共产党”而闻名。❹美国为清洗行动提供资金、设备和信息协助，当和平或民族团结的倾向威胁到清洗的速度时，敦促人

---

❶ See Thomas Walker, *Nicaragua: Living in the Shadow of the Eagle* (Boulder, Colo.: Westview, 2003), pp. 47, 49, 54, 56; Catherine Gwin, *U.S. Relations with the World Bank 1945–92* (Washington: Brookings Institution 1994), p.71 ; Mary McGrory, “Knowing When to Let Go,” *Washington Post*, February 6, 1990, p.A 2.

❷ 按不变美元计算，尼加拉瓜1983年的国内生产总值比1980年（该政权成立的第一年）高出9%，比1979年高出14%。1983年中美洲整体增长率为3%，1980年为11%，1979年为11%。在该政权的最后六年里，国内生产总值下降了19%。See United Nations Statistical Division (unstats.un.org), National Accounts. See also Walker, *Nicaragua*, pp. 55, 93–8.

❸ See World Bank, *World Development Indicators 2006* (Washington: World Bank, 2006), table 6.11. 在桑地诺政权倒台后，美国的援助被输送给了反桑地诺政权的市长手里，他们的权威通过分权措施得到加强。这一援助推动了腐败严重的马那瓜市长阿诺多·阿莱姆安（Arnoldo Alem'an）上台执政，他在1997–2001年担任总统期间，继续掠夺该国。

❹ Office of the Historian, U.S. Department of State [Edward Keefer, ed.], *Foreign Relations of the United States, 1964 - 68, xxvi: Indonesia; Malaysia–Singapore; Philippines* (Washington: U.S. Government Printing Office, 2001), p. 346. 该书是一本解密备忘录的汇编，其中夹杂着一些编辑笔记，还包括一些当时被禁止解密的内容（p. vii），曾在政府印刷局书店短暂出售，但后来被收回。该书可通过乔治·华盛顿大学国家安全档案馆（www.nsarchive.org）在线查阅。

们坚持不懈，并做出切实的物质和政治支持承诺，以对印尼予以施压。[1]

---

[1] 导致大规模杀戮的事件始于1965年9月30日，当时发生了几乎立即失败的未遂政变，6名陆军将领被俘并被杀害。领导这次行动的中层军官宣布的目标是预先阻止一场反苏加诺政变，并结束将军们"将奢侈生活凌驾于军队的苦难之上"的腐败［broadcast statement；see Harold Crouch, *The Army and Politics in Indonesia*（Ithaca, NY: Cornell University Press, 1988）, p.97］。1965年4月，美国驻雅加达大使曾向美国国务院报告说，他"对这里（由"重要的文武分子"领导的反苏加诺）的政变计划知情……为了安全起见，我通知我的联系人，美国政府现在不能参与其中……尽管如此，我还是清晰地表达了我对他的目标的同情。"（*Foreign Relations of the United States, 1964–68*, xxvi, p.254. 在本注释的余下部分，对该书的引用只简单地注明页码。）在中情局当时的评估中，9月30日的政变没有得到印尼共产党领导层的支持，如果他们知道的话，他们会反对的，尽管"年轻的激进分子对共产党最高领导人支持的和平统一战线策略感到恼火……可能是他们的浮躁、热心和思维不清"起了作用，也"可能是几个好斗的中央委员批准了这个计划"（intelligence memorandum, October 6, p.315）。在苏哈托（Suharto）的领导下，一批军队将领在两天内彻底镇压了政变，并开始在反对印尼共产党的过程中建立起他们的独立权力。10月5日，美国大使提议美国"秘密地"做出回应，"向军队中的关键人物清楚地表明我们愿意在力所能及的情况下提供帮助，包括传播印尼共产党的罪恶、背叛和残暴的故事（……我们能提供最需要的紧急援助……）"（p.307）。作为回应，美国国务院强烈支持他的指导方针，并强调主要的危险是苏加诺可能成功地"为了维护国家统一而压制军队针对印尼共产党的报复性敌意"（p.309）。在10月20日和23日的电报中，大使对"印尼的政治危机似乎正在走向'政治解决'"（p.323）表示震惊，同时指出，"尽管如此，军队一直在努力摧毁印尼共产党，我也越来越尊重它……执行这项重要任务……的决心"（p.330）。"到10月底，"美国国务院的历史记载，"大使馆开始收到针对印尼共产党成员的谋杀和暴行的报告"（p.338）。10月30日，一个跨部门工作组在华盛顿成立，以制定"一项［针对印度尼西亚军队］的秘密援助计划，其中国防部将努力确保最低限度的暴露风险"（p.344）。11月1日，大使报告说，"我们的观点带来了重大收获。纳苏蒂安（Nasution）与苏哈托和其他有着强烈动机的军事领导人一道，正不遗余力地采取行动，尽可能地清洗印尼共产党"（p.346）。11月初，印尼工作组和美国大使馆讨论了将军们提出的战术通信设备、轻型武器和医疗用品的要求，指出"美国政府秘密协助获取通信设备和轻武器"的目的是"武装中爪哇的穆斯林和民族主义青年"［在最近报告中被视为最激进的杀手］用于对付印尼共产党"（p.360）。工作组的会议记录记载，"国防部和白宫工作人员认为，美国政府最初不应附加条件，因为他们认为，向陆军保证我们全力支持其粉碎印尼共产党的努力是重要的"（p.352）。11月16日，美国驻苏门答腊领事馆直接发往美国国务院和雅加达大使馆的一份电报，有些痛苦地描述，反印尼共产党运动的"嗜血"领导人"告诉领事馆官员，他们的组织打算杀死每一个他们能抓到的印尼共产党员"，并报告了"类似于对印尼共产党的真正恐怖统治……［包括］逮捕与该党没有意识形态联系的普通党员……军队计划将数千人投入集中营"的证据（p.367）。11月19日，"指导和协调海外反叛乱活动"跨部门高级小组（p. xxxvii）批准了将军们要求的军事援助，并于12月17日移交（p.371）。12月2日，大使给助理国务卿邦迪（Bundy）发了电报，"以确认我先前的同意"，即向"卡普－盖世太保［镇压9月30日行动阵线］运动"提供资金，"……这个受军队鼓舞但由文职人员组成的行动小组仍然承担着当前努力镇压印尼共产党的负担"（p.379）。当月晚些时候，大使馆向印尼当局提供了印尼共产党领导人的名单、政党立场和"基于有限的信息……目前的下落"（p.387）。面对大屠杀，苏加诺呼吁国家团结，结束屠杀，他在一次著名的演讲中，借用林肯的话呼吁"一个分裂的国家不能自立"，伊斯兰教亦复如是说（"我向上帝哭泣，问上帝，问真主，问罗比，怎么会这样？"）。（See Crouch, *The Army and Politics in Indonesia*, p.136.）到2月，大使向国务卿表示关切，苏加诺说服军队接受"以牺牲进一步行动为代价的团结"（p.400）。将军们选择的促进更强有力的自信的主要手段是对他们希望的最终能有大量紧急运输的大米的鼓舞，前提是他们巩固了自己的权力。一旦苏加诺被边缘化，货运就可以开始（p.427）。

在六个月内，反共屠杀造成了约50万人丧生，约75万人被监禁，其中许多人在骇人听闻的监狱集中营中度过余生。[1]

在越南，美国具有巨大破坏力的空军力量的部署，造成了40万甚至更多的平民在战争中丧生[2]，还摧毁了越南北部整个民用和军用工业生产能力。美国对越南重建的主要贡献是极力反对战后世界银行向其贷款，一直持续到1980年。[3]2003年，美国对越南的援助达到每名越南人4美分，占双边援助总额的4%，2006年下降到3%。这一援助水平比以前的标准有了大幅提高。

新的非洲模式

对非洲的争夺开启了真正的帝国最后一个光辉时代破坏的高潮。脆弱的当地政府、诱人的自然资源和敌对国家之间的竞争焦虑导致了数十年的征服、镇压和强行侵占，其中刚果自由邦就是恐怖的典范。最近，在非洲，美国动用资源进行破坏来行使专横影响，

[1] “大约50万人……被杀”是罗伯特·克里布（Robert Cribb）的估计，他是研究大屠杀的主要学者。See “The Indonesian Massacres” in Samuel Tutten, William Parsons and Israel Charney, eds., *Century of Genocide*（Routledge:NewYork，2004），p.233. 印尼国家安全局局长估计，死亡人数在45万至50万之间。See Crouch, *The Army and Politics in Indonesia*, p.155. 1966年4月15日，大屠杀结束，在同日的一封航空电报中，美国驻雅加达大使馆向国务院报告说：“我们坦率地说，我们不知道真实数字是接近10万还是100万，但我们相信在较低估计的规模上犯错更明智，尤其是在接受媒体提问时。”8月份发给国家安全委员会的一份背景文件报告说：“虽然确切数字永远无法得知，但估计有30万人被杀害。”See *Foreign Relations of the United States, 1964-68*, xxvi, pp.339, 450. 大赦国际秘书长马丁·恩纳尔斯（Martin Ennals）在“What Happened in Indonesia？ An Exchange,” *New York Review of Books*, February9, 1978. 一文中，将因政治原因被捕和拘留的估计75万人归咎于印尼国家安全局局长。

[2] See Jonathan Sanford, *U.S. Foreign Policy and Multilateral Development Banks*（Boulder, Colo.: Westview, 1982）, pp.215 f.

[3] World Bank, *World Development Indicators 2005*, tables 1.1, 6.11; World Bank, *World Development Indicators 2008*, table 6.15.

以应对同样的脆弱性、资源和竞争三位一体的情形。而最受欢迎的进程，即利用傀儡政权，既粗暴又明目张胆，丝毫不尊重生命受到威胁的人民的意愿。数十年来，其结果是大规模的残酷暴力。因此，非洲继续提供帝国行动的典范性叙述。我将以两则来自刚果和索马里的骇人听闻的非洲故事结束这项关于破坏和侵入的调查，其中涉及许多人的生命与死亡，从20世纪中叶开始，一直延续到本世纪初。

在刚果于1960年6月30日宣布独立之初，有两个关键事实是众所周知的。首先，只有帕特里斯·卢蒙巴（Patrice Lumumba）是一位拥有广泛的全国追随者、背靠以民众为基础的民族党、有能力和愿望在贪污以外的基础上动员全国支持的政治领导人。事实上，比利时常驻大臣报告说，随着刚果独立的临近，西方列强的代表让他明白，"'除了卢蒙巴，没有其他牌可以打了。'……美国代表和英国代表……在卢蒙巴身上看到了一个对刚果统治至关重要的权威人物"[1]。

另一个重要事实是主要在加丹加省开采的矿产资源的重要性，即它对外部力量和新政府的经济生存能力的重要性。1956年，切斯特·鲍尔斯（Chester Bowles）——曾在肯尼迪（Kennedy）政府成立之初担任负责发展中国家政策规划的副国务卿——写道："如果我们不能获得亚洲的原材料，我们会受到严重的阻碍，但我们仍然可以保持经济增长。但是，如果我们也被切断与非洲明显无限的自然

---

[1] W. J. Ganshof van der Meersch, *Fin de la souverainet'e belge au Congo*（Brussels: Institut Royal des Relations Internationales, 1963），p.250；作者本人的翻译。

资源的联系，我们将面临巨大的障碍。……在十年内……如果……刚果复杂的力量平衡……土崩瓦解，我们在核力量大爆发时代的地位可能会受到致命的威胁。美国的实际政策……必须要撑过下一船钻、铌铁矿或沥青铀矿的运抵……”❶1959 年，刚果独立前一年，刚果生产了“自由世界”9% 的铜、69% 的工业钻石、7% 的锡和 49% 的钴（例如,可以用于制造喷气式发动机和燃气轮机的耐热合金）❷。刚果矿产产量的四分之三位于加丹加省，该省提供了该国一半的税收和大部分外汇。❸这些财富由比利时控股的公司控制，比利时政府在这些公司中持有金融股份，随着刚果独立的临近，这些股份被急切地转移给比利时投资者，同时将价值虚高的殖民地公债转移给新政府。❹

当卢蒙巴的民族主义领导和加丹加的财富这两大事实发生冲突时，美国换掉了卢蒙巴这张牌。在艾森豪威尔（Eisenhower）看来，“非洲人民争取自治的决心、他们在联合国所拥有的旗帜和投票权，就像一股洪流，横扫其前进道路上的一切，其中往往包括有关各方的最佳利益”❺。特别是，在他的评估中，当卢蒙巴在独立纪念仪式上表现出“激进和不稳定”时，刚果独立“从一开始就糟糕透顶”：

---

❶ Chester Bowles, *Africa's Challenge to America*（Berkeley:University of California Press, 1956）, pp.56, 100.

❷ See Stephen Weissman, *American Foreign Policy in the Congo 1960–64*（Ithaca, NY: Cornell University Press, 1974）, p.28.

❸ See Weissman, *American Foreign Policy in the Congo 1960–64*, p.24.

❹ See Shafik-Georges Saïd, *De Leopoldville a Kinshasa*（Brussels: Centre National d'‘Etude des Probl’emes Sociaux d'Industrialisation en Afrique Noire, 1969）, especially pp.187–97, 211–31.

❺ Dwight D. Eisenhower, *Waging Peace*（Garden City, NY: Doubleday, 1965）, p.572.

“比利时国王博杜安（Baudouin）在场……卢蒙巴借此机会痛斥比利时加诸刚果人民身上的‘残酷的痛苦’，尽管他承诺刚果将与比利时保持友好关系。”[1]很快让美国总统感到卢蒙巴不够可靠的是，他在回应比利时国王对种族主义肆无忌惮的鼓吹时对国家尊严和独立的一种审慎表达，他从对曾经因其野蛮掠夺造成了800万或更多刚果人的死亡的刚果自由邦主人的颂扬开始：“刚果的独立结束了天才的利奥波德二世国王（King Leopold II）所构思的作品，他以顽强的勇气对其予以实施，并由比利时坚持不懈地予以实施下去……[利奥波德国王]向你们展示的不是征服者，而是文明者。”在充满了对比利时殖民者作为“非洲解放先驱”的进一步赞扬的皇室演讲结束之后，卢蒙巴对主权的承认开始了：“刚果的男人们和女人们，是今天赢得独立的斗士”，接着叙述了过去的苦难和屈辱，既高尚又感人和准确，然后就是平静地宣布了独立、团结和繁荣的任务，最后呼吁所有刚果公民“为创造繁荣的国民经济而努力工作，这就是在为经济独立贡献力量”。[2]

两周后的7月14日，在比利时军队的支持下，一位与比利时矿业利益站在同一战线的加丹加省政客宣布该省独立后，卢蒙巴呼吁西方国家和联合国支持比利时立即撤军，并指出，如果必要，作为最后的手段，他可能最终呼吁苏联提供援助。他显然没有完全服从

[1] Eisenhower，*Waging Peace*，p.573.

[2] See Ganshof van der Meersch，*Fin de la souverainet'e belge*，pp.325 f.，332–4. 亚当·霍克希尔德（Adam Hochschild）在*King Leopold's Ghost*（Boston: Houghton Mifflin，1998）一书中估计，有1000万人死于殖民暴行。

于西方的监管，偶尔也会做出类似的无法引起苏联实质性重大反应的姿态，而这决定了他的命运。

7 月 19 日，美国驻比利时大使以电报的方式对美国国务院的一项问询做出答复："卢蒙巴政府威胁到我们在刚果的切身利益……我们必须找到或发展其他人选以防万一。"[1]8 月 1 日，美国国务卿发电报给大使："有证据表明，他［卢蒙巴］不会再回头了，不会令人满意的。因此，美国将继续在刚果寻找更值得信赖的人选……"[2]根据 8 月 18 日国家安全委员会会议记录："总统说……我们正在谈论的是一个强迫我们离开刚果的人，他就是受到苏联支持的卢蒙巴。"一名出席会议的国家安全委员会工作人员后来在向参议院情报委员会做证时回忆道："艾森豪威尔总统说了些什么……我觉得是暗杀卢蒙巴的命令。"[3]

8 月 26 日，中情局局长向中情局驻利奥波德维尔情报战站长发电报称，卢蒙巴的"下台是一个紧迫的首要的目标，在现有条件下，这应该是我们秘密行动的一个高度优先事项。"[4]根据站长在参议院情报委员会的证词，一名中情局科学家在 9 月下旬拜访了他，向他输送一种用于卢蒙巴的食物或牙膏的毒药，这种毒药会"在死于某些疾病的人身上发现正常的痕迹"。[5]站长更倾向采用其他方法，他在回复一封 10 月份的电报时要求进一步的协助，比如通过外交包裹

---

[1] See Madeline Kalb, *The Congo Cables* (New York: Macmillan, 1982), p.27.

[2] See Kalb, *The Congo Cables*, p.38.

[3] See Kalb, *The Congo Cables*, p.54.

[4] See Kalb, *The Congo Cables*, pp.64 f.

[5] See Kalb, *The Congo Cables*, p.129.

寄送一支“带有伸缩瞄准具和消音器且火力强劲的外国制造的步枪”，“光线好的时候，这里很适合狩猎”。[1] 事实上，这些手段都没有用到。卢蒙巴在约瑟夫·蒙博托（美国决定发展的后备人选）的军队包围下逃走了，其后被那些军队俘获并被空运到他最深恶痛绝的敌人——加丹加省分离主义者的头目那里，于 1 月 19 日被比利时军警折磨一天后杀害并溶解在酸液中。得知死讯之后，中情局驻利奥波德维尔情报站站长给中情局驻加丹加省情报站站长发了电报：“谢谢帕特里斯。如果我们知道他会来的话，我们就会烤一条蛇。”（模仿当时一首小曲，“如果我知道你会来，我就会烤一个蛋糕”。）[2]

约瑟夫·蒙博托作为美国在刚果利益的担保人上台后，加丹加政权最终在联合国部队的支持下重新融入国际社会。联合国联络官报告称，这项担保的建立始于西方国家武官对刚果军队新任司令蒙博托的访问，西方国家武官携带着现金，“装在棕色纸袋小包里，塞满手提箱，并顺从地将其放在蒙博托的桌子上”。[3] 这项担保的巩固包括中情局对镇压卢蒙巴主义叛乱分子的空军和雇佣兵的支持[4]，以及来自美国、比利时、以色列和意大利的军队训练团（但是不包括“黑非洲”国家，“我不想要那些黑鬼”，据说当美国大使馆提供了塞

---

[1] See Kalb, *The Congo Cables*, p.133.

[2] See Kalb, *The Congo Cables*, p.192.

[3] See Rajeshwar Dayal, *Mission for Hammarskjold* (Princeton: Princeton University Press, 1976), p.66.

[4] See Stephen Weissman, “The CIA and U.S. Policy in Zaire and Angola,” in Ren'e Lemarchand, ed., *American Policy in Southern Africa* (Washington: University Press of America, 1978), pp.391-3.

内加尔教官时，蒙博托如是回答[1]）。事实上，《纽约时报》随后将蒙博托，连同其主要盟友，描述为是由中情局"发现的"，这个人"最终作为国家总统出现……证明是对美国人的判断和策略的一种褒奖"，这些策略最初就是通过兰利（中情局本部所在地，位于弗吉尼亚州）的后勤奇才提供的金钱和闪亮的美国汽车"得以实施的，后来要求"匆忙地提供武器和飞机，以及美元和汽车"。[2]

1963年5月19日，加丹加省分裂结束四个月后，肯尼迪总统邀请他的来访者蒙博托将军到白宫玫瑰园，在拍照间隙，他说："将军，如果不是你，整件事都会崩溃，共产党会接管一切。"蒙博托有礼貌地回答说："我做了我能做的。"[3]蒙博托一正式就任总统，美国的援助和多边贷款（有时是由大量注定要失败的建设项目推动的）就流入他的政权。从1970年到1994年，世界银行、国际货币基金组织和双边捐助者（主要是美国）向该政权提供的贷款和援助总额超过85亿美元，并且贷款和援助持续提供，尽管1978年国际货币基金组织的报告说，政府40%的收入被转入统治精英的银行账户。[4]

赞助一伙武装盗贼对美国来说是一种统治一个幅员辽阔、具有战略意义、自然富饶的国家的廉价方式，但对刚果人民来说，代价

---

[1] See Weissmann, *American Foreign Policy in the Congo 1960 - 64*, pp. 213 f.

[2] Tom Wicker, John Finley, Max Frankel, E. W. Kenworthy et al., "How C.I.A. Put 'Instant Air Force' into Congo," *New York Times*, April 26, 1966, pp.1, 30.

[3] See Kalb, *Congo Cables*, p.372.

[4] See Kevin Dunn, "A Survival Guide to Kinshasa," in John F. Clark ed., *The African Stakes of the Congo War* (New York: Palgrave Macmillan, 2002), p.60 ; Kalb, *Congo Cables*, p.381.

是毁灭性的。21 世纪初，世界银行用表格列出了 1965 年（蒙博托当选总统）至 1999 年（蒙博托被推翻两年后）刚果的国家经济发展动态。在此期间，刚果人均国内生产总值的年平均变化率为 -2.4%（相比之下，整个撒哈拉以南非洲国家的年平均变化率依然停留在令人不安的 -0.2%）❶。独立时，刚果拥有迄今为止撒哈拉以南非洲地区最大规模的雇佣劳动力，约占成年男性人口的 40%。❷20 年后，平均实际工资下降了 90%。❸在撒哈拉以南非洲，七分之一的人在五岁之前死亡，在蒙博托统治期间，麻疹是导致儿童死亡的主要原因，在蒙博托统治末期，刚果的麻疹免疫接种率是世界上最低的，是撒哈拉以南非洲地区平均水平的四分之一。❹

对蒙博托的支持所造成的破坏绝不限于刚果。在美国的敦促和援助下，蒙博托与美国和南非一道，向挑战安哥拉人民解放运动（MPLA，简称安人运）政权的安哥拉武装团体提供军队、武器、避难所和资金支持。❺当美国参议院的一项调查要求中情局局长解释美国为什么支持其所青睐的军阀时，他的解释是："因为苏联支持安

---

❶ World Bank, *World Development Indicators 2001*, pp.24, 26.

❷ See Georges Nzongola-Ntalaja, *The Congo from Leopold to Kabila* (London: Zed Books, 2002), p. 71.

❸ Kalb, *Congo Cables*, p.387.

❹ World Bank, *World Development Indicators 2001*, pp. 102, 104.

❺ See Crawford Young, "The Zairian Crisis and American Foreign Policy," in Gerald Bender et al., *African Crisis Areas and U.S. Foreign Policy* (Berkeley: University of California Press, 1985), p.218; Thomas Turner, "Angola's Role in the Congo War," in Clark, The *Congo War*, pp.78 f.

人运。”[1]50 万或更多的人在那场持续了 20 多年的战争中丧生。[2]

1997 年蒙博托政权的结束标志着更大规模屠杀的开始，因为在他的傀儡政权下生活保障的极端退化则大大加剧了屠杀；又因为大国诉诸非洲傀儡政权以及它们对企业剥削的容忍又激发了屠杀。卢旺达大屠杀结束时，作为胡图族极端主义政权的赞助人，法国通过一项主要用于保护胡图族军队撤退到刚果东部的干预行动，挽救了部分受到威胁的影响力。与美国结盟的卢旺达新政权入侵并攻击了混杂着真正的难民与种族灭绝战士的胡图族难民营。然后，随着一个既是加丹加省钻石走私者又是军阀的洛朗·卡比拉（Laurent Kabila）被任命为名义上的刚果叛乱的领导人，卢旺达军队与乌干达（乌干达已成为美国最青睐的非洲独裁政权）军队联手，轻而易举地推翻了奄奄一息的蒙博托政权，这个残存的政权已如此衰败，对所有外国强权来说都毫无用处。[3]

在政权崩塌前夕，一场广泛而连贯的民主运动已经形成，其基础是在一个存在着广泛政治参与的公民社会中进行明确讨论，附属于一个长期的多党磋商大会，并以艾蒂安·齐塞凯迪（Étienne Tshisekedi）领导下的全国运动为中心。考虑到刚果领导层获得独立

---

[1] See Philip Agee, ed., *The Pike Report*（London: Spokesman Books, 1977）, p.218.

[2] 林恩·杜克（Lynne Duke）在 “Angola's Peace Withers Again under Fire,” *Washington Post*, December 15, 1998 一文中估计，死亡人数在 65 万至 80 万之间。

[3] 关于刚果战争的这一阶段和随后阶段的相互支持性的叙述，see Clark, ed., *The Congo War*, especially Dunn, “A Survival Guide to Kinshasa” and Timothy Longman, “The Complex Reasons for Rwanda's Engagement in Congo”; Nzongola-Ntalaja, *The Congo from Leopold to Kabila*, ch. 7; Thomas Turner, *The Congo Wars*（London: Zed Books, 2007）; Howard French, *A Continent for the Taking*（New York: Alfred Knopf, 2004）, especially chs. 7, 10 and 11.

民众支持的前景与依赖外部援助助长贪污网络的傀儡政治前景之间的另一种选择，美国以一种其惯用的方式做出了回应。正如美国大使对《纽约时报》记者所说，用赌博的惯用语言来说，"人们越来越一致地认为，我们必须与卡比拉打交道。齐塞凯迪是个障碍，我们不再把他看作是一名局中人。我只是不明白为什么卡比拉现在还有什么理由让他参与这场博弈。"❶确信克林顿政府会给予自己急需的支持，卡比拉在总统就职演说中宣布："让我们停止谈论民主和选举。"❷然后，卡比拉开始了他的总统任期。齐塞凯迪遭到软禁，然后被流放到一个偏远的村庄。❸

一年后，卡比拉认为，他的卢旺达和乌干达赞助者在领土控制和自然资源方面索取的报酬太高了。在随后的战争中，他煽动反图西人的情绪，最终导致了刚果东部的大屠杀，他还找到了新的盟友——主要是津巴布韦和安哥拉，还有维持着法国曾经投资于卢旺达胡图政权的利益的法国傀儡政权乍得和中非共和国。

在饱受资源诅咒的刚果东部地区，由于存在着巨大的盗窃机会，战争持续了数年，在这种情况下，对外国公司有利可图的出口激发并资助了对大片土地的暴力掠夺。多年来的暴力掠夺包括频繁的屠杀、武装部队大量的强奸（其艾滋病毒感染率甚至远远高于骇人听闻的刚果标准），以及一再的流离失所、残酷征用和强行的劳工招募，

---

❶ See French, *A Continent*, p.199.

❷ See Tom Cohen, "Kabila Sworn in, Assuming Sweeping Powers to Rule Congo," *Associated Press*, May 29, 1997.

❸ See French, *A Continent*, pp.233, 249.

所有这些都破坏了农业经济。[1]（例如，2002年11月，刚果东部约有五分之一的人严重营养不良，目前有100多万人无家可归。[2]）在乌干达驻军刚果的第一年，从刚果获得的黄金再出口占乌干达出口收入的12%。[3]2000–2001年，一种用于手机和其他电子设备中的矿物质钶钽铁矿石价格飙升之际，本身不占有重要矿产资源的卢旺达政府，利用对刚果东部钶钽铁矿石开采和销售的控制权，每年从再出口中赚取约2亿美元，相当于卢旺达国民总收入的十分之一。[4]津巴布韦军队成为世界上最大的森林特许权（forest concession）——125平方英里的硬木，相当于英国和爱尔兰共和国的总土地面积——的主导合伙人。[5]一个联合国专家小组提交了一份详细报告，说明美国和欧洲的公司是如何参与了那些引发和加剧了对非洲矿产资源之掠夺开采、贸易和运输业的，这个报告使得这些公司所属的国家花费很多精力去批判专家组并确保报告不会造成重大影响。经合组织在美国和英国的专家组宣称，他们不愿意或无法调查针对主要公

---

❶ See International Crisis Group, "The Kivus: The Forgotten Crucible of the Congo Conflict," *ICG Africa Report 56*（2003）；托尼·巴内特和艾伦·怀特塞德（Tony Barnett and Alan Whiteside）在 *AIDS in the Twenty-First Century*（Houndmills: Palgrave Macmillian, 2002）一书中指出，安哥拉和刚果军队艾滋病毒感染率估计为40%–60%，而津巴布韦军队则高达80%（p.145）；世界银行在 *World Development Indicators 2001* 中则估计，1999年刚果成人艾滋病毒感染率为5%（table 2.18）。

❷ 这是国际危机组织（International Crisis Group）报告给联合国的估计数（"The Kivus," pp.13 f）。

❸ See John F. Clark, "Museveni's Adventure in the Congo War," in Clark, *The Congo War*, p.152. 乌干达境内几乎没有金矿开采。

❹ See Stephen Jackson, "Making a Killing: Criminality and Coping in the Kivu War Economy," *Review of African Political Economy 29*（2002）, pp. 525 – 7; World Bank, *World Development Indicators 2002*（Washington: World Bank, 2002）, table 1.1.

❺ See Global Witness, *Branching Out:Zimbabwe's Resource Colonialism in Democratic Republic of Congo*（London: Global Witness, 2002）.

司的指控。[1]

面对蒙博托数十年来在美国支持下的统治几乎没留下任何遗产——没有卫生系统；没有交通网络；除了为掠夺而组织的小集团和武装团伙之外，不存在国家；只有稍有可靠联系的狭隘民族网络——刚果东部的人民，由于持续的武装冲突（常常是为了掠夺矿产）、微薄的生存前景断绝，死亡达数百万人。到 2002 年，交战的各国政府接受和平协议时，战争已造成 330 多万人死亡，其中绝大多数是死于饥饿和疾病的平民。达成协议之后，持续的暴力活动又造成了数十万人死亡，仅从 2003 年 1 月开始的 16 个月内就造成 60 万人死亡。[2]

2005 年 3 月，刚果东部暴力活动仍在肆虐之际，最重要的发达国家八国集团（G8）首脑在苏格兰格伦伊格尔斯（Gleneagles）召开了由托尼·布莱尔（Tony Blair）主持的年度会议。在一次选举中，布莱尔的传统选举支持者们对他的伊拉克政策表现出深深的失望，由于曾在选举中遭受挫败，他强调了发展中国家，尤其是撒哈拉以南非洲国家的困境。首脑峰会的结束以与会政治领导人史无前例地签署了最后公报，以及布莱尔作为峰会东道主对非洲计划意义的陈述为标志。布莱尔解释道："这是我们在面对贫困、死亡和冲突时采

[1] See High Level Panel on the Illegal Exploitation of Natural Resources and Other Wealth in the Democratic Republic of the Congo, *Third Report* (2002) and Rights and Accountability in Development (London), "Unanswered Questions: Companies, Conflict and the DR Congo" (2004)；两者均可通过 www.raid-uk.org 查阅。

[2] See Benjamin Coghlan et al., "Mortality in the Democratic Republic of Congo: A Nationwide Survey," *The Lancet* 367 (2006): 44-51.

取行动的集体意愿的明确表达。”❶八国集团在关于非洲的声明中指出：“和平是成功发展的首要条件。我们支持非洲人民为建设一个稳定而和平的非洲所做的努力。”❷他们和平观的智慧体现在布兰科·米兰诺维奇的研究结果中，即从1980年至2002年，最贫穷的发展中国家平均增长率低于其他发展中国家，这完全可以用更频繁的战争来解释。❸但是，非洲的和平与稳定再一次服从于大国利益，在一项美国在索马里实施的举措之后，五角大楼官员将其称为一个“相对成功的案例”并为之庆祝。❹

到2006年，索马里人民已经经历了15年的无政府状态，共间，凶残的军阀及其军队竞相争夺首都摩加迪沙的控制权，摩加迪沙成为混乱的焦点。在这些年的无政府状态中，索马里儿童的死亡率维持在一个可怕的高度，远远高于非洲之角（Horn of Africa）的其他地区，每千名儿童中有225人死于5岁之前，相比之下，邻国埃塞俄比亚和厄立特里亚的死亡率则大幅下降。❺

面对这种混乱局面，伊斯兰法院联盟（Union of Islamic Courts），一个由部族领袖、商人和神职人员组成的广泛联盟，大多数人是温和派，有些人是坚定的伊斯兰主义者，成功地根据伊斯兰法律寻求

---

❶ Philip Thornton, “G8 Summit Agrees $50bn Aid Rise but Critics Attack Delay,” *Independent*, July 9, 2005.

❷ The Gleneagles Communiqu'e, “Africa,” paragraph 8, www.g8.gov.uk.

❸ See Milanovic, “Why Did the Poorest Countries Fail to Catch Up ? ”(Washington: Carnegie Endowment for International Peace, 2005), www. carnegieendowment.org, especially p.26.

❹ Michael Gordon and Mark Mazzetti, “U.S. Used Bases in Ethiopia to Hunt Al Qaeda in Africa,” *New York Times*, February 23, 2007, p.A10.

❺ See World Bank, *World Development Indicators 2007*, table 2.20.

到了和平与秩序，最终于 2006 年 6 月在摩加迪沙击败了军阀民兵组织。❶ 毫不奇怪，西方记者发现，“伊斯兰武装……在这里似乎很受欢迎……击败了摩加迪沙的军阀……成功使世界上最残暴的城市之一实现了和平”❷。索马里人对新的和平表示赞赏的同时，也出现了一些关于在当地严格执行伊斯兰法律的争端，引发了示威游行和谈判。一个独立于美国的、有着广泛基础的伊斯兰政府，可能已经算是在阿拉伯半岛的一个狭长海域建立起来了，毗邻埃塞俄比亚（美国的一个盟友，其中约一半人口为穆斯林，由一个以小众的信仰基督教的族群成员为核心的政权组建的大部分是基督徒的军队维持着秩序）。伊斯兰法院联盟政权可能会使 20 世纪 90 年代恐怖爆炸案的肇事者们更安全地逍遥法外，美国国务院声称，这是他们所担心的。伊斯兰法院联盟政权也可能不会包庇肇事者：他们也做了一些单方面的努力去安抚美国。❸ 无论如何，这些恐怖分子已经逍遥法外多

---

❶ 对伊斯兰法院联盟的这种定性在知情的独立评论员中是一致的。例如，see Cedric Barnes and Harun Hassan，“The Rise and Fall of Mogadishu's Islamic Courts”（London：Chatham House [Royal Institute of International Affairs]，2007）；International Crisis Group，“Somalia: The Tough Part is Ahead，” Africa Briefing 45（International Crisis Group: Nairobi/Brussels，January 2007）；Jeffrey Gettleman and Mark Mazzetti，“Somalia's Islamists and Ethiopia Gird for War，” *New York Times*，December 14，2006，p.A1；Kenneth Menkhaus，“Seven Questions: War in Somalia，” *Foreign Policy*（on-line），December 2006；以及 Menkhaus，“Political Islam in Somalia，” *Middle East Policy 9/1*（2002）：109-23（关于伊斯兰法院运动的主要前身）。所有观察家还一致认为，由于美国日益强硬地反对伊斯兰法院联盟，并向其对手提供物资援助，大大加强了更加坚定的伊斯兰主义少数派的地位，“他 [伊斯兰法院联盟的外交部长] 说，温和派被美国的一场诋毁和孤立伊斯兰行政当局的运动逼得走投无路”（Gettleman and Mazzetti，“Somalia's Islamists and Ethiopia Gird for War，” p.A26.）。

❷ Gettleman and Mazzetti，“Somalia's Islamists and Ethiopia Gird for War，” p.A1.

❸ 例如，2006 年 12 月初，伊斯兰法院联盟与美国支持的由非洲东部国家政府组成的小集团之间进行了商讨。一位国际危机组织知名分析师对此次商讨的报告，载于 Matt Bryden，“Washington's Self-Defeating Somalia Policy，” Africa Policy Forum（Washington：Center for Strategic and International Studies），forums.csis.org，December 2006.

年了。

随着伊斯兰法院联盟在索马里中部和南部蔓延，美国向其支持的军阀发放款项，以扭转他们日益萎缩的运势，从而激化了索马里国内的混乱局面。[1]尽管美国做出了这些努力，到 2006 年 11 月底，伊斯兰法院联盟在军事和政治上的成功依旧为该国大部分地区带来了和平，而亲美政权只控制了邻近埃塞俄比亚边界的一个小镇。这个小小的立足点有赖于来自埃塞俄比亚的 6000–8000 名士兵的保护。埃塞俄比亚此时已经成为美国在非洲之角的主要代理人。[2]

这一强大的地区强国位于五国锁链的南端、约旦河东北部，扼守中东和重要的石油储备的全球十字路口，接受了美国四分之三的对外援助（如果算上与伊拉克的联系和伊朗的重建资金，这一比例将上升到五分之四）。[3]埃塞俄比亚极度贫穷，高度依赖援助，但是

---

❶ See David Morgan, "Experts say US Funding Somali Warlords," *Reuters*, June 5, 2006; "Fall of Mogadishu Leaves US Policy in Ruins," *Mail and Guardian* [South Africa], June 10, 2006.

❷ See Associated Press, "U.N. Authorizes Regional Force to Protect Somalia's Weak Government," *International Herald Tribune*, December 6, 2006, citing "a confidential U.N. report."

❸ 2003–2005 年，埃塞俄比亚获得了 9.5 亿美元的美国对外援助，比撒哈拉以南非洲第二高的国家苏丹多出 14%。苏丹就是反喀土穆的前叛乱分子所控制的南部地区，美国承诺给予援助。埃塞俄比亚北部的国家锁链包括约旦、以色列、埃及和苏丹；肯尼亚和乌干达是埃塞俄比亚南部另外两个重要的国家锁链。2003 年，埃塞俄比亚获得了 500 万美元的美国军事援助，而撒哈拉以南非洲国家（肯尼亚和莫桑比克）的援助额则为 300 万美元。从 2005 年年中到 2006 年，埃塞俄比亚获得了 1100 万美元的美国军事援助。See Congressional Research Service, *Foreign Aid: An Introductory Overview* [2004](Washington: Library of Congress, 2004), p.13 ; Congressional Research Service, *Foreign Aid: An Introductory Overview* [2005] (Washington: Library of Congress, 2005), p.15 ; Dept. of Commerce *Statistical Abstract of the United States: 2006* (Washington: Government Printing Office, 2006), p.831 ; USAID, *Congressional Budget Justification 2006*, "Sudan", www.usaid.gov, accessed December 2006 ; Shashank Bengali, "Hunt for al-Qaida Overshadows Repression in Ethiopia, Some Fear," *Mercury News* [San Jose, Calif. ; McClatchy Newspapers News Bureau], February 19, 2007.

军队装备精良以应对武装暴动，它提供了检验在格伦伊格尔斯举行的 G8 首脑峰会宣布的支持非洲和平与稳定的集体承诺的一个理想样本。

2006 年，外国援助占埃塞俄比亚国民总收入的 15%。按购买力平价计算，埃塞俄比亚人均国民总收入为 630 美元（相当于整个撒哈拉以南非洲国家人均国民总收入的 37%），八分之一的埃塞俄比亚人死于 5 岁之前，人均卫生支出约 6 美元。军费支出占政府总支出的 22%，占国内生产总值的 2.6%，武器进口约占工业制成品进口总额的十分之一。[1] 虽然遏制索马里少数民族的叛乱以及与厄立特里亚和苏丹争夺地区权力为埃塞俄比亚向索马里扩展其武装力量提供了理由，但这些理由与美国的善意相比毫无意义。美国已经成为贫穷、援助依赖和军事承诺这一邪恶结合体的重要支持者——通过援助埃塞俄比亚政府，使之能够对国内的反对派实施残暴的镇

[1] See World Bank, *World Development Indicators 2008*, tables 6.14, 1.1, 2.21, 5.7, 2.15; World Bank, *World Development Indicators 2006*, tables 4.5, 5.7 ; United Nations Statistical Division, National Accounts (unstats.un.org.), Ethiopia, GDP by Type of Expenditure ; Stockholm International Peace Research Institute (the main source of *World Development Indicators* military data), Arms Transfers Project (www.sipri.org), Importer/Exporter Tables and Financial Value of the Arms Trade.

压。[1]2004年，39%的双边发展援助来自美国，其次最慷慨的是英国，占14%。[2]2005年，美国发展援助增加了55%，达到2000年的6倍，占双边援助总额的52%。[3]

2006年12月4日，美国中央司令部司令约翰·阿比扎伊德将军（General John Abizaid）横穿从苏丹和埃及到巴基斯坦和哈萨克斯坦等25个国家，拜访了埃塞俄比亚总理，“埃塞俄比亚总理曾告诉美国官员，他可以‘在一两周内’削弱伊斯兰的军事力量”。[4]阿比扎伊德非但没有要求减少埃塞俄比亚在索马里的军事存在，反而积极响应了一项请求，即在埃塞俄比亚发动进攻时，共享基于美国卫星的战场信息。[5]

两天后，美国借助联合国安理会通过了一项决议，授权非洲国

---

[1] 人权观察组织称，“数以千计的奥罗莫人（埃塞俄比亚最大的族裔群体）因发表政治意见而遭到拘留、酷刑和骚扰”，其中包括2001年监禁的25000人，埃塞俄比亚总统退休后对此予以承认。See Human Rights Watch, *Suppressing Dissent: Human Rights Abuses and Political Repression in Ethiopia's Oromia Region*（2005），www.hrw.org, pp.1, 12. 从2003年开始，埃塞俄比亚军队“在甘贝拉地区对阿努亚克人群体犯下了许多侵犯人权的罪行”，在那里，大量石油储备被开采。他们犯下的罪行以一场屠杀开始，400多阿努亚克人被杀，400多户阿努亚克人家园被毁。See Human Rights Watch, *Targeting the Anuak*（2005），www.hrw.org, pp.1, 19 f. 大赦国际指出，2005年“反对派候选人和支持者在选举前遭到逮捕、殴打和恐吓”，此后，数十人在反对选举舞弊的示威活动中丧生，超过10000名反对派支持者和示威者被拘留。See Amnesty International, *Annual Report*, 2006, “Ethiopia,” www.amnesty.org, p.1. 在2006年，埃塞俄比亚在索马里的军事存在就减少对邻近的埃塞俄比亚奥加登省索马里少数族群中更大范围的反抗（包括一次叛乱）的跨境支持，表示了一定程度的关切。在经过这个人烟稀少的沙漠地区后，《纽约时报》的一名记者传达了他在“一个村庄接着一个村庄”所目睹的情形：“一个广泛而长期的恐怖统治，埃塞俄比亚士兵轮奸妇女，烧毁棚屋，肆意杀害平民。” See Jeffrey Gettleman, “In Ethiopian Desert, Fear and Cries of Army Brutality,” *New York Times*, June 18, 2007, p.A8.

[2] See World Bank, *World Development Indicators 2006*, table 6.12.

[3] World Bank, *World Development Indicators 2007*, table 6.12; *World Development Indicators 2002*, table 6.11.

[4] Gettleman and Mazzetti, “Somalia's Islamists and Ethiopia Gird for War,” p.A26.

[5] See ibid. and Gordon and Mazzetti, “U.S. Used Bases in Ethiopia to Hunt Al Qaeda in Africa,” p.A10.

家组建一支军队，其任务是“保护过渡的联邦机构和政府（美国支持的政权）的成员以及他们的重要基础设施”并“维护和监测拜多阿（他们控制的一个城镇）的安全”。对索马里的武器禁运也被取消,准许武器进入索马里“用于支持”该部队或者由部队“使用”。❶一周内，亲美政权的领导人宣布“和谈之门”已经关闭❷;伊斯兰阵线领导人组织了声势浩大的支持反对埃塞俄比亚入侵的“圣战”❸；埃塞俄比亚总理驳斥谈判为“一个用来便利他们［伊斯兰阵线］目标的策略”，同时谴责不愿派遣军队是“在面对挑战时比无能还要糟糕”。❹

埃塞俄比亚在索马里的驻军有 1.5 万 –2 万人，并于 12 月 21 日发动了攻势。❺埃塞俄比亚训练有素的士兵、坦克、战斗机和大炮杀死了一千多名伊斯兰法院联盟的部队，其中大多数是十几岁的男孩，取得一系列胜利后，第九天摩加迪沙被攻占。❻除了提供战场情报外，美国还用炮舰追捕逃离的伊斯兰部队，并在红海巡逻以切

---

❶ Security Council, Resolution1725, December 6, 2006, sections 3 and 5, www.un.org.

❷ Anthony Mitchell (Associated Press), “Somalia's President Says Door to Peace Talks Closed” [*Toronto*] *Globe and Mail*, December 15, 2006.

❸ See Gettleman and Mazzetti, “Somalia's Islamists and Ethiopia Gird for War”; BBC News, “Islamist Warning for Somali Force,” December 7, 2006.

❹ Stephanie McRummen, “Interview with Meles Zenawi,” *Washington Post*, December 14, 2006.

❺ See Hassan Yare, “Somali Islamists ‘at War’ with Ethiopia,” Reuters, December 21, 2006.

❻ See Jeffrey Gettleman, “Somali Forces Retake Capital from Islamists,” *New York Times*, December 29, 2006, p. A12.

断通往也门的通道，[1]而美国国务院则认为这次入侵是“正当的安全考虑”[2]。

几乎在取得胜利的同时，持枪勒索的歹徒再次在摩加迪沙的街道上游荡，并设立检查站。[3]全国各地数以万计的人逃离家园，由于人们流离失所、洪水泛滥和医务人员进出受到限制，霍乱疫情爆发。[4]接着，面对日益高涨的反埃塞俄比亚叛乱，埃塞俄比亚对摩加迪沙敌对地区发动了无情的袭击。从 3 月底到 4 月底，1400 多人丧生，其中大部分是平民。[5]在 100 万人口中，约 40 万人背井离乡。[6]根据联合国的一份报告，流离失所者“遭受抢劫、袭击和强奸。许多人被迫住在拥挤的难民营，那里缺乏饮用水、食物、卫生设施、基本保健服务和住所”。[7]例如，住房常常是一块被扔在树枝上的

---

❶ See Gordon and Mazzetti, “U.S. Used Bases in Ethiopia to Hunt Al Qaeda in Africa,” p. A10.

❷ See Caren Bohan, “U.S. Signals Support for Ethiopia in Somalia,” Reuters, December 27, 2006.

❸ 例如，Shashank Bengali and Mahad Elmi, “Fear and Guns Still Constant Companions in Somalia,” *Minneapolis Star Tribune* [McClatchy Newspapers News Bureau], January 4, 2007 ; Elizabeth Kennedy, “Some in Somalia Fear Ex-Warlord Is Back,” Associated Press, *Washington Post*, December 31, 2006.

❹ See Ibrahim Mohamed, “Suspected Cholera Outbreak Kills Scores in Somalia,” *Reuters*, February 1, 2007; “Access Restrictions Hamper Aid Delivery in Somalia,” *U.N. Office for the Coordination of Humanitarian Affairs*, January 19, 2007, www.reliefweb.int.

❺ See Sahal Abdulle, “Death Toll from Mogadishu Clashes Tops 1, 000,” Reuters, April 10, 2007; Abdulle, “Somali PM Declares Gains in Mogadishu War,” Reuters, April 26, 2007.

❻ See Office of the United Nations High Commissioner for Refugees, “Head of UNHCR Operations Division Shocked by Condition of Somali Displaced,” May 4, 2007, www.unhcr.org.

❼ 联合国人权理事会关于索马里人权状况独立专家的报告，see U.N. Human Rights Council, “Human Rights Council Takes up Situation of Human Rights in Cambodia, Haiti and Somalia,” June 12, 2007, www.reliefweb.int, p.8. 在随后的“索马里人权状况互动对话”中，美国代表“说……美国希望看到一个稳定的国家政府来促进当地的安全与稳定”(p.9)。

无法挡雨的破布，夜间有蛇和鬣狗游荡在难民营里。[1] 回顾推翻伊斯兰法院联盟政权后的头四个月，位于伦敦的皇家国际事务研究所（Royal Institute of International Affairs）发表的一份报告指出："这段经历戏剧性地凸显了索马里南部短暂的'伊斯兰'当局的好处，这段时期已经开始看起来像是一个'黄金时代'。"[2]

尽管流离失所的情况已经十分严峻，但后来仍有数十万人逃离家园，以应对持续不断的战斗，据估计，在伊斯兰法院联盟被击败后的第一年里，就有 6000 多平民丧生。[3] 例如，2007 年 11 月中旬，在持续两周的战斗中，有近 20 万人逃离了摩加迪沙。到 11 月下旬，在这个约 800 万人口的国家，有 100 多万人流离失所。[4] 首都的所有街区空无一人。由于饱受难民、战斗以及通常面临的环境挑战的负担，肥沃的农村地区营养不良率高达 19%（而在同一时期的达尔富尔动乱中，粮食紧缺的标准阈值分别为 15% 和 13%）。[5] 一年后，大约在埃塞俄比亚入侵两周年之际，营养不良在索马里变得更为严重，那里的营养不良水平是世界上最高的，2008 年有多达 30 万儿童严重营养不良。[6] 该国的大部分地区受到伊斯兰法院联盟一个左右摇

[1] See UNHCR, "Head of Division Shocked."

[2] See Cedric Barnes and Harun Hassan, "The Rise and Fall of Mogadishu's Islamic Courts"(London: Chatham House [Royal Institute of International Affairs], 2007), p.6.

[3] See Reuters, "Somalia PM Wants Dialogue;6, 000 Dead this Year," December 2, 2007.

[4] See UNHCR, "Somalia: Number of Displaced Rises to one Million," UNHCR Briefing Notes, November 20, 2007, www.unhcr.org.

[5] See Jeffrey Gettleman, "As Somali Crisis Grows, Experts See a Void in Aid," *New York Times*, November 20, 2007, p. A 6.

[6] "Somalia: Highest Levels of Malnutrition in the World," U.N. Office for the Coordinationof Humanitarian Affairs, December 5, 2008, www.irinnews.org.

摆的严厉镇压派系的控制，在一场叛乱中，该派系让埃塞俄比亚支持的政权成为摩加迪沙几个街区的有效政府，并在一个边境小镇建立了最初的立足点。专家预测，在未来几年里，伴随着争夺地方权力的各国政府提供的大量外部支持，索马里将被在部族和派系之间的战斗所充斥。❶

埃塞俄比亚军队占领摩加迪沙一周后，美国负责非洲事务的助理国务卿珍达伊·弗雷泽（Jendayi Frazer）希望访问索马里，但出于安全原因，不得不同意在肯尼亚内罗毕（无论如何，这是美国支持的政府的实际所在地）举行会议。她称赞索马里人民："不断奋进……试着突破历史的悲剧。"她解释说，索马里"对美国很重要，因为它位于从红海进入印度洋的非洲之角的战略位置"，并阐述了拒绝向恐怖分子提供安全避难所的必要性。"有些人希望美国［在索马里］发挥领导作用，"弗雷泽说，"我宁愿我们在幕后领导。"❷

❶ Jeffrey Gettleman, "Situation in Somalia Seems About to Get Worse," *New York Times*, December 7, 2008, p.6.

❷ Chris Tomlinson, "Envoy Says Somalia Must Find Solutions," *Guardian* (U.K.), Associated Press, January 6, 2007.

第七章　帝国的暴行

迄今为止，关于美利坚帝国的道德评价回避了两个核心问题：它的暴力行为在多大程度上是正当的？帝国错误的长久趋势有多根深蒂固？在本章中，我将对这两方面的谴责予以讨论：只要美利坚帝国持续存在下去，美国精英和美国选民之间的正常交往必然会造成巨大的和道德上的不合理伤害，包括不正当暴力行为带来的巨大伤害。

同意这一指控应该会对美国公民的道德观产生重大影响。作为一个公民，她有义务做出促进政府伸张正义的选择。大规模不公正的致命暴行是一个政府强加给其他国家人民的最严重的不公正。因此，鉴于不公正的暴力倾向，反对造成这种苦难的倡议应成为她的首要关切。如果美国公民没有被其政府正在以暴力伤害的方式做了许多事情这样强烈的警告所环绕，那么，他们所面对政府就应该做更多的努力来帮助全球穷人的警告，会带来在主要事情上分心的风险。

控诉的真相也会影响到美国公民应该通过哪些活动来履行自己的政治责任。在所谓的宪政民主体制下的制度治理（institutional governance）进程中，少数人拥有或力图拥有政治权威，或向奋斗者提供有影响力的建议或实质性的支持，而选民则从这些精英提出的各种选项中做出选择，并在植根于公共政治文化、培育于公共教育的各种制度框架预设之内，回应来自主要媒体的信息。如果我要捍卫的关于美国具有持久暴力倾向的观点是正确的，那么，美国的制度治理就是导致发展中国家的人民遭受暴力和不公正的严重错误的重要来源。为了履行她促进政府伸张正义的责任，每个美国公民都应该尝试通过诉诸制度治理之外的举措来限制这种不道德的暴行，如果这种政治努力对她而言并不是昂贵的，并且具有一定的成功前景的话。存在这样一种选择将会在最后一章中进行论证，它描述了社会运动的前景，特别是那些致力于推动“世界观与情感联系之共同体”的运动（我称之为“全球社会民主运动”）的前景。因此，在本章中，对不道德暴行的深层倾向的描述，将初步证明，我们有义务把注意力、精力和时间用于促进一种可改变由政治领导者负责的公共议程与战略考量的社会运动。

暴行的模式

前几章辨别了帝国在塑造贸易和发展、应对气候挑战和补偿帝国破坏力造成的损害等方面严重不公正的模式。上一章关于破坏性力量的叙述，描述了美国的破坏性力量在许多发展中国家的暴力使用造成了数百万人的死亡，并导致数百万人的生活支离破碎。但是，关于这一暴力行为是正义的还是不正义的问题却被搁置了。现在是时候来考虑这些破坏性力量的使用是否有其可预见的代价所需要的强有力的道德正当性。

当美国支持推翻在伊朗、危地马拉和刚果的民选民族主义者时，任何一个有见识的人都不会认为，这些国家的人民正在受到保护以免受到国内暴政的蹂躏。可以预见的是，这些破坏性力量的使用造成数十年的暴力压迫。也许，在摩萨台（Mossadegh）、阿本斯（Arbenz）和卢蒙巴被推翻之前就停止与他们对抗，会导致苏联在世界范围内助长暴政。然而，考虑到这些领导人的民族自豪感、他们人民的情绪以及苏联当时投射其力量的能力极其有限，这顶多只是一种猜疑性恐惧，不足以证明美国积极参与建立和维持邪恶傀儡政权的正当性。无论如何，还有另外一种可行的选择，即与民族主义政权建立友好关系。作为这些国家民族主义计划的结果，总部设在美国及其盟国的公司将放弃那些被认为是不正当地获得的资产，并且给予他们认为不足的补偿。美国及其盟国公司财富和收入的这些和那些可预见的损失，并不是从事那些恐怖统治的正当理由。

在越南，河内政权向南越（South Vietnam）[1]的扩张被准确地视为一个专制政府的胜利。但是，西贡政权也以其专制和高度腐败而闻名；美国反对越南依据《日内瓦协议》所进行的选举，表达了这样一个准确估计，即河内政权是越南主要的政治力量中最受欢迎的政权。南越曾是一个为抵制共产主义在亚洲进一步发展而尝试建立的堡垒。但是，像乔治·凯南（George Kennan）、乔治·鲍尔（George Ball）和夏尔·戴高乐（Charles de Gaulle）这类精明的反共产主义者，

[1] 在本书中，South Vietnam 特指越南共和国，通称南越，首都为西贡（今胡志明市）。与之对应的 North Vietnam 特指越南民主共和国，俗称北越，首都为河内。——译注。

提出了令人信服的观点，即在这个地区抵制共产主义是不可能成功的。一个民族主义的、相当受欢迎的、带有马列主义折中烙印的越南政权的快速胜利，几乎可以肯定会导致盟军在老挝取得胜利，并会在其他地方鼓励类似的运动。作为回应，调和民族主义者的愿望可能已成为减少苏联影响而又不造成大规模暴力的唯一途径。避免这些调和行为的代价不能成为血流成河的正当理由。

布热津斯基挑起苏联入侵阿富汗的“绝妙主意”，随后被反对苏联的狂热军阀及其傀儡政权所实施，造成了数十万人死亡和后苏联时代的恐怖统治，在许多人也许是大多数的阿富汗人眼里，这种恐怖统治甚至使得塔利班的统治都是一种进步。[1] 军阀并不是对美国所试图推翻的亲苏专制现代化者的一种进步。或许苏联的干预加速了苏联的解体，或许它通过加强自身最为独裁和最具侵略性的派系力量来延长苏联政权。对前一种前景的猜测不能成为美国积极参与破坏整个国家以及杀害 14000 名苏联士兵（绝大多数是被征召来的）的行为的正当理由。

美国政府通过故意延长两伊战争，在第一次海湾战争中大量摧毁伊拉克的民用基础设施，通过战后严厉的制裁手段确保伊拉克进一步衰退，动用大规模毁灭性火力推翻萨达姆政权，不顾大多数伊

---

[1] See Ahmed Rashid，*The Taliban*（New Haven，Yale University Press，2001），p.213；William Vollmann，“Across the Divide，”*New Yorker*，May 15，2000（一份关于在塔利班统治下的阿富汗所进行广泛旅游的报告得出的结论是：“西方国家认为塔利班利用武力强迫不情愿的人民接受他们的观点是不正确的……与我交谈的许多人表达了对塔利班的满意。为什么？很简单，因为他们无法忘记以前有多糟糕”）。

拉克人民的意愿长期占领伊拉克，造成了数十万人丧生。[1]这些措施，无论是出于国防理由，还是出于更大范围的反苏暴政的理由，都不具有正当性。出于人道主义理由，这些措施也不具有正当性。即使是在推翻萨达姆·侯赛因的入侵事件中，我们也没有充分的信心肯定，那些将要从不公正中获救或者可能从对那些利益具有道德地位的受影响者的平衡中获益的人当中的绝大多数，对于致命行动会表示知情同意。尽管诉诸大规模杀伤性武器的威胁来证明推翻萨达姆政权的合理性基本上能够成立，但是，美国却是在面对下述大量证据的情况下发动了推翻萨达姆的入侵行动——萨达姆的生化武器库微不足道，至多是用于最后一搏的伎俩，此外，伊拉克在核武器方面取得重大进展的证据微乎其微，核查也逐步验证了这些评估，并能够在防止伊拉克大规模杀伤性武器计划死灰复燃方面为合理的安全考

---

[1] 据英国《每日电讯报》(*Daily Telegraph*) 2005 年 10 月 23 日报道，英国国防部发起的一项民调显示，82% 的伊拉克人"'强烈反对'驻伊联军"(Sean Rayment，"Secret MoD Poll: Iraqis Support Attacks on British Troops")。由于在库尔德北部地区的军事存在是由库尔德政治领导人的民兵组成的，在萨达姆被推翻之前，库尔德政治领导人曾在联合国的保护下控制过这片地区，所以这低估了联军的反对力量。在伊拉克人当中，库尔德人是唯一一部分主要支持美－英驻军的人。在入侵伊拉克一年后的一次大型民调中，当伊拉克人被问及"美英军队应该（在未来几个月）立即撤离还是驻扎在伊拉克更久一点？"，大多数人（占 57%）说"立即"，在这一回答的人当中 65% 是非库尔德人（"Key Findings: Nationwide Survey of 3, 500 Iraqis," *USA Today*，April 28，2003，www.usatoday.com/news/world/iraq/200404-28-gallup-iraq-findings.htm，pp.1 f.，6 f.；Cesar Soriano and Steven Komarow，"Poll: Iraqis Out of Patience," *USA Today*，April 4，2004，www.usatoday.com/news/world/iraq/2004-04-28-poll-cover x.htm，p.1）。9 个月后，在伊拉克大选前夕，另一项广泛的调查问道："美军应该在何时撤离伊拉克？"当提供有"当安全和保障恢复时"和"伊拉克军队就位之后"等其他备选项时，66% 的人（大约 72% 的人是非库尔德人）要么回答"现在"（占调查总人数的 37%，其中非库尔德人占 41%），要么回答"当选政府就位之后"（占调查总人数的 29%，其中非库尔德人占 31%）。See Zogby International，"Elections in Iraq"（January－February 2005），www.zogby.com，pp.4，18.

量奠定基础。[1]此次入侵的可能结果不是安全，而是危险：可以预见的是，入侵可能会加速核武器在美国所强烈反对的国家中发展；还可以预见的是，入侵会助长全球恐怖主义运动招兵买马，一旦伊拉克问题得到解决，该恐怖主义运动会密切关注全球范围的大规模恐怖主义袭击的前景(就像以前的恐怖运动一样,当阿富汗的武装"圣战"结束时，基地组织就产生了)。

美国在波斯湾地区的每一次致命行动，都削弱了该战略地区中一些独立于美国的地方力量。美国有理由担心，伊拉克和伊朗的实力和独立可能导致石油供应不稳定或更加昂贵、经济增长缓慢以及石油公司利润下降。避免这些改变（基于保存化石燃料和降低温室气体排放的压力，这些变化可能总体上是有益的）并不能成为美国非常积极地参与这种造成很多人死亡行动的正当理由。

至少自 20 世纪中叶以来，在两党及其主要派系的领导下，美国在发展中国家采取的武断暴力行动作为一种模式已经广泛兴起。要弄清这种模式的根本原因，我们可以从探究导致这种模式的决策开始。

帝国的决策

在美国，就像在所有发达国家一样，外交政策的基本决策是由国家行政部门的民选领导人做出的，并受到其任命的政策规划者的

---

[1] 关于导致联合国最终中止核查的可怕警告之前的证据状况，see "The Case for Iraq's Qualitative Disarmament," *Arms Control Today* 30/5（June 2000）: 8－14，由斯科特·里特（Scott Ritter）撰写，他是美军海军陆战队的少校，是最近联合国赴伊拉克核查计划的武器探测组组长。里特在 *Iraq Confidential*（New York: Nation Books，2005）一书中，详细叙述了 20 世纪 90 年代末收集到的大规模裁军证据，以及美国官员在日益增多的证据面前对这种评估的顽固抵制。

帮助和影响，还需要得到立法机构的某种默许。使用暴力的模式表明，涉及美国巨大破坏性力量使用的最高决策是以利益和冷漠（interest and disinterest）的致命性结合为指导的：美国对世界权力目标的追逐是在同外国人的磋商中进行的，在磋商中，外国人，尤其是发展中国家的外国人遭遇的不利后果是他们缺乏与其作为道德理由的实际实力相去甚远的独立影响力。由回忆录、日记、调查报告、采访、秘密录音和内部文件所提供的详细证据证实了这一评判。

在已经出版的有 2899 页、印刷得密密麻麻的《五角大楼文件》（*The Pentagon Papers*）中，那些详细的、深入论证的、有争议的备忘录、磋商记录、内部政策声明和理据，以及关于决策的博学多才的叙述，在统计越共的死亡人数方面，只是把南越的死亡人数作为衡量成功的标准。北越人民的死亡人数在下述意义上被视为不选择更具杀伤性的轰炸方案的理由，即更具杀伤性的轰炸方案会使更多的欧洲人和美国人反对美国的政策；而北越人民的死亡数字在下述意义上可以成为一个积极的理由，即这些数字可以瓦解北越人民的士气。随着西贡政权维系下去的希望日渐渺茫，顺利地提出了采取其他方案来确保大规模死亡的原因，主要在于维护美国权力方面的投机心理优势：确保其他地方顺从且软弱的政权仍然相信美国将会为他们的防御付出巨大牺牲，并让试图推翻那些政权的国家集团保持着蒙受巨大损失的恐惧。早在 1964 年，在一个加强美国军事行动的典型的、成功的案例中，美国国防部长麦克纳马拉最信任的顾问、助理国防部长约翰·麦克诺顿（John McNaughton）做出推断："不管未来 1–3 年东南亚形式有多糟糕……我们必须信守诺言，吃苦耐劳，敢于冒险，流血牺牲，痛击敌人。考虑到美国在将来的行动表现……我们必须避免影响判断的现象。”[1] 1965 年 2 月，国家安全顾问麦乔治·邦迪（McGeorge Bundy）成功地煽动了对北越持续升级的轰炸，他指出：“我们不能断言，（对北越）持续报复政策会成功改变越南的竞赛进程……（但是）即使失败了，这项政策也是值得的。……一项报复性的政策——在某种程度上显示了美国在对抗叛乱时使用这种新规范的意愿——将使未来游击战的冒险付出更高的代价，因此它应该在一定程度上提高我们阻止这种冒险的能力。”[2]

约翰逊（Johnson）政府时期磋商的转折点，也是《五角大楼文件》的精彩之处（该文件以约翰逊宣布不会竞选连任收尾），是 1968 年 3 月 18 日召开的高级咨询小组会议，在会议上，那些所谓的“智囊们”，从几乎一致支持美国升级战争，转变为几乎一致支持战争立即降级或快速脱离接触。乔治·鲍尔辞去副国务卿职务后，作为唯一的鸽派成员加入了该小组，根据他的详细回忆，那些“智囊们”（除了其中的两位）认为，要想赢得战争，还需要五年或者十多年的战斗和轰炸。他们拒绝这一替代方案，理由是它会削弱“对前线战争的支持……严重地分裂国家”，也会对“我们的其他问题和利益，包括美元危机”产生不利影响。相反，暗含在他们对胜利之路的新评估中额外的数十万越南人死亡，并不能成为采取不那么致命的路线

---

[1] See U.S. Department of Defense, *The Pentagon Papers: The Senator Gravel Edition* (Beacon Press: Boston, n.d.), iii, p. 582. 而对于麦克诺顿地位的评价，可以参考乔治·鲍尔在 *The Past Has Another Pattern*（New York: Norton, 1982）一书中的叙述（p.385）。

[2] Memorandum of February 7, 1965, *The Pentagon Papers*, iii, p.690.

的理由。[1]

由于可以接触到尼克松（Nixon）和他的助手之间的许多对话录音带，我们有丰富的资料来确定外国死亡人数在尼克松政府的政策评估中起到的作用。尽管在尼克松执政初期美国就开始撤军，而且越来越多的人认为西贡政权将不复存在，但仍有很多新的和极其致命举措的讨论，而且通常都没有结果。对北越的大规模轰炸是一个常见的主题；这种轰炸有时是谈判的筹码，有时则是对这种轰炸能够使西贡政权得到加强的（日渐消瘦的）希望；但是，这种轰炸通常且主要是为了以一种戏剧性展示的方式来结束战争——与美国作对将付出沉重的代价。1972 年 5 月 4 日，在与几乎所有主要助手基辛格、约翰·霍尔德曼（John Haldeman）、约翰·康纳利（John Connally）和亚历山大·黑格（Alexander Haig）的录音谈话中，“我直截了当地说，”尼克松谈论道，“现在我说得相当精确。南越可能会输，但是美国不能输。这意味着无论南越发生什么，我们都要彻底打败北越……这一次，我们要动用这个国家最强大的力量来打败一个混蛋国家以赢得战争。我们不能使用‘赢’这个词，但其他人能用。”[2]

在这一庞大的磋商记录中，尼克松和他的高级助手们只在很少的场合（仅有两次出现在杰弗里·金博尔［Jeffrey Kimball］关于越南战争的录音记录的汇编中）谈及评价大规模屠杀越南人的道德意

---

[1] See Ball, *The Past Has Another Pattern*, pp.407-9. 在《五角大楼文件》中也有类似的、稍微不那么详细的论述（*The Pentagon Papers*, iv, pp.591-3）。

[2] See Jeffrey Kimball, *The Vietnam War Files*（Lawrence: University of Kansas Press, 2004）, pp.220 f.

义。1975年4月25日，在与基辛格的录音会谈中，尼克松描述了“我们所考虑的对北越的进攻”（他根本不确定这会“有任何帮助”），接着说：“我仍然认为我们现在应该把堤坝拆除。”

基辛格：我认为……

尼克松：那会淹死人吗？

基辛格：那将会淹死20万人。

尼克松：不不不，我宁可使用一枚核弹。你准备好这么做了吗？

基辛格：现在，我想，这样做太过于，呃……

尼克松：一枚核弹，让你不自在吗？

基辛格：他无论如何不会这么做［不清楚他指的是不是军事指挥官——米勒注］。

尼克松：看在上帝的分上，亨利，我只是想让你想法大胆一点。[1]

1971年6月2日，尼克松在与基辛格和霍尔德曼的谈话中，更为清晰地讨论了越南人的死亡及其正当理由，当时尼克松对他自己在一场新闻发布会上对有关战争道德问题的简短回答感到不满，他宣称：“我想在明晚的会议上第一时间提出这个问题”，这样一来，就“这个符合道德的战争问题，让他们再打击我一次吧，我要他们绞尽脑汁”。在复述他自己的观点时，他说：“某种意义上，我们所有人都可以说，第一，第二次世界大战的轰炸是不道德的，第二，这场战争是不道德的，但是让希特勒征服欧洲并领导世界也是不道德的……这场轰炸，发生在南越的轰炸，是的，它是一个悲剧……

---

[1] See Kimball, *The Vietnam War Files*, p.217.

另一方面，把美国人送到国外却不用美国的军事力量保护他们，无疑也是不道德的……允许共产主义者接管和……大屠杀……就是道德的吗？”于是，关于如何回应对战争的道德批判的反思，几乎立刻就发生了转变，这在政府最高决策圈子之外的关于战争的讨论中是不常见的。

尼克松：好吧，让我说，让我说，因为你，你并不明白我所说的意思。但是，我知道，如果我们没有取得任何与苏联关系的突破，如果我们没有取得与中国关系的突破，如果我们没有把握好整体形势，我们就不能在越南问题上取得任何进展。局势即将恶化——大约在今年11月份，我得仔细看看底牌。只要我们拥有空军，只要我们得到了其他的东西……（基辛格试图讲话时，尼克松大喊并猛敲办公桌）我不是在说轰炸道路，我是说，我们要摧毁堤坝，我们要摧毁发电厂，我们要夷平那个该死的国家。

此时，一位未来的诺贝尔和平奖得主试图打断他的讲话。

基辛格：总统先生。

尼克松：现在，让我痛快地说完。

基辛格：总统先生，我想美国人民会理解的。

尼克松：……关键是，我们不能到外面去哭，我们不能在外面说我们输了。

基辛格：总统先生，我将积极地支持这一点，我认为这样做是正确的。[1]

---

[1] See Kimball, *The Vietnam War Files*, pp.161-3.

最终，平民伤亡问题在1972年5月的一次谈话中被直接提出来了，总统和未来的诺贝尔奖得主都阐明了他们的观点。

尼克松：你和我唯一存在分歧的地方……是关于轰炸……你他妈的关心平民，而我一点也不在乎。我不在乎。

基辛格：我关心平民，因为我不想全世界都被动员起来反对你这个屠夫。[1]

30年后，老布什总统更为沉静的考虑也反映出，与发展中国家中的人员伤亡相比，美国对自身实力有着压倒一切的兴趣。小布什外交政策的批评者经常将其与他的父亲对美国利益更为深思熟虑、更加克制的追求进行对比。但是（翻回到第六章的叙述），诸如老布什－斯考克罗夫特的回忆录和伍德沃德的访谈这类文献，在讨论伊拉克入侵科威特的应对措施时，老布什政府是那么地缺乏自我克制。

在更加致命的替代方案上，有三个主要的转变。在萨达姆入侵科威特后的第二次国家安全委员会会议上，当总统和他最为亲近的顾问们坚持准备以军事手段迫使伊拉克撤军时，他们的言论并未谈及此次战争对伊拉克人带来的后果。相反，他们诉诸一种后冷战的需要，即向"不担忧超级大国介入的人们"灌输恐惧；他们还诉诸这样一种需要，即防止萨达姆"占据不平等的位置，因为他将用世界第四大军队控制已探明的第二大和第三大石油储量"。[2]

---

[1] Associated Press, "Tapes: Nixon Wanted to Use Nuke Bomb," *New York Times*, February 28, 2002.

[2] 来自美国副国务卿劳伦斯·伊格尔伯格（Lawrence Eagleburger）和中情局局长威廉·韦伯斯特的讲话。老布什和斯考克罗夫特对此解释说，这是他们事先组织的一系列活动的一部分，目的是团结一致，支持军事力量。See Bush and Scowcroft, *A World Transformed*（New York: Alfred A. Knopf, 1998）, pp.322 f.

5个月后，萨达姆为谈判提供了基础，他承诺通过谈判撤军以避免战争，老布什总统却直截了当地说："我们必须打一仗。"❶根据伍德沃德对这段插曲的解释，摧毁萨达姆的军队"以便它在未来不会成为威胁"是这种坚决主张的根本理由。❷然而，老布什在其联合回忆录中的日记条目表明，对帝国权力更为广泛的提升才是更重要的：确保对美国破坏力的威胁的恐惧，羞辱一个愤愤不平的潜在领导人,鼓动美国支持未来直接使用美国火力。"[1991年2月25日，回应伊拉克提出撤军的最新提议]在我看来，我们可能到了这一地步，即我们不得不在联合国的团结和明确结束这一事件之间做出选择。我支持后者，因为我们的信誉正受到威胁……我们将不允许一个草率的结局，让这个家伙挽回面子……派我们的部队去伊拉克阻止这一切，我们可能会受到一些打击；但更糟糕的是，我们将在一些愚蠢的妥协中失去信誉……[1991年2月26日，回应决定性军事胜利的消息]这个重磅消息，当然是我们军队的出色表现——他们干得相当漂亮……我们正在做一些体面的事情和好的事情；同时，越南将很快被我们甩掉……令人惊讶的是，我一直在苦思冥想如何结束越南综合征……我记得那些痛苦和丑陋，现在变成了越南综合征。"❸这一主题主导了老布什和斯考克罗夫特对这场战争的积极评价："美国的政治信誉和影响力一飞冲天。在海湾战争中，我们几乎独自站在世界舞台上……我们的军事声誉也得到提高……其结果是，

❶ Bob Woodward, *Shadow* (New York: Simon & Schuster, 1999), p.185.

❷ Woodward, *Shadow*, p.185.

❸ Bush and Scowcroft, *A World Transformed*, pp.482-4.

我们从海湾冲突中脱颖而出，进入一个与科威特遭到袭击之前截然不同的世界。”[1]

老布什最后的决定是最为致命的。他决心“把萨达姆拉下马”[2]，但又担心动用美军推翻萨达姆的后果，于是，他选择了轰炸伊拉克的方案，该方案，用具体执行这个军事计划的军事将领的话来说，就是打击“所有那些使一个国家能够维持自身生存的东西”，目的在于提供与严厉的制裁相结合的“长远影响力”，“让人们知道，‘把这家伙赶下台,我们会非常乐意帮助你们重建’”[3]。老布什和斯考克罗夫特的回忆录以及伍德沃德的描述，透露出这一时期对于美国人在军事行动中丧生的一些担忧，对于科威特王室安全的焦虑质询以及对于“媒体所创造出来的‘从科威特城到巴士拉的死亡之路’印象的担忧”。[4]没有迹象表明，伊拉克的死亡人数被视为可能过度使用致命武力的理由。老布什——他曾作为中央情报局前局长的背景使他有能力预料到他所做选择的致命后果——被一个伊拉克人的遭遇留下了深刻印象。当得知一枚飞毛腿导弹击中营房炸死 28 名美国士兵时，老布什说：“我很愤怒，但是我知道萨达姆将会付出惨痛的代价。”[5]

克林顿政府的制裁机制指南也反映了一个在长期杠杆与人力成

---

❶ Bush and Scowcroft, *A World Transformed*, p.491.

❷ Bush and Scowcroft, *A World Transformed*, p.498

❸ Barton Gellman, “Allied Air War Struck Broadly in Iraq,” *Washington Post*, June 23, 1991, p.A l.

❹ Bush and Scowcroft, *A World Transformed*, pp.321, 485.

❺ Bush and Scowcroft, *A World Transformed*, p.481.

本之间的类似权衡。1991 年 1 月 22 日，在美国对伊拉克发动战争 6 天后，美国军事情报部门报告说："疾病发病率的增加将归因于常规预防药物、废物处理、水资源净化 / 分配、电力供应能力的退化，以及控制疾病爆发的能力下降。在伊拉克，任何基础设施已经遭到毁坏的城市都面临着类似的问题。"❶1999 年，联合国儿童基金会针对伊拉克儿童死亡率的一项广为宣传的民意调查指出，如果制裁前的趋势继续下去，自制裁以来，5 岁以下儿童的死亡人数原本会减少 50 万。❷联合国的一个委员会（在闭门磋商中，每个代表都有否决权），基于制裁机制，控制着伊拉克的进口。2002 年，在分析由联合国工作人员（他们对伊拉克儿童的处境感到震惊）泄露出来的文件时，乔伊·戈登（Joy Gordon）发现，自 1991 年以来，美国"只是偶尔得到英国的支持"，"阻止了伊拉克发电所需物资以及无线电、电话和其他通信设备的大部分采购……例如，伊拉克被允许购买一套污水处理设备，却被禁止购买污水处理厂运行所必需的发电机……2001 年 9 月，近三分之一关于水和卫生设施的合同，以及四分之一关于电力和教育供应的合同都被搁置了。2001 年初，美国已经扣留了 2.8 亿美元的医疗用品，包括治疗婴儿肝炎、破伤风和白喉的疫

---

❶ Armed Forces Medical Intelligence Center，"Disease Information，" www.gulflink.osd.mil/declassdocs/dia/19950901/950901_0504rept_91.html.

❷ G.Jones，"Iraq: Under-Five Mortality"（UNICEF，1999），www.unicef.org/ reseval/pdfs/irqu5est/pdf；UNICEF，"Child and Maternal Mortality Survey"（1999），www.unicef.org/reseval/iraqr/html.

苗以及恒温箱和治疗心脏病的设备。”❶

在1996年的一次电视采访中，当被问及制裁所得收益是否抵得上50万儿童死亡的代价时，美国国务卿奥尔布赖特（Albright）回答说：“我认为这是一个非常艰难的选择，但我们认为，这个代价是值得的。”❷一年后，在一次外交政策演讲中，她澄清了那些值得付出这一代价的目标：“一些国家认为，如果伊拉克履行其有关大规模杀伤性武器的义务，那么制裁就应该取消，我们不赞同这些国家的观点。我们的观点是，伊拉克必须证明其和平意图，这是不可动摇的……而且，有压倒性的证据表明，萨达姆·侯赛因的意图永远不会是和平的。然而，美国仍期待伊拉克重返国际大家庭的那一天……由于我们坚定地致力于维护伊拉克的领土完整，我们想要证实的是，新的伊拉克（即萨达姆政权的继任者）将是独立的、团结的以及免

---

❶ Joy Gordon, “Cool War,” *Harper's Magazine*, November 2002, www.harpers. org/CoolWar.html, pp.4, 2, 8. 肯尼斯·波拉克（Kenneth Pollack）曾在1995-1996年与1999-2001年担任美国国家安全委员会波斯湾事务主任，他撰有关于伊拉克战争情况的著作《威胁风暴》（*The Threatening Storm* [New York: Random House, 2002]），在该书封底关于他的个人简介显示：“他是负责执行美国对伊拉克政策工作级别的主要官员。”他在那本书中为制裁所造成的影响开脱罪责，书的开篇写道：“首先，重要的是要正确看待伊拉克的痛苦程度。尽管众多组织和人士不断发出严重警告，但这里并未出现大规模的饥荒，比如1992年一年就造成50%的索马里儿童死亡的大饥荒，在1984-1985年造成100万埃塞俄比亚人死亡的大饥荒，或者自1995年以来造成多达2800万朝鲜人死亡的大饥荒。”（p.126）或许这一章节提供了一些关于官员避免因对外国人死亡过于敏感而受到干扰的方法。最终，波拉克推测，在战争的头七年中，大约有20万人非正常死亡，所有这些都构成了萨达姆·侯赛因对“他的人民的……屠杀”（p.140；see also p.139）。

❷ See Madeleine Albright, *Madam Secretary* (New York: Miramax, 2003), pp. 274 f.

受不适当的外部的（例如，来自伊朗的）影响。”❶

当下一届政府制定外交政策审议框架时，重点从长远影响力转向直接破坏，但在其他方面保持着基本的连续性：推翻萨达姆政权的主要利益，并未伴之以对该国人民可预见代价的积极关注。根据小布什总统第一任财政部长的说法，新一届国家安全委员会第一次会议的第一项议程，是总统向他的国家安全顾问进行咨询：“康迪（Condi），今天我们要谈些什么呢？”“赖斯（Rice）说：‘总统先生，伊拉克是如何破坏这个地区的稳定的。’这被一些观察家视为照本宣科的对话。她指出，伊拉克可能是重塑整个地区的关键。”❷

在对帝国倾向的道德评估中，帝国对战争的考虑应该是一个核心话题。美国破坏性力量的运用造成了巨大的损失。然而，美国在贸易、金融和全球环境方面的政策对国外紧急物资需求的影响也很重要。不顾对发展中国家贫困人口的影响，美国在捍卫农业补贴、世界范围内扩大药品专利权、受到不同学派的经济学家嘲笑的“反倾销”措施方面的顽固态度，是美国对发展中国家弱势群体的严重代价同样不敏感的有力证据。对外援助，原则上可以是对国外需求给予关切的实质性独立力量得以显现的领域，实际上却变成了展示

---

❶ See “SecState Albright Policy Speech on Iraq, March 26［1997］” 奥尔布赖特在乔治敦大学的演讲稿，见美国科学家联合会官网，www.fas.org/news/iraq/1997。除了核实继任政权的“领土”状况以外，奥尔布赖特还描述了第二目标，即要求伊拉克政府“改善行为。是否与联合国特别委员会（UNSCOM）合作并遵守联合国决议？……尊重人权？……一个对恐怖主义令人信服的否定？其军事野心是否仅限于那些合理的防御？”直到继任政权在所有方面都令美国满意之前，“我们将坚持，”她宣称，“凭借我们掌握的所有外交手段，联合国的制裁仍将有效。”

❷ See Ron Suskind, *The Price of Loyalty*（New York: Simon & Schuster, 2004）, p.72.

美国在权力与财富方面的主导力量的证据。1965-1998 年，随着同苏联就与贫穷国家结盟的竞争越来越不重要，并最终成为历史，美国用于海外发展援助的资金占国内生产总值的比例下降了 83%（从占 0.58% 下降到占 0.10%，1998 年后下降了 43%）。[1] 在第五章开始仔细探究、在第八章将要加以更详细研究的援助进程中，美国的对外援助资金量很小，从需求的角度来看，受到了糟糕的分配，并通过不稳定的资金转移、依赖性的提升以及与其他援助来源的糟糕协调，在效力方面以广泛认可的、可避免的和不断衰退的损失的方式来推进美国的财富和权力。

帝国的政治进程

尽管美国总统在政治立场和个人气质上各不相同，但是他们对美国权力的追求以及那种追求给外国带来的代价的不敏感性二者的结合，已经持续了 50 多年。这种思维模式反映出美国政治精英、经济精英与美国选民之间正常交往的持久特征。

不管外国人受到美国高层决策的影响有多强烈，他们都不能在美国大选中获得投票权，只能影响极少数人的意见，也很少参与到美国精英阶层的决策中。发展中国家的人们尤其没什么影响力。因此，如果美国的政治精英和经济精英对保护和促进美国的世界权力有着压倒一切的承诺，如果美国的世界权力所带来的好处是美国的选民及其精英们一个非常普遍的共同前提，那么，为了发展中国家的外国人而捍卫帝国权力所付出的沉重代价不会显著地影响美国的决策。

---

[1] Judith Randel et al., eds., *The Reality of Aid 2000*（London: Earthscan, 2000）, p.80.

事实上，对美国世界权力的这些相互强化的承诺是根深蒂固的，并相互影响着美国的外交政策。

目前，美国所有排名靠前的公司在发展与独立方面都十分依赖美国的世界权力。这些公司为美国政府提供对于政府管理至关重要的官员（一般包括财政部长，通常是国防部长）、人际网络信息和影响。这些公司在生存竞争中的失败会导致整个国家经济生活的波动，并会在国内造成选民不满的不利后果。

除了受到经济精英的影响和依赖于经济精英之外，那些对世界事务拥有巨大政治权力的人，从未自发地倾向接受对它的削弱。这种权力的力量似乎是他们自身生命力的一部分。与人生目标一样，他们的目标对他们所论证的道德框架有着巨大的影响：在认同提升国家的世界权力这一目标时，他们（在权衡各种考量时）都假定，提升这种权力是好的，从而避免这种假设受到道德审视。

政治领袖们持有这种观点，是他们成为政治领袖的过程的一个结果。要想在政治上取得成功，美国的政治家们必须迎合经济精英，并赢得受公共政治文化影响的选举。在公共政治文化中，能够提升美国的世界权力的手段都是好的这一前提，既是两党的共同属性，也是美国学校教育的标准前提。这种社会环境反映出悠久的文化历史，以及一种从长期追求的国家目标的共同成功中获得活力感的普遍趋势。它也反映出老牌政治领导人和重要企业的努力。例如，它不断地被大型的有影响力的娱乐和信息媒体所强化。

特别是，美国主要媒体对外交事务的报道加强并反映了这一预设，即美国权力只会在暂时偏离其正常目标的谨慎追求时才会受到损害。对于改变源自制度治理之外的政策的努力而言，这是一种重要的制约，值得我们具体而详细地加以审查。因为这些努力取决于公共舆论的改变。

在主要媒体对外交事务的报道中，解释、关注和争论的基本框架是由政府官员们、不掌握总统权力的政党的主要代表们以及美国在冲突地区的盟友们所说的话的报道确立的。当美国军事力量并未直接卷入暴力冲突时，由于美国在发展中国家的行动所造成的苦难，主要媒体几乎不感兴趣。武装冲突通常被归咎于世仇或者激进分子的暴力行为，如果有报道的话。大多数情况下，这些苦难融入发展中国家不幸的背景噪音之中。如果美国军事力量直接卷入暴力冲突，那么，获取事实的途径不仅被美军司令部牢牢把控，而且受到美国记者在充满敌意的领土上所遭遇危险的严格限制，还受到在美军处于危险境地时不愿意谴责美国的重要军事行动的强有力制约。

关于美国在道德上令人不安的破坏性行为的报道，主要是孤立的、具体的、与美国胜利相冲突的事件，而不是与美国的大规模破坏战略的贡献相冲突的事件。因此，美国观众能够看到的是美莱村屠杀（My Lai massacre），却很少能接触到美国在南越“停火区”的轰炸造成的常规的和大规模的伤亡；在这些轰炸中，数十万人被炸弹炸死或炸残，随之而来的是传单，上面印着“一定要以拥有自由通行证的7万名同胞为榜样……在和平中重建一个舒适的生活；否则就要在痛苦和可怕的危险中等待死亡”之类的忠告。[1] 在丹尼

[1] 有关传单文本和伤亡统计，see James William Gibson，*The Perfect War*（Boston: Atlantic Monthly Press，1986），pp.229 f.

尔·哈林（Daniel Hallin）对1965—1973年间的电视新闻档案的调查中，对这种致命性行动的报道包含着一些对美国飞行员的采访，他们表达了自己对减少平民伤亡的关切。在779次广播中，总共有15次提及美国军队或西贡政府军队对家园的摧毁。在谈到平民伤亡的总体数字时，归咎于北越政府和越共的军队造成的伤亡人数与归咎于美国军队或西贡政府军队造成的伤亡人数之比是2∶1。❶

同样，电视和报纸的头版让美国观众看到了几个月来美军士兵在阿布格莱布监狱对关押人员的凌辱，却看不到在入侵伊拉克的战争中因使用大规模火力保护美国人的生命而造成的超过5000名伊拉克平民丧生，或者是在随后几年中，又有数千平民死于美军的暴力行动——死亡人数总计可能已达数万人。❷那些阅读过偶尔提及伊拉克罹难人数统计组织对平民暴力死亡人数报道的统计——通常被误认为是对全体伊拉克人或伊拉克平民在战争中的死亡总数的估计——的人，并没有接触到任何提及美军暴力行径的报道。然而，伊拉克罹难人数统计组织发现，在入侵开始后的头两年里，美军是杀害平民的最主要凶手；与反占领武装力量——在美国主流媒体的报道中，反占领武装力量的屠杀是平民大量死亡的基本原因——相比，伊拉克罹难人数统计组织发现，这一时期归咎于美军造成的死亡数量是反占领武装力量造成的死亡数量4倍左右，而2003年4月

---

❶ Hallin, *The "Uncensored War"*（New York：Oxford University Press, 1986）, pp.111, 137, 153.

❷ 吉尔伯特·伯纳姆等人在Gilbert Burnham et al., "Mortality after the 2003 Invasion of Iraq," *The Lancet* 368（2006）: 1421-8一文中所提到的流行病学调查给出了一种适中的估计，在入侵后的40个月里，伊拉克15岁以下或45岁以上的男性以及女性当中，约有76000人死于联军的暴力行动（see pp.1421, 1425）。

30日，即美军入侵结束后，两方造成的死亡数量大体相当。[1]

2006年2月，萨马拉金色清真寺被毁后，愈演愈烈的教派暴力屠杀成为美国从伊拉克发回报道的核心话题。这些事件通常都伴随着对美国官员的意见的报道，而这些官员认为，美国军队的继续存在是防止暴力进一步爆炸性扩大的重要保障。然而，同年1月份，一项广泛的民意调查发现，绝大多数伊拉克人，包括大多数逊尼派阿拉伯人和什叶派，都认为，“如果以美国为首的武装力量在未来6个月内撤出伊拉克”，“普通伊拉克民众每天的安全”将得到提升，“宗族间的暴力数量”将会减少；当可怕的宗派暴力已成为来自伊拉克的基本新闻时，伊拉克人的这种看法在9月份被再次提及。这些（和

[1] 一项由伊拉克罹难人数统计组织所做的得到最广泛报道的研究，是对入侵后两年内停尸房人数和其他公认的新闻媒体所提供的平民死亡人数的统计和分析。在一些报纸上，这个统计（作为一个总体的估计）被当作美军两年内导致的累积死亡人数的补充数据来报道，它们没有提及美军在伊拉克平民死亡中所扮演的角色，例如，see Sabrina Tavernise，“Rising Civilian Toll Is the Iraq War's Silent，Sinister Pulse，” *New York Times*，October 26，2005，p.A12；Jim Krane，“Iraq Death Toll Estimated at 30K，” Associated Press，October 26，2005（e.g.，*Ithaca [N.Y.] Journal*，p.3A）。事实上，在调查结果中，以黑体字“子弹”开头的一节生动地题为“谁是凶手？”。伊拉克罹难人数统计组织报告称：“在平民受害者当中，主要由以美国为首的军队造成的死亡占37%。在所有平民当中，犯罪造成的死亡占36%。在平民受害者当中，主要由反占领军造成的死亡占9%。在盟军造成的死亡当中，98.5%是由美军造成的。”在随后的陈述中，一份突出显示的表格将9270名平民的死亡完全归咎于“以美国为首的军队”。在报告中所列出的所有统计中，在所报道的2003年4月30日以后的平民死亡人数当中，13%完全归咎于以美国为首的军队，12%完全归咎于反占领军，1%归咎于不针对与占领相关的目标的恐怖袭击。See Iraq Body Count，“A Dossier of Civilian Casualties 2003-2005，” www.iraqbodycount.org，especially Fact Sheets 1，2 and 3.

类似的）调查结果却很少被报道。[1]

伊拉克公众舆论对美国在伊拉克的一系列现实选择做出了回应，因为美国的这些选择既助长了大屠杀的危险，也助长了对权力目标的追求。尽快进行选举和美国早点撤军可能很快就产生一个合理且和平的伊拉克，但也会给亲伊朗的组织和前复兴社会党带来比美国地区利益所允许的范围更大的范围。解散伊拉克军队并大量清除政府部门中的复兴社会党成员，不仅摧毁了那些会导致继任政权

[1] See Program on International Policy Attitudes, University of Maryland, "What the Iraqi Public Wants"（from data collected January 2-5, 2006）and "The Iraq Public on the US Presence and the Future of Iraq"（September 1-4, 2006）, www.worldpublicopinion.org.1 月份，61% 的什叶派和 83% 的逊尼派阿拉伯人回应说，以美国为首的军队撤离会提升日常安全。9 月份，57% 的什叶派（另有 5% 的人认为无论如何都不会有影响）和 78% 的逊尼派阿拉伯人坚持上述回应。1 月份，61% 的什叶派和 81% 的逊尼派阿拉伯人赞同美国撤军将会减少种族间暴力的观点，而到 9 月份则有 57% 的什叶派（其中 5% 的人认为无论如何都不会有影响）和 72% 的逊尼派阿拉伯人对此表示赞同。9 月份，另一项调查结果也见诸报端：61% 的什叶派和 92% 的逊尼派阿拉伯人表示支持"袭击以美国为首的驻伊部队"。See "Iraqi Public on US Presence," "Questionnaire and Methodology," pp.3, 9. 英国国防部在 2005 年 10 月下旬公布的一项民调显示，关于美军影响的大致相似的观点占据了主导地位。在该民调中，只有不到 1% 的伊拉克人认为联军应该对安全状况的任何改善负有责任（Sean Rayment, "Secret MoD Poll: Iraqis Support Attacks on British Troops," *Daily Telegraph*, October 23, 2005）。2005 年 11 月，牛津国际研究中心的一项民调显示，在那些认为近几个月安全状况有所改善的人当中，有 5.5% 的人在两个主要的原因中提到了美军或者联军。在那些认为局势恶化的人当中，有 34.5% 的人在两个主要的原因中提到了它们。（Oxford Research Institute, "National Survey of Iraq November 2005," www.oxfordresearch.com, pp.24 f.）伊拉克民众对美国媒体善意的质疑，并未随着 2007 年美国增兵伊拉克而结束，美国增兵主要是为了改善巴格达的安全局势。在 2008 年 2 月到 3 月的一次民调中，只有 28% 的巴格达人认为"在降低巴格达暴力水平方面"，增兵"非常成功"（4%）或"相当成功"（24%），而 55% 的巴格达人认为增兵"不是很成功"（24%）或"根本不成功"（31%）。See Opinion Research Business, "Public Attitudes in Iraq: Fifth Anniversary Poll," Final Tables, March 2008, www.opinion.co.uk, p.61. 在一年后的一次民调中，当被问及"你如何看待美军和其他联军在伊拉克履职表现？"，69% 的伊拉克人选择了"表现糟糕"（30%）或"表现得非常糟糕"（39%）。这种否定性结论，被约四分之三的非库尔德人所认同，相比宗派暴力大爆发前提出的同样问题，更为普遍。当被问及美国"现在总体上是扮演积极、中立还是消极的角色"时，64% 的人选择了"消极"（17% 的人选择"中立"，18% 的人选择"积极"），约四分之三的非库尔德人认同这种否定性观点。See ABC, "Dramatic Advances Sweep Iraq, Boosting Support for Democracy," abcnews.go.com/PollingUnit, March 19, 2009, pp.9, 34, 47.

中反美民族主义的复兴的组织严密的组织，还极大地推动了逊尼派叛乱，而且随着占领军的反叛乱行动进一步激起了反美的愤怒，逊尼派叛乱将很快耗尽伊拉克的绝大部分能力。在大规模示威游行的逼迫下，美国最终组织了议会选举，选举的基础是对全国名单进行投票，这有利于对候选人进行监督，但也强烈支持了基于宗教或族裔归属的名单。由于逊尼派阿拉伯士兵和警察的顽抗，反叛乱行动（包括大规模破坏性地重新夺回费卢杰）的“伊拉克化”（Iraqification）不得不强调针对逊尼派阿拉伯人部署什叶派与库尔德人的军队和警察，包括以残暴著称的部队。美国创造并培育了一个政治阶层，这个阶层对寻求最有希望的国家解决方案心存恐惧，却几乎无利可图，这是民族主义者拒绝美国驻军和反对美国对伊拉克政策的前提。在 2006 年 1 月的民意调查中，68% 的什叶派、87% 的逊尼派阿拉伯人和 62% 的库尔德人在评论这一阶层在美国保护下避免采取有效的和解举措时说，美国在六个月内撤军将增加“议会各派系合作的意愿”。❶

不可避免的是，美国在伊拉克的行动与和解条款背道而驰，这些条款将构成美国的公然挫败，以及广受欢迎但反美的领导人（尤其是穆克塔达·萨德尔［Moqtada al-Sadr］）在维持这一和解方案上发挥积极作用。很明显，武装反抗美国驻军的高潮，以及 2004 年以费卢杰为中心的逊尼派叛乱和纳杰夫什叶派起义的合流，对于大多

❶ See Program on International Policy Attitudes, “What the Iraqi Public Wants,” p.8. 该问题在 9 月份并未被问到。

数伊拉克人来说，曾是避免宗派冲突的希望时刻。在一项包括库尔德北部地区的联盟临时当局的民意调查中，64%的人表示，“费卢杰最近发生的事件和穆克塔达·萨德尔（纳杰夫起义的领导人）的行为使伊拉克更加团结”(相比之下,14%的人认为“更加分裂”)。难怪，反对联盟军队作为占领者已经成为最伟大的统一立场，占据92%的比例。[1]——尽管如此,人们经常把美国驻军描述为对抗骚乱的堡垒,却很少提及这种可能性，即大多数伊拉克人所认为的事实是，美国驻军已经帮忙制造了日益严重的致命混乱。

诚然，报纸的头版和电视上关于骇人听闻事件的新闻确实令人担忧。为了加强美国权力，政策制定者已经做好过度使用暴力的准备的证据是能够见得到的，尤其是在事件发生很久之后出现在高质量报纸的封底上。大规模的反战示威游行被报道，有可能改变公共议程。但这些浮光掠影的报道并不能影响到正在进行的叙述的基调：任何为捍卫美国权力而采取的无端暴力行为都是愚蠢的或悲剧性的错误，是在培养符合人类普遍利益的美国权力的过程中偶尔出现的挫折。各大报纸、电视台和为其工作的记者成功的基础为尊重这一基调提供了强有力的激励。那些表明美国权力的提升往往会伤害到人类的大量证据，将招致两党的蔑视，削弱美国最重要的企业，并激起伴随着受伤害的爱国自豪感的愤怒和怀疑。

[1] 在同一项民调中，86%的人认为联军应该尽快撤离，要么立即撤离（41%），要么在一个永久性政府被选举出来后（45%),55%的人认为立即撤离会让他们“感觉更加安全”（32%“不那么安全”）。Coalition Provisional Authority，“Public Opinion in Iraq”（June 15，2004），wid.ap.org/documents/iraq/cpafiles，slides 28，35，36，37.

在这个相互加强影响的网络中，处于制定外交政策行动的最高行政部门中具体的情感压力、社会压力和选举压力，将决策从考虑发展中国家人民的可怕代价中分离出来。在美国外交政策的制定者当中，关于致命后果的道德焦虑总是伺机而动，威胁着涉及动荡和犹豫的持续负担。通过支持谢尔曼（Sherman）关于战争和地狱的言论（就像尼克松在宣布愿意“夷平那个该死的国家”之后所做的那样），以及用被否决的和平主义选项来进一步审视战争作为“地狱”的程度，政策规划师能够避免这些情感上的代价。避免关于外国死亡人数的道德推理还解决了一个严重的、无礼的问题:告诉他人（可能是美国总统）说，自己将支持采用不同的战略作为实现共同目标的最佳方式是一回事，而提出他的行为在没有充分道德合理性的情况下致使许多无辜的人死亡是另一回事。在这种情况下，一种对相反的道德考量的依恋似乎是不敢说出自己名字的爱：乔治·鲍尔的传记作者写道，“鲍尔在私下里对越南战争提出道德上的质疑。他避免讨论这些术语上的冲突，因为他的首要任务是改变那些他认为有缺陷的美国政策”❶。最终，鉴于经济精英、学校、大众媒体和整个民族文化对美国世界权力的赞赏，对于总统或者即将成为总统的人而言，基于外国人的不利影响而对美国世界权力的发展表现出犹豫不决，将会使其政治生涯陷入危机。“使美国变弱”、“让美国退却”、“与美国胜利不相容”以及“抛弃我们的盟友”，这些都是令人生畏的指

---

❶ James Bill, *George Ball: Behind the Scenes in U.S. Foreign Policy*（New Haven: Yale University Press, 1997）, p.174.

控，而成功的政治家不会反驳这些指控，而是声称这些损失将会为了人类而得到弥补。

总之，美国外交政策的制度性治理的关联机制确保了发展中国家的外国人所遭受的损失，对于约束美国财富和权力的追求并没有实质性的独立的力量。诚然，提升美国财富或实力的最优方式并不总是要付出这些代价。但这些代价通常是需要的。

前几章描述了美国利用专横影响促进美国经济利益而对发展中国家人民造成的非暴力代价。廉价获取自然资源、不受限制的商品和投资流动以及先进技术的排他性财产权，始终是美国的利益所在，但并不总是符合发展中国家人民的利益。民族国家控制本土的政策选择，或保护本民族的生活方式不受美国影响——这些都是人们深深向往的愿景；然而，如果一个国家的本土政策是由美国利益来决定的，那么，这些愿景就成为相应损失的根源。由暴力破坏所造成的更严重的代价必然来自发展中国家在政治控制上的冲突——在这些冲突中，美国的暴力行为往往在一定程度上能够促进美国的经济利益。不可避免的是，在保护其经济的制高点不受美国所青睐的全球市场力量影响的同时，一些政权将寻求扩大他们独立的地区权力。特别是，如果该地区很重要（比如说，由于战略地位或者自然资源），而且该政权声名狼藉，那么改变或削弱该政权可能会提升美国的权力，尽管它会给那些生活于此的人们带来严重伤害。面对那些对美国外交政策的不满和对美国权力的挑战，因缺乏民众基础而依赖美国支持的傀儡政权就成了美国政府的一种有用的资源。这些傀儡政权在稳定时期对其人民的掠夺非常严重。在傀儡政权摇摇欲坠时期，维持其统治的代价可能会非常高：要想成为一个有效的专横影响的来源，对傀儡政权的支持必须包括赞助人对其给予积极防御在内的可靠保证，甚至不惜为此流血牺牲。

帝国危机

当然，由于抵抗、混乱以及需要安抚贪婪的依附性傀儡政权，对于美国而言，主导世界计划也是有代价的。人们一再表示希望，欣赏美国向发展中国家提供美国的商品、技术、商业技能和发展援助，既能使发展中国家获得许多发展的机会（同时也带来威胁和破坏），又能在不付出这些代价的情况下对发展中国家实施影响。由于存在着预期利益的新的和谐，美国霸凌发展中国家以默许经济上的制度安排的做法将变得过时，而美国在发展中国家采取的暴力行为将仅限于受欢迎的、把它们从残暴压迫者那里解救出来的行为。随着冷战的结束，新的时代就要开始了；那时，美国利益的破坏性或冷漠性追求方式，将会被肯尼迪式的进步联盟、尼克松政府缓和政策支持下的良性商业竞争、吉米·卡特政府倡导的促进人权（而非权力），或基于全球化趋势的全球文明所取代。这些希望总是被证明是虚幻的。尽管全球经济变革已经改变了美国进入发展中国家的利益格局，权力的转移也造就了新的联盟，但是，美国进入发展中国家（无论是战略方面，还是经济方面）的利益，总是与发展中国家某些重要国家强大的地方利益存在冲突。因此，利用发展中国家的弱势进行威胁和破坏，仍然是美国权力的有用工具。

尽管如此，鉴于帝国的有害倾向持续存在这一论断的重要性，对于这一论断的一般性和历史性论据，应辅之以对当前美国力量的挑战的描述，这种挑战使得对发展中国家的威胁影响和破坏的依赖成为一种重要的战略资源。这种挑战既包括美国日益衰落的经济优势，也包括对地缘政治影响力和跨国原材料稳定供应的激烈竞争。它至少有四个组成部分：欧洲的挑战、美国技术优势的衰落、最重要和最成功的发展中国家的崛起以及对稳定获取石油的限制。

1. 欧洲的挑战。欧盟已经开始对美国的特权构成重大威胁。2007 年，欧盟的 GDP 总和比美国高出 22%。[1]（直到 2003 年，欧盟 27 个国家的 GDP 总和一直比美国要小。[2]）欧盟对世界其他地区的商品出口额比美国高出 46%，贸易逆差仅为美国的 30%。[3] 欧元区国家的 GDP 总和占美国 GDP 的 88%，而它们向世界其他地区的商品出口额超过美国出口额约三分之二——贸易顺差伴随着强劲的出口而来。[4] 2006 年，欧盟向世界其他地区的服务业出口额比美国高出 30%，且服务业出口增长速度更快，而欧元区服务业出口额比美国高出 28%。[5] 流入欧元区国家的外国直接投资（自 1995 年以来增长了 5 倍）是流入美国的两倍多（自 1995 年以来增长了 3 倍）。[6] 欧洲在世界经济中日益重要和日益增长的地位已经开始在重要领域中

---

[1] IMF，*World Economic Outlook Data Base*，www.imf.org.

[2] Eurostat，*Eurostat Yearbook 2008*（European Commission: Luxembourg，2008），ch.2，table 1.

[3] Eurostat，"International Trade of the European Union in 2007，" 2008，epp.eurostat.ec.europa.eu，pp.1 f.

[4] IMF，*World Economic Outlook Data Base*; Eurostat，*Eurostat Yearbook 2008*，ch.8，table 4；Eurostat，*Panorama of EU Trade*（European Commission: Luxembourg，2007），p.50.

[5] *Eurostat Yearbook 2008*，ch.8，table 2.

[6] World Bank，*World Development Indicators 2008*（Washington: World Bank，2008），table 6.10.

挑战美元。2006 年，欧元取代美元成为短期国际债券的发行货币。[1] 2003 年，欧元取代美元成为重要的国际债券和票据的发行货币。[2]

尽管如此，美元仍然在国际贸易中占据主导地位，在外汇交易和政府的外汇储备中美元所占份额是欧元的两倍多。[3] 美元作为石油等大宗商品的支付手段尤为重要。但是，正如国际货币基金组织 2007 年的一份报告所指出的，美元的这种优势是“习惯和惯性”的佐证。[4] 它反映了继续使用一种占优势的全球货币的好处，即便它的优势地位不再反映基本的好处，这种优势地位就是维持英镑作为主要世界货币一直延续到 20 世纪的遗留物。正如美元取代英镑的例子表明的那样，货币的主导地位不可能无限期地免受世界经济中相对角色变化的影响。特别是，欧盟，尤其是欧元区伙伴国的全球经济角色，迟早会使美元的主导地位降低到一个临界点，即美国债务无法以目前的水平再融资，美元投资的吸引力也无法抵消巨大的贸易逆差。在这一点上，美国的政策举措面临着与其他国家相同的财政纪律，而美元大幅度永久性贬值将减少进口商品的获取。

此外，欧盟的崛起使得美国经济、金融、保险和其他业务相关的服务等这一至关重要行业的未来全球前景受到了质疑。发达国家当中全球化最具活力和最具争议的方面是国际服务供给。1990-2006 年，美国商品贸易逆差翻了 7.5 倍，服务贸易顺差翻了 2.5 倍。这一

---

[1] European Commission, *Annual Report on the Euro Area—2007* (ec.europa.eu), p.41.

[2] Axel Bertuch-Samuels and Parmeshwar Ramlogan, “The Euro: Ever More Global,” *Finance & Development: A Quarterly Magazine of the IMF* 44 (2007), p.3.

[3] European Commission, *Annual Report—2007*, pp.40 f.

[4] Bertuch-Samuels and Ramlogan, “The Euro,” p.6.

增长的核心是金融、保险和其他业务相关的服务的扩张，顺差翻了4.5倍。[1] 正如英国在其霸权最后阶段所显示的，面对商品生产优势下降的情况，将这种服务扩展到其他国家，包括相对繁荣的发展中国家，能够成为影响力和利润的主要来源。但是，这个行业在欧洲的竞争活力一直很强，而且随着信息技术革命以及欧洲对英语作为世界通用语的适应，这种竞争活力变得更加强大。这种不断增长的实力，已经对美国至关重要的经济部门和银行业中至关重要的经济精英构成了挑战。美元作为全球储备货币的角色以及全球对美国股票和债券投资偏好的终结，将是这场竞争中的一个可怕打击。

标志着小布什政府最终对军事力量和威胁的单方面依赖之官方举动的第一个重要文件，是由保罗·沃尔福威茨（Paul Wolfowitz）的参谋起草的提交给国防部长切尼（Cheney）的1992年“防务政策指针”草案。值得注意的是，在后冷战时期，美国认为对其权力的威胁来源包括西欧国家——或许是主要来源。它宣称的主要目标是：“美国必须……建立和保护一个新的秩序，这个秩序承诺让潜在的竞争对手相信它们不需要渴望扮演更加重要的角色……在非国防领域，我们必须充分考虑到先进工业国的利益，以阻止它们挑战我们的领导地位或试图推翻既定的政治经济秩序。”[2]

2. **领先优势的丧失**。在全球化经济中，尖端技术越来越具有吸

---

[1] U.S. Department of Commerce, *Statistical Abstract of the United States 2008* (Washington: Government Printing Office, 2008), pp.787 f.

[2] Patrick Tyler, “Pentagon Drops Goal of Blocking New Superpowers,” *New York Times*, May 24, 1992, p.A14.

引力，但是美国在尖端技术的主导地位持续下降。1961–1965 年，美国专利局新授予的专利中，有 10% 是授予外国居民的。1980 年，36% 的新专利为外国持有，1985 年为 44%，1990 为 47%，2004 年为 48%。[❶] 1995–2004 年，美国高技术出口额实际上仅增长了 2.6%，占世界国内生产总值的比例下降了 20%。1998 年，美国高技术出口额中来自高收入和中高收入国家的份额占 22%。6 年后，这一份额下降到 17%。[❷]随着各国的本土标准由非美国公司制定，进一步的收购适应对非美国工厂和基础设施的大规模固定投资，以及更多的美国以外地区获得创新所需的关联技能和设备，领先优势的丧失可能会加速。

3. *发展的挑战*。因为发达国家和发展中国家之间在制造业、贸易和金融方面的跨国联系已经得到加强，发展中国家向美国商品和投资日益开放、延长专利权和减少本地政府在指导国家发展中的作用，已经成为美国越来越重要的目标。然而，全球化也为发展中国家提供了经验、专门知识、协调网络、宣传机会以及在某些情况下的经济实力，为抵制这种“新自由主义”趋势提供了力量。在多哈回合和拉丁美洲部分地区，这一趋势已经放缓，甚至在一些方面略有逆转。如果中国、巴西、印度等拥有庞大国内市场且经济实力不

---

❶ U.S. Department of Commerce, *Statistical Abstract of the United States 1985* (Washington: Government Printing Office, 1985), p.536 ; *Statistical Abstract 1990*, p.535 ; *Statistical Abstract 2006*, p.521.

❷ See World Bank, *World Development Indicators 1997* (Washington: World Bank, 1997), tables 2.1, 5.13 ; *World Development Indicators 2000*, table 5.12 ; *World Development Indicators 2006*, tables 4.2, 5.11 ; *Statistical Abstract of the United States 2006*, table 705 (producer prices) .

断增强的发展中国家在谈判中能够抱成一团，那么美国将会发现，要想在世界贸易机制下实现它支持的解决方案将会变得更加困难。因此，继续使用威胁影响来抑制团结是一项重要的战略需要。

即使不同的利益妨碍了主要发展中国家的有效协调，但是以身作则的领导人也会反对那种受制于外部市场力量的、有利于美国的模式。在《全球趋势 2025：一个转型的世界》(2008) 中，美国国家情报委员会（美国情报机构中央委员会）指出："大体来说，中国、印度和俄罗斯的自我发展并没有遵循西方自由模式，相反，它们采取了另一种模式——'国家资本主义'。……今后 15-20 年，更多的发展中国家可能倾向中国式的国家中心模式，而不是传统的西方模式。"❶

中国经济增长与中国的地区利益和能源需求的结合，是该报告一个更深层次的担忧："如果中国成为军事上强大、经济上有活力和能源短缺的竞争对手，美国的安全和经济利益就可能面临着新的挑战。"❷事实上，尽管将美国在全球的军事角色描述为"地区平衡者"是司空见惯的，但是《全球趋势 2025》虚构了一次假想的美国对中国军舰的攻击，这是它戏剧化地描述未来可能性的四种虚拟推演之一：2021 年，在致巴西前总统的信中，巴西外交部长报告了他在遏制获取中亚石油和天然气的冲突上所做的努力，在这场冲突中，中国海军攻击了位于阿曼湾的印度军舰，从而"引发了美国的攻击，

❶ National Intelligence Council, *Global Trends 2025: A Transformed World* (Washington: National Intelligence Council, 2008), www.dni.gov/nic/ NIC 2025 project.html, pp.vii, 14.

❷ National Intelligence Council, *Global Trends 2025*, p.29.

使得中国船只在试图从该地区撤退时陷于瘫痪”。[1]

4. **争夺石油**。美国人员、商品和武器的运输都需要以石油为燃料。2001 年，迪克·切尼（Dick Cheney）国家能源政策发展小组的报告《国家能源政策》指出，2000 年美国消耗的石油中 52% 是进口的，预计到 2020 年将有 64% 的石油需要进口。[2] 这一时期，美国石油的产量将下降（根据报告，每天减少 150 万桶），世界石油产量将可能达到峰值，因为未开采的地下石油储量有限，[3] 而世界石油的消费量将再次增加 50%。[4] 消费量的增长主要是由中国引起的，根据《国家能源政策》的保守估计，作为一个石油匮乏的国家，中国的石油进口将会“从每天大约 100 万桶增加到可能 500 万 -800 万桶”。[5]（在向奥巴马政府的过渡时期，《全球趋势 2025》将由“能源短缺的中国”引发的趋势描述为“加速资源攫取计划”的一部分，该计划就是“新兴大国……通过它们的国有能源公司”控制或获得能源资源。[6]）

---

[1] National Intelligence Council, *Global Trends 2025*, p.77.

[2] National Energy Policy Development Group, *National Energy Policy* (2001), www.ne.doe.gov/pdfFiles/nationalEnergyPolicy.pdf, Overview, p.x, ch.1, p.13.

[3] 在美国能源部国家能源技术实验室的一项有影响的研究“Peaking of World Oil Production”(Washington: Department of Energy, 2005), www.netl.doe.gov/ publications/others/pdf/Oil Peaking NETL.pdf 中，罗伯特·赫希（Robert Hirsch）、罗杰·贝兹德克（Roger Bezdek）和罗伯特·温德林（Robert Wendling）指出，专家们一致认为，石油产量将在 2020 年之前达到峰值，并支持美国能源信息管理局的预测，即在 2016 年达到峰值。See pp.19, 69 f.（迪克·切尼是理查德·B. 切尼的昵称，其时任小布什政府的副总统，曾任老布什政府的国防部长。——译注。）

[4] See International Energy Agency, *World Energy Outlook 2007: China and India* (Paris: International Energy Agency, 2007), p.80 ; Energy Information Administration, U.S. Department of Energy, “International Energy Outlook 2008,” www.eia.doe.gov, figure 2.

[5] *National Energy Policy*, ch.8, pp.14, 16. 国际能源署（International Energy Agency）在 *World Energy Outlook 2007* 中提出了一个中档的估计，中国净进口将从 2006 年每日 350 万桶增长到 2015 年的每日 710 万桶，2030 年达到每日 1310 万桶（p.168）。

[6] National Intelligence Council, *Global Trends 2025*, pp.29, 12.

世界上绝大多数的石油储备掌握在发展中国家的政府手中，或者掌握在阿拉伯石油君主国的手中，这些君主国与美国的联盟在国内或地区都存在争议。这种争议的产生，一部分是因为这些君主国中未开采的石油储量丰富，一部分是因为采掘业是国家轻易就能征收且利润丰厚的目标。特别是在21世纪初，中东国家供应了美国四分之一的石油进口，这些国家的政府控制着大约世界已探明石油储量的三分之二。[1]除非这些控制大部分石油储量国家的政府在征服或威胁之下转变为顺从的傀儡政权，或者面对国内可怕的反对派，在美国的支持下，转变为听话的傀儡政权，否则在与石油相关的利益方面，它们的利益与美国的利益很难协调一致。在保持相对高的价格的同时，减缓国家石油储量的消耗最符合这些国家的发展利益。控制着最佳开采和销售手段的跨国公司（绝大多数是美国公司），与这些控制着石油的政府就利润（可以从需求量很大的自然稀缺商品中获得）分成展开竞争。那些其决定对全球石油供应有影响的国家或国家集团，可以利用这一权力来追求独特的外交政策目标，就像在阿拉伯国家石油禁运当中所做的那样。虽然维持一个长期的石油储备量（这些储备可用于开采更多的石油以便缓解暂时的石油短缺）在原则上符合稳定的共同利益，但在现实世界里，庞大的石油储备量会让政府面临长期降价的压力。然而，利用储备的石油进行增产是抑制原油价格波动的唯一手段。《国家能源政策》将石油平均初

---

[1] *National Energy Policy*, ch.8, p.4. 根据2008年美国能源信息管理局绘制的已探明石油储量估计表，中东石油储量的平均占比为60%，非洲约占10%，俄罗斯和高加索地区国家也约占10%。See Energy Information Agency, "World Proved Reserves of Oil and Natural Gas, Most Recent Estimates," www.eia.gov/emeu/reserves.html, posted August 27, 2008.

始购买价格的变动——从 1998 年 12 月的每桶 8.03 美元上升到 2000 年 11 月的 30.30 美元——视为这种波动的范例。[1] 随后，从 2008 年的 2 月到 6 月，油价从每桶 90 美元飙升至 140 美元。[2]

美利坚帝国应对石油资源丰富国家傲慢政府的危险的最好方式，就是支持顺从的高压傀儡政权。这一战略的核心是保证那个控制并生活在沙特阿拉伯的家族的统治。傀儡政权当然不会实施那种以牺牲外国利益来促进国内发展的石油政策。随着石油美元流向国外，主要是美国，沙特阿拉伯的人均国民总收入，按外汇兑换现价美元计算，从 1981 年的 16700 美元下降到 2001 年的 8460 美元。[3]1965–1999 年，按不变美元计算的沙特国内生产总值年均变化率是 −0.1。[4] 沙特虽然对国家的管理非常糟糕，但却敏捷地利用其闲置产能（占到全球石油闲置产能的 70%–90%）来增加石油产量，以缓解油价的不稳定。正如《国家能源政策》坦率承认的那样："沙特阿拉伯奉行的是提供有效保证的政策，它会利用自己的能力来减轻石油供应中断对世界任何地区的影响。"[5]《外交事务》（*Foreign Affairs*）上一篇文章的措辞更为尖锐："沙特的闲置产能相当于能源领域的核武器……是美国石油政策的基石。"[6] 然而，正如《纽约时报》

---

[1] *National Energy Policy*，ch.1，p.11.

[2] International Energy Agency，*Oil Market Report*，July10，2008，p.36.

[3] World Bank，"Railroad Data for Saudi Arabia，" www.worldbank.org/ transport/rail/ rdb/raildata/saudi.xls; World Bank，*World Development Indicators 2003*（Washington: World Bank，2003），p.16.

[4] World Bank，*World Development Indicators 2001*（Washington: World Bank，2001），p.26.

[5] World Bank，*World Development Indicators 2001*，ch.8，p.5.

[6] Edward Morse and James Richard，"The Battle for Energy Dominance，" *Foreign Affairs* 81/2（2002），p.20.

所报道的："这个国家的油田正在减少……产能可能会维持在当前水平附近。"[1]与此同时，随着全球石油需求的增长，沙特阿拉伯的不满情绪与日俱增。

面对这些各式各样的挑战，积极利用美国在威胁影响和破坏方面的后续优势，有助于提升美国的财富和实力。相反，完全依赖单纯的商业努力、帮助他国实现基于需求的发展目标、基于共同原则和共同利益的理性游说等的松散结合，势必会导致美国主要企业的财富大幅减少、扩张势头大幅降低（事实上只能是更加频繁的全面萎缩），以及美国政府在国际事务中的能力严重削弱。

与多哈回合一样，人们可以预料，美国将通过积极利用威胁影响来维持长期专利机制，来应对发展中国家的挑战、领先优势的丧失以及发达国家内部经济优势的丧失，要求其他国家对跨国流动投资开放以及政府采购对外国供应商开放，要求发展中国家降低关税和补贴，即使这些做法会让发展中国家的人民付出巨大的代价。美国与发展中国家在全球化的贸易和金融制度框架问题上的冲突，使得操控援助和利用恐惧来提升美国在发展中国家所扶持的政治力量变得更加重要。当领土上的专横影响以有利于美国公司的方式扶持了那些管理资金借贷、基础设施建设和自然资源开采的政府时，这种专横影响也能促进美国的利益，并帮助美国去应对欧洲的挑战。在这里，傀儡政权还是有用的，尽管他们有压制自由、腐败和煽动混乱的倾向。反过来说，这些反美国利益之政权的削弱和孤立，可

[1] Jeff Gerth, "Forecast of Rising Oil Demand Challenges Tired Saudi Fields," *New York Times*, February 25, 2004.

以帮助美国抵挡那些针对其全球实力的挑战，即使这是以损害这些国家人民的福祉和地区稳定为代价的。

发展带来的挑战助长了美国在应对全球气候变化方面的有害疏忽。中国、印度和巴西将不会采取严格的排放限制，因为这种排放限制将会给那些迫切希望摆脱贫困的人们带来沉重的代价。鉴于这些国家拒绝限制排放，美国政府不会采取气候安全所需的排放限制，将会加速美国被超越的时间。

最终，人们可以预见到美国利用其仅存的根本优势，即其控制致命暴力手段的绝对优势，来减缓自身的衰落。直接动用或者通过傀儡政权动用毁灭性力量，能够在重要地区保护受到威胁的盟友，推翻那些与美国利益背道而驰的具有重大威胁的政权。作为一个特殊的脆弱点（与发展中国家的地方政权的性质有关），石油挑战将是美利坚帝国暴力防御措施的强有力刺激。中国的崛起将引发新的对领土影响力的争夺，比如在东南亚和非洲。包括伊朗在内的中亚地区的战略地位，以及中亚在天然气和石油的来源及输油管线选址中的作用，随着中国和印度国际权力和能源需求的增加，将加剧美国、俄罗斯、印度、中国在该地区的影响力竞争，它们在欧盟的竞争也会有重要的利害关系。[1]

在这种争夺地区控制的斗争中，帝国动用破坏性力量来扶持、

---

[1] 作为一种相对清洁的能源，天然气的消耗相比于石油有更快的增长，其探明储量比石油储量更为集中：55% 的储量集中在三个国家——俄罗斯、伊朗和卡塔尔，70% 的储量集中在俄罗斯、高加索地区国家和中东地区。See International Energy Agency, *World Energy Outlook 2007*, p.74；Energy Information Agency, "World Proved Reserves of Oil and Natural Gas."

推翻、瓦解或威吓其他国家，有时候并不能达到目的，或者需要花费巨大的代价才能达到目的。但它往往是成功的，就像在推翻萨达姆·侯赛因之前，支持中美洲暴力和波斯湾干预那样。即使失败，通过强调会给那些可能挑战美国权力的国家带来灾难性的风险，也能带来辅助性收益。

从长远来看，帝国的衰落是不可避免的。但是，帝国应对挑战的必然失败，与经济和政治精英当前的做法无关，就像凯恩斯的妙语——“从长远看，我们都会死”——所表达的那样。在尽可能长的时间里维持美国现有的权力方面，现在被动的默认并不符合美国精英阶层的利益。为了长远的未来，特别是失去优势地位的未来的利益，接受目前的权力丧失，是美国选举政治失败的某种套话。

伊拉克：一个愚蠢的谬论

即使道德上的过度暴力并不会通过是什么提升了美国权力的战略辩论而消除，但是，随着应对当前帝国危机的展开，弄清楚战略宣传在减少其暴力程度方面将会有多大作用是很重要的。在关于是什么提升了美国世界权力的辩论（这种辩论是制度治理的持久性特征）中，一些特别暴力的措施，经常因为战略原因而遭到反对或批判。这种宣传在减少不公正暴力方面越容易达到目的，参与制度治理渠道之外的活动在道义上的重要性就越低。事实上，对美利坚帝国严重不公正的固有倾向的公开指责，可能呈现出的是道德上的自我放纵，从而冒犯了爱国者——他们所具有的强大战略洞察力是将弱势群体从伤害中拯救出来的手段。

目前，对战略宣传的人道潜力的衡量，集中于对美国在 21 世纪初暴力手段最具破坏性的使用，即入侵和占领伊拉克的评估上。在美国，这一举措被广泛地视为一个巨大的错误。2006 年，一本以“惨败”这一单词作为主书名的图书出现时，几乎不需要一个副标题将其与伊拉克联系起来。[1]这种严峻的评估往往伴随着关于美国外交政策固有倾向的基本乐观看法：美国单方面直接部署破坏性力量所造成的巨大破坏，现在需要高层采取愚蠢的做法，这种做法可以通过对伊拉克惨败的战略成本进行冷静反思来加以纠正和预防；寻求与欧洲大国和日本达成一致、限制美国直接使用军事力量应对侵略的外交政策，将符合当前美国在全球权力中的利益，而不会像大胆的单边主义那样造成破坏性的损失。

这一诊断被夸大了，预测也过于乐观。入侵伊拉克既不明智也非完全愚蠢。衰落的帝国往往缺乏好的选择。在缺乏先前侵略的情况下，对于美国应对暴力的独特优势能力之极具破坏性的直接使用这种突发倾向，作为对帝国持久挑战的一种合理回应，可以预见会持续下去。（当然，在未来部署这种能力的同时，还是有人会说，这种能力在伊拉克无法得到有效执行。）虽然更加多边的、不那么大胆的战略也是提升帝国权力的一种可行方式，但是，从长远来看，它可能会带来与更大胆的战略同等规模的破坏。这些都不是试图阻止伊拉克战争、反对当时最为致命的外交政策措施的理由。但是，它们是对美利坚帝国持久而危险的倾向心生恐惧的理由，不是把那些

[1] Thomas E. Ricks, *Fiasco: The American Military Adventure in Iraq* (New York: Penguin, 2006).

恐惧局限于更大胆、更直接和单边主义姿态的理由，也不是把有远见的战略宣传视为减少帝国危害的一种非常有效的方式的理由。

虽然推翻萨达姆·侯赛因的决定被证明是不明智的，但是它回应了其他手段无法缓解的理性战略焦虑。在小布什召开的国家安全委员会首次会议上，人们对于伊拉克"破坏地区稳定"的担忧占据了主导地位，这种担忧在战略上是有见地的。制裁机制正在失去国际支持和效力。萨达姆"正在以低廉的价格向约旦和叙利亚出售石油"，试图建立"一个相互依赖和相互支持的网络"。在其鼎盛时期，伊拉克可能已经成功地获得了某种武器装备，这是美国国防部长拉姆斯菲尔德（Rumsfeld）在一份当代备忘录中为之焦虑的焦点："伊拉克先进的军事能力……虽然不能打败我们的军队，但可以阻止我们进入欧洲、中东和亚洲的关键地区。"（下面的清单并没有提到非常规武器，但包括"先进的防空武器"。[1]）中东石油的重要性、沙特政权的脆弱性以及伊朗的敌意（和欧洲对伊朗的偏袒），使得这些诱人的论据有助于终结萨达姆死灰复燃的威胁，而在这个计划当中，美国将不得不依靠自己的力量。

军事占领必然会激起民族主义者的愤怒。但它也可以成为一种塑造符合美国利益的社会的手段。在这个商业和技术都很发达的大国中，在一个国家主导发展的牢固模式（如果是陈旧的话）成为常态的地区中，作为联合临时政府最高行政长官的保罗·布雷默（Paul

---

[1] 参见美国财政部长奥尼尔（O'Neill）在国家安全委员会会议上的报告和备忘录（Ron Suskind, *The Price of Loyalty*, pp.72, 74, 77）。所引用的话，分别来自国家安全顾问赖斯和中情局局长特纳特（Tenet）在会议上发表的讲话。

Bremer）明智地推行了这一计划：通过独裁法令实施"旨在变革经济"的法律，暂停所有关税，对未来所有的税种设置了15%的税率上限，并向外国投资敞开大门。❶

尽管单边行为需要付出善意的代价，但它为提升美国独特利益创造了机会。萨达姆·侯赛因的挑衅行为之一，就是打破了以美元出售石油的国际惯例，用欧元进行支付。在他被推翻之后，美元的支配地位再次恢复了。在美国征服伊拉克之后，邻国政权明确表示，他们现在将寻求避免向欧洲倾斜的挑衅。《世界报》（*Le Monde*）商业版悲伤地报道说，法国在卡塔尔的利益已经变成了一种经常失败的控制有争议的地盘的战斗，"特别是在大型的'政治'合同中……统治家族相对弱小。即使他们表达了对全能的美国人的某种怨恨，但他们也尊重美国人的权力"。在解释为什么法国道达尔公司应该接受卡塔尔将道达尔已经开始开发的天然气储量中的较大份额给予埃克森美孚公司时，卡塔尔石油部长以明智的建议表达这一点："Je dis toujours, si tu ne peux pas battre quelqu'un, rejoins-le"（"我一直在讲，如果你不能打败他，那么就加入他"）。❷美国摧毁伊拉克电话系统之后，巴林的电话公司通过在欧洲无线设备方面的500万美元投资，迅速建立了一个有效的无线网络。由于不赞赏巴林的这种创业行为，

---

❶ Daphne Eviatar, "Free-Market Iraq? Not So Fast," *New York Times*, News of the Week in Review, January 10, 2004. 标题中"没那么快"一词指的是对这些措施是否符合《海牙公约》和《日内瓦公约》的苍白无力的怀疑。这些变革多半是在2003年9月19日以联合临时政府"命令"的形式颁布的。

❷ Laure Belot, "Les groups americains menacent les positions franc, ais au Qatar," *Le Monde*, May 10, 2003, pp.2 f.

美国占领当局关闭了该系统，并在几个月后宣布向设在科威特、埃及和伊拉克北部库尔德保护地区的公司发放使用摩托罗拉设备的许可证。❶

入侵伊拉克后的第三年，在入侵及其后续行动可能已经夺去了20多万人的生命之后，入侵被广泛地认为是一个战略失误，未能对可预见的风险给予足够的重视。然而，即使广泛的战略批判是正确的，但是在低估风险的同时，入侵对各种需求和机遇做出了回应；这些需求和机遇在帝国持久的危机中将会持续出现。因此，人们可以预见到，未来美国会直接动用军事力量来应对紧迫挑战，或许这种挑战与关键地区的资源（沙特政权）具有更加直接的联系。

这些举措一旦启动，将会长期维持下去。一个帝国必定会紧紧抓住它公开而直接攫取的东西，或者为避免失去它们而不惜付出巨大代价。这就是一个帝国通过引导对权力的霍布斯式敬畏以维持其能力的方式。在那些深思熟虑、能言善辩的战略家们——我们所熟知的《五角大楼文件》就是他们的作品——已经承认美国对越南的干预是不明智的之后很久，他们坚持认为，美国必须继续战争，以维护自己的信誉。2004年，当在入侵和占领伊拉克中指挥持续屠杀的总统获得连任时，他的对手坚定支持帝国的战略传统。在总统竞选辩论中，约翰·克里（John Kerry）反复强调坚持的必要性。“是的，”他说，“我们必须坚定决心，我就是。既然我们已经在那里了，

---

❶ See Tarek al-Issawi, “Iraq Awards Mobile Telephone Contracts,” *Independent*, October 7, 2003, p.2; Edward Wong, “The Struggle for Iraq,” *New York Times*, December 23, 2003.

我将为那些士兵赢得成功。我们必须成功，我们不能丢下一个失败的伊拉克。”[1]来自盟友的更多援助，更好的装甲，更多的军队，以及对伊拉克军队的更多训练，是他获得成功的良方。在对外关系委员会这个半公开的论坛上，克里甚至散布对小布什决心的恐惧来寻求支持；“我担心的是，在2004年大选之前，政府正在考虑一种相当于撤资跑路的战略。在没有足够稳定的情况下，他们突然接受加速伊拉克化和美国撤军是对失败的承认。”[2]2006年，当伊拉克战争及其后续行动可能造成的伊拉克死亡人数已经增长到约50万时，巴拉克·奥巴马（Barack Obama）——2004年民主党全国代表大会上唯一一个没有因总统大选失利而黯然失色的明星——公开申明了继续驻军的理由（在越战中，这一理由得到了更为隐秘的表达），并解释说，他“把伊拉克战争看作是对美国信誉的一次考验，这就是他为什么不支持立即撤军的理由，尽管他认为最初的入侵是考虑不周的，也是执行不力的”。[3]

美国在伊拉克所遇到的这些困难，往往是与捍卫美国权力的一种方式相比较而言的：在没有其他国家侵略的情况下，这种方式更多地依赖于欧洲大国和日本的协调，较少地依赖美国军事力量直接大规模使用。考虑到运用美国独有的根本优势来加强顺从和削弱反

---

[1] Commission on Presidential Debates, *First Bush - Kerry Presidential Debate* (2004), www.debates.org, p.7.

[2] John Kerry, “Making America Secure Again,” address to the Council on Foreign Relations, December 3, 2003, www.johnkerry.com, p.3.

[3] Jeffrey Goldberg, “Letter from Washington: Central Casting,” *New Yorker*, May 29, 2006, p.68.

抗的需要，人们可以预见到，这种替代方法也会引发巨大的暴力。不那么冒险的破坏政策更容易实施和长期维持，因为联合参与、秘密行动、使用代理人、依靠除大规模军事攻击之外的破坏性战术以及诉诸击退侵略的需要——这些都会减少美国在资源和声誉上的损失。因此，随着帝国持久性危机显现，不那么冒险的、更多边的战略并不能保护发展中国家的人民。自越战结束以来，出于维护帝国的需要，绝大多数人的死亡都是由这种不那么冒险的战略造成的。在第一次海湾战争中美国军事力量的毁灭性使用，应对伊拉克对科威特入侵并得到了大国的支持，加上随后的制裁机制，造成的死亡人数与小布什入侵和占领伊拉克时期造成的死亡人数大体相当。

帝国的用处

那些认同我为之辩护的持久帝国主义倾向的人，希望美利坚帝国终结吗？当然，他们希望有一天，世界上最强大的国家不会通过威胁和破坏来达到它们的目的。但这个希望并没有什么特别之处。和帝国的批评者一样，美国总统也认为，一个理想的世界将不存在帝国，即便是我所描绘的广义和隐喻意义上的帝国。另一方面，对美利坚帝国终结的渴望，在美国道德批判家眼中是一种常见而独特的态度，这不需要卷入对暴力叛乱的支持，也不需要期待帝国将很快终结。相反，他们以寻求终结种族主义的精神来寻求帝国的终结。那些寻求终结种族主义的人们没有幻想过这将很快发生。他们很可能认为，一些反种族主义措施，作为实现他们目标的暴力入侵手段，应该被避免。尽管如此，他们强烈希望种族主义立马消失，并以他们对这一目标的贡献来评判各种活动。他们没有像非无政府主义者对待政府的态度那样对待种族主义的态度：政府在一些方面是有益的，在另一些方面是危险的；政府不受限制的运行和完全缺席都将是灾难性的。

希望美利坚帝国立即终结，是对这种强加不公正负担的权力结构的谴责的一种合理回应，因为只要它继续存在，就会通过剥夺人民和各民族的自治而不断侵犯人的尊严。但是，另一种回应也是合理的，相应于非无政府主义者的态度。人们可以希望通过减少帝国不道德的暴行来遏制而不是终结帝国，来立即加强帝国势力范围之外的各种创新举措，而不是希望美利坚帝国立即消失。这些创新举措（我随后将会论述，这些举措是由社会运动有效推动的）对于美利坚帝国的意义，就好比新闻自由对于一个政府的意义：它们在减少不公正的同时并未丧失其约束力，而这种创新举措的消失将比不公正更加糟糕。

相较于终结美利坚帝国的愿望，这种遏制美利坚帝国的愿望似乎更有道理。假设明天（或者不久之后的某一年）美国在军事上的根本优势将会丧失，它通过经济威胁来改变其他国家政策的特殊能力也将消失。美国只是几个大国当中的一个。一种后果就是，未来中国崛起成为超级大国将受到更少的限制，并且在台湾问题上有爆发战争的风险，加速一个对当前的权力结构没有任何好处的全球霸权的到来。与此同时，新的多极世界中的大国无疑将努力建立一个类似于古老的欧洲协调（Concert of Europe）那样的全球组织。但是，这些组织往往会在激烈争吵中解散。无论如何，它们都是强国俱乐部，旨在通过协调对弱国的剥削来促进稳定。

美利坚帝国权力的立即消失也将危及出口驱动型增长，而出口驱动型增长是世界上大多数最为贫困地区摆脱极端贫困的最佳希望。如果美国、欧盟、日本和中国在一个公平竞争的环境中就塑造全球商业制度框架展开竞争，那么结果如何尚不能确定。一些具体原因值得注意，如欧盟顽固地维持着世界上危害最大的农业补贴，日本倾向征收损害发展中国家利益的关税，中国有意将那些装备落后的发展中国家排除在外，以及一种缺乏主导货币的货币体制的效率低下。这里也出现了有益于妥协的新前景。但可以肯定的是，如果美利坚帝国消失，世界经济制度框架的发展轨迹将丧失确定性。市场讨厌不确定性。新的谨慎和不稳定会伤害到世界上的穷人。

诚然，没有人知道中国霸权会是什么样子。如果它有利于中国人民，那么它就会对五分之一的人类有利。为了得到小国支持，大国之间被迫展开的激烈的援助竞争，可能会改善人们的健康状况和生活水平。但一种更加糟糕的状况至少是同样可能发生的：日益升高的战争发生率、高压傀儡政权、破坏性衰退和经济停滞。这种对美利坚帝国尽快消失的强烈愿望，似乎低估了权力的铁的事实。

难道对美利坚帝国的遏制，不会同样导致破坏性混乱吗？毕竟（根据本章的论述），不道德的暴行能够成为提升美国权力的战略资源。对这种担忧的恰当回应，不是要否定帝国的有用性，而是对每个人对人类未来发展轨迹的控制保持谦虚。权力将更加平等的趋势，以及消弭后续的混乱将会出现，而这将超出最强大国家的控制。中国的实力将会增强。最大的发展中国家将会发展日益重要的国内市场和生产能力。在专横影响的各个方面，美国霸权都将受到挑战，终有一天会终结。由于权力结构不可避免地发生变化，没有任何社会运动能够保证不发生灾难。它所能做的就是在全球运动中利用讨论、宣传和行动，使不可避免的权力转移更有可能开创一个合理妥协的时代，而不是疯狂破坏的时代。

因此，探寻遏制美利坚帝国不道德暴行（包括遏制其动用大规模非正义暴力的倾向）方法的义务，应该成为美国及其盟国的公民的政治责任。这一义务清单已经变得冗长多样。现在是时候对它们予以解释了。

第八章　准世界主义

那些派生出发达国家人民帮助发展中国家人民的政治义务的关系，无论是从其性质还是从其关联的国家来说，都被证明是多种多样的。现在是时候把这些不同的跨国责任脉络归集在一块，来回应关于全球正义的两个主要问题：那些未被履行的给予帮助的政治义务的总收益与要求规模有多大？全人类履行这些政治义务的目标是什么？

在回答收益和要求的问题时，我们不应该期望准确度，而应期望对前景与牺牲的粗略估计，这有助于判断目前的努力，有助于将我们对贫困外国人的亏欠与我们对同胞的亏欠进行比较。我认为，跨国义务作为一个整体，需要扩展到所有的发展中国家；满足其未满足的要求，将给这些国家的人们提供广泛的、极其重要的利益；履行这些未被履行的责任将会对发达国家的人们（包括处境不利者）提出重大要求。同胞需求优先的标准假设会被跨国关系推翻。

在进一步回答总体目标问题时，我们不应假定，各种不同的、具体的帮助项目在道义上的重要性来自分配正义的单一全球标准。（我最终将拒斥诸如此类的标准。）不过，全球正义是通过某种用以判断当前具体努力的相对重要性以及这些努力所追求的鼓舞人心的长期目标的共同立场来推进的。在目前政治可行性的限度内，减少跨国不负责行为的努力，将会适当地优先考虑最贫穷者的需求，这是一个在全球无知之幕背后的选择所进一步明确的优先事项。全球正义的最终目标将会是在一种最具全球公民友谊特征的理想状态下，把满足基本需要的供应与尊重自治结合起来。

因此，除却我们对同胞关系的重视和源自全球正义的关系进路有限的仁慈义务，全球正义仍然支撑着广义上是世界主义的需求、关切和愿望。强调特定的关系而不是对贫困的回应，这似乎是一种让发达国家的人成为有良心的守财奴的方式。但事实上，它也是确立对外国穷人的高标准义务的一种有力手段。

再论仁慈

在开始探索跨国政治义务的总目标之前，我们必须首先给仁慈设定一个宽松的目标，即对贫穷的回应，不管与贫穷者是否有特殊关系。第一章论述了个人仁慈义务的限度，但是没有涉及其政治限度。发达国家的公民是否有仁慈的义务支持其政府采取的措施（包括行使其征税权）以减少发展中国家的贫困，同时将成本强加于其国内同胞呢？“不，没有一分钱的税收是为了缓解国外的极度贫困的”，这种立场如此令人反感，以至于让人对得出这一结论的道德观点产生了怀疑。但是，一旦针对全球穷人的仁慈被承认为一项政治义务，那么，那些基于特殊关系而提供帮助的义务就有被边缘化的危险。因此，我们必须确立仁慈所具有的恰当的政治作用，并以此来全面认识帮助的政治义务。

就强制性的仁慈而言，要证明强迫他人放弃他们自己不愿意放弃的东西的合理性的负担尤为困难，因为基本的义务对个人的关切、目标和责任十分敏感。在没有不当行为的情况下，一个人可能会偏离给定的默认立场，即为那些最需要帮助的人做更多的事情，以便尊重最符合她内心的有价值的事业。这些将是从她的一些同胞所珍视的众多有价值的事业中选出的一小部分。“我宁愿捐给其他地方”，这是一种道德上的愚蠢回应，即是对基于被强加的劣势、公民忠诚与政治托管或者基于跨越国界的剥削、统治和破坏的体系的关切政治义务所做的争论的回应。但是，它是对国家强制的仁慈的一种相关回应——我们需要的是一个适当的回应，而不是决定性的回应。

此外，同情原则尊重对有价值的特殊个人目标的追求，这些个人目标，包括昂贵的目标，是人们可以安心而明智地加以追求的，如家居装饰的优雅和审美价值或各种各样有启迪意义的旅行。同样，同情原则的规定也受到特殊个人责任的限制。喜欢到国外旅行或对广泛朋友圈所负的责任，并不限制一个人对其国内处境不利的同胞所负的正义政治义务，也不限制其对国际贸易机制中相互合作的外国公民的正义政治义务，但是它们可能会限制一个人对贫困做出回应的义务。然而，这些目标和责任往往因人而异。

调整公共负担（如税收）来解释所有这些变化是行不通的，而且无论如何都会导致对私人生活的过度干涉。因此，仁慈的公共执行具有一种特殊的倾向，即强加给个人的要求比他们所处的环境所允许的要多。这不是一个决定性的反对意见。法律必须根据典型情况进行调整。但是，由于受政治胁迫的个人的情况而不合理地对个人强制施加的要求越普遍，就越有必要强制实施这一义务，而不是让受其约束的人主动去执行这一义务。

为了满足合理辩护的需要，在某种程度上，一个需要利用法律来促进同情原则所规定之义务的理据必须要说明，在履行这些义务时，对法律这类公共手段的依赖在何种意义上要优于对完全的私人选择的依赖。通过完全的私人选择向外国穷人提供税收资助的三个重要的劣势是：协调方面的困难、独立捐赠带来的竞争性损失和致命疏忽的风险。

通过大型项目、长期依赖可靠支持的项目、与其他大型和长期项目合作的项目或者需要通过政治审议加以管制的项目来实现的目标越重要，政府参与的理由就越充分。如果缺乏法律约束力的协调和保证，那么就容易以错误的方式提供极少的资源。由于这些原因，一国人民的各种努力，如高速公路建设、银行业务经营和大片荒野的保护，很难取得成功，除非政府发挥积极作用。同样的考量也适用于帮助发展中国家贫困人口的一些重要项目。对于发达国家政府做出的帮助发展中国家政府建立和维护必要的基础设施（如，非洲像样的公路网络）或者提供硬通货储备来应对和防止危机的大规模、长期的协商性承诺而言，个人自愿的捐赠选择是不可行的或不可取的替代方案。

通过法律而不是个人的主动性来实施仁慈原则的要求，可以保护那些负责任的人们免于受到那些不履行自己仁慈义务之人的竞争性击败。对于几乎所有人来说，大量的私人捐赠会使人们在与没有同样捐赠的人的竞争中处于不利境地的代价。能够获得至关重要的商品，比如在一个配有好的当地学校的舒适社区里拥有一套漂亮的房子，主要取决于你是否有能力出高于别人的价格。因此，人们通过征税来筹集资金，以避免自己在行善中受到伤害，也不必强迫他人行善。

虽然这些考虑是赞成在一定程度上依赖国家而不是完全私有化的理由，但是它们适当的政治作用可能受到需要尊重捐赠者所关心的各种事业的严格限制。那些深刻关心自己独特归属和善观念的公民之间的政治磋商，必须尊重对许多事业的追求，而这些事业并不能通过公共服务来加以最好地促进。（在美国，慈善捐款往往表达宗教信仰。）我们需要给人们公平和充分的机会来尊重他们对有价值的事业的个人依恋，但是，这可能会使由公共资金帮助的外国穷人的仁慈行为的主体仅仅局限于罗尔斯所说的政府的“交换部门”的一部分；这些政府部门提供的物品都是人们想要的，但是，要获得这些物品，人们就得全额支付其成本。[1] 如果实际的仁慈关切继续支持国内事业，那么许多物品就不需要通过这一路径转移到国外。

能够把发达国家对外国穷人的政府援助从一个次要的特权转化成一项重要的责任的，是存在于外国穷人的需要与按照同情原则实施的计划中的默认立场之间的特殊联系。对于那些同样重视每个人生命的人而言，某种类型的帮助能够为数量更多的最为贫穷的人做更多的事情这一事实，是支持她把这种帮助作为她履行同情原则所规定的义务的捐赠政策的一部分的一个重要理由。对某种有价值的事业的强烈依恋可以为某些偏离同情原则所规定的义务提供正当理

[1] See Rawls, *A Theory of Justice* (Cambridge, Mass.: Harvard University Press, 1971), pp.282-4.

由，但是需要这样一种特殊的正当理由，它应该为最有效地帮助那些最贫困的人留下一些空间。与大多数有价值的事业不同，这应该是每个人的事业。发展中国家的穷人有着极为重要的、未得到满足的需求，并在重要需求未被满足人群中占绝大多数。因此，要想使对这些人的帮助是有效的，那么发达国家的公民应该按照同情原则所规定的义务要求提供相当大比例的帮助。

协调性需求和竞争性损失的减少，在某种程度上为利用政府来履行所有公民的这一义务提供了理由。此外，由于这一特殊事业既是紧迫的,又是强制性的,因此,我们还需要把另外一个考量因素——使用政治强制手段降低致命疏忽发生率的义务——纳入进来。那些最能够得到帮助的最贫困的人都生活在国外，在那里，通过每个负责任的人都认为在道德上无关紧要的本土资源的支持，本土的关切肯定会得到更多的支持。每年都要求班级校友为母校捐赠更多资金的班主任，由于对每个人都太熟悉了而感到羞愧，或者，无论如何，突然中断谈话是不体面的。为了应对这些不相关的问题，利用一个发达国家的政府来帮助发展中国家的穷人，能够避免那些可能带来悲惨后果的疏忽。最后，政府帮助外国穷人的理由，就好比用国家的强制措施来强制父母履行对子女的责任那样。

普遍仁慈原则派生出了对外国穷人给予关切的政治义务。但是，即使在最先进的发达国家，这种政治义务的范围仍旧因同情原则的限制而缩小。在发达国家，使生活恶化的是对相对昂贵的个人目标的执着依念，在历史进程中，这些个人目标提出的要求越来越高。对当地有价值事业的持久承诺，减少了帮助外国穷人的任务。发达国家需要承担许多高标准的特殊责任，包括对同胞中那些处境不利者的政治责任，尽管他们比发展中国家穷人要富裕得多。

如果一个国家的目标是将自己的政治秩序建立在自尊的忠诚之上，从而要求对最弱势的同胞给予优先考虑，那么，这种特殊政治责任的最后约束，可能似乎终结了，而不仅仅是限制了对外国仁慈的政治义务。平等主义的政治哲学家响应罗尔斯的号召，经常把这种政治责任表述为“尽量使处境不好的人变得处境较好”，即尽最大力量提升同胞中处境最不利群体中典型成员的生活前景，继而是处境次为不利的群体，以此类推。人们都明白，精准地最大限度地提高处境最不利者的状况，既不可行也不可取：对这一目标的追求会扰乱经济运行，干涉公民的自由、隐私、安全期望和公民信任。但是，人们并不会反对这样一项消除用于处境不利同胞的资源的流失政策，即对国家资助的面向对外仁慈的禁止。为什么这种禁止不是政治责任的要求呢？

为了给仁慈创造必要的空间，人们必须承认，普遍仁慈不是一种令人讨厌的做法；它几乎对所有的人（而非仅仅是对富人和圣人）都有积极的意义。对于几乎所有的人来说，做同情原则所要求的事情，都是摆脱无法捉摸的自我关切、克服与整个人类相疏远、使自己的生命对自己更有价值的一种方式。如果人们不是一贫如洗，他们都愿意帮助那些比自己更贫困的人。出于同样的原因，把发达国家中处境不利的同胞视作那些把对穷人的回应是一种令人反感的负担的人，这是对他们的贬低和剥夺。告诉他们，“我们不会利用你们任何的绵薄之力去帮助世界上最贫困的人”，这并不是支持他们公民忠诚的保证，而是一种适当激发他们疏离感的侮辱。然而，关心处境不利的同胞的政治义务是建立在对自尊忠诚的追求之上的。因此，对国家资助的面向对外仁慈的禁止，将曲解同胞之间平等主义正义的要求。“尽量使处境不好的人变得处境较好”是一个口号，它必须从忠诚、信任和尊重的角度来解释，而这些正是证明其合理性的首要理由。

尽管如此，一个同胞的处境越不利，她的正直与对他人纯粹的仁慈关切之间的联系就越弱。一个追求所有成员的自尊忠诚的政治社会，不可能仅仅出于仁慈，以处境极为不利的同胞的生活前景显著降低为代价，来帮助更贫困的外国人。处境不利同胞的存在，并不能免除对外国仁慈的政治义务。但是这确实进一步减少了这些政治义务的要求；根据其他的理由，这些要求无论如何都是很低的。

由于跨国义务是在跨国交往的实际网络中产生的，因此，小范围的对外国穷人仁慈的政治义务，远远没有确立发达国家人民帮助外国穷人的政治义务的现有限度。然而，我们可以想象一个不同的世界。例如，假设发达国家都在东半球，并且，由于1492年的入侵被莫名地推迟了，西半球的土地只是由东方人（他们只是好奇的旅行者）发现的，并且他们发现西半球到处是穷人，甚至比任何东半球国家的穷人还要穷得多。那么，发达国家公民为了西半球人们的利益而放弃优势的政治义务，就西半球贫困的规模而言，是低标准的。这似乎是对这个贫穷的新世界的恰当回应。如果哥伦布（Columbus）、科尔特斯（Cortez）和皮萨罗（Pizarro）仅仅只是非常具有冒险精神的旅行者，那么费迪南德和伊莎贝拉为了新世界穷人的利益而放弃优势的义务将是微乎其微的。

这种对人际关系的道德重要性的评估，似乎要求人们接受脱离责任的行为，而这正是罗伯特·古丁的“俱乐部式正义”（clubbish justice）这一轻蔑标签的价值所在。[1] 假设发达国家的政府、企业和人民，他们滥用了权力，为了避免利用他人的行为发生，那么他们都要从发展中国家撤离。一旦他们对过往的滥用权力做出了弥补，他们就把对富国俱乐部之外的那些人的帮助限定在同情原则所要求的范围之内，即使那些贫穷的非俱乐部国家的境况比他们撤离前要糟糕得多，尤其是因为这些国家重要的商业机会已经丧失了。如果不依赖比同情原则具有更多要求的普遍仁慈原则，那么这个富裕国家俱乐部的成员怎么可能受到他们应该受到的谴责呢？

部分谴责可能会指出，从发展中国家撤离并不像看上去那么容易。无意中的跨越国界的进程，如向全球大气汇排放温室气体，将会给发展中国家带来有害的影响，无论它们有什么样的撤离想法。如果边界对货物和人民开放，那么就有必要防止不道德的剥削参与。作为避免国内情况严重恶化的手段，边界开放政策的改变应当有正当的理由。当脱离接触使易受伤害的人背负着以前强加的制度安排（这些安排相当适合旧的接触模式，但现在由于单方面的脱离而失去了功能）时，脱离接触可能就成为破坏性背叛的积极进程的一部分。然而，这些对撤离幻想的零星批判，似乎并没有抓住单方面结束发

---

[1] See Goodin, “Clubbish Justice,” *Politics, Philosophy and Economics* 7 (2008): 233-7. 我很感激他在 2009 年美国哲学协会太平洋分会会议上提出的这个问题。

展中国家人民所需要的一切形式的交往而不承担责任的本质。

更深层次的谴责会从这一结论开始：撤离将是极其不合理的。当前滥用权力的每一个进程，都是为发达国家中实力较强各方谋取利益的进程。例如，如果一家美国公司在泰国的低工资仅仅反映了使用泰国劳动力创造净收入的困难，那么，该公司就可以在充分尊重泰国员工利益和自主性的同时获得利益。而道德上令人不安的问题是，公司是否可以不负责任地从源自极度贫困的脆弱的谈判能力中获得额外利益。使用威胁影响来塑造谈判和操控发展道路，以及使用暴力来维持或改变政权，对于强国和富国而言，既要负起责任，又能有利可图。大国的自我写照大体上准确地描述了这是如何做到的，不管它们作为对现实的描述可能多么不可思议。

由于其不合理性，退居富国俱乐部的做法将违背在实施同情原则方面尽自己的一份责任的承诺；这一承诺与派生出拯救邻人义务的承诺是一样的。在没有令富裕参与者生活恶化的威胁下，一项继续与贫困者进行真诚合作的政策，在履行同情原则方面维持着有效的劳动分工，抵制逃避和拖延的倾向，并将对需求的关切与对贫困者自力更生的适当重视结合起来。的确，即使不存在事先的交往，这里也有一项有限的义务，即与贫困者扩大合作，而不是冷漠相待。如果一个人当前的行动（或他想做的并且准备好了的活动）将会很容易、很自然地延伸到一群贫困的人身上，那么，在一个对他们和自己都有好处的进程中，一个人应该在不是利用他们情况下把这些活动延伸到他们身上。这一政策不会导致芝加哥一位正常的医生转移到一个缺乏医生的国家进行执业，也不会导致一家在图卢兹城有着丰富经验和个人联系的公司把业务转到位于乍得的就业匮乏区。但是，对于那些无休止地追求机会的大公司和参与国际协定谈判的大国而言，如果它们从需要它们参与的贫穷国家中撤离，它们就违背了这种合作义务。

负责任的跨国参与将使强国获益，这一事实并没有使负责任的参与成为一项低标准的义务。在人际关系中，从实际的权力滥用向负责任转变，将剥夺发达国家人民的资源（借助这些资源，他们现在可以追求他们所关心的有价值的目标），从而中断他们所依赖的项目。如果跨国行为一直都是负责任的，发达国家的人们就可能在资源较少的情况下确立成本较低的目标，而且现在承担责任也不会受到影响。然而，在他们实际的成长过程中，他们面临着不同的道德要求。同样，如果在跨国交往中只有微不足道的义务偏离，那么，那些从履行尚未履行的责任中为全球穷人谋福利的人，理应首先诉诸普遍仁慈的义务。这不是我们的世界。

对发展中国家的外国穷人仁慈的政治义务，尽管是真诚的，但是就目前未得到满足的需求规模而言，是低标准的，并且收效甚微。现在是时候考虑帮助他们的其他涉及特殊关系的政治义务了，并总结当前尚未得到履行的责任的利益与要求。

利益与要求的总结

每一种产生跨国责任的特殊关系都受到地理范围的限制。但是综合地看，它们实际上覆盖了全部的发展中国家。在那些其发展道路并没有受到外部专横影响的深刻影响的贫穷国家，往往具有使剥削其工人有利可图的优势，并承受着全球贸易安排不公平的负担。

公平应对全球气候变化的跨国义务派生出了不过度抑制其国内增长的重要义务。作为开发地点获利不多的国家往往是扶持傀儡政权或打造结构性调整示范工程的合适地点。由于缺乏庞大的国内市场，这些国家往往深受全球贸易和金融格局的影响。(2006年，马里的商品进出口额占其GDP的一半以上，洪都拉斯商品进出口额占其GDP的五分之四，而美国商品进出口额仅占其GDP的五分之一。[1])贫穷农业经济体中人民的生活前景对全球应对气候挑战上的努力特别敏感。当某些国家虽然贫穷但是拥有丰富的自然资源或战略位置时，发达国家尤其热衷于通过奖励和威胁的方式来塑造当地的生活条件，从而提升支持他们利益的精英阶层在当地的主导地位。这些国家不成比例地成为直接或者间接暴力的目标，而这些暴力都会提升主要发达国家的权力或财富。如果任何孤立的、贫穷的国家没有受到剥削、从属和损害网络的影响，这些例外的国家就是发达国家公民仁慈的政治义务的适当受益者。除了规定要履行特殊义务外，同情原则还规定了针对贫困的饮食供应。将一种特殊关系——无论是为人父母还是结构性调整——所决定的回应视为对贫困的善意回应，这是不道德的记账方式。

履行目前尚未履行的跨国责任能给发展中国家人民带来多少好处？对这一问题的恰当回答要求我们打破对外国援助的诱人迷恋。

目前，外国援助的流动——商品、服务和资金（包括低于市场

---

[1] World Bank, *World Development Indicators 2008* (Washington: World Bank, 2008), table 6.1.

利率的信贷）从一国政府直接或通过多边机构转移到另一国政府或人民——是非常少的。2006年，在捐助国，人均达到115美元，占其国民总收入的0.31%，❶ 而在受援国，人均仅21美元。❷ 外国援助是一种简单而明显的履行责任的方式，以回报剥削的利益，促进成功的发展，并补偿过去的破坏。一位知名的经济学家在一本广为阅读的以"贫困的终结"为题的书中宣称，要从目前微薄的水平上增加外国援助，这一变化被宣告为消除贫困的途径。❸ 因此，人们很容易将履行未履行的责任带来的巨大利益建立在增加援助的潜力上。

这将是一个错误。在目前的实践中，超过平均水平的外国援助的增加似乎产生了虽小但意义重大的好处，但在目前援助依赖程度较高的情况下，回报率递减，且有下降到零的趋势。❹ 很明显，当

---

❶ See World Bank，*World Development Indicators 2008*，table 6.12. 更确切地说，这些是经合组织发展援助委员会成员方官方发展援助的净支出，它们提供了95%的此类援助。See also Development Co-operation Directorate Development Assistance Committee（DCD-DAC），*Statistical Annex to the 2007 Development Co-operation Report*（Paris: OECD, 2007），table 33.

❷ See World Bank，*World Development Indicators 2008*，table 6.14.

❸ Jeffrey Sachs，*The End of Poverty: Economic Possibilities for Our Time*（New York: Penguin，2005）.

❹ 这是绝大多数统计分析的结果，这些统计分析利用大型数据库的多元线性回归来估算援助对增长的独立影响，并考虑到收益递减。Henrik Hansen and Finn Tarp，"Aid Effectiveness Disputed" in Tarp，ed.，*Foreign Aid and Development*（London：Routledge，2000），pp.103-28 and Michael Clemens，Steven Radelet and Rikhil Bhavnani，"Counting Chickens When They Hatch：The Short Term Effect of Aid on Growth"（Washington：Center for Global Development，2004），www.cgdev.org/contents/publications/detail/2744，以上文献提供了作者们关于这些曲线的研究成果，并总结了大量关于援助和增长的文献。斯蒂芬·科萨克（Stephen Kosack）罕见地试图确定外国援助与直接衡量生活质量之间的关系，他把联合国开发计划署的年度评级——人类发展指数的增长率作为期望值。他没有发现援助有积极的独立贡献。然而，他寻求的是一种线性关系，而不是通常在增长研究中显示出较小的正向收益递减的二次关系。See Kosack，"Effective Aid: How Democracy Allows Development Aid to Improve the Quality of Life，" *World Development* 31（2003）：1-22，especially tables 2 and 5.

前的做法因捐助者的不负责任而受到损害。但是，援助的效力似乎也受到受援国有限的体制能力和政治能力的严重制约。的确，这些能力，在某种程度上，可能被以外国援助为基础的进程所削弱，因为援助滋养了粗心大意的政权的委托人网络，降低了本土的政治责任，并在与外部机构的交往中使一个压力重重的地方官僚机构陷入困境。[1]

尽管如此，目前援助的规模很小或许是其主要局限：扩大援助以维持改善基础设施、教育和公共卫生的相互依存的大型项目，如果在管理和监测方面有可行的改进，就会带来巨大的好处。这就是杰弗里·萨克斯（Jeffrey Sachs）为扩大援助规模而在《贫困的终结》

---

[1] 与一个经济体规模相关的大量援助资金流动通过何种机制会加剧治理的薄弱环节的研究，主要集中在撒哈拉以南非洲国家，它们是五分之二的官方发展援助的接受国，也是大幅度增加援助规模重要提议的主要目标国。在“Foreign Aid, Institutions, and Governance in Aid” [*Economic Development and Cultural Change* 52（2004）：255-85] 一文中，德博拉·布罗蒂加姆（Deborah Brautigam）和斯蒂芬·南克（Stephen Knack）描述了政治扭曲可能发生的机制，也注意到了它们似乎已经发生的具体案例，还把这些机制作为解释他们的研究成果——在撒哈拉以南非洲国家，在其他相关因素不变的情况下，援助/国民生产总值和援助/政府支出同政府质量和税赋征收工作呈负相关——的一部分。（艾尔波托·阿莱西纳 [Alberto Alesina] 和比阿特丽丝·韦德 [Beatrice Weder] 在“Do Corrupt Governments Receive Less Foreign Aid？,” *American Economic Review* 92（2002）：1126－37 一文中指出，在援助接受国中，援助与腐败普遍呈独立的正相关关系。）关于近期非洲政治进程的其他研究，描述了援助的大量流入对政治的重大负面影响，包括：Ravi Kanbur, “Conditionality and Debt in Africa,” in Tarp, *Foreign Aid and Development*; Nicolas van de Walle's wide-ranging study *African Economies and the Politics of Permanent Crisis*, 1979－1999（Cambridge：Cambridge University Press, 2001）; Marc Wuyts, “Foreign Aid, Structural Adjustment, and Public Management：The Mozambican Experience,” *Development and Change* 27（1996）：717-49；Joseph Hanlon, “Do Donors Promote Corruption？：The Case of Mozambique,” *Third World Quarterly* 25（2004）：747-62；Tony Hodges, *Angola：Anatomy of an Oil State*（Bloomington：Indiana University Press, 2004）; and Todd Moss, Gunilla Pettersson and Nicolas van de Walle, “An Aid-Institutions Paradox？ A Review Essay on Aid Dependency and State Building in sub-Saharan Africa”（Washington：Center for Global Development, 2006）, www.cgdev.org/contents/publications/detail/5646. 最近研究的一个重要主题是，有这么一种倾向，即通过非政府组织增加援助渠道以削弱对发展至关重要的政府能力。

中提出的足智多谋的、广为阅读的案例的要点。或许，对这一“巨大推动”的严厉批判，如威廉·伊斯特利（William Easterly）的《白人的负担》[1]，本质上是正确的：援助的成倍增加将会扭曲和破坏地方的自主行为，从而将大量资金倾注到需要较长培育期的大型项目上，而这些项目无法得到充分的监测、管理和适应当地的需要的调整。当前对效力的评估与当前的责任结合起来，以决定对外援助规模的增加和对外援助如何改善。但是，援助规模对受援国与援助国行动和效果的影响的不确定性，使得人们不清楚援助可以取得多少成果。

因此，与其把利益问题归结于这些不确定性，不如把外国援助与发达国家人民为了发展中国家人民的利益而改变他们政府的行为的诸多其他方式区分开来。我将把这一更宽泛的范畴称为“援助”之一，以区别于具体的外国援助工具。通常，非外援的帮助涉及一种转移，即为了处境不利者的利益而放弃优势。但是，与对外援助不同的是，这些转移通过减少发达国家对发展中国家个人机会的干预起作用。

停止错误地把对暴力的诉诸当作专横影响的手段，将会避免造成巨大的死亡、痛苦和破坏。如果一种源自负责任的磋商结果的国际贸易机制取代目前源自霸凌结果的国际贸易机制，那么贫困人民将从增加的经济机会中获得巨大利益。例如，对跨国机会的需求程度做出适当反应，将会导致采纳类似安德鲁·查尔顿（Andrew Charlton）的建议，即WTO的所有成员承诺取消对所有来自比它们

[1] Easterly, *The White Man's Burden* (New York: Penguin, 2006).

更穷（以人均GDP衡量）和更小（以GDP总量衡量）的发展中国家的商品征收关税。[1] 在对全球化制度框架进行负责任磋商时，对劳动力跨国流动的开放以及对商品和资本的开放的适当关注，将导致发达国家中来自发展中国家的移民(包括没有技能的人)大量增加。(即使不进行贸易谈判，对发展中国家的商品和人员的更大开放，将要求发达国家履行其帝国职责：操控经济发展道路、使其更加依赖世界市场的大国，应该向那些由他们塑造自我发展手段的国家开放市场。)根据第三章引用的证据，查尔顿的建议将会给现在生活在发展中国家的人们带来每年1000亿美元的收益，并且因此会适度增加移民的开放程度，而且不歧视没有技能的人。最终，对温室气体减排进行负责任的磋商，将使发展中国家中的数亿人，特别是那些最需要首先摆脱饥饿、疾病和流离失所负担的人，最大限度地减少因追求气候安全而产生的脱贫障碍。

这些好处将大幅度减少对人们努力改善自身及其家庭状况的干扰。地方机构对援助效果的限制被忽略了。因此，那些受助者获得的利益可能远远超过外国援助所能提供的利益。跨国责任也要求努力扩大有效的外国援助。这可能会带来更大的收益。但是，如果援助的吸收能力成了一种硬约束，那么这就扩大了依赖其他高效的援助手段的义务，而不是限制援助的义务。

到目前为止，对未履行的跨国责任的全面评估涉及发展中国家中那些需要更多援助的人的利益。由于发达国家政府在派生出跨国

---

[1] See Joseph Stiglitz and Andrew Charlton, *Fair Trade for All* (Oxford: Oxford University Press, 2005), pp.94-102.

责任的活动中采取基本一致的行动，并且发达国家从跨国剥削中普遍获利，未履行的义务就应当由发达国家的公民共同分担。在此义务中，不同公民各自承担的部分，取决于主动性和资源的不同，而这些不同将一项特别重大的未履行的责任分配给了美国。

事实证明，履行这些责任给外国带来的利益总量是巨大的。但是——进一步从捐助者方面进行探究——履行这些责任真的是要求过高，给某些发达国家造成了道德上的严重代价吗？由于美国承担着最大的责任而且在经济上处于弱势地位的公民仅占少数，因此，美国自然成为我们探究跨国正义要求的焦点（尽管不是唯一的焦点）。

这里对外国援助的集中关注也扭曲了对跨国责任的评估。认识到援助吸收能力存在无可争议的局限性，对增加外国援助有见识的狂热倡导者并没有对发达国家的人民提出重大要求。例如，杰弗里·萨克斯在 2005 年就提议，官方发展援助立即增加一倍，然后在 2015 年增加到 2005 年援助资金的 3 倍，其时他指出，这 3 倍的资金大约相当于援助国国民总收入的 0.5%。[1]1990–2006 年，这些援助国的国民总收入的平均增长率是这一比例的 5 倍左右。[2] 税收的累进性、对国内社会项目的保护以及明智的宏观经济调控时机，可以限制外援向外流动的内部人力成本，不致使发达国家的人民遭受重大损失。

然而，在众多援助方式中选择这一路径是不负责任的。援助的

---

❶ See Sachs, *The End of Poverty*, p.299.

❷ *World Development Indicators 2008*, table 4.1.

效率有限，是减少对发展中国家人民的发展机会进行干预的重要原因之一。重视自力更生是另一个原因。无论在哪里，人们都更愿意靠自己的努力获得成功，如果他们需要帮助，他们乐意适当地从那些同样受到家庭关系或公民义务约束的人那里获得援助。这种偏好应该反映在援助他们的手段的选择上。出于同样的原因，跨国尊重要求我们取消对机会的跨国限制，而不是补偿性援助，这特别适合作为不公平限制的补救方式。例如，为了避免在贸易、投资、产权或温室气体减排机制中对自我发展的不公平限制，首先应该消除限制，而不是对受害者进行援助。

一旦通过减少对外国机会的干预而不是提供外国援助来提供援助的各种方法找到合适的位置，跨国责任就会给发达国家的弱势群体带来严重损失的重大风险。例如，道德责任要求将严格的减排集中在发达国家。但是，正如我们在第四章所看到的，这种公平的负担分配很可能打乱发达国家（尤其是美国）中相当数量的人的就业、终生的经济发展轨迹和生活方式。毫无疑问，这些国家能够负担起用以减轻国内的冲击需要的款项和设施。但是，就像在发展中国家那样，发达国家的人们理所应当地希望靠自力更生获得成功，并继续他们所认同的生活方式。即便这些愿望有正当理由遭到侵犯，我们也应该尊重他们，把对它们的侵犯视为道德上的严重代价。

提高对来自发展中国家的商品、服务和移民的开放程度，对全球正义的要求产生了类似的影响，但却被对外国援助的集中关注所掩盖。根据一项有影响力的估计，与 1980−1995 年的美国高中毕业生相比，美国高中辍学学生的相对工资五分之二左右的降幅源自移民，另外6%-11%的工资降幅源自发展中国家廉价劳动力的输入。高中毕业生和那些占据工资分配顶部80%的人没有净负担。❶ 但是没有技能的人特别容易受到伤害，因此，在道德上他们应该受到特别关切。2002年，美国25岁以上的人口中，高中辍学者占15%，但是那些25岁以上、生活在官方贫困线以下的人口占37%。他们的贫困率是23%，如果是白人，他们一生中至少有一年处于贫困状态的概率是三分之二，如果是非裔美国人，这一概率是98%。❷ 提高开放程度所带来的国内代价的道德意义，将小于让中国或孟加拉国人民的生活陷入疲劳、苦差和不健康的困境中的意义。但是，这些都是重大的代价，就像贸易公平的其他代价（如欧洲和日本传统农业生活方式的破坏）那样；现在对这些传统生活方式的保护要求发展中国家的农村贫困人口付出过多的代价。

总之，履行尚未履行的跨国责任所带来的巨大好处，可能会伴随着发达国家人民在道义上的重大代价。发达国家人民基于这些理由而逃避这些责任，并以这些理由为借口忽视同样在道德上具有重要意义的跨国关系，将使其与同胞的关系蒙羞。在对跨国需求做出回应时，发达国家的人民应该用另一种方式来表达对同胞关系的适

---

❶ See George Borjas, Richard Freeman and Lawrence Katz, "How Much Do Immigration and Trade Affect Labor Market Outcomes?," *Brookings Papers on Economic Activity* 1 (1997), pp.2, 62. 这些估计不可避免地会引起争议，因为随着一个国家经济多年的发展，许多其他相关的变化也会发生。个别地区的研究表明，当地穷人并未受到实质性的负面影响。例如，玛丽埃尔港对升船机设备的使用并未导致迈阿密非熟练工人工资的下降。但是，博尔哈斯（Borjas）等人确定了一些偶然因素，如土生土长的工人的居住模式的改变，这些偶然因素将把负面影响扩散到整个经济当中。我们可以说，以往经验，结合经济理论，成为关于非熟练和半熟练人员移民的大量增加会对在美非熟练工人造成影响这种已知焦虑的一个根据。

❷ See Mark Rank, *One Nation, Underprivileged* (Oxford: Oxford University Press, 2004), pp.31, 99.

当重视。现代关系的总体复杂性对跨国正义提出了高标准的要求，应该被用来加强国内正义的要求，因为这种总体复杂性要求我们对处境不利的同胞提供额外的援助以缓和跨国正义的影响。

预算对比

虽然要明确跨国政治责任的要求，就需要将这一主题扩大到使用政府资金提供援助以外的范围，但关于那些要求的一个重要的普遍信念涉及这一狭义的援助。这是一个在第二章中提及的比较判断，现在可以根据后面几章的论述来加以评估。忝列人均收入最高的国家也有许多在经济上处境不利的人。在美国，这是很典型的生活状况。这些国家的人们普遍认为，政府用于帮助处境不利者的大部分开支应该用于帮助处境不利的同胞，即便花更多的钱来帮助处境不利的外国人而不是处境不利的同胞，将会对缓解更严重的需要起到更大的作用。如果有人认为，在道德上与跨境交往唯一相关的事实是纯粹的商业存在，那么，源自同胞关系的政治义务的强化和跨国义务的弱化，将支持这种以本书前两章的论点为基础的比较判断。但是，这一预算优先事项能否在接受由各种实际跨国关系所派生出的跨国政治责任之后继续存在下去呢？

对此问题的回答要求我们用更加清晰的会计准则来确定所比较的数额。在解释这种比较信念时存在的困难并不令人惊讶，因为“我们欠我们自己国家处境不利的人民更多的援助”这一流行说法，很少是源于对国内外的相关关系的反思。

如果将用于帮助贫困同胞的公共资金的每一笔使用都分配到爱国预算之中，那么这种比较信念就很难得到准确的表达。通常情况下，这些公共资金都是狭义上的来自社会保险的款项：目前没有处于不利境地的人们有理由通过税收筹集资金来应对老年的脆弱性或不幸的防范措施，目的是共担风险，最小化交易成本，或避免未来因自己的轻率而造成的负担。《美国统计摘要》所列出的“政府对个人的转移支付”包括主要转移支付给当前的贫困者的资金。但最大的项目是“退休和伤残保险金”；第二大是“医疗支出资金”，主要用于老年人和残疾人；第三大是“收入维持资金”，主要是为残疾人和老年人提供补贴；第四大是“失业保险金”。三个最大的类别占了全部转移支付的 90% 以上。对于那些出生并不富裕的人而言，支撑这些政府转移支付的税收款项原本有一个重要的功能，就是可以作为他们自己（通常是年幼时）的保险费，因为其时他们可能会面临家庭义务与疗养院费用发生灾难性冲突的风险。如果把分配给目前贫困的同胞的总资金与分配给贫困的外国人的总资金进行预算比较，那么前者可能仅仅因为其保险成分而超过后者。同胞应被放在首位的这一普遍信念所要求的转移支付资金肯定比这个数目更多。

另一方面，人们一般都不会将那些能够给捐助者带来各种间接的和长期的收益净值的国内援助与那些类似的无偿外援进行比较。一些国家把正义所要求的几乎所有国内援助用于提高生产力、减少犯罪和促进社会和谐（而不是用于社会保障），以求从长远来看获得相应的广泛的间接好处。如果他们接受关于预算优先的流行信念，他们就不会坚持认为，微小的未补偿的剩余部分要大于外援中类似的剩余部分。相反，他们感到高兴的是，对同胞的适当忠诚最终只会带来如此少的牺牲。另一些人则认为，大规模的补偿福利要求是投机行为，甚至是一厢情愿的想法，但仍然接受同胞在预算中拥有优先权的普遍信念。与几乎所有政治上重要的协商一致事项一样，预算优先的信念得到了对社会后果有不同看法的同胞的认同。就当前的问题而言，普遍的看法是，作为国内需求被忽视的迹象，偏离某一基准应该会引发同胞的道德焦虑。在外国援助和国内援助的基准比较中，资金支出按照其直接功能加以分类。如果用于当前贫困同胞的支出来自保险（而保险是当前未处于贫困状态的同胞们用来避免那些贫困的一种防范的明智选择），那么这一功能就从国内援助的基准类别中移除。否则，用于帮助处境不利的同胞的支出也应该包括在内。在援助预算的比较中，如果那些用于支持盟国政权的对外支出在纾困承诺中发挥不了作用的话，那么它们就不属于外国一方。否则，面向发展中国家的对外经济援助也应被纳入统计。人们普遍认为，如果后者总额接近前者总额，那么一个发达国家（国内有许多处境不利之人）公民应该将这种情况视为一个道德危险的信号，即对同胞不公正的证据。

道德危险的这种共同基准并不预设外国援助效力的特殊限制。认为外国援助是种浪费的人和那些认为发展中国家的基本需求可以吸收大量援助并产生良好效果的人都有同感。即使把资金从国内援助转向外国援助，将更有效地缓解更严重的贫困，这种转变也被认为是错误的。

根据前几章所确定的跨国责任，这种对同胞的预算优先的承诺是没有正当理由的。如果把对外国援助效力的限制放在一边，那么，正义很可能要求广泛依赖外国援助来履行统治和修复责任，避免不当剥削，减轻贸易自由化带来的不公正负担，支持对全球气候变化的适应，弥补近期在全球贸易和金融机制中的不公平现象，而这种对外国援助的广泛依赖超出了为处境不利的同胞提供公平待遇的要求。例如，2005 年，除了纯粹的社会保险外，美国对处境不利的同胞的援助约 4000 亿美元。如果援助款项来自对人口中收入最高的 80% 的人征收的税收，那么他们在那一年的贡献将达到人均 1700 美元左右。即使国内援助的总额已经大大增加，要求本国政府提供一笔像目前给发展中国家穷人提供的有效外国援助款项那样多的资金，也不能说是一个忽视同胞的信号。——当然，将实际用于帮助处境不利的同胞的资金大量转移到对外国穷人的有效援助上，将会减少而不是增加不负责任的行为：那一年美国的发展援助款项达 270 亿美元，相当于国内援助款项的 7%。[1]

此外，跨国关系网络维系着某种帮助全球穷人的观点，该观点从自诩为世界主义的视角来看是很常见的。然而，我们不应该夸大爱国优先原则的弱化。任何一个发达国家的人民都同其他发达国家的人民一样，对外国穷人负有道义上的债务，并把他们的一部分债务归于比他们的同胞多得多的贫穷的外国人。因此，在一个一些人仍处于不利境地的发达国家，当援助中的所有道德债务都得到清偿时，对一个典型的处境不利的同胞的援助可能会大大超过对一个典型的处境不利的外国人的援助。

---

[1] See U.S. Department of Commerce, *Statistical Abstract of the United States : 2008* (Washington : Government Printing Office, 2008), tables 140, 523 ; World Bank, *World Development Indicators 2007* (Washington : World Bank, 2007), tables 1.1, 6.9.

政治可行性与世界主义优先性

当前带来这些利益和提出这些要求的正义所追求的目标是什么？这个问题似乎已经通过对未履行的义务的调查得到了回答：发达国家中政治上负责任的人应该支持返还从剥削中获得的利益的措施，即支持通过负责任的磋商确立的贸易框架，等等。但是，把这个清单当作是对正义所追求的目标的完整解释，就是忽视了道德反思和政治行动中的两个需求。

首先，在减少当前国际不负责任行为的多重任务中，什么是最重要的，这一共识促进了对国际正义的追求。根据实际抱怨的强度来设定优先考虑事项，意味着受到潮流和政治资源的引导，这可能导致道德上的错误分配。尽管专业化有其用途，但是，那些迫切要求国际经济正义的人，仍然希望对其特殊事业在当前的正义项目中的位置有一个共识，这样，他们可以在共同任务中作为合作者结成同盟，尽管他们不可避免地在关注点和资金方面展开竞争。

其次，通过与鼓舞人心的积极目标的联系来促进对正义的追求。这是关系视角一个特别迫切的需求。它所要求的措施将使得那些需要获得援助的同胞付出巨大代价。然而，它所呼吁的那些当下义务，主要是在权力关系（其充其量是令人遗憾的）中负责任地行事的义务。有这样一个世界，在其中，开发是受到负责任的管理的，发展道路是由专横的外部行为体（他们承担着确保发展良性运行的责任）强加的，并且损害由造成这种损害的外部大国予以补偿，但是这样的世界并不是一个易于激起努力使其朝前发展的终极目标，尽管目前不负责任的大国反对，而且发达国家的弱势群体也有合理的担忧。

我将首先描述克服当前全球正义障碍的优先事项。然后，我将描述当前各种全球正义义务中所隐含的终极目标。

全面履行目前所有的跨国责任将是一个拼凑的过程，即将侧重点各不相同的责任拼凑在一起。从剥削中获得的利益将大量流向中国。由于强加的发展道路而引发的责任将特别适合于撒哈拉以南非洲和拉丁美洲的需要。伊拉克将是修复帝国主义破坏的理想之地。我们没有理由假设，跨国义务的完全履行会满足任何我们所熟悉的国内正义标准向全球推广，甚至也没有理由认为它将大体符合某种正义标准。就贸易机制或温室气体减排机制而言，正义是个在特定项目中的公平分配问题。就履行操控发展道路的责任而言，正义是个基本需求的供应问题。就帝国主义破坏而言，正义是个提供补偿的问题。由于在全球进程中规范政治上负责任的选择的标准的多样性，因而就单一的、确定的统一标准（其关涉全世界的物质福利，规制着对特定制度安排的选择）而言,没有所谓的“全球分配正义”。

如果任何接近完全解决道德问题的方法都有一个现实前景，那么规范标准的缺乏可能是有效协调的一个令人不安的障碍。但是，这是对关系观点的一种骇人听闻的讽刺，而关系观点认为，目前产生跨国责任的跨国权力关系保证了跨国责任不会程度很低地得到履行。了解这些障碍有多高，将使我们更清楚什么样的优先标准适合目前的努力。

这一骇人听闻的讽刺，在一个被具有极不平等权力的政府所分裂的世界里，反映了国家决策的本质。在某种程度上，不可避免的不负责任行为源于选民不可避免的自我沉迷；在这种情况下，发达国家人民对自身个人目标的焦虑，再加上外国需求的微弱选举力量，将发达国家的政治拖离正义的轨道。除了选民的自我沉迷，主要发达国家在塑造其外交政策的经济权力和专横影响方面的利益决定了其不负责任行为。由于美国的主导作用，我已强调了美国在财富和权力方面的利益偏离正义的方式。但是，在制定贸易制度框架和建构全球经济发展道路方面，其他重要的发达国家也有着共同的利益和共同的方向，而且常常与美国联手采取暴力行动。

主要发达国家在塑造外交政策方面的利益，除了带来必然的伤害外，也决定了对外援助——作为对发达国家的精英阶层的权力以及处境不利者的脆弱性威胁最小的补救措施——不会带来多大的好处。首先，对一个国家援助水平的不稳定变化严重降低了援助在发展方面的作用。在一项领先的研究中，艾尔斯·布利尔（Ales Bulir）和贾维尔·哈曼（Javier Hamann）以接受大量发展援助的发展中国家为大样本，对1975–2003年的援助波动性进行了评估。援助在政府收入中平均占比为35%，援助的波动性是收入波动性的12倍。2000–2003年期间，这一数字是45倍，而在最贫穷国家中是56倍。当政府收入下降时，援助往往也会下降，而不是得到补偿。[1] 大国，

[1] See Bulir and Hamann，"Volatility of Development Aid"（Washington：IMF，2006），pp.10，12，13，27. 这项研究从整体上分析了76个人均GDP低于3000美元、援助占GDP 1%以上、人口超过50万的国家的援助波动性（排除了非常小的国家过高的支出和波动性大等特殊援助问题）。针对最贫穷国家的研究结论，涉及为减免债务而在他们的样本中被列为重债穷国的国家。上述波动率涉及援助和收入在GDP中的比例，均以外汇汇率计算。虽然其他指标的波动率较小，但是它们都符合布利尔和哈曼所制的最后一张表格的标题“援助是不稳定的：别管定义和平滑技术”（p.30）。

尤其是美国，对消除波动性根本不感兴趣，相反，它们对于利用援助进行哄骗、支持和威胁，从而保证波动性感兴趣，因为随着时间的推移，挑战和机遇会在不同地方发生变化。

援助流动的多样性造成了长期的协调问题，这是浪费、错失机会和分散当地官僚机构有限能力的臭名昭著的根源。这一多样性主要源自双边援助（约占援助总额的四分之三）的主导地位。大多数援助国，特别是迄今为止两个最大的援助国——美国和日本，公然宣告了这种多样性的一个充分理由，即利用援助来促进其独特的国家利益。

同样，过度依赖“技术合作”是个没完没了的丑闻，它得到持续的权力理性的支持。技术合作，即提供来自捐助国的专家和在那里学习的奖学金，是广泛存在的；2006 年，技术合作占到双边官方发展援助净额的 29%。[1] 除却个别外国专家具有奉献精神和技能，统计结果、各种传闻和常识都表明，如此对外国专门知识的过分依赖，忽视了当地知识和当地关系。经济增长与对技术合作的依赖之间呈负相关关系。[2] 美国国际开发署（USAID）前副署长卡罗尔·兰卡斯特（Carol Lancaster）给出的结论是：“技术援助已经成为（非洲）体制薄弱问题的一部分，而不是解决办法。”[3] 然而，

---

[1] See OECD，DCD-DAC，*Statistical Annex 2007*，table 2.

[2] See OECD，DCD-DAC，*2005 Development Cooperation Report*（Paris: OECD，2005），ch.5，“Technical Co-operation，” p.120. 这一深思熟虑的、批判性的、富有洞见的章节，是以布赖恩·哈蒙德（Brian Hammond）为首的发展援助委员会（DAC）统计和监察司的明智承诺的证明，也是对无知或理论上的争论不能解释持久的高水平“技术合作”的证明。

[3] Lancaster，*Aid to Africa*（Chicago: University of Chicago Press，1999），p.57.

目前对“技术合作”的依赖，作为一种影响穷国的手段，是恰到好处的。外国专家持续而密集的到来与奖学金项目的结合，形成了一个由熟人、认证机构与资助基金组成的国际性的人际关系网络，这个关系网络共享着由发达国家的人和机构主导的文化逻辑与政治信念。

政治可行性的严格限制，使得在实践中找到一种承担全部责任费用的普遍模式变得不重要了。这些费用极少得到支付。但是，在这些限制之内，那些试图在反对不公正现象方面取得进展的人，将受益于对其任务中的全球优先事项的共同理解。正确的理解是准世界主义的。从更具世界主义的视角提出的所有标准，为使世界少一点不公正的努力确定了正确的优先事项。

事实证明，尚未履行的责任网络已经将发达国家与所有的发展中国家联系在一起了。在政治可行性的传统限制范围内，每一种主要形式的不负责任的跨国行为，都会给那些在普遍满足紧急需求方面有很大困难的人带来特别严重的负担；因此，每一种形式都会造成广泛的痛苦，而不只是对严重不公平的合理抱怨。由于纠正不公正和疏忽是一项艰巨的任务，需要花费大量时间和精力，因此，我们应当优先考虑的是，帮助那些由于不负责任的行为而遭受痛苦的人，我们应当支持这样一些措施：它们能够帮助遭受最大痛苦的人，帮助更多的人，提供更多的救济。由于不负责任的跨国行为带来的痛苦与普遍脆弱性之间的关联性，这些矫正的优先事项将是仁慈的优先事项，我们应当支持这样一些措施：它们可以帮助那些最需要帮助的人，帮助更多处于严重贫困中的人，提供更重要的救济。[1] 对贫困者的关切应该指导我们在跨国关系中履行责任。

虽然这种从仁慈的角度出发的借款有助于设定优先事项，但是，令人不安的是，其本身就是支离破碎的。与此非常不同的政策可能会帮助到最多处于严重贫困中的人（通常是中国人和印度人），帮助到那些最贫穷的人（过度集中于撒哈拉以南非洲地区），并在帮助贫困受益人方面做得最多（这是一个关于效力的无休止争论的话题）。因此，在评判这些权衡时有进一步的指导是有用的。在这里，那些持有以关系为基础的经济正义观的人能够接受罗尔斯的原初状态理论。

在这种接受中，人们追问的是，如果人们试图促进自己的利益，同时又不放弃两个高阶利益——履行对发展中国家的跨国责任（在这里，这是一种投入，而不是思想实验的结果）以及参与个人的和民族的自我发展（尊重自力更生的价值观），那么，在不知道自己属于哪个国家、不知道自己人生目标的具体内容的无知之幕背后，人们会偏爱哪一套政策。运用这一理论设置，人们将能够以尊重所有人的方式为所有人（他们的福利正面临各种危险）权衡得失。例如，人数的权重就会发挥不同的作用，因为，当无知之幕被掀开后，人们在原初状态下选择的那套政策增加了人们获得帮助的机会，但是那些受助最多的人的贫困程度和救济数额也会增加，而像中国这样

[1] 关于这些优先性的更深入的讨论，介绍这些优先性的更多细微差别，see Richard Arneson in "Luck Egalitarianism and Prioritarianism," *Ethics 110*（2000）: 339-49. See also Derek Parfit, *Equality or Priority?*（Lawrence: University of Kansas Press, 1995）.

一个贫穷但有效治理的大国，其独特的自主发展能力也会增加。相关因素以一种不依赖把任何人的生命看得比其他人的生命更重要的方式影响人们的选择。

罗尔斯认为，国内原初状态将导致对差别原则的选择，并严格优先考虑最贫穷的人，这是基于与此无关的考虑。他指出，在一个教育设施和劳动力市场共享的流动社会中，人们都强烈地倾向提出这样一些政策，即在改善较富裕者的处境时最大限度地改善处境不利者的生活前景。[1]这种倾向在国际上要弱得多。罗尔斯认为，应该在国内获得的接受类型是所有人——包括处境最不利者——对共同政治秩序的深深忠诚，在这种政治秩序中，公民认同共同制度的持续性是其自身利益的核心。[2]这是一项过高标准的国际要求。在反对那种认为无知之幕背后的选择具有或然性的正义观念时，罗尔斯拒绝这样一种赌博行为，即为了改善令人满意的环境而冒原本可以避免的、无法承受的结果的风险。[3]在政治上可行的全球方案中，没有这种赌博的问题，因为每一种选择都会使一些人陷入极度贫困的境地。

全球穷人不同群体的需求之间的冲突和联系是如此得多样化和变化，以致无法站在无知之幕背后来选择一种能解决各种取舍问题的通用而持久的分配标准（类似于差别原则那样的标准）。然而，当

---

[1] 例如，see Rawls，*A Theory of Justice*，pp.157 f.

[2] See Rawls，*Justice as Fairness*（Cambridge，Mass.：Harvard University Press，2001），pp. 128-30. 在此，罗尔斯进一步明确他在《正义论》中所呼吁的承诺的张力（pp.176 f.）。

[3] See *A Theory of Justice*，pp.154-6，206 f.；*Justice as Fairness*，pp.98-102.

人们基于正义的理由而对改变全球现状的一系列方案做出选择时，如果人们受到我所描述的普遍利益的支配，并且是在不知道自己国籍的情况下做选择，那么他可以通过追问自己会选择什么来更好地明确当前情况下正确的现实愿望。就要求全球公正关切的正义的解释而言，这是一个重要的真理，即使总体而言没有一个是有效的。

作为终极目标的全球公民友谊

当前政治可行性的可怕限制，使得描述这种以实现全球正义为终极目标的世界变得尤为重要。这一目标既能够激发对这些限制的抵抗，又有助于找出它们所模糊的正义的未来前景。

这一终极目标体现了对这样一个隐含着对履行跨国政治责任的真诚承诺的世界的希望。当这一目标实现时，坏事仍将会发生（例如，由于疾病和自然灾害）。但是，跨国责任并不能要求我们寻求更大规模的和持久的政治措施来改变外国人民的生活前景。

仁慈是跨国政治义务的一个独立特征。对跨国责任这一方面的承诺意味着对这样一个世界的愿望：在这个世界中，没有一个国家是如此得贫困，以至于其公民对彼此负责，并对自力更生给予了适当的重视，他们还得指望国外的帮助（除了在短暂的灾难中期望得到的援助外）。只要这种贫困持续存在，富裕国家中负责任的公民就必须寻找使外国人能够满足其基本需求的进一步的手段。如果代价不是太大，他们现在就必须实施这些补救措施，或者，真诚地为以后的实施做准备。如果自力更生最终成为各地满足基本需求的适当基础，那么一些国家的人民仍将缺乏其他地方人民为实现有价值的生活目标而拥有的资源。令人钦佩的是，有优势的外国人可以帮助他们实现这些目标。但是，这些善行并不能代替消除贫困的政治义务。

然而，极其严重的可消除的贫困并不是跨国义务试图弥补的唯一缺陷。独立地说，对国际正义的追求，旨在避免和修复跨境交往中的缺陷。的确，全球目标的另一方面可能具有更大的实践重要性，因为目前的跨国责任主要是使全球交往更有秩序、对一方更有利的义务。

在当前国际交往中存在的种种缺陷都有一个共同点：它们涉及利用外国人，以不充分尊重其利益和选择能力的方式利用他们的弱势。在寻求纠正这些错误的过程中，值得尊敬的积极价值是合作，即基于应有的相互信任的交往，前提是所有参与者都能自愿、自尊地予以支持。现在，国际关系不断地使发展中国家的人民有理由怨恨发达国家的政府、公司和个人，而如果发达国家的人民不付出疏远他们的政府和对自己的繁荣感到不安的代价，那么他们就应当被怨恨。在相当大的程度上，自我发展条款的跨国塑造是基于对恐惧、绝望和脆弱的利用，而不是基于共同的、有自尊心的、知情同意的接受。如果这些缺陷得到克服，那么跨国生活将成为一种基于自尊和信任的共同活动，在这些共同活动中，世界各地的人们都肯定彼此生命和选择能力的重要性。每个政府在履行其领土内的政治责任时，都将采取并确保其管辖下的国家采取值得其他国家人民信任的方式行事。对那些试图与基于恐惧的错误行为做斗争的人来说，这种依赖于自愿合作的目标是积极的、鼓舞人心的。

当某个终极目标有多个方面时，人们希望它们要么是有先后秩序的，要么是相互依存的。否则，在最好的情况下，理想只能促使人们不断地提出追求哪个方面的问题，而在最坏的情况下，它会导致反复出现权衡问题，却无法提供解决方案。全球正义的最终目标的两个方面是高度相互依存的。

一方面，有人天真地认为，发达国家的政府会解除发展中国家适当的自力更生的人们自身无法解除的所有迫切需要的负担，即便这些政府和设在这些国家的主要公司一道利用那些人的弱势，而不充分考虑他们的利益和选择的能力。剥削导致了对产生剥削的贫穷的麻木不仁；当那些从中受益的人不再受他们剥削的外国人的不满情绪的直接影响时，并且那些受益人与这些外国人在有价值的历史和共同文化方面不存在任何紧密的联系时，这种麻木不仁就更容易出现。

另一方面，在一个跨国交往建立在相互信任、自愿和自觉同意的基础之上的世界中，其目标旨在结束发展中国家独特而严重的贫困。明显的不平等保证了优势将会被利用。让穷人难以坚持下去的经济差异很容易使富人从穷人的绝望中获益，这就产生了一种持续的剥削诱惑，而富人将不可避免地屈服于这种诱惑。此外，即使富裕国家的公民不断地抵制这种诱惑并常常取得成功，但是如果他们不设法结束那些外国人持续的独特而严重的贫困，他们也会蔑视穷国人民的自治权。因为，如果人们充分重视其他人的选择能力（这种能力值得人们信任），那么人们就会试图结束这样一种局面：为了自己的福祉，他们必须依靠自己不利用他人弱点的仁慈倾向。

这种减少不平等的双重理由，是由权力不平等的缺陷造成的关系的特征。让我们想一想维多利亚时代的婚姻，在这种婚姻中，丈夫自愿地不利用自己的机会从婚姻中获益，同时忽略其妻子的观点和独立需求，但却没有做出任何政治努力来支持改变，而这种改变能使妻子获得独立自主的机会，正是这种机会的缺乏使得妻子在丈夫要求顺从时只能服从。他当然不配得到她的信任。首先，鉴于人与人之间不可避免的偏袒和狭隘的认识，如果他从他们的关系中获得的持续享受较少依赖于她的满足，而她从他们的关系中获得的持续享受较多地依赖于他的满足，那么，他一定不会充分考虑她的观点和需要。其次，如果他把她通过自己的意愿来塑造自己的生活的这种能力，看得和他自己的能力同样重要，那么，他在政治活动中就得不到信任。

同样，为了表现出对合作意愿的足够重视，公民们必须寻求这样一个世界：在这个世界里，霸凌并不是富裕国家的政府与贫困国家订立交往条款的合理方式。即使一个富国真诚地承诺不行使霸凌穷国的持久能力，这一承诺也不会充分重视那些地理上和文化上相距较远的人们以及不参与国内政治进程的人们的观点和利益。选择退出的对称能力和随之而来的相互关注彼此观点和兴趣的需要，是获得充分尊重的必要基础。此外，只要他们必须依靠外国人的慷慨来履行自治的基本职能，贫穷国家的人们就不可能通过他们自己的努力和磋商来塑造自己的生活。[1]

[1] 在 Philip Pettit, *Republicanism* (Oxford: Oxford University Press, 1997) 和其他著作中，菲利普·佩蒂特强调，当一方有能力去影响另一方的生活，而不管对方的利益和观点如何，即使较强的一方仁慈地放弃使用权力进行干涉，他们之间的关系也会受到统治的玷污。他的著作充满了对人类尊严与服从他人仁慈之间的冲突的令人信服的洞见，以及对工人和妇女反对服从从而以其他自由理想取代不受支配的历史倾向的深刻理解。

摆脱这些侮辱并不需要经济上的平等。例如，尽管存在相当大的经济不平等，但是德国仍有足够的理由寻求希腊愿意接受欧盟的措施。但是，真正的合作与将发达国家与发展中国家区分开来的基本繁荣和极度贫困之间的明显不平等是不相容的。

帮助他人和尊重他人自主权的共同承诺是个人生活和政治交往中良序关系的特征。勇于承担责任的朋友会在需要的时候提供帮助，也会珍惜其朋友的自主权。（简·奥斯汀［Jane Austen］笔下的艾玛［Emma］必须学会让她的朋友从他们自己犯下的错误中获得知识——在学习过程中，无论如何，他们总是比她更了解自己的兴趣。在这一过程中，她学会了如何成为一个好朋友。）在对友谊伦理的第一次也是最深入的研究中，亚里士多德既强调了严重的不平等给友谊造成的障碍，也强调了真正的友谊和良序政治关系之间的类比：公民友谊维系着公正的政体。建立在合理的、持久的相互信任（适当关切彼此利益和尊重彼此的自主权）基础之上的国际关系，也是广义的友谊的一种形式。因此，人们可以把全球正义的最终目标描述成全球公民友谊。

如果有一天这一终极目标实现了，国际政治生活才会将分配正义纳入考虑。例如，国际磋商将寻求对联合追求相同目标的负担的公平分配。然而，我们没有理由假设，负责任的政治选择将遵循一种全球统一的公平标准，这个标准被用来判断世界人民生活前景的不平等。现在需要一个全球性的类似于公民关系的模型来维持这种对现在适合于各国境内的正义标准的推断。但是，一个在经济生活中具有十分广泛和深刻影响的、充分集中的全球权威机构，不太可能在相互尊重的信任基础上规制全球政治合作。

的确，一旦当前阻碍全球公民友谊的障碍被克服，它往往比现在更为名副其实：对自我发展条款的强制实施只发生在国内，生活前景的差异取决于同胞之间关于共同法律和政策的决定，主权政府之下的全体公民对国内生活具有最终的本土控制权。专横影响将不再塑造外国人的生活。借助诉诸共同信念而产生的代表的责任心和关于重大分歧的决议，通过国家或区域而不是通过全球政治决策进程，将更好地得到维持。即使在全球相互依赖提高的情况下，对人们的繁荣影响最大的决定将是他们与自己的同胞（或区域联邦的其他成员）做出的决定。因为，除了创造本地机会外，这些决定还决定着人们如何有效地利用全球机会。

当然，在全球公民友谊阶段，也会有全球性的重要国际制度安排。这些机构内的政治义务是否至少需要遵守一项限制其影响的差异原则，即要求最贫穷的国家能够从这些全球安排中获得最大利益呢？也许不需要。在当前严重不平等的情况下，贫困国家负责任的代表不可能心甘情愿地接受这些安排：这些安排使富裕国家受益，而这些国家并没有特别使其极度贫困的人民受益。但是，如果不能把贫困国家与富裕国家分离开，就像目前把发展中国家与发达国家分离开那样，那么，负责任的磋商可能会走不同的道路。例如，如果一项拟议的协定将会对每个国家施加相同的特权限制（如，通过对等削减关税），每个国家都能为其境内极度贫困的人们提供援助，没有任何国家会受到这一拟议安排带来的沉重负担，所有国家都将平等受益，那么，对于贫困国家而言，坚持更大的利益反而是在逃避责任。

如果世界主义被理解为需要对国内正义原则进行全球外推，那么全球公民友谊的终极目标就不是世界主义的。但是在另一种意义上，它又完全是世界主义的。同胞之间的正义表达了一种愿望，即自愿的、自尊的合作是相互信任的基础。接受全球公民友谊的理想，也就是把同样的愿望确认为全球正义的基础。国内正义和国际正义之间的不同反映出相互依赖所采取的不同形式，但是在所追求的人际善方面是没有区别的。

国际非正义的未来

国际正义终极目标的概念为当前的斗争设立了一个长期的目标，但也提出了一个问题，即这场斗争能够持续多久。悲观的回答似乎是：全球公民友谊所要求的对严重的国际不平等的减少，将使其实现推迟很长一段时间。

如果根据外汇汇率把人们的收入从当地货币兑换成美元，那么，国际不平等是很惊人的。2006 年，世界上 16% 的人生活在世界银行评定的“高收入”国家，人均国民总收入至少是 111160 美元；72% 的人生活在“低收入”和“中低收入”国家，其最高收入为 3593 美元。占人口总数 72% 的较低收入人群的收入仅占当年国民总收入的 13%，而占人口总数 16% 的高收入人群的收入却占 77%。1980 年，低收入和中等收入国家的人口占世界总人口的 84%，其国民总收入却只占世界国民总收入的 23%，就像全球化刚开始时那样，低收入和中等收入国家的人口占世界总人口的 82%，其 GDP 占世界 GDP

的 23%。❶ 在过去的几十年里，除中国和印度有所增长外，主要发达国家在世界经济总量中的占比并没有太大变化。2006 年，美国、加拿大、欧盟国家和日本的 GDP 总量占世界生产总值的 70%，这一比例与 1970 年相同；自 1980 年以来，这一比例下降了 5%，这几乎完全是由于日本的经济停滞造成的。占世界总人口 20% 的中国，拥有占世界生产总值 5% 的 GDP。❷

由于外汇汇率反映了商品在世界市场上的受欢迎程度，因此按外汇汇率对各国经济进行评估可以得出世界经济实力的重要指标。但是，在发展中国家生产和销售的服务与商品——例如，为当地消费提供的住房、家政服务和食品——往往比进入国际贸易中的服务和商品相对便宜，比那些发达国家生产和销售的服务与商品要便宜得多。为了评估生活水平，还需要另一种与当地购买力相符的汇率。❸按购买力平价计算，国际不平等依然十分明显。世界上 72% 的人生活在低收入和中低收入国家，2006 年，这些国家的国民总收入按购买力平价计算占全球总收入的 26%。❹ 这是在贫困方面的不平等。按照购买力平价计算，这些国家当年的人均个人支出是 1700 美元。2005 年，中国的人均个人支出是 1752 美元，印度是 1455 美元，而

---

❶ See *World Development Indicators 2008*, table 1.1；World Bank, *World Development Report 1990*（Washington：World Bank, 1990）, p.160.

❷ Commission on Growth and Development, *The Growth Report*（Washington：World Bank, 2008）, p.117；*World Development Indicators 2008*, tables 1.1, 4.2.

❸ 世界银行建立这种购买力平价的方法，反映在下面的数字中，大体上是将国家产出的每一个实物单位以当地货币计算的成本与其在美国购买的成本进行比较，然后在此基础上以美元计算整个产出，并采用该价值与当地货币价值的比值作为当地货币的美元购买力平价。

❹ See *World Development Indicators 2008*, table 1.1.

美国是 31995 美元。❶同年，按购买力平价计算，36% 的中国人每天的生活费用不足 2 美元，16% 的人在 1.25 美元以下，而 76% 的印度人每天的生活费用不足 2 美元，42% 的人在 1.25 美元以下。（总之，全世界 42% 的人每天的生活费用不足 2 美元，23% 的人在 1.25 美元以下。❷）

按购买力平价计算，自 1950 年以来特别是 1980 年以来，人均国民收入的国际不平等迅速扩大。❸假设，正如布兰科·米兰诺维奇在一份关于全球不平等趋势的深刻研究中建议的那样，我们把最贫穷国家的人均 GDP（按购买力平价计算）视为一个国家进入经济最发达国家阵营的门槛——发达国家阵营由西欧国家、美国、加拿大、澳大利亚和新西兰组成，它们是通过文化和政治纽带联系在一起的最大的发达国家集团。如果这些国家的人均 GDP 低于这一门槛的三分之二，我们可能会给这些国家贴上“经济落后”的标签；如果这些国家的人均 GDP 低于这一门槛的三分之一，我们可能会给它

❶ See World Bank, *2005 International Comparison Program*（Washington：World Bank，2007），table 6；*World Development Indicators 2008*，tables 1.1，4.8. 这些图表反映了世界银行对其所依赖的旧的购买力平价进行了彻底的重新研究。结果证明，他们大大高估了位于东亚和南亚的发展中国家的购买力平价，而那里生活着世界上绝大多数的贫困人口。

❷ See Shaohua Chen and Martin Ravallion，“The Developing World is Poorer than We Thought, but No Less Successful in the Fight against Poverty，” pp.32-5；*World Development Indicators 2008*，table 1.1.

❸ See Branko Milanovic，*Worlds Apart*（Princeton：Princeton University Press，2005），p.39，米兰诺维奇在书中使用了这种最常用的衡量整体不平等的指标——基尼系数。夏威尔·萨拉－伊－马丁（Xavier Sala-I-Martin）在“The Disturbing ‘Rise’ of Global Income Inequality”（Cambridge，Mass.: National Bureau of Economic Research，2002）中，用另一种衡量指标得出的结论是：1970-1998 年期间人均国民收入的国际不平等显著和稳步地上升（www.nber.org/papers/w8904, pp.44 f）。夏威尔·萨拉－伊－马丁的论文标题极具讽刺意味。这些经济学家在全球化和不平等的争论中分处两端。

们贴上“经济贫困”的标签。（按照这些标准衡量，墨西哥和马来西亚目前的经济状况属于落后，不属于贫困，而较为贫穷的危地马拉和约旦则属于贫困国家。）米兰诺维奇指出，自1960年起至20世纪结束（包括全球化时代），经济落后国家和经济贫困国家的比例大幅稳步上升。1960年，经济落后国家占比50%，贫困国家占比20%。1978年，经济落后国家占比62%，经济贫困国家占比44%。2000年，经济落后国家占比72%，贫困国家占比53%。[1]

根据一项全球衡量指标，近几十年来，国际收入不平等有所缩小。如果把按购买力平价计算的全球人均国民收入总数除以全球人口总数，那么，国际不平等的程度大约自1970年起一直在稳步下降。[2]但是，这是一个有着独特利益的发展中国家——中国——经济增长的结果。一旦中国被排除在外，按购买力平价计算，各国间的不平等并不存在基于人口加权的下降。事实上，米兰诺维奇发现，1982年以后，当最常用的衡量标准被用于中国之外的国家时，不平等程度显著上升，而当印度也被排除在外时，不平等程度急剧上升。[3]（同样，虽然世界上生活在每天1.25美元这一极低标准之下的人数从1985-2005年总体下降了27%，但在中国之外的地区却增加了11%。每天生活低于2美元的人口的趋势是总体上增长了2%，而

❶ See Milanovic，*Worlds Apart*，pp.61-71；Milanovic，“Worlds Apart”（Washington：World Bank，2002），www.worldbank.org/research/inequality，pp.50-62.

❷ See Milanovic，*Worlds Apart*，p.87；Xavier Sala-i-Martin，“The Disturbing ‘Rise’ of Global Income Inequality，” p.45.

❸ See Milanovic，*Worlds Apart*，p.87. 萨拉－伊－马丁在“The Disturbing ‘Rise’”中，用另一种衡量指标发现，如果把中国排除在外，这一时期整体的不平等没有什么变化（p.58）。

在中国之外地区却增长了 35%。❶）

在美国民权运动之初，非裔美国人有时被告知，没必要进行破坏或政治干预：人民各行其责的日常交往最终将消除种族偏见的负担。作为回应，他们表示不愿等待这一理想在他们死后许久才实现。同样地，在当前体制框架内，全球贸易和金融可能最终以“看不见的手”发挥作用，从而消除贫困国家与富裕国家之间的、破坏全球公民友谊的差异，但没有充分的证据表明，在现在活着的人死去之前，这种情况会发生。主要发达国家的利益和权力严重限制了加速这一进程的变革。因此，对全球正义的追求将是一场长期艰难的斗争。的确，即便严重的经济不平等即将结束，但对专横影响的竞争可能会继续导致跨国暴力。也许，为全球正义而斗争将是许多代人的任务。

关系视角充满了讽刺意味，即派生出高标准国际责任的那些进程正是实现这些责任的巨大障碍。如果这就是全球权力和全球正义的全部，那么，对高标准跨国责任起源的理解将照亮道德绝望之路。但事实上，改善的希望是存在的，这种改善不仅是全球商业的常态化和政治精英对权力的理性追求的副产品，在一定程度上也是通过权力圈之外的道德动机激励的政治活动。此外，到目前为止，本书中关于正义和权力的理据，作为政治归属的公共理据和基础，能够对道德进步做出独特的贡献。这种关于未履行责任的理据的建设性运用将是下一章即最后一章的任务。

---

❶ See Shaohua Chen and Martin Ravallion, “The Developing World is Poorer than We Thought, but No Less Successful in the Fight against Poverty” (Washington: World Bank, 2008), pp.34 f.

第九章　全球社会民主

到日前为止，我的观点都是非建设性的。根据我对跨国权力行使的解释，这种权力同时也是帮助发展中国家的人民的高标准义务的一种来源，还往往是阻碍这些道德要求的利益工具。几乎找不到方法可以绕过这一阻碍。对跨国责任的要求和跨国不负责任行为的根源的评估，与在主要发达国家中广为流行的关于帮助全球穷人的很多观点相冲突，例如，这些观点认为，发展中国家人民所需要的东西将不会给发达国家的人民带来任何重大的代价；如果主要发达国家，尤其是美国的外交政策更加理性的话，那么这些外交政策在道德上将会是更加负责任的。要求更多仁慈的观点（我已缩小其范围），诉诸在发达国家普遍存在的帮助全球穷人这样一种愿望，尽管许多发达国家出于其他利益和责任，为其追求设定了严格的限制。替代性的道德论据已经被提出来了，它们呼吁有必要对剥削、不平等、统治以及大规模暴力带来的缺陷予以弥补。但是，即使这些论点是合理的，它们也必然会在那些以这些方式滥用权力的国家中遭到广泛的抵制：人们不愿把自己看作参与了预先设定的有缺陷的跨国行为，已经建立起来的制度也鼓励人们这种抵抗行为。因此，本书提出的关于未得到履行的帮助义务的论点，在说服公众方面可能用处不大。

在这最后一章中，我将尝试说明，本书所捍卫的关于国际关系和跨国责任的观点，在帮助我们寻求减少本书所谴责的非正义方面能够发挥富有成效的作用。国际关系的基本观点为发达国家的人们提供了将社会运动视为社会变革重要推手的理由。通过确认这些运动发挥作用的机制，这一观点有助于我们确立一场运动富有成效的作用，否则，这一运动充其量只是边缘化的，即社会民主的某个全球版本而已。全球社会民主对全球正义的独特贡献，取决于其在道义上反对本书所论述的那些跨国权力的滥用。

现实主义和社会运动

用当前政治学的术语来说，我所捍卫的国际关系的观点是现实主义的，它强调，国家通过统治精英对权力和财富的追求是国际关系的动力。更具体地说，我关于国际关系的观点是我们所熟悉的正统观点的左翼版本。在这一版本中，主要发达国家政府，尤其是美国政府，在专横影响和它们的主要公司的经济权力方面的利益，压倒了它们对发展中国家人民的责任要求，常常把巨大的代价施加在发展中国家人民身上。追求权力方面的利益并不总是与责任的要求相互冲突，但是在一些人口众多的发展中国家，这二者在很大程度上是相互冲突的，因为那些利益不符合当地的经济需求、最弱势群体的利益，也不符合当地对延续性、自主性或者和平的向往。面对美国权力所遭遇的挑战，在某些明显关键的地区，直接或间接地诉诸暴力，将具有持续的战略吸引力，并将在外交政策的制定中反复出现，常常成功地促进了美国的权力，经常伴随着没有任何正当理由的杀戮、伤害或破坏。只要少数富国与世界上大多数人民所生活的穷国之间存在巨大的贫富差距，发达国家选民与精英之间由政治、教育、经济机构和主流媒体所构建起来的交往，会将这些趋势延续下去。

这种观点并不否认这一点：我们可以通过那些具有权威的领导（即我所称的“制度治理”）来改善全球正义。在每个国家里，总有一些人已经拥有或争取拥有政治权威，或者为那些从事政治活动的人提供有影响力的建议或实质性支持，而大多数人则在当地精英所主导的经济自我发展框架（该框架是他们与外国精英谈判的结果）中，尽力改善他们自己及其所爱之人的生活。人类的一个希望是，这些活动将推动世界朝着全球正义的终极目标迈进。我已经强调了从制度治理获取收益的局限性，尤其是受到主要发达国家利益和权力的限制。但无法否认的是，制度治理的确会给全人类带来利益，有时甚至是非同寻常的利益。例如，东亚地区的工业化为推动人类走向正义的终极目标做出了巨大贡献，使数亿人摆脱了严重的贫困。尽管如此，一再得出的结论是，制度治理既派生出了这些尚未得到履行的义务，又阻碍了它们的履行，这使得我们迫切需要看看，目前是否还存在推动正义的其他可行方式。

在决定具有全球影响力的政治决策时，制度治理之外的另一种活动也对左翼现实主义产生了影响：广义上的社会运动，即寻求通过道德倡议实现变革的活动，而这些倡议是与选举无关的，也不是由主要政党所主导的。左翼现实主义的宽泛原则表明，那些将全球性的错误行为与主要发达国家的跨国行为联系起来的社会运动可能发挥富有成效的作用。由于美国的国际权力特别强大，而且严重背离正义，因而在美国开展这种社会行动尤为重要。除非另有说明，否则本章关于通过社会运动推进全球正义的建议，将首先针对唯一超级大国中的人民。但是，考虑到其他发达国家也有相似的利益和内部政治进程，或者长期与美国结盟，这些建议对其他发达国家促进全球正义的活动也会有意义。

至少，当外交政策制定者之间的战略分歧反映在选举中的其他选择上时，社会运动有可能会将选举向当前策略相对正义的一方倾斜。然而，如果第七章的观点是可信的，那么在使用美国破坏性力量的战略分歧中，竞选双方都会倾向选择非常致命的暴行。在影响发展中国家人民的经济政策问题上，一个主要发达国家的最高领导层在促进本国利益问题上几乎没有战略分歧。无论如何，在总统任期之内，总有一种外交政策选择会占据上风。

超越了这些限制的社会运动，也许能够通过创造新的战略考量来改变外交政策的进程。在其关于权力来源的历史名著中，霍布斯曾明智地指出："拥有朋友就是权力，因为他们都是联合起来的力量。"❶ 这个观点被转换成外交政策之后，引起了那些外交制定者对权力圈之外的道德厌恶的关注。十分强烈且不断增长的道德厌恶，使得政府很难激发人们的牺牲意愿，而一个大国要想随时准备动用

---

❶ Thomas Hobbes, *Leviathan*, ed. Richard Tuck (Cambridge: Cambridge University Press, 1996), bk.II, ch.10, p.62.

其武装力量，就得依赖人们的这种牺牲意愿。当这些武装力量投入使用时，如果国内的道德厌恶和对那些参与战斗者无谓的死亡和破坏的厌恶相互助长，那么这些武装力量的效率就会降低。随着道德上的反对情绪蔓延，年轻人更加不可能在规划和追求国家全球权力的过程中贡献他们的创造性才能、在事业上忠心耿耿。对那些反对现行政策的候选人的幻想一旦破灭，可能会引发国内大规模的社会混乱。来自国外的道德厌恶令其难以从盟国那里获得帮助，使蔑视的立场成为发展中国家政治成功的基础，并威胁其傀儡政权的稳定。综合而言，道德厌恶将会使国家付出巨大的名誉成本，因此，减少或避免道德厌恶的考量会影响其权力计算。

然而，对这些可能影响的描述并不能证明它们在实践中的重要性。政府（其决策具有全球影响力）的权力、参与竞选的政党、主流媒体和有持续影响的教育机构都遵守的限制以及美利坚帝国所面临的艰巨挑战的紧迫性，这些因素都可能会制约社会运动的影响，使其无法对全球正义进程造成任何重大改变。要弄清楚这些社会运动是否能对全球正义产生重大影响，是什么因素促成了它们具有重大影响，我们就得考察社会运动的实际历史记录。

一个良好的开端就是，迄今为止社会运动与美国外交政策最为严重的对抗，即对越南战争的抗议。越南战争是美国在没有实现其暴力举措的核心目标时就减少其曾支持的暴力的最重要的案例。这场战争还产生了我们所能掌握的关于导致美国结束暴力的政策讨论的最丰富的文件。（想必，尼克松录音带和《五角大楼文件》的命运能提供经久不衰的警示。）对这段抗议插曲的考察，为社会运动中的现实主义希望提供了依据，也为当下有效行动主义的形式提供了重要线索。

重温越南战争

和所有国家的领导人一样，约翰逊和尼克松关心的是美国部队冒生命危险采取的行动能否获得足够的公众支持。在录音谈话中，麦克纳马拉传达了他将威斯特摩兰将军（General Westmoreland）的要求视为"一枚重磅炸弹"的观点，即在参谋长联席会议的支持下，将作战部队从82000人增加到175000人，而约翰逊的第一反应是，让艾森豪威尔在电视镜头前为约翰逊所做的任何决策进行辩护。在问过麦克纳马拉"你看电视吗？"（回答："我偶尔会看"）后，约翰逊做出了针对麦克纳马拉的"一枚重磅炸弹"观点的第一个决定，即"让他们给你（指麦克纳马拉）在办公室里配备一套这样的设备，你可以全部打开三套录音系统"❶。1971年，尼克松在与基辛格、霍尔德曼和埃利希曼（Ehrlichman）的一次谈话中，讨论了从迅速彻底撤军到大规模扩大战争的各种选择，尼克松一直坚持他的观点："从现在开始，你们必须记住，一切都是国内政治！呃……一切都是国内政治。"❷

后来有人声称，反战运动降低了民众对政府的支持，从而减少了在越南战争中的总的伤亡人数，然而这一观点备受争议。回顾整

---

❶ Michael Beschloss, ed., *Reaching for Glory: Lyndon Johnson's Secret White House Tapes, 1964-65*（New York: Simon & Schuster, 2002）, p.349. 约翰逊用了一台隐藏的录音机，在他控制之下，秘密地录下了这些谈话。对尼克松谈话进行更广泛的录音是由于尼克松的笨拙，而这导致了更自动的录音方法。

❷ Jeffrey Kimball, *The Vietnam War Files*（Lawrence: University of Kansas Press, 2004）, p.168.

个战争进程，一些决策者认为情况刚好相反：如果公众能够对投入大规模致命性武力给予充分支持，那么这种激进的外科手术式打击将会快速结束这场战争。想必，这就是为什么基辛格把反战运动称为“这些混蛋”了。❶ 但是，详细的情报报告、经验丰富的政策建议以及战争升级的实际后果都表明，进一步使用致命性武力并不能在不增加大量破坏的情况下摧毁敌人的意志，结束长达数十年的暴动。事实上，决策者们考虑过但没有付诸实施的暴力的大规模扩张政策——“轰炸他们！你们摧毁堤坝；你们摧毁海防！你们摧毁一切！”——尼克松在1971年曾简明扼要地说——从它们的短期代价看如此具有世界末日意味，以致该政策很难减少总体死亡数量，即便他们迅速扭转了局势。❷

不过，从道义上反对战争的与大选无关的活动是否在减少暴力方面发挥了重要作用，这一点并不明显。对是否能侥幸取胜的怀疑以及纯粹的厌战情绪无疑助长了来自公众的“战争降级”压力。除了反战运动所带来的新的战略考量因素外，还有其他一些战略原因怀疑南越是否是划定界线或坚守界线的正确地点。必须查看详细的记录才能弄清，对越南战争在道德上的错误进行批评，是否以及如何有助于减少杀戮。在采取较少致命武力政策的三个转折点上，有强有力的证据表明，对战争的道德攻击的确起到了作用，而且确实在某种程度上是通过激发美国人对政府追求权力的善意的怀疑来实现的。

---

❶ 例如，see，Kimball，*The Vietnam War Files*，pp.156，164.

❷ Kimball，*The Vietnam War Files*，p.169. 基辛格赞同这一观点，他回应说：“我一直认为流血比死亡好，流血是更好的办法。”

第一个重大转折点是几乎所有约翰逊高级顾问团的“智囊们”都转向了一项建议，即迅速缩小战争规模，并就可能导致西贡政权垮台的条款进行协商解决。他们不想在越南再坚持五年或十几年才能取得胜利的主要原因是国内政治士气问题。赛勒斯·万斯（Cyrus Vance）在宣布他不再继续支持战争时说道：“战争正在严重地分裂国家。”在成功地将“鹰派”转变成“鸽派”的巅峰时刻，乔治·鲍尔本人说：“正如我多次强调的那样，战争正在使国家士气低落，我们必须撤离。”❶后来在回顾这段历史时，鲍尔悲伤地将这种士气低落描述为“一些美国人对于本国政府的思想毒害”❷。

那时，校园抗议活动进入高潮，尤其是 1968 年上半年在 101 所高校校园发生的重大抗议活动，紧随其后的是一系列大规模且不断扩大的示威活动，包括 1967 年 10 月在华盛顿发生的十万余人的抗议示威活动，约翰逊高级顾问团的“智囊们”对这一波校园抗议浪潮进行了反复思考。❸在经历了一场更加致命的战役后，这些顾问们深知，公众的支持不是一个纯粹的战争动员或战争疲劳问题，而是一个道德承诺问题。7 个月前，约翰逊在与他的首席助手的一次会议上，以其特有的方式阐述了这一观点：“我们没有颂歌，没有检阅，没有债券兜售……我们赢不了这场战争。”❹在第一个转折点上，反战运动给了约翰逊的高级顾问们更多理由去担心国人的道德

---

❶ Ball, *The Past Has Another Pattern*（New York: Norton, 1982）, p.409.

❷ Ball, *The Past Has Another Pattern*, p.433.

❸ See Melvin Small, *Johnson, Nixon and the Doves*（New Brunswick, NJ：Rutgers University Press, 1988）, pp.113, 127.

❹ See Small, *Johnson, Nixon and the Doves*, p.108，取材于这次会议的记录。

厌恶，而不是期待这种广泛的道德支持。

第二个转折点是尼克松放弃了战争升级方案，即后来广为人知的“猎鸭行动”（Operation Duck Hook）；正如参谋长联席会议应急计划所说，这项拟议的针对北越的系列行动“旨在达到最大程度的政治、军事和心理冲击，同时尽可能减少北越发动全面战争的能力和经济实力”。❶ 在1969年夏末和秋季，这一方案逐渐成形并制定了详细的应变计划，然后就不了了之了。尽管该方案会导致美国空军人员的损失，但是与地面战争升级相比，对美国人的伤亡要小；该计划原本是要迫使河内方面达成协议以尽快结束战争。然而，美国公众的抵制是高层内部讨论的一个主题。在8月的一份备忘录中，莫顿·霍尔珀林（Morton Halperin）向基辛格建议，必须“放弃寻求军事胜利的努力，因为过去的经验表明，这一目标即使有可能实现，也会使我们在国内外都付出惨重的代价”。他所指的国内惨重代价就是“美国人民不会支持这一行动计划”这一事实。❷ 在探讨不断演变的一揽子“猎鸭行动”的部分计划时，基辛格认为，这一行动可能会淹死20万北越人，然而托尼·莱克（Tony Lake）在9月中旬给基辛格的一份备忘录中指出，行动的唯一困难在于，“炸毁堤坝将在美国国内引发特别问题”。❸ 这一时期正是对战争的道德抵制高歌猛进的时期。同年10月15日，最大规模的反战运动爆发，全国有200场示威活动，数百万人参与其中。（纽约市高中入学率降至

---

❶ Kimball, *The Vietnam War Files*, p.103.

❷ Kimball, *The Vietnam War Files*, p.91.

❸ Kimball, *The Vietnam War Files*, p.103.

10%。[1])随着秋季的结束，“猎鸭行动”被放弃。不过，尼克松仍强调分阶段从越南撤军。尼克松在其回忆录中描述到，他意图宣布在次年 4 月撤军 15 万人，以“向日益高涨的反战抗议风暴投下一枚重磅炸弹”。[2]

最后一个转折点出现在 1971 年夏天，当时美军人数已经减半，尼克松政府不得不为西贡政权不再由美军支撑的未来做出规划。在这些磋商中，一个主要方案就是对北越发动空战，以“夷平那个该死的国家”。[3]有时，这一方案被认为是通过使北越丧失生存能力而帮助西贡政权生存下来；有时，这一方案被认为是为了迫使北越提供更优惠的条件；有时，这一方案被认为是为了在美国撤军和河内胜利之间创造一个体面的时间间隔，这样美国就能保住面子；有时，这一方案被认为只是为了制造更多的屠杀，这样北越看起来也不算胜利，其他反抗的政权和运动都不会想效仿此例。在尼克松的录音中，这是一个特别令人不快的时期，尼克松表达了将北越夷为平地的前景是如此令人兴奋，以至于“令我大喊大叫”[4]，并敦促基辛格“看在上帝的分上，想法大胆一点”，认真考虑一下对北越的核打击。[5]1973 年 5 月，在尼克松同基辛格、约翰·康纳利的谈话中，康纳利很受欢迎，他描述了屠杀更多平民的战略优势：“这是我们最大的弱点之一……我们没有造成任何破坏。北越人相对来说已

---

1. See Small, *Johnson, Nixon and the Doves*, p.184.
2. Richard Nixon, *RN: The Memoirs of Richard Nixon* (New York: Warner, 1978), p.448.
3. 尼克松的录音，see Kimball, *The Vietnam War Files*, p.163.
4. 尼克松的录音，see Kimball, *The Vietnam War Files*, p.163.
5. 尼克松的录音，see Kimball, *The Vietnam War Files*, p.217.

经不再害怕受到报复了！［尼克松打断说："平民——"］是的，平民。害怕受到报复是一种强大的动力，而我们让他们10年都没受到报复。"❶

尼克松和他的助手们在这个道德灰色地带采取行动时，也不用担心遭到中国或者苏联的干预，因为他们已经参与承认中国合法地位和缓和与苏联的关系的讨论。当美军撤离时，北越人就会遭受到他们预想的浩劫。然而，是什么阻碍了决策者们这样做呢？想必，这在很大程度上是因为他们想起了1971年5月入侵柬埔寨时所激发的道德愤怒，当时有超过450所大学校园因为反战抗议而关闭，75000-100000人在短时间就聚集到了华盛顿。这种道德厌恶加剧了对战争的道德批判，决策者们不得不对此有所顾忌，因为这种反对战争的道德观已经被大多数人所接受。1971年5月的哈里斯民调显示，58%的受访者赞同"美国在越南作战在道义上是错误的"（这一比例后来上升到63%），而71%的人认为参战就是个错误。❷ 1971年6月，尼克松在战争的最后阶段发表了"国内政治就是一切"的声明，就像"智囊们"更加谨慎的节奏一样，这一声明直接地决定了战争的后果。1973年1月27日，在"后卫2号行动"（"圣诞节轰炸"）有限但致命的反击之后，和平条约签署。

在这三大转折关口，来自外部既定政治机构的公众对战争的道德抵制在限制针对发展中国家的外国人使用暴力方面发挥了重要作

---

❶ 尼克松的录音，see Kimball，*The Vietnam War Files*，p.222.

❷ See Louis Harris，*The Anguish of Change*（New York: Norton，1973），pp.3，73；Small，*Nixon, Johnson and the Doves*，p.220.

用。这种道德抵制的增长有赖于少数人高度吸引人眼球的有组织行动，他们在战争的大部分时间里被绝大多数美国人（他们被其总统敦促进行反对）批评为对国家不忠。1969年11月，当尼克松要求“沉默的大多数”站在他一边反对反战运动时，哈里斯民调显示，65%的受访者认为“反战者正在向共产党提供援助和安慰”。然而，以81%对11%的优势，他们还赞同“抗议者提出了应该讨论和回答的真正问题”。❶事实上，这绝大多数人是在表达他们对抗议者干涉既有大国确立公众讨论议程的能力的赞赏。

通过重塑议程、坚持向忠诚于国家的同胞展示有违他们期待的事实，激进的少数派最终说服了多数派：他们的政府的确做错了。他们并没有使大多数人相信，美国政府提升其全球权力对人类来说总体上是危险的。即使在抗议的少数群体中，这也是很少一部分人的立场。然而，这少数派中的少数人利用新议程和战争产生的新证据，侵入少数人的生活，是推动政府放弃使用最高级别暴力的一个重要原因。“智囊们”最担心的“士气低落”，“一些美国人对于本国政府的思想毒害”，是一个可怕的前景，即使只有一些人是这个数量巨大且不断增长的少数人中的一部分。❷

执政者对选举失败的担心以及对丧失合法性的长期忧虑，并不是反战运动能够影响政府对破坏性力量使用的唯一途径。有组织的运动也不是造就这场出乎意料却影响巨大的反战运动的唯一原因（context）。在南越的美军士兵因厌恶战争而发起的抵抗也是对决策

---

❶ See Harris，*The Anguish of Change*，p.67.

❷ See Ball，*The Past Has Another Pattern*，p.433.

者的一大制约。这鼓舞了有组织的反战运动，而反战运动又反过来鼓舞了这种抵抗。在美国大规模介入之初，包括优质报纸在内的所有大众媒体，都把美国的介入说成是一场争取自由的无畏战斗；道德上令人不安的报道常常来自回到国内的退伍军人（GIs），报道常常是在更大型的舆论刊物上进行非正式的传达。（“请把真相告诉他们，伙计！”，这是最令人难忘的战地记者伯纳德·法尔［Bernard Fall］从战区发回美国的一篇最令人心酸的报道的恰当的标题，那是一位士兵对他的呼吁。[1]）随着反战运动的发展，具有反战情绪的美国军人越来越多地将在南越的“搜寻和摧毁”任务转变为“搜寻和躲避”任务，有时也会诉诸“手雷爆炸”行为，比如，往积极作战的排长帐篷里扔手榴弹以阻止与敌人交战。根据美国国防部的报告，尽管部队的人数在逐渐下降，手雷爆炸事件却在增多，1969 年共发生了 96 起，1970 年发生了 209 起，1971 年的前 11 个月共发生了 215 起。[2] 到 1970 年，入伍士兵在不执勤或巡逻时，常常不配发手榴弹和武器，新抵达的部队和有经验的部队在送达战场前会分别隔离在用铁丝网围起来的不同区域。[3]

尽管那些抗命的士兵当然会被自我保护的愿望所改变，但是他们也受到他们自由地向记者表达的这种想法所改变，即“这场战争

---

[1] *Last Reflections on a War*［（Garden City，NY: Doubleday，1967），pp.237–46］，原载于 1967 年的《新共和》（*The New Republic*），秋季重印。标题取自一位美国大兵对法尔的报告文学的建议：“‘想回家’，卡车里有人说道。‘我们真的想回家了……请把真相告诉他们，伙计！该死的战争。’”

[2] See David Cortright，*Soldiers in Revolt*（Garden City，NY: Doubleday，1975），p.44.

[3] See Fred Gardner，“War and G.I. Morale，” *New York Times*，November 21，1971，p.30；Cortright，*Soldiers in Revolt*，p.47.

不值得我们为之付出生命、残肢和混乱的青春”[1]。这种态度受到了有组织的反战运动的鼓励，这也使得国内越来越多的人支持他们的抗命行为。正如美军一个主要开拔点——班宁堡（Fort Benning）的指挥官所说：“从长远来看，我们的军队不能离开人民的善意而独存……他们是怀着苦涩的心情厌恶地作战，还是带着自豪的心情自愿去作战——取决于国内全体人民的态度。”[2]

到1970年末，常常有报道称“政府决策者越来越觉得加快撤军速度是个好主意”，这反映出人们对“美国军队的纪律和士气正在严重衰退”的担忧。[3]越战老兵回国后，在有组织的反战运动中发挥了重要作用，最终在1971年4月中旬持续一周的抗议活动将反战运动推向高潮，当时，退伍军人将他们的勋章扔到了国会大厦的栅栏上——这场抗议活动巩固了对战争的道德反抗，它就发生在尼克松政府开始把具有世界末日意味的毁灭视为战争的适当结束之前，抗议活动巩固了道德上的不赞成。

总之，反越战运动表明，从制度治理之外推动的道德厌恶不仅会对选举结果产生重大影响（事实上，这段时期一直是亲战总统候选人获胜），而且会对权力圈的战略计算产生重大影响。这场运动还包含少数派对变革所做的杰出贡献：通过将广泛的道德愤慨与人们

[1] Gardner, “War and G.I. Morale.”

[2] “‘Young People Know This War Is Wrong’,” *Washington Post*, September 15, 1971, p.A8.

[3] 斯图尔特·艾尔索普（Stewart Alsop）1970年12月7日在《新闻周刊》（*Newsweek*）的报道（p.104），收录在Cortright, *Soldiers in Revolt*, pp.48 f，同时收录的有来自《时代周刊》《华盛顿邮报》和《旧金山观察家报》（*San Francisco Examiner*）1971年的类似报道。

对美国权力的基本善性的怀疑联系起来，他们转移了广大公众的注意力，并引发了合法性严重丧失的威胁。

社会运动的进步

近年来，美国与许多其他国家的一系列运动都试图减少本书所提及的各种不公正现象。参与者站在发展中国家的弱势群体一方，呼吁公平、民主和悲悯的价值观，并认为美国外交政策的主要部分是疏忽大意的或者更糟。在 21 世纪初，这一系列运动包括反对伊拉克战争及随后美国在伊的军事存在、反对全球化中的不公平现象、反对对全球贫困的漠视，以及反对在限制全球气候变化中的不负责任的失败等国际运动。对这些运动的参与是重叠的，那些强烈地致力于其中一种运动的人往往希望其他运动发展顺利，并从其他运动的成功中获得安慰和支持。所以，由特定原因导致的各种运动组成的这一系列运动本身就是一种进步。

这一进步的经验使人们更有理由相信，制度治理之外的倡议可以减少全球不公正现象，并进一步表明，谴责美国外交政策深层倾向的少数派可以发挥独特的富有成效的作用。反对不公正的过程采取了多种形式，包括抗议运动、目标明确的运动（focussed campaigns）以及纯粹的公众评论。如果只考虑某一类过程，那就会大大低估社会运动的前景。由于每种类型运动的过程都有助于其他类型的发展，所以整体结果大于单一努力的总和。

抗议运动。我所称的“抗议运动”的过程有以下几个特点，并且这些特点在反越战运动中表现得特别突出。人们因为共同的道德愤慨而大规模地聚集在一起，控诉既定机构的错误行为。人们和许多团体深信政府机构长期存在不公正的倾向并公开宣扬这一信念，在此过程中，强大的领导能力得以展示出来。虽然人们对政府所犯的错误有一致的反对情绪，但对于被批判的政府应当采取何种具体的、持久的变革并未形成一致意见。在反对入侵和占领伊拉克以及反对主要发达国家通过其所操控的贸易和制度塑造发展方面，这类政治进程发挥了主导作用。

在美国及其盟国，数以百万计的反对入侵伊拉克的示威游行，不成比例地由那些把发动战争的举动视为促进美国权力的人领导的，正如海报上所说的那样，他们用“鲜血换石油”。这些示威游行都失败了。但是，这些抗议活动在许多美国人心中激起的道德厌恶，在更多美国人心中引发的道德怀疑，以及由更大范围的国际运动（包括美国人）所发起的对战争与占领的谴责——这些都有助于阻止小布什政府获得实施其雄心勃勃的“重塑中东”计划所需的各种支持。尽管有占领地区日益猖獗的暴力活动以及为了让美国人相信这是一场全球反恐战争的主要阵地所做的艰辛努力，但是强制征兵依然不可想象，而且新兵招募是一个日益疯狂的计划，一个无法实现核心重要目标的计划。[1] 在入侵和占领被广泛认为是一项成功的（即便

---

[1] 截止到 2005 年 10 月的财政年度，尽管征兵人数从 9000 人增加到 12000 人，费用也比征兵宣传时的预算增加了 1.3 亿美元，但美国陆军征兵人数仍比目标低 8%，这是自 1979 年以来征兵比例和征兵总数都差距最大的一次。随着征兵标准的降低，军队最重要的军事训练成功率预测指标——拥有高中文凭的人数比例，从 2005 年的 83.5%（目标是 90%）下降到 2007 年的 70.7%。See Ann Scott Tyson, “Recruiting Shortfall Delays Army Expansion Plans,” *Washington Post*, October 4, 2005, p.A-07; Associated Press, “Army's Recruiting Lowest in Years,” www.military.com/NewsContent/0, 13319, 77951, 00.html, September 30, 2005; National Priorities Project（展示国防部数据），“Military Recruiting 2007: Army Misses Benchmarks by Greater Margin,” www.nationalpriorities.org/militaryrecruiting2007, table 3.

是被错误地推动的）行动的那几个月里，道德行动主义为公众施压要求美国撤军奠定了基础。用“不为石油而流血”来概括的人们对战争的谴责，导致了伊拉克留下了一份与战略批评截然不同的遗产，对未来不公正暴力行为的抵制也大大增强了——这既是对促进美国权力的道德正确性的怀疑，又是对美国外交政策的暴力行为（无论是单边行动还是多边行动，或者美国军队的直接使用还是其扶持的军事力量使用）的不信任。

与战争相比，借贷条款、知识产权制度、关税削减、财政政策和农业补贴似乎不太可能成为引起直接受害者以外其他群体的道德厌恶的话题。但这些都是入侵伊拉克之前的几年中最激进的抗议活动的主要目标，在这些抗议活动中，美国民众和世界各地的人都参与到了“反全球化”的运动之中。

主流媒体曾报道了 1999 年在西雅图举行世界贸易组织部长级会议期间发生的大规模示威游行活动，从那时开始，美国和其他发达国家的许多人才开始注意到这样一种论点：发展中国家的穷人是大国施加的严重经济不公的受害者，而不仅仅是值得考虑的对外援助的受害者。频频发生的“反全球化”抗议活动（包括发生在热那亚和华盛顿的重要游行示威活动），使得关于发展的《华盛顿共识》所面临的挑战成为主流媒体和大学更加关注的核心主题。在这些争论的过程中，对“反全球化”运动的蔑视有时也会转变为对全球化运动某些核心主张的认可（如保罗·克鲁格曼［Paul Krugman］广为流传的评论)。[1]《华盛顿共识》的批评者们(如丹尼·罗德里克)获得了更多关注和支持。即使自诩要为全球化辩护的人(如杰格迪什·巴格瓦蒂)也承认其观点存在重大缺陷。[2]约瑟夫·斯蒂格利茨将他对《华盛顿共识》的怀疑发展成了一种犀利的批判,通过编撰成可供广泛阅读的书籍,使其广泛传播至大学之外。

正如斯蒂格利茨在其批判《华盛顿共识》系列著作中的第一本书开头所说:"在世贸组织西雅图会议期间的抗议……令人震惊。从那时起,这一运动已经增长得愈加强烈,并且愤怒已经蔓延……如今,来自郊区的16岁少年对于关贸总协定、北美自由贸易协定也具有强烈的意见。……几乎对于每一个人来说,一定是哪儿出了严重的问题。"[3]虽然专家和全球公众的意见转变并没有使多哈回合(据说是"发展回合")成为扭转乌拉圭回合造成的不公平现象的机会,但它确实有助于防止利用多哈回合进一步加剧资本流动的波动性、发展过程中地方政治管理的弱化以及补贴和贸易壁垒的不公平现象。

目标明确的运动。"反全球化"抗议运动以与不同类型的、目标明确的运动之间的互动而闻名。在这些过程中,一个由宣传组织构

[1] 克鲁格曼对于西雅图示威游行的最初反应,典型地反映在他在《纽约时报》专栏头几年关于全球化的讨论中:"令人感到讽刺的是,最终唤醒沉睡已久的美国左派的是——没错!——就是剥夺第三世界工人的机会。"(专栏文章,2000年1月2日)随着公众讨论的发展,他开始强调这场他起初蔑视的运动的合理性:"首先也是最重要的,对于出口导向型增长的承诺在很多地方已经失败了……拉美国家实行了自由化、私有化和放松管制,但结果令人失望(看看墨西哥)甚至是灾难性的(看看阿根廷)。如此看来,开放的世界市场提供了经济发展的可能性——但不是简单、通用的方法。"(专栏文章,2003年11月28日)

[2] See Jagdish Bhagwati, *In Defense of Globalization* (New York: Oxford University Press, 2004), chs.13 and 14.

[3] Stiglitz, *Globalization and Its Discontents* (New York: Norton, 2002), pp.3 f.

成的联盟在协调一场试图使某个政府、政府间机构或标志性商业公司的政策发生特定而持久性的变革运动。这项改革被认为是一项可行的变革，将因获得来自改革对象的支持而持续下去。这项运动旨在培养改革对象中富有同情心的内部人士，积累广受尊重的、具有广泛的公众支持的组织和个人的公众认同度。要获得这种公众支持，就必须以许多人已经遵守的原则为基础，对必须停止的羞耻性行为进行惟妙惟肖的描述：穷人不应向富裕债权人背负没完没了的沉重债务；村民不应被赶出他们世代居住的家园；儿童不应面临被地雷或未爆炸的集束炸弹炸飞的危险。[1]

因此，反全球化抗议运动类似于"禧年 2000 行动"[2]，它既给予后者一些信念，也从后者那里汲取信念；"禧年 2000 行动"要求取消那些无偿还希望的重债穷国欠世界银行和国际货币基金组织的债务。发起这场运动的各个宣传组织建立起了协调领导，对立法者以

---

❶ 目标明确的运动需要持续的协调规划和领导，越来越多地由跨国的宣传组织网络来提供，他们的行动被玛格丽特・凯克（Margaret Keck）和凯瑟琳・西金克（Kathryn Sikkink）在 *Activists beyond Borders*（Ithaca，NY：Cornell University Press，1998）一书中做了详尽的描述并进行了大量研究。关于抗议运动的突出研究包括：Sidney Tarrow，*The New Transnational Activism*（Cambridge: Cambridge University Press，2005）and Charles Tilly，*Social Movements，1768-2004*（Boulder，Colo.：Paradigm，2004）。

❷ "禧年 2000 行动"（Jubilee 2000）是由教会与行动社团共同发起的一项国际倡议活动，倡导在 2000 年时取消第三世界国家的债务。"禧年"这一概念来自《圣经・旧约・利未记》。"利未记"的经文说，每 50 年，债务就应当被取消，奴隶应当被释放。所以，Jubilee 也被称为"五十年节"。英国基尔大学（University of Keele）的马丁・登特（Martin Dent）教授较早提出了"禧年 2000 行动"这一概念，用来倡导债务减免活动。受他的影响，他的一些学生发起了后来发展成为"禧年 2000 行动"的活动。这一活动很快得到有影响的宗教领袖的支持，并在全球范围内得到响应。1998 年 5 月 16 日，约 5 万 -7 万抗议者在伯明翰 G8 峰会会场附近举行游行示威活动。示威者与时任英国首相布莱尔举行了会面，但他们的诉求没有得到回应，并宣称来年再在 G8 峰会地点举行类似的示威活动。部分地是由于抗议者的"禧年 2000 行动"，次年的 G8 峰会宣布，减免发展中国家 1000 亿美元的债务。2000 年后，"禧年 2000 行动"开始消退，分化成几个以国家为单位的行动委员会，规模比较大的有"美国禧年网络"（Jubilee USA Network）与"南方国家禧年行动"（Jubilee South）。——译注。

及世界银行和国际货币基金组织的官员开展游说活动，要求世界银行和国际货币基金组织扩大债务减免的范围；这场运动获得了包括天主教会在内诸多声誉较高的宗教团体的支持，并通过请愿活动收集了大量的签名，例如，获得了四分之一爱尔兰人的签名。[1]同样，人们发起了一项目标明确的运动，要求世界银行对环境影响进行更严格和更开放的审查，谴责在尼泊尔和印度所规划的水电项目淹没村庄造成的破坏，为反全球化抗议活动提供了更多话题和参与者，而抗议活动也强化了针对特定改革的谈判的目标明确的运动。[2]正如取消债务运动和环境控制运动与反全球化抗议拥有相同的志向（尽管采取了不同的路径）一样，反战抗议者也通过目标明确的运动来解决他们所关切的那些伤害，要求相关国家签约承诺不埋设地雷也不使用集束炸弹。

目标明确的运动所取得的胜利本身并不是很显著。只有当作为改革对象的各种机构接受了共同的道德常识，目标明确的运动所寻求的那种改革才能获得成功；如果在实际行动中，明显的胜利没有达到目标明确的运动所追求的目标，那么该运动的广泛公众基础就

---

[1] Elizabeth Donnelly, "Proclaiming Jubilee: The Debt and Structural Adjustment Network," in Sanjeev Khagram, James Riker and Kathryn Sikkink, eds., *Restructuring World Politics* (Minneapolis: University of Minnesota Press, 2002), pp. 155-80, and Carole Collins, Zie Gariya and Tony Burdon, "Jubilee 2000: Citizen Action across the North-South Border," in Michael Edwards and John Gaventa, eds., *Global Citizen Action* (Boulder, Colo.: Lynne Riener, 2001), pp.135-48. 以上所引都对目标明确的运动做了详细的叙述。

[2] 涉及环境方面的抗议运动研究，see Robert O'Brien, Anne Marie Goetz, Jaan Aart Scholte and Marc Williams, *Contesting Global Governance* (Cambridge: Cambridge University Press, 2000), pp.109-58; Sanjeev Khagram, "*Restructuring the Global Politics of Development*" in Khagram et al., *Restructuring World Politics*, pp.206-30.

不是有效压力的来源。通常情况下，在一个权力强大的机构的复杂决策过程中进行的改革很容易被遏制。被“禧年 2000 行动”视为一项基本胜利的债务减免，也只是略微减免了贫穷国家的偿债成本，却为世界银行和国际货币基金组织提供了强制推行其发展方案的新手段。[1] 与之相似，世界银行的环境审查在一定程度上减少了其所投资项目的环境伤害，尤其是在头几年，但是关于环境审查的深入改革因为保持资金流动的机构压力以及受援国政府与其主要资助国之间的重叠利益而被完全遏制。[2]

如果目标明确的运动所追求的改革是一项更加具体的和强制性的承诺，那么，那些利益可能受到巨大影响的政府会对此说“不”。

---

[1] 取消债务运动的最重要成果是《多边减债计划》（*Multilateral Debt Relief Initiative*，MDRI），主要是在 2005 年格伦伊格尔斯八国集团峰会上谈判达成的。其目的是取消最贫穷的债务国欠世界银行、非洲发展银行、美洲开发银行和国际货币基金组织的债务，条件是这些国家必须通过 1996 年的重债穷国方案证明它们履行了世界银行和国际货币基金组织的政策和治理方案。格伦伊格尔斯峰会一年后，40 个重债国家中有 19 个获准取消债务。但是，债务国的实际收益很小。这 19 个国家的偿债成本下降额度仅占其外国援助总额的 5.5%。此外，根据《多边减债计划》的条款，世界银行和两个区域开发银行应该从其未来的贷款中扣除已取消的债务的当前结余。事实上，MDRI 进程是重债穷国调整其传统结构的一种廉价替代策略。See International Development Association and International Monetary Fund, “Heavily Indebted Poor Countries (HIPC) and Multilateral Debt Relief Initiative (MDRI) —Status of Implementation,” (Washington: World Bank, 2006), pp.5, 65; OECD, Development Co-operation Directorate-Development Assistance Committee, *Statistical Annex of the 2007 Development Co-operation Report* (Paris: OECD, 2007), table 25.

[2] 世界银行 2001 年的一次内部审查指出，在最近抽样的 150 个项目之中，20% 的项目没有采取适当的措施来缓解和监测有害的环境影响。世行质量保证小组 2007 年的一次审查估计，2005-2006 年有 32% 的项目在“环境尽职调查”中无法获得“满意”或“更好”的总体评级。2007 年环境综合审查咨询小组指出了目标明确的运动的障碍所在：“世界银行仍然没有对增强发展的环境可持续性给予更高的优先地位……它常常未能有效地将其环境议程从上游的分析工作转化为下游的贷款业务。” See Operation Evaluation Department, “OED Review of the Bank's Performance on the Environment” (Washington: World Bank, 2007); Quality Assurance Group, “Quality of Supervision in FY 05-06,” Annexes (Washington: World Bank, 2007), p.36; Independent Evaluation Group, *Environmental Sustainability* (Washington: World Bank, 2007), p.xxv.

在过去的十年中，有156个国家签署了1997年通过的《渥太华禁雷公约》(*Ottawa Treaty*)，大多数国家都是很快予以签署，但是，那些在保留使用地雷方面拥有重要利益的国家——包括美国、中国、俄罗斯、以色列、印度和巴基斯坦——都没有签署。这些国家及其他有意使用集束弹药的国家都没有参加2008年《禁止使用集束弹药公约》的谈判，它们也不能指望会签署；而公约使得那些与非签署国结盟的签署国家可以不受限制地加入继续使用集束弹药的军事行动之中。美国国务院的一位发言人解释其不加入公约的正当理由为"集束弹药已经显示出它的军事用途"[1]。

尽管如此，一项目标明确的运动可以产生超越其有限胜利的长期影响。在招募新成员的过程中，很多人对目标机构容易受到的伤害变得更加敏感。世界银行和国际货币基金组织的借贷政策比以往更容易受到质疑。无人能保证他们在环境问题上是正直的。地雷和集束炸弹已经接近毒气的禁忌地位。(尽管美国没有签署1997年的《禁雷公约》，但它已经停止使用和生产地雷)。未来不公正行为的声誉成本会因目标明确的运动的一次小小的直接胜利而大幅增加。

公众理据与价值共同体。抗议运动和目标明确的运动还与另外一种进程(即倡导批判性的世界观)有效地互动，这一进程是由作家、教师、创造性艺术家、宗教人士，以及在近期的运动中提供网络信息与网络意见的人所发起的。有时，这些说服者是那些献身于全球

[1] John F. Burns, "Britain Joins a Draft Treaty on Cluster Munitions," *New York Times*, May 29, 2008.

事业的国际组织（如乐施会或人权观察组织）的发言人。通常情况下，这些人都不是。但是不管他们与其组织之间的联系如何，只要他们与志同道合者一起为推动价值共同体做出贡献，他们的工作就应该被视为社会运动发展的一部分。通过改变公共议程，抗议运动可以增加这些说服者的受众。反过来说，富有成效的抗议运动和目标明确的运动也依赖于他们。他们的工作有时处于前沿，比如在敦促政府应对全球气候变暖挑战的运动中就是这样。说服性的作品（比如诺姆·乔姆斯基［Noam Chomsky］的作品）可以表达和促进某种价值共同体，该价值共同体在抗议运动和目标明确的运动中只是少数派，但却强烈地影响了行动主义的进程，并有力地增加了那些被反对的政策的声誉成本。

现阶段的希望

基于这些进程、影响机制和（有限的）成功插曲，全球正义的社会运动发展的现实希望是什么？在全球权力尚未准备好实现全球公民友谊的当前阶段，只能期待社会运动的发展让那些糟糕的事不如它原本要变成的那么坏。

战争仍将会因帝国的需要而起。然而，现实的希望在于：由于道德反对的缘故，致命性武器将被限制使用，战争将会更快结束，能够保命的“越战综合征”（对干预的厌恶）将会持续更长时间。贸易和金融的不公平将导致重大损失。但声誉成本的上升以及面对这场运动的经济学家和官僚们的观点和士气的转变，将限制让事情变得更糟的努力（如多哈回合谈判），并将做出小的让步（如取消一些异常沉重、无法偿还的债务负担）。美国两党对于继续保持美国主导地位的共同承诺及美国重要企业的利益将会与经济衰退的担忧结合在一起，以确保温室气体引发的挑战不会通过公平分担适当的减排负担来应对。由此导致的外交操纵对世界上绝大多数脆弱人群来说将是十分痛苦的。然而，一项包括美国人在内的国际运动的产生及其抗议活动，通过提供前进的动力，弥补这些灾难并在一定程度上消除这些灾难。

诚然，在一项社会运动中，没有人会有理由相信，她的个人行为会给幸福或正义带来多少好处。但是，如果从自己的行动中获得显著回报的期望是参与所需要的，那么任何一个理性的人都不会尽力在全国大选中投票。为了给自己的生活赋予意义，人们都希望支持一项伟大事业，在其中，他们可以同其他人一道，在有生之年共同做出一些改变。通过抗议、目标明确的运动以及社会运动的鼓动，投身全球正义就是这种事业不容忽视的一种意义来源。

对左翼现实主义跨国权力观的接受，已经证明了希望将社会运动的发展视为绕过制度治理局限性的方法的支持。一场由反对跨国滥用权力的独特价值共同体所构成的社会运动，能在多大程度上实际地增加这种变革的承诺，还有待观察。

全球社会民主

人们支持那些能够帮助发展中国家弱势群体的变革的理由是极其多样的。对于那些绝不相信普遍的痛苦是剥削和不负责任的统治的错误造成的，也不相信美国的专横影响是正义的持久障碍的人而言，悲悯、国家战略利益、宗教信仰以及避免危险的外交举措给同胞带来的代价为他们的行动提供了重要的理由。那些相信关于错误和障碍——本书中反复出现的主题——这些观点的人，不必把这些观点当作社会运动中团结和公共说服的有用基础。它们可以与宗教信仰——引导人们采取行动以与他人形成深厚的政治团结，而无须说服他人改变其观点——具有相同的地位。假设这些观点是有效的，那么它们是否也能够发挥这样一种有用的公共角色，作为引导社会运动发展的基础？

现已存在一个以全球变革为目标的价值观共同体，在其中，这些观点是团结一致的基础，是说服和招募新成员的共同手段。与传统的社会民主一样，它将减轻痛苦与终结统治的承诺相结合；统治既是痛苦的一个根源，也是以互相尊重为基础的合作的一个障碍。因此，它可以被称为“全球社会民主”。全球社会民主人士（global social democrats）不仅试图向发达国家政府施加压力，以减轻全球贫困的负担、减缓环境的跨国破坏、降低全球范围的暴力伤亡。他们还将跨国权力的行使视为全球不公正的主要原因和组成部分，因为通过这种行使，发达国家的行为体利用发展中国家之弱势来获取利益。他们将美国的专横影响视为全球不公正一个特别强大而持久的根源，并把限制美利坚帝国的计划看作他们所有努力的一个方面。有时参加全球协调的抗议和目标明确的运动，有时在全国范围内采取行动但与其他国家的抗议和运动结成联盟，他们试图在全球范围内进行合作，终极目标是建立这样一个世界，在其中，因为公民通过负责任的政府进行的自愿合作，使得他们的社会运动变得过时。

美国公民中只有很小一部分是全球社会民主人士。至于有多小则很难说。当被美国国家舆论研究中心（National Opinion Research

Center）问及对美国在世界上的影响力是否感到非常自豪、有点自豪、不太自豪或一点也不自豪时，2004 年，有 19% 的美国人说“不太自豪”，3% 的美国人说“一点也不自豪，这一比例在 1996 年基本上是相同的。[1] 在 2005 年，皮尤全球态度项目（Pew Global Attitudes Project）询问，如果另一个国家或国家集团成为美国军事强国的竞争对手，情况是否会更好时，有 26% 的美国人说“是”。[2] 在 2007 年皮尤调查中，当被问及他们对美国的看法是非常正面、一些正面或非常负面时，12% 的美国受访者表示“一些负面”，5% 的人表示“非常负面”，2% 的人表示不知道或拒绝回答。[3] 这些调查结果显示，一小部分全球社会民主人士拥有进一步招募成员的大量储备，从而削弱了美国人对美国美德普遍满意的形象。尽管他们目前人数很少，但美国的全球社会民主人士可以在对国家决策的抗议方面产生很大的影响。2003 年 2 月 15 日，当全世界 300 个城市的 700 多万人游行反对即将爆发的伊拉克战争时，美国全球社会民主人士联盟组织了大约 250 万人的示威游行。[4] 在对美国示威者的随机抽样调查中，

---

[1] National Opinion Research Center, General Social Surveys, 1972-2006, publicdata.norc.org, PROUDPOL.

[2] Pew Global Attitudes Project, “U.S. Image Up Slightly but Still Negative [16-Nation Pew Global Attitudes Survey],” June 24, 2005, pewglobal.org, IV.p.2.

[3] Pew Global Attitudes Project, “Global Unease with Major World Powers : 47-Nation Pew Global Attitudes Survey,” June 27, 2007, pewglobal.org, p.88.

[4] See Stefaan Walgrave and Joris Verhulst, “The February 15 Worldwide Protests against a War in Iraq,” International Peace Protest Survey, Media, Movements and Politics Program, University of Antwerp, www.m2p.be/IPPS（2003）, pp.1 and 11.

85% 的人同意“美国想入侵伊拉克以确保国家石油供应”❶，并且有25% 的人同意“对我来说，这场反战抗议是以另一种方式来表达我对新自由主义全球化的反对”这一陈述。❷ 2001 年 9 月 11 日，恐怖事件之后，作为对此次攻击的全球社会民主的反应，乔姆斯基的著作《9/11》一度成为美国最畅销的书籍。

一个已经拥有构成全球民主的事实信仰、道德信念和归属感的人，可能会也可能不会通过包括畅销书和早餐桌上的对话在内的各种媒介，试图说服他人接受这些态度，帮助他们成为更好的说服者。如果走向公众这一决定注定要排除她同胞中追求其政治目标的所有其他基础，那么她自己应该决定坚持她的全球社会民主，至少如果她是美国人的话。由于选举政治的局限性、教育观的形成、各大媒体的臆测，关于愚蠢的帝国冒险的战略辩论以及对不损害美国外交政策利益的同情的呼吁，都是至关重要的资源，不应被摧毁。但是，就社会运动的发展而言，走向公众这一决定并没有这样的力量去压制参与社会运动发展的其他基础。相反，问题是，全球社会民主是否能与其他经久不衰的观点一起做出独特的贡献。正因为全球社会民主人士人数相对较少，我们才有充足的理由要走向公众。假设全

---

❶ See Joris Verhulst and Stefaan Walgrave, “Protests and Protestors in Advanced Industrial Democracies: The Case of the 15 February Global Anti-War Demonstrations,” in Derrick Purdue, *Civil Societies and Social Movements* (London: Routledge, 2007), p.134.

❷ 数据来自 Stefaan Walgrave, Dieter Rucht et al., International Peace Protest Survey 2003, Media, Movements and Politics Program, University of Antwerp, www.m2p.be/IPPS；迪特·鲁希特（Dieter Rucht）对 IPSS 关于 2 月 15 日示威活动的调查结果及其分析，完整收录于 Stefaan Walgrave and Dieter Rucht, eds., *The World Says “No” to War: Demonstrations against the War in Iraq* (Minneapolis: University of Minnesota Press, 2010)。

球社会民主的基本信念是有效的，全球社会民主确实可以通过其所倡导的不信任模式和信任模式为全球正义做出独特贡献。

通过强化对引导美国外交政策之利益背景的不信任，全球社会民主增加了美国使用破坏性力量的声誉成本；这些侵犯行为成为美利坚帝国潜在的帝国本性的证据，而不仅仅是外交政策集团特殊热情的错误或表现。这种不信任增加了人们对美国所支持的傀儡政权的暴力行为的关注，否则，这些傀儡政权所带来的破坏往往被忽视，或被描绘成本地仇恨、狂热或贪婪的结果。通过质疑胜利的价值、质疑削弱美国力量之损失的负面价值，使得帝国战争一旦开始，就更难继续下去。当战争被倡导时，全球社会民主就为评估战争的后果提供了一个特殊的框架：问题不在于一场攻击挑衅的独裁者或恐怖主义运动的战争可以做得足够好以致能够为其屠杀行为提供正当理由，而是如果这场战争的确导致了那种维护帝国权力的冲动可能引发的大屠杀，那么这场战争还会做得足够好吗？

尽管全球社会民主人士肯定会参加目标明确的运动，但他们的怀疑将不太可能让后面这种事情发生：他们所抨击的那些机构所取得的明显胜利会给这些机构带来过度的信誉和危险的声誉收益。尽管他们肯定会参与选举活动，但是，他们减少了对候选人之间差异的过度乐观情绪，既要防止胜利后的过度平静，也要防止选举的胜利被证明是不适当时的过度沮丧。

不同的不信任模式也有助于协调各方努力以帮助全球穷人更接近于满足其实际需求。在发达国家的经济扩张时期，当增加国外援助往往成为帮助更多人这一志愿的关注焦点时，全球社会民主人士就会对由操控援助进程的大国的利益设定的援助效率的限制做出回应。他们提出了这些不信任的理由，并不是为了反对增加援助，而是警告不要过度强调援助，因为对援助的过分强调掩盖了为减少国际贸易、投资、产权与环境机制中的不公平以及减少强加的发展政策中自私自利的僵化倾向所做艰苦努力的必要性。在经济紧缩时期，由于国内需求的增加，帮助外国贫困者的义务是一种仁慈义务的假定，助长了这样一种情绪：帮助外国贫困者的义务应该从议程上取消。在不否认仁慈始于国内的前提下，全球社会民主人士竭力主张，对全球贫困者的帮助从来不是仁慈的必要条件：在新的宏观经济约束下，为了外国贫困者的利益放弃优势的必要条件仍然存在，这是对滥用权力的公正回应。面对全球正义可能的国内代价，他们竭力主张，弱势的同胞应该得到帮助，但也不应中止跨国义务。在经济的繁荣期与衰败时期，全球社会民主人士都试图维持这样一种希望，即大国能够做出更多的努力来支持那些号称是帮助弱势群体的项目，从而削弱大国实施统治和破坏性行为的力量。

除了这种富有成效的不信任之外，全球社会民主中的信任与依赖的跨国模式也有显著的好处。全球社会民主人士将发展中国家的人民视为跨国统治的受害者，而非仅仅是跨国疏忽的受害者，而且常常跟随在发展中国家的运动和抗议之中。这种倾向鼓励人们尊重发展中国家的本土知识，反对主要发达国家一再试图强加的全球性的“一刀切”方案。全球运动中的积极共同参与和相互学习，使全球公民友谊这一终极道德目标更加显著和鼓舞人心，因为在这样一个世界中，各国政府用阴谋诡计排斥友谊，官方的合作谈判往往成为从属关系的幌子。通过帮助建立一个试图遏制美国权力过度使用的全球联盟，美国的全球社会民主人士在美利坚帝国衰落之际加强了联系，这减少了暴力冲突的发生机会。值得一提的是，他们减少了中国对美国的超越将会导致流血冲突的可能性，就像以往每个帝国走到尽头时所发生的那样。

这些跨国信任的前景预设了美国的全球社会民主人士是通过团结、相互学习和协调活动联系在一起的全球价值共同体的一部分。因此，对美国全球社会民主的潜力的反思，导致对包括发展中国家和发达国家在内的世界其他地区的人们参与全球社会民主之前景和期待的考量。

在美国，接受全球社会民主原则的迹象要比世界其他地方更强。在对 16 个国家进行的民调中，有 26% 的美国人倾向以军事手段抗衡美国，在世界其他地方的大多数人（或者说绝大多数人）也持有这样的想法——例如，法国有 85% 的人这样认为，印度有 81%，中国有 74%。该研究表明，全球绝大多数人支持“美国的政策扩大了富国和穷国之间的差距”的观点（中国和巴西有 61%，孟加拉国有 68%，德国有 72%）。[1] 当然，全球社会民主绝不是反对美国在美国之外的专横影响的唯一基础。但是，某个接受全球社会民主原则的人将有显著的理由把本土纽带提升为以这些原则为基础的、相互支持的全球运动（包括美国在内）。

在发展中国家，对美利坚帝国的暴行与全球化的相关危害的反

---

[1] Pew Global Attitudes Project，“Global Unease with Major World Powers，” pp.88，98.

对，可能会助长对现代价值观的传统主义攻击，而这些现代价值观是值得支持的，因为它们解放了人民，丰富了人民的生活。它可以转移对地方精英掠夺性疏忽的指责，也可以转移当地各种国家建设任务所需的精力投入。在反对帝国暴行的全球运动中，可以维持一种更好的平衡，即在善用和恶用全球化方面，既要警惕国际不公，也要强调本土创新的核心作用；这项全球运动需要团结而不是服从包括美国在内的发达国家中的志同道合者。

在美国之外的发达国家，对美利坚帝国暴行的反对可能成为排他性和压迫性民族主义（比如，压迫移民及其子女的民族主义）的一部分，或者转移人们对那些发达国家的本土政治领导人的指责，这些领导人自诩是弱国的捍卫者，却坚持破坏性的农业补贴政策，或在一个迷你帝国中实施统治。对全球社会民主运动的全球性发展（美国人民和发展中国家人民都在其中发挥了积极作用）的依恋，是引导人们在应对美利坚帝国时避免盲目顺从和自以为是的狭隘主义的最佳选择。

全球社会民主人士反对全球化暴行，但是这种全球化有望在一个业已开始的进程中加强他们所寻求的跨国政治共同体的联系。随着电子邮件的大量运用，世界各地的示威活动已经得到了顺畅的协调（例如，北美和欧洲数百万人同时举行了反对入侵伊拉克的示威）。由于互联网的组织及廉价的国际旅行，个人示威（例如，主要的“反全球化”示威）往往具有高度的跨国参与。通过与来自包括强大的发达国家和主要受害者所在的发展中国家在内的许多国家的组织和活动家网络的顺畅合作，目标明确的运动得以推动。信息是从许多国家的网站上收集的，在这个网络世界里，参与者在利用许多国家的信息和专门知识时，对信息的实际地理来源相对不甚关心。旅行、电子邮件、海外工作和移民使人们建立了政治共鸣的人际关系。例如，美国人比以前更频繁地与具有相似背景和职业的外国人（他们都认为美国的跨国权力被过度使用和滥用）交往、了解并成为朋友。尽管全球社会民主人士有时游离于同胞的政治共同体，但是他们参与了全球公民友谊的培育。

美国的爱国主义是种美德吗?

对于一个美国公民来说，接受全球社会民主这一建议就产生了一个特殊的问题。她是不是应该更进一步放弃爱国主义？如果放弃这种热爱的个人代价不是太大的话，她应该这么做。

如果爱国主义仅仅是接受对贫困同胞的特殊政治责任，那么全球社会民主和美国的爱国主义之间就不会发生冲突，这是本书第一章的主题。在第一章中，我论证了同胞之间的联系是值得特别关切的适当而公正的理由。诚然，跨国关系最终为关切提供了其他在道义上更高标准的理由。尽管如此，即使在美国，这些跨国联系仍然留下了承担一些对贫困同胞的特殊政治责任的空间。因为一个美国公民的对外政治责任在发展中国家被分割为数十亿份，并且同其他发达国家人民共同承担，因此，即使总体的对外义务被证明与国内义务同样重要，他有义务支持的措施，也不要求他像帮助本国一个典型的处境不利的同胞那样，去帮助发展中国家一个典型的处境不利的人。总的来说，他对于外国贫困者的责任是帮助他们满足基本的生活需求。如果需要寻求同胞忠诚的基础，并且承认需要依赖共同的政府来提供公共供给，他应该意识到，他负有一种更深层的政治责任去改善处境不利的同胞的生活前景，即使他们的基本生活需求已经得到保障。全球社会民主的基础与这些及其他特殊责任是完全一致的。事实上，在当前的政治环境下，全球社会民主为美国人提供了另外一个理由来支持履行对处境不利的同胞的责任的措施。如果美国的政策能对国内处境不利者有更多的回应，那么同胞的脆弱性会使美国人更没有理由不愿意放弃从对外国人的利用中取得的好处。毕竟，最接近全球社会民主的国家起码要是国内社会民主国家。

近来，哲学家们对爱国主义伦理的讨论主要由“主张对同胞负有特殊责任”的辩论组成。但是政治家们比哲学家们更懂得什么叫“爱国主义”，即使他们有时在一些骇人听闻的原因中才用这个词。正如政治家们不断提醒我们的那样，爱国主义就是对国家的热爱。爱不仅仅是接受特殊的责任。我对于上我课的学生负有各种特殊的责任，但我并不喜欢我的课。❶

尽管爱国主义是一个关于爱而不仅仅是特殊责任的问题，但坚持每一个致力于全球社会民主的美国人都必须在非理性的痛苦中寻求终结美式爱国主义，这是错误的。将全球社会民主目标与美式爱国主义相结合对她而言可能是最好的妥协。我们的爱使世界对我们有了价值。即使一个人认识到，没有爱或许更好，但是爱作为一种

---

❶ 正如安东尼·阿皮亚（Anthony Appiah）中肯地指出，主张对同胞承担特殊责任这一观点，即使是合理的，也没有抓住爱国主义“评价效力”，任何关于吃巧克力的营养学说都能说明人们为什么吃巧克力。See *The Ethics of Identity*（Princeton：Princeton University Press，2005），p.330.

价值源泉可能是如此得根深蒂固和重要，以至于人们在试图防范其危险的同时，也会理性地保留爱。基于这种精神，20 世纪 60 年代真诚地反对南方种族主义的南方白人有时也会说，他们依旧热爱南方白人的生活方式，而这种生活方式的温文尔雅是在奴隶制下培育出来的，依靠的是廉价的非裔美国劳工。然而，即使这是对这种生活方式真正价值的回应，并且认识到了潜在的恐怖，这种怀旧情怀却把注意力和情感引向了更难满足南方巨大道德危机要求的方向。美式爱国主义同样是种累赘。如果个人代价不太高的话，人们就应该越过爱国主义。

忘却美式爱国主义的重要性是对爱之特殊力量的赞颂。爱一个人或一件事，就是深情地专注于被爱者的特性。一个人会全身心地关注其所爱之人的福祉。一个人会将其所爱之人生活中的成功看作是自己成功的一部分，欣然为所爱之人做出牺牲，这只会构成对他人严格的义务指令的服从。一个人固执地享受或渴望这种与他人融为一体的欲望所带来的回报。因为一个人在其所爱之人的身上寻找到第二自我，互惠的缺乏会使爱变成一种自我排斥。因为一个人向其所爱之人敞开心扉，一个有自尊的人就不得不去思考——或者，无论如何都会被强烈吸引着去思考——他所爱之人（如果全面加以考虑的话）是否值得去爱。因此，有自尊的爱人会自然而然地强烈地将背叛爱的恶行视为背离所爱之人的本性，这会干扰一段值得恢复的关系。

这些注意力和情感的倾向就是美国的爱国者所具有的特点，他们认为，不道德的帝国暴行已经成为美国在世界上存在的一部分。

因此，他们相信，或者强烈地相信，目前最强烈的帝国暴行背离了美国的潜在趋向，绑架了美国值得他们所爱的基本可信的人道主义特征。在最近一段不该有的道德怀旧插曲中，小布什因其使美国在全球范围丢面子而被妖魔化，尽管克林顿政府的制裁机制也是对伊拉克人民来说同样致命的攻击，但是与小布什对伊拉克的入侵相比，具有政治家风范的老布什所发动的伊拉克战争对平民和士兵来说更为致命，且几乎同样是不必要的；卡特政府和里根政府时期发生的阿富汗事件与后来的伊拉克事件，都是不计代价地追求美国权力的例证。

虽然一个美国的爱国者肯定会将外国人的死亡看作是个沉重的代价和强烈的劝诫理由，但她的爱国主义令她更关注美国人的死亡。例如，她对美军在推翻萨达姆·侯赛因的战争中的极低死亡率（总共 138 人死亡，其中 109 人战斗中死亡）感到非常欣慰，而不是对伊拉克付出的沉重代价（伊拉克有 10000 人死亡，其中一半是平民）而焦虑。

最后，一个美国的爱国者会倾向将美国的政治制度，尤其是选举竞争制度，当作重建她所爱之国的道德福祉的充分手段。承认美国人几乎都信奉的美国持久的决策程序与她最深层次的道德价值观有一个相冲突的基本倾向，这会使她对国家的热爱变成为一种自我排斥。承认这一制度体系无力抑制帝国权力的过度追求，就会很难维持这样一种观点：帝国暴行背离了美国的真实本性。或许有些国家的爱国主义如此关注文化或种族以至于它可以轻易地接受这种苦涩的政治评价。然而美国不是这类国家。对于一个美国的爱国者来说，对美国政治制度的历史成就感到自豪、对其基本特征的依恋、对其美德的颂扬，这是她爱国的核心。在她自己和全世界的眼中，这些制度都是美国的本质特征的一部分。如果全球社会民主的左翼现实主义是正确的，那么美式爱国主义就倾向夸大政客间的差异。

某种必须不断地靠健忘与一厢情愿来维持的爱，或者某种鼓励对道德上具有紧迫性的事务漠不关心的爱，既不坚定也不深刻，而是偏执和愚蠢。面对一个真正坚定地追求美国权力的持久的外交决策机构，健忘、一厢情愿和漠不关心使得反抗力量只有在遭受巨大伤害后才会形成。（当那些博学的自由主义者为他们曾支持入侵伊拉克而感到后悔时，他们有时会承认对美国入侵后的所做所为感到吃惊。他们是否期望美国愿意为建立一个独立的、挑衅的欧佩克国家——它致力于强有力的国家主导的发展，并在确保伊拉克国内利益的基础上与伊朗、欧盟和俄罗斯相向而行——打下基础？如果不是这样的话，对这个伟大而又难以驾驭的国家施加控制的尝试将涉及大规模的流血牺牲，为什么会感到惊讶呢？）

这些都是抛却美式爱国主义的有力原因。但是，有一个渺小的希望总比完全没有希望要好，而且疏远那种把大部分同胞团结起来的国家之爱是一种孤独的负担。原则上，最好是与那些常常胜出的健忘、一厢情愿和漠不关心的倾向做斗争，这样才能通过保持一个人的美式爱国主义的完整而保留一丝希望和慰藉。在此，全球社会民主发挥了作用，尽管它有诸多局限性。它激发了进步的现实主义希望，把世界各地的许多人紧密地团结在一起，并将注意力集中在道德上正确的地方。

总之，使我们的世界变得对我们有价值的是，人人都愿意拥抱的爱。如果美利坚帝国欣然接受了与知识和责任不符的对国家的爱，那么它就会给美国人和外国受害者带来严重损失。对美国人而言，对其政治机构有远见和有爱心的参与，也许要等到全球公民友谊的更高阶段，而这正是全球社会民主所追求的目标。与此同时，他们与社会世界达成有远见的和解的捷径，就是积极参与那个追求全球公民友谊更高阶段的全球运动。

译后记

一

理查德·米勒（Richard Miller）现为美国康奈尔大学哲学系“哈钦森伦理学与公共生活讲座教授”（Wyn and William Y. Hutchinson Professor in Ethics and Public Life）。[1] 米勒于 1965 年在阿默斯特学院（美国一所著名的私立大学）获得文学学士学位，主修专业是哲学；1975 年，他于哈佛大学获得哲学博士学位，论文题目为“维特根斯坦著作中的唯我论与语言”，指导教师为罗杰斯·奥尔布里顿（Rogers Albritton）和希拉里·普特南（Hilary Putnan）。他从 1973 年开始，就在康奈尔大学任教。

[1] “哈钦森伦理学与公共生活讲座教授”席位主要由哈钦森捐助。威廉·Y. 哈钦森（William Y. Hutchinson，1916-2006）是一位工业家、教育家和慈善家。他在康奈尔大学获得文学学士学位，在芝加哥大学获得工商管理硕士学位，并在芝加哥大学修完哲学博士学位课程。1939 年，他加盟芝加哥“国际收割机公司”；1956 年，他继承了父亲于 1919 年创办的“大陆设计公司”（Continental Scale Corporation），并成为该公司的总裁和 CEO。该公司是世界上最大的机械与民用电子秤设计与生产公司。1984 年，他卖掉了自己的公司。同年，哈钦森在伊利诺伊州的加塞特福音神学院（Garrett Evangelical Theological Seminary）获得人文学荣誉博士学位，并全身心投入写作。1996 年，他出版了 4 卷本回忆录《亲爱的卡罗尔与苏珊》。哈钦森资助了许多文化、音乐与体育项目。“哈钦森伦理学与公共生活讲座教授”席位的全名是 Wyn and William Y. Hutchinson Professor in Ethics and Public Life，目的之一是纪念他的妻子薇恩·哈钦森（Wyn Hutchinson）。

米勒教授的研究领域包括道德哲学、政治哲学与科学哲学，研究主题包括马克思主义、社会民主的道德基础、民主价值观、经济不平等的道德意义、跨国政治义务、知识论等；讲授的课程包括"现代政治哲学"、"社会与政治哲学"、"平等、自由与民主"等。他发表的论文涉及的主题包括关切义务的范围与限度、罗尔斯的政治哲学遗产、帮助全球穷人的义务、爱国主义的道德地位、全球化与全球气候变化的道德问题、战争伦理等。他出版的英文著作包括《分析马克思：道德、权力和历史》(1984)、《事实与方法：自然科学与社会科学中的解释、确认与实在》(1987)、《道德差异：冲突世界中的真理、正义与良心》(1992)和《全球化的正义：贫困与权力的伦理学》(2010)。他目前正在撰写《社会民主的伦理学》一书。

米勒教授早年曾经是一位虔诚的马克思主义者，研究和阐释马克思的思想是他的学术工作之一。他的第一本著作《分析马克思：道德、权力和历史》从"分析的马克思主义"的角度创造性地阐释了马克思关于道德、权力与社会变革的思想。❶《马克思的遗产》一文简要梳理了马克思的政治哲学思想。❷《资本主义与马克思主义》一文则从道德和政治的角度阐述了马克思主义对资本主义的

---

❶ [美] R.W. 米勒：《分析马克思：道德、权力和历史》，张伟译，高等教育出版社 2009 年版；Richard Miller, *Analyzing Marx: Morality, Power and History* (Princeton University Press, 1984)。

❷ [美] R.W. 米勒：《马克思的遗产》，载 [美] 罗伯特·L. 西蒙主编：《社会政治哲学》，陈喜贵译，中国人民大学出版社 2009 年版，第 143–170 页；Richard Miller, "Marx' Legacy", in Robert Simon ed., The *Blackwell Guide to Social and Political Philosophy* (Blackwell Publishing Ltd, 2002), pp.131–153.

批评。[1]2014 年 4 月，米勒教授曾到我国进行学术访问，以他在北京大学、武汉大学等校的学术讲座为基础、专门为中文世界撰写的著作《平等、民主与主权国家：东西方的和解》一书则探讨了中美两国在经济平等、政治平等、主权平等三个问题上不同和相同的理论与实践。[2]追溯米勒教授的学术研究轨迹可以发现，马克思的研究方法及其价值追求对米勒产生了深刻的影响。2012 年，米勒教授在与我国学者陈文娟博士交流时曾坦言："尽管我不再是一个马克思主义者，但我曾经并且仍然相信，马克思对于资本主义劳动力市场的缺陷、资本主义精英在寻求权力的方式等方面仍有深刻的洞见。"[3]总的来看，米勒教授是一位对资本主义提出尖锐批评的左翼学者。

二

《全球化的正义：贫困与权力的伦理学》一书的核心问题是，我们是否有义务给那些陷入困境中的人（不管是国内的同胞还是外国的陌生人）提供帮助。米勒的基本结论是，发达国家的人民对发展中国家的人民负有广泛的、尚未得到履行的帮助义务。从终极的意义上说，这些义务建立在发达国家之政治和经济行为体与发展中国家之人民的关系的基础之上，这种关系的特征是剥削、疏忽、虐待

---

❶ Richard Miller, "Capitalism and Marxism", in R. G. Frey and Christopher Wellman eds., *A Companion to Applied Ethics* (Blackwell Publishing Ltd, 2003), pp.62–74.

❷ [美] 理查德 · W. 米勒：《平等、民主与国家主权：东西方的和解》，薛集、陈喜贵、方秋明译，人民出版社 2016 年版。

❸ 理查德·米勒、陈文娟：《全球正义的困境与出路》，《马克思主义与现实》，2013 年第 5 期，第 143–153 页。

以及不合理的暴力。

从结构上看，本书由一个导论和九个章节构成。导论部分是全书的鸟瞰图。第一、二章建构了米勒所确认的全球正义的理论模型，第三、四、五、六、七章探讨了发达国家（尤其是美国）与发展中国家之经济交往与政治交往的特征，以及这种交往模式赋予发达国家的跨国责任与跨国义务。第八章分析了发达国家所负有的跨国责任的具体内容。第九章提出了促使发达国家履行其跨国义务的途径。

辛格 1972 年在其著名的《饥荒、富裕与道德》一文中提出的“全球普遍仁慈原则”是任何一种严肃探讨全球正义的努力都无法回避的伦理原则；任何一种可信的全球正义理论，要么认可辛格的这一原则，要么必须提供拒斥这一原则的理据。米勒选择的是后一种策略。在《全球化的正义》的第一章，米勒批评了辛格的所谓“牺牲原则”，提出并论证了作为其全球正义之伦理基础的“同情原则”。在《饥荒、富裕与道德》一文中，辛格通过拯救池塘落水儿童的比喻指出，每个人都有义务不把钱花费在购买奢侈品或装饰品上，而应当把节俭省下来的钱用于帮助穷人，直到这种帮助会让我们付出相当重大的道德代价为止。米勒认为，辛格不仅错误地阐释了我们的日常道德，而且辛格的牺牲原则对人们提出的义务要求太高。在米勒看来，我们应当接受其要求不那么高的同情原则。同情原则要求我们关心并帮助他人，但是，这种关心和帮助有一个限度，即这种帮助不能妨碍我们对自己的子女及所爱之人的特殊关照，不能影响我们对自己认为有价值的目标和人生计划的追求。米勒指出，每个人对其特定目标的追求以及对特殊关系的关切与对人的平等价值的尊重是相融的。因此，全球正义应当建立在其义务要求没有牺牲原则那么高的同情原则的基础之上。

《全球化的正义》第二章阐述了米勒所理解的全球正义的另一个基础，即确定跨国义务之基础的"关系进路"。贝茨等世界主义者认为，既然高标准的国内正义是建立在国内经济的相互依赖的基础之上的，那么，全球层面的经济相互依赖就能成为把国内的公平正义原则扩展应用于全球层面的重要理据。但是，米勒认为，民族国家内部的公民之间的交往方式与各国之间以及各国人民之间的交往方式是完全不同的。国内交往与国际交往的最大差别就是，公民共享并支持的主权国家对其权力的合法行使（如制定和强制实施法律，提供基础设施及各种公共服务等）给公民的个人生活带来了持久而深远的影响。这种独特的影响是国内同胞彼此之间负有高标准的正义义务的根据。这种高标准的义务主要包括四种：公民友谊、公平供给、帮助处境不利者、领土托管。在米勒看来，国内同胞彼此之间这种独特的交往模式在全球领域并不存在。因而，我们不能把这种高标准义务扩展应用于全球层面。

《全球化的正义》第三章至七章进一步描述和分析了发达国家与发展中国家相互交往的模式、特征及其结果。这些交往模式，即跨国经济交往中的剥削与国际贸易制度的不平等（第三章）、不经意的经济活动带来的气候伤害及发达国家的疏忽大意（第四章）、对跨国权力的不负责任的行使（第五、六章）。在这四类交往活动中，发达国家都利用了发展中国家的弱势谈判地位，从发展中国家的弱势处境中获取不正当的好处，即使这种交往能够使双方都获益，或使发展中国家人民的处境变得比以前更好。这些交往模式派生出了发达国家对发展中国家的跨国义务。这些跨国义务有多种表现形态。具有剥削特征的交往派生出的是消除极端贫困的义务，它要求发达国家人民放弃从剥削中获得的某些好处。不平等的交往派生出的是矫正以往的不正义的义务以及改革和调整全球贸易制度的义务。疏忽大意的交往派生出的是接受公平的团队协作模式的义务；它要求发达国家人民较多地承担遏制气候伤害所需的负担与代价，给予发展中国家人民较多的排放份额。对跨国权力的不负责任的行使派生出的是，对帝国主义的暴力破坏行为所带来的后果实施补救与弥补。米勒在这几章所讨论的主要是美利坚帝国对跨国权力的不负责任的行使；但是，他对美利坚帝国的行为模式及其跨国义务的讨论也适用于其他发达国家，因为，绝大多数发达国家（尤其是具有全球影响力的发达国家）也像美国那样行使其跨国权力，或者协助美国行使其帝国权力。米勒认为，发达国家对上述跨国义务的履行将给发展中国家人民带来较大的好处，并使发达国家人民承受较大的负担。

第八章、第九章可视为《全球化的正义》的“收官”章节。第八章是对前面较为注重经验描述的5章的理论总结。在第一章、第二章的理论建构与第三章至七章关于全球正义在实践过程中遇到的困难之分析的基础上，米勒在第八章描述了他的“准世界主义”全球正义观的基本轮廓。就其基本倾向而言，米勒既不赞成普遍主义的全球正义观，又拒斥狭隘的民族主义的集体利己主义。他把自己的全球正义观称为“准世界主义的”。这意味着，他的全球正义观不是世界主义的，因为，在他看来，不能把国内的高标准正义原则扩展运用于全球层面，对同胞及个人目标的特殊关切也限制了仁慈原则的全球适用范围。但是，在某种意义上，他的全球正义观又是世界主义的，尽管是某种“准世界主义的”，因为，他要求人们平等地对世界上的每一个人给予关切，认为全球富人负有帮助全球穷人的义务，尽管这种帮助仅限于满足其基本需求。第九章指出，发达国家未能履行上述跨国义务。在米勒看来，要使发达国家履行其跨国义务，我们还有许多工作要做。其中，最重要的就是发起并推动全球社会民主运动。一方面，通过这一运动，培养全球层面的公民友谊，使发达国家人民真正意识到全球平等的价值，真正平等地关怀和尊重每一个人的生命及其价值；另一方面，觉醒了的、负责任的发达国家公民积极介入其国内政治生活，使其国家的对外政策真正反映广大负责任的公民的价值观。

以上就是《全球化的正义》一书的基本轮廓及其主要内容。该书无疑在许多方面都提出了给人以深刻启发的洞见和弥足珍贵的批判意识。米勒对美国在 WTO 谈判过程中的霸道行为的揭露、对美国在应对全球气候危机方面的不负责任的批评、对美国滥用其帝国权力的声讨，都给人留下了深刻的印象。本书紧密结合国际政治的具体操作过程来探讨全球正义之真实处境的做法，更是弥补了政治哲学家在探讨相关问题时脱离国际政治之“实在”（reality）的空疏倾向。本书的学术价值还有许多，此处无法逐项列举。我们把对《全球化的正义》的成就与缺憾的全面评价的任务，交由读者去完成。

三

本书由我与三位合作者共同翻译。导论、第一、二、三、四章由我翻译；第五、六章由颜晗翻译，第七、八章由张培翻译，第九章由我和赵岚共同翻译。全书最后由我统一校对。中国社会科学院哲学所的张永义博士为本书的翻译提供了很多后援工作。江西人民出版社的余晖社长、李月华编辑、蒲浩编辑承担了本书的编辑、排版、校对等繁重的后勤工作。在此向他们一并表示衷心的感谢。由于时间紧张，本书的译文难免还有不尽如人意之处，恳请读者和专家批评指正。译文中的不当或错误之处的责任完全由译校者承担。

庚子年的春节寒假，武汉突然遭遇新型冠状病毒的袭击。2020年1月24日，为阻止疫情的进一步扩散，武汉实施了史无前例的封城措施；此后，其他城市也陆续实施了封城计划。绝大多数中国人随即进入了一种“封闭的隔离”生活状态。在这段特殊日子里，武汉的疫情、武汉患者与居民的生存处境、全国新冠肺炎患者人数的增减始终牵动着全国人民的神经。每天的第一件事和最后一件事，就是通过各种媒体尤其是自媒体了解和关注全国抗击疫情的进展情况——这成了许多人的心理习惯。疫情的肆虐也把许多人的心灵暴露在阳光下，或优雅崇高，或低俗卑鄙，或勇敢正直，或怯懦曲迎，或美丽善良，或丑陋邪恶，或慷慨热情，或冷漠自私……尽显人心百态。我们在经济建设、政治建设、社会建设、文化建设与生态文明建设方面存在的短板和局限，也在新型冠状病毒的冲洗下暴露无遗。形式主义、官僚主义、颂圣主义、特权思想、排外思维成为人们挞伐的对象；对国人基本权利（尤其是言论自由权）的抗争和捍卫更是成为自媒体的一道独特而亮丽的风景线。目前，抗击疫情的尘埃已初步落下。或好或坏，这段经历必将成为中华民族刻骨铭心的记忆。

本书的大部分翻译工作都是在新型冠状病毒肆虐的这个假期完成的。谨以此译作纪念这段全国人民共同抗击疫情的紧张而又惊心动魄的特殊岁月。

杨通进

2020年3月22日